Schuldrecht I

Allgemeiner Tei

von

DR. HELMUT KÖHLER

o. Professor an der Universität München
Richter am OLG München

von

DR. STEPHAN LORENZ

o. Professor an der Universität München
Mitglied des Bayerischen Verfassungsgerichtshofs

21., neu bearbeitete Auflage

Verlag C. H. Beck München 2010

Verlag C. H. Beck im Internet:
beck.de

ISBN 978 3 406 58642 2

© 2010 Verlag C. H. Beck oHG
Wilhelmstraße 9, 80801 München
Druck und Bindung: Nomos Verlagsgesellschaft
In den Lissen 12, 76547 Sinzheim

Satz: Fotosatz H. Buck, Kumhausen

Gedruckt auf säurefreiem, alterungsbeständigem Papier
(hergestellt aus chlorfrei gebleichtem Zellstoff)

Vorwort

Die Fallsammlungen der PdW-Reihe bilden die Ergänzung zu Vorlesung und Lehrbuch. Der vorliegende Band hat das Allgemeine Schuldrecht mit seinen Bezügen zur Rechtsgeschäftslehre, zum Besonderen Schuldrecht und zum Sachenrecht zum Gegenstand. Die Fälle sind so gewählt, dass sowohl der Anfänger als auch der Fortgeschrittene seine Rechtskenntnisse auf diesem Gebiet überprüfen, ergänzen und vertiefen kann. Weitgehend nach der „Anspruchsmethode" aufgebaut, dienen die Falllösungen vor allem auch der praktischen Vorbereitung auf die BGB-Übungen und Examensarbeiten.

Die vorliegende Neuauflage berücksichtigt Rechtsprechung und Literatur bis Januar 2010.

Die Fälle 1–140 (Leistungsstörungsrecht) wurden von *Stephan Lorenz* bearbeitet, die Fälle 141–209 von *Helmut Köhler*.

Wir danken unseren Mitarbeitern für die kritische Diskussion der Fälle und die Durchsicht des Manuskripts. Unser Dank gilt auch den Lesern für Anregungen und Kritik. Sie sind weiterhin stets willkommen.

München, im Februar 2009
Helmut Köhler
(H. Koehler@jura.uni-muenchen.de)
Stephan Lorenz
(mail@stephan-lorenz.de)

Inhaltsverzeichnis

1. Kapitel. Vertragsschluss, Vertragsinhalt, Treu und Glauben

2. Kapitel. Unmöglichkeit der Leistung

I. Unmöglichkeit und Wegfall der Primärleistungspflicht

II. Unmöglichkeit im gegenseitigen Vertrag

III. Unmöglichkeit und Surrogatsherausgabepflicht

3. Kapitel. Pflichtverletzung

I. Grundstruktur und Schadensarten

II. Verzögerung der Leistung

III. Schadensersatz wegen Unmöglichkeit der Leistung

IV. Schlechtleistung und Nebenpflichtverletzung

V. Culpa in contrahendo

4. Kapitel. Annahmeverzug

5. Kapitel. Vertrag mit Schutzwirkung für Dritte

10. Kapitel. Vertragsstrafe

11. Kapitel. Rücktritt und Widerruf

I. Rücktritt

II. Widerruf und Rückgabe

12. Kapitel. Erfüllung

13. Kapitel. Aufrechnung

14. Kapitel. Erlass

15. Kapitel. Forderungsabtretung

16. Kapitel. Schuldübernahme und Vertragsübernahme

17. Kapitel. Gesamtschuld und Regress

18. Kapitel. Schadensersatzrecht

I. Fragen der Schadenszurechnung

II. Art und Umfang des zu ersetzenden Schadens

III. Schadensmindernde Faktoren

IV. Drittschadensliquidation

V. Mitverursachung und Mitverschulden

Abkürzungsverzeichnis

Esser/Schmidt	*Esser/Schmidt*, Schuldrecht Bd. 1: Allgemeiner Teil, Teilbd. 1, 8. Aufl., 1995; Teilbd. 2, 8. Aufl., 2000
Esser/Weyers	*Esser/Weyers*, Schuldrecht Bd. 2, Besonderer Teil, Teilbd. 1, 8. Aufl., 1998; Teilbd. 2, 8. Aufl., 2004
f., ff.	Folgende
Fikentscher/Heinemann	*Fikentscher/Heinemann* Schuldrecht, 10. Aufl., 2006
Fn.	Fußnote
FS	Festschrift
G	Gesetz
GBO	Grundbuchordnung
gem.	gemäß
GG	Grundgesetz für die Bundesrepublik Deutschland
GoA	Geschäftsführung ohne Auftrag
GWB	Gesetz gegen Wettbewerbsbeschränkungen
HGB	Handelsgesetzbuch
HK/*Bearbeiter*	*Schulze u.a.*, Bürgerliches Gesetzbuch, Handkommentar 6. Aufl., 2009
h. L.	herrschende Lehre
h. M.	herrschende Meinung
HRR	Höchstrichterliche Rechtsprechung
Hs.	Halbsatz
Huber I	*Huber*, Leistungsstörungen I, 1999
Huber II	*Huber*, Leistungsstörungen II, 1999
i. d. F.	in der Fassung
insb.	insbesondere
InsO	Insolvenzordnung
i. S.	im Sinne
i. w. s	im weiteren Sinne
i. V. m.	in Verbindung mit
Jauernig/*Bearbeiter*	*Jauernig*, Kommentar zum BGB, 13. Aufl., 2009
JR	Juristische Rundschau
JuS	Juristische Schulung
JW	Juristische Wochenschrift
JZ	Juristenzeitung

pVV	positive Vertragsverletzung
Rn.	Randnummer
RG	Reichsgericht
RGZ	Entscheidungen des Reichsgerichts in Zivilsachen
Rspr	Rechtsprechung
S.	Satz, Seite
s.	siehe
SAE	Sammlung arbeitsrechtlicher Entscheidungen
Schlechtriem/ Schmidt-Kessel	*Schlechtriem/Schmidt-Kessel,* Schuldrecht Allgemeiner Teil, 6. Aufl., 2005
s. o.	siehe oben
Staudinger/*Bearbeiter*	*Staudinger,* Kommentar zum BGB, 13. Bearb., 1994 ff.
str.	strittig
StVG	Straßenverkehrsgesetz
Tz.	Textziffer
u. a.	unter anderem
u. U.	unter Umständen
Var.	Variante
VersR	Versicherungsrecht
vgl.	vergleiche
Vorb.	Vorbemerkung
WM	Wertpapiermitteilungen
WuW	Wirtschaft und Wettbewerb (Zeitschrift)
ZfA	Zeitschrift für Arbeitsrecht
ZGS	Zeitschrift für Vertragsgestaltung, Schuld- und Haftungsrecht
ZHR	Zeitschrift für das gesamte Handelsrecht und Wirtschaftsrecht
ZPO	Zivilprozeßordnung
zust.	zustimmend
zw.	zweifelhaft

Paragrafen ohne Gesetzesangabe sind solche des BGB

Literaturverzeichnis

Kommentare:

Bamberger/Roth, Kommentar zum Bürgerlichen Gesetzbuch, 2. Aufl.
2008; *Jauernig*, Bürgerliches Gesetzbuch mit Erläuterungen, 13. Aufl.,
2009; Münchener Kommentar zum Bürgerlichen Gesetzbuch, 5. Aufl.,
2006 ff.; *Palandt*, Bürgerliches Gesetzbuch, 69. Aufl., 2010; *v. Staudinger*,
Kommentar zum Bürgerlichen Gesetzbuch, 13. Bearb., 1995 ff.

Lehrbücher und Grundrisse:

Baur/Stürner, Sachenrecht, 18. Aufl., 2009; *Brox/Walker*, Allgemeines
Schuldrecht, 33. Aufl., 2009; *Esser/Weyers*, Schuldrecht, Besonderer Teil,
Teilband 1, 8. Aufl., 1998, Teilband 2, 8. Aufl., 2000; *Fikentscher/Heine-mann*, Schuldrecht, 10. Aufl., 2006; *Huber*, Leistungsstörung, 1999; *Huber/Faust*, Schuldrechtsmodernisierung, 2002; *Larenz*, Lehrbuch des Schuld-rechts, Bd. I, 14. Aufl., 1987; Bd. II/1, 13. Aufl., 1986; *Larenz/Canaris*,
Lehrbuch des Schuldrechts, Bd. 2, Teilbd. 2, 13. Aufl., 1994; *Looschelders*,
Schuldrecht Allgemeiner Teil, 7. Aufl. 2009; *Lorenz/Riehm*, Lehrbuch zum
neuen Schuldrecht, 2002; *Medicus/Petersen*, Bürgerliches Recht, 22. Aufl.,
2009; *Medicus/Lorenz*, Schuldrecht, Bd. 1, 18. Aufl., 2008; *ders.*, Schuld-recht, Bd. 2, 12. Aufl., 2004; *Oetker/Maultzsch*, Vertragliche Schuldver-hältnisse, 2. Aufl. 2004; *Schlechtriem/Schmidt-Kessel*, Schuldrecht, Allge-meiner Teil, 6. Aufl. 2005.

1. Kapitel. Vertragsschluss, Vertragsinhalt, Treu und Glauben

1. Vertrag und Gefälligkeit

Arbeiter A spielt regelmäßig Lotto. Da er am Donnerstag in Urlaub fährt, bittet er seinen Arbeitskollegen B, für ihn einen Lottoschein auszufüllen und abzugeben. Er händigt ihm einen Zettel mit den anzukreuzenden Zahlen und den erforderlichen Geldbetrag aus. Am Sonntag entnimmt A der Zeitung, dass er sechs „Richtige" hat und fährt sofort nach Hause, um den Gewinn abzuholen. Dort angekommen, gesteht ihm B, dass er vergessen habe, den Lottoschein abzugeben. Der empörte A verlangt von B, dass er ihm Schadensersatz in Höhe des entgangenen Lottogewinns von 1,5 Mio leiste. Zu Recht?

Anspruch aus §§ 280 I, III, 283

Erste Voraussetzung für einen Schadensersatzanspruch statt der Leistung aus §§ 280 I, III, 283 wegen verschuldeter Unmöglichkeit der Leistung ist das Bestehen eines **Schuldverhältnisses** (§ 241 I), kraft dessen A von B eine **Leistung** verlangen konnte. Ein Schuldverhältnis kann entweder **kraft Gesetzes** oder **durch Vertrag** (§ 311 I) begründet werden. Hier kommt allenfalls ein vertragliches Schuldverhältnis in Gestalt eines **Auftrags** (§ 662) in Betracht. Der Auftrag ist ein Vertrag, durch den der Beauftragte verpflichtet wird, ein ihm vom Auftraggeber übertragenes Geschäft für diesen unentgeltlich zu besorgen. Da das Ausfüllen und Abgeben des Lottoscheins eine Tätigkeit im fremden Interesse und somit eine Geschäftsbesorgung i. S. des § 662 darstellt und B auch unentgeltlich tätig werden sollte, wäre an sich der Tatbestand des Auftrags gegeben. Zweifelhaft ist jedoch, ob B mit seiner Zusage eine **vertragliche Verpflichtung** eingehen oder nur eine **Gefälligkeit** des täglichen Lebens übernehmen wollte. Entscheidend ist, ob A nach der Verkehrsauffassung und den Umständen des Falles die Zusage als rechtlich bindend (sog. **Rechtsbindungswille**) verstehen durfte oder nicht (**Auslegungsfrage!**). Bei der Abgrenzung sollen nach der

Rspr. (vgl. BGHZ 21, 107; 92, 164, 168; *BGH* NJW 2006, 362; 2009, 1141) folgende Gesichtspunkte bedeutsam sein: die Art der Gefälligkeit, ihr Grund und Zweck, die erkennbare wirtschaftliche und rechtliche Bedeutung, insb. für den Begünstigten, und die Interessenlage. Der *BGH* (NJW 1974, 1705) hat in einem vergleichbaren Fall eine rechtsgeschäftliche bindende Zusage wegen des außerordentlich hohen Haftungsrisikos verneint. Richtigerweise wird man hier zwar einen echten Auftrag i.S. des § 662 annehmen müssen, da beim Lottospiel erkennbar Vermögensinteressen auf dem Spiel stehen und auch die Anwendung der §§ 664 ff. durchaus sachgerecht erscheint. Jedoch ist damit nicht ohne weiteres eine Schadensersatzhaftung aus der Nichterfüllung des Auftrags verbunden. Denn die Haftung für Fahrlässigkeit kann vertraglich abbedungen werden (vgl. § 276 III). Angesichts der hohen Gewinnsummen beim Lotto konnte A von B redlicherweise nicht erwarten, dass dieser ein solches Haftungsrisiko mit der Gefahr seines finanziellen Ruins übernehmen wollte. Gem. § 157 ist daher ein **stillschweigender Haftungsausschluss** anzunehmen (vgl. auch *Kornblum,* JuS 1976, 571, 575; *Plander,* AcP 176 [1976], 425). A kann daher keinen Schadensersatz (sondern nur Herausgabe des übergebenen Geldbetrages gem. § 667) verlangen.

2. Vertragsfreiheit und Kontrahierungszwang

Der freiberufliche Sportreporter R hatte in seinen Presseberichten wiederholt die Die Klage ist dann erfolgreich, wenn F rechtlich verpflichtet ist, dem R auf Verlangen eine Eintrittskarte zu verkaufen (im

Leistungen des Fußballclubs F, der am Tabellenende der Bundesliga stand, scharf kritisiert. Der Vereinsvorstand erteilte darauf den Kassierern die Anweisung, dem R keine Eintrittskarte mehr zu verkaufen. Beim nächsten Spiel wurde R an der Kasse zurückgewiesen. R klagt jetzt gegen den Verein F auf Feststellung, dass er berechtigt sei, Eintrittskarten für die kommenden Spiele zu erwerben. Wird er damit Erfolg haben?

Rechtssinne: einen gemischttypischen Vertrag über den Besuch einer Sportveranstaltung mit hauptsächlich werkvertraglichen Elementen abzuschließen). Grundsätzlich besteht zwar **Vertragsfreiheit:** Jedermann ist darin frei, ob und mit welchem Inhalt er einen Vertrag mit einem anderen schließt (sog. **Abschluss- und Inhaltsfreiheit;** vgl. *Köhler,* AT, § 5 Rn. 1 ff.). Diese Abschlussfreiheit besteht jedoch nicht uneingeschränkt. In bestimmten Fällen und unter bestimmten Voraussetzungen besteht eine Abschlusspflicht (sog. **Kontrahierungszwang**).

a) Ein unmittelbarer Kontrahierungszwang kann in **spezialgesetzlichen Vorschriften** vorgesehen sein. In der Regel dienen solche Vorschriften als Korrektiv für eine durch Rechtsnorm begründete oder zugelassene **Monopolstellung** (z. B. bei der Energieversorgung oder Personenbeförderung). Ein solcher Fall liegt hier nicht vor. Auch eine **analoge** Anwendung dieser Vorschriften, wie sie teilweise für Unternehmen der „öffentlichen Hand" im Bereich der „Daseinsvorsorge" gefordert wird, scheidet hier aus, da F ein privater Verein ist.

b) Ein mittelbarer Kontrahierungszwang besteht, soweit die Verweigerung des Vertragsschlusses eine **vorsätzliche sittenwidrige Schädigung** bewirken würde. Als Rechtsgrundlage dient § 826 i. V. m. § 249 I (Anspruch auf Schadensersatz durch Vertragsschluss als Naturalherstellung) oder § 826 i. V. m. § 1004 analog (Anspruch auf Unterlassung der Schädigung durch Vornahme des Vertragsschlusses). Als Voraussetzung wird gemeinhin der **Missbrauch einer Monopolstellung** bei Gütern des üblichen Bedarfs gefordert (vgl. BGHZ 63, 282; weitergehend *Bydlinski*, AcP 180 [1980], 1, 41). – Ein solcher Fall ist hier gegeben. Denn der Sportverein ist Monopolist hinsichtlich der angebotenen Leistung, die zum üblichen Bedarf jedenfalls eines Sportreporters rechnet. Die Missbräuchlichkeit und damit Sittenwidrigkeit der Verweigerung des Vertragsschlusses ergibt sich aus den Wertungen der Art. 5, 12 GG (Meinungs-, Presse- und Berufsfreiheit), die gerade im Rahmen von § 826 (mittelbare Drittwirkung der Grundrechte) zu berücksichtigen sind (vgl. *Medicus/Lorenz* I, Rn. 84; vgl. auch RGZ 133, 388). Für F besteht daher ein Kontrahierungszwang.

c) Ein mittelbarer Kontrahierungszwang kann sich schließlich auch aus den Vorschriften des Kartellrechts, insbesondere dem an marktmächtige Unternehmen gerichteten Verbot der Diskriminierung anderer Unternehmen ergeben (§ 20 I und II GWB, vgl. z. B. BGHZ 101, 72, 81 ff.). Da sowohl der Verein als auch der Sportreporter als „Unternehmen" i. S. des § 20 I und II GWB anzusehen sind (vgl. BGHZ 67, 81: „jedwede Tätigkeit im geschäftlichen Verkehr"), ist diese Vorschrift anwendbar. Da ferner F für seine Leistungen eine „marktbeherrschende Stellung" innehat und die Verweigerung des Vertragsschlusses unter Berücksichtigung der Wertungen des GWB (Freiheit des Wettbewerbs) und des Grundgesetzes (s. o.) als sachlich ungerechtfertigte Ungleichbehandlung anzusehen ist, ergibt sich ein Kontrahierungszwang hier auch aus § 20 I GWB i. V. mit § 33 S. 1 GWB, § 249 I. (Zu § 826 besteht Anspruchskonkurrenz, was in der Praxis häufig vernachlässigt wird.)

3. Abschluss, Änderung und Aufhebung eines Grundstückskaufvertrages

1. V will an K ein Grundstück für € 150 000,– verkaufen. Bedarf der Kaufvertrag zu seiner Wirksamkeit einer bestimmten Form?
2. Der Kaufvertrag zwischen V und K war notariell beurkundet worden. Es stellte sich jedoch heraus, dass das Grundstück weniger wert war. Auf Verlangen des K erklärt sich daher V zu einer Ermäßigung des Kaufpreises um € 50 000,– bereit. Bedarf auch diese Vereinbarung der notariellen Beurkundung?
3. Gleichzeitig mit Abschluss des Kaufvertrages war formgerecht die Auflassung erklärt worden und K hatte beim Grundbuchamt den Antrag auf seine Eintragung als Eigentümer gestellt. Die Eintragung war jedoch noch nicht erfolgt, als K in finanzielle Schwierigkeiten geriet und mit V übereinkam, den Kaufvertrag wieder aufzuheben. Bedarf dieser Aufhebungsvertrag ebenfalls der notariellen Beurkundung?

1. Gemäß § 311 b I S. 1 bedarf der Kaufvertrag der notariellen Beurkundung. Wird diese Form nicht eingehalten, so ist der Kaufvertrag gem. § 125 S. 1 nichtig. Trotz Nichteinhaltung der Form wird jedoch gem. § 311 b I S. 2 der Vertrag seinem ganzen Inhalt nach gültig, wenn die Auflassung und die Eintragung in das Grundbuch (§§ 873, 925) erfolgen (Heilung des Formmangels).
2. Dem Formzwang nach § 311 b I S. 1 unterliegen **alle** Vereinbarungen, die nach dem Willen der Parteien zum schuldrechtlichen Veräußerungsgeschäft gehören (sog. **Vollständigkeitsgrundsatz;** vgl. *BGH* NJW 1986, 248). Formbedürftig sind aber auch **nachträgliche** Vertragsänderungen, die eine formgerecht begründete Verpflichtung in rechtlich erheblicher Weise verändern, da auch für sie der Normzweck des § 311 b I **(Warn-, Schutz- und Beweisfunktion)** zutrifft (vgl. *BGH* NJW 1982, 434; 1996, 452). Ausnahmen sind nur bei unwesentlichen Änderungen zu machen (BGHZ 66, 270; str.). Der teilweise Erlass des Kaufpreises ist stets formbedürftig (*BGH* NJW 1982, 434).
3. Die **vertragliche Aufhebung** eines Grundstückskaufvertrages ist nur dann formbedürftig, wenn er eine unmittelbare Rückübertragungs- oder Erwerbsverpflichtung hinsichtlich des verkauften Grundstücks begründet, d. h. wenn die Parteien nicht lediglich eine Aufhebung,

sondern – was dem Vertrag nach § 157 i. d. R. im Wege einer (ergänzenden) Auslegung zu entnehmen ist – zugleich eine vertragliche Rückübertragungsverpflichtung begründen wollen. Beschränken sich die Parteien hingegen auf eine Vertragsaufhebung, ergibt sich der Rückübertragungsanspruch aus Gesetz (§ 812 I S. 1 Alt. 1), so dass § 311 b I keine Anwendung findet (BGHZ 127, 168, 173 f.). § 311 b I ist analog anzuwenden, wenn der Käufer zwar noch nicht das Volleigentum, aber ein unentziehbares **Anwartschaftsrecht** in Bezug auf das Grundstück erlangt hat (vgl. BGHZ 83, 395, 397 ff. m. w. N.), denn Volleigentum und Anwartschaftsrecht sind im Wesentlichen gleichzubehandeln. Ein solches Anwartschaftsrecht hatte hier K bereits erworben, da die Auflassung erfolgt und von ihm der Eintragungsantrag bereits gestellt war (Grund: Nach § 17 GBO muss das Grundbuchamt diesen Antrag vor zeitlich nachfolgenden Eintragungsanträgen erledigen, so dass der Erwerber vor anderweitigen Verfügungen des Veräußerers geschützt ist). Geht man davon aus, dass K und V mit dem Aufhebungsvertrag eine vertragliche Verpflichtung zur Rücknahme des Eintragungsantrags verbunden haben, ist dieser formbedürftig.

4. Nachträgliche Preisfestsetzung durch einen Vertragsbeteiligten

In der Helfrecht-AG trug man sich mit dem Gedanken, sich mit einem Konkurrenzunternehmen zusammenzuschließen. Um die dabei auf-

Anspruch aus § 631 I
Ein vertraglicher Vergütungsanspruch setzt voraus, dass ein Vertrag zustande gekommen ist. Daran könnte es hier fehlen, weil ein Vertrag Einigung über alle wesentlichen

tretenden gesellschafts- und steuerrechtlichen Fragen zu klären, wandte man sich an den Wirtschaftsprüfer Prof. Brumm, der ein Gutachten erstellen sollte. Über das Honorar wurde nicht gesprochen. Brumm berechnete für sein Gutachten ein Honorar von € 30 000,–. Da dem Vorstand der AG dieser Betrag überhöht erschien, fragte er bei der Rechtsabteilung an, ob man diesen Betrag wirklich bezahlen müsse.

Vertragsbestandteile erfordert, die Parteien hier aber über die Vergütung keine Vereinbarung getroffen haben. Da es sich bei der Erstellung eines Gutachtens um ein Werk i. S. des § 631 I handelt und die Herstellung dieses Werks den Umständen nach nur gegen eine Vergütung zu erwarten ist, gilt aber gem. § 632 I eine Vergütung als **stillschweigend** vereinbart. Ist über die Höhe der Vergütung nichts bestimmt, so ist gem. § 632 II beim Bestehen einer Taxe (= behördlich festgesetzter Preis) die taxmäßige, andernfalls die übliche Vergütung als vereinbart anzusehen. Da für Gutachten der vorliegenden Art weder eine Taxe noch eine übliche Vergütung besteht, hilft diese Vorschrift nicht weiter. Weil aber davon auszugehen ist, dass die Parteien, obwohl sie den Umfang der Vergütung nicht vertraglich festlegten, bereits eine endgültige vertragliche Bindung wollten, greift § 316 ein. Danach darf im Zweifel der Gläubiger der Gegenleistung, hier also B, ihren Umfang bestimmen. Er darf diese Bestimmung gem. § 315 I im Zweifel nur nach „**billigem Ermessen**" (Gegensatz: freies Belieben) treffen. Soweit die getroffene Bestimmung nicht der Billigkeit entspricht, ist sie für den Gegner nicht verbindlich. Bei der Beurteilung der Billigkeit sind die Interessen beider Teile zu berücksichtigen (BGHZ 41, 271, 279). Auf der Seite des Gutachters sind etwa Dauer, Umfang und Schwierigkeit der Arbeit, Vorbildung und Lebensstellung, auf der Seite des Auftraggebers das wirtschaftliche Interesse an der Klärung der gestellten Fragen von Bedeutung (*BGH NJW* 1966, 539).

Hält der Gegner die getroffene Bestimmung für unbillig, so kann er (aber auch der Bestimmungsberechtigte selbst) Klage mit dem Antrag auf gerichtliche Festsetzung erheben. Das Gericht prüft dann gem. § 315 III S. 2, ob die Bestimmung der Billigkeit entspricht. Ist dies nicht der Fall, so setzt es selbst durch Urteil die Leistung fest (Gestaltungsurteil; vgl. *Medicus/Lorenz* I, Rn. 223; *Kornblum*, AcP 168 [1968], 456). Es hat dabei ebenfalls nach billigem Ermessen zu entscheiden. Sein Spielraum ist allerdings enger als derjenige der bestimmungsberechtigten Partei, weil dieser bis an die Grenzen der Billigkeit gehen darf, das Gericht aber wegen seiner Verpflichtung zur Unparteilichkeit „sich in der Mitte halten muss".

Die AG kann daher, wenn ihr das Honorar überhöht erscheint, auf gerichtliche Prüfung und ggf. Festsetzung klagen.

5. Unrichtigkeit eines Schiedsgutachtens

A verkaufte seine Fabrik an den B. Der Kaufpreis wurde auf 80% des Verkehrswertes festgesetzt, den der Wirtschaftsprüfer W ermitteln sollte. Aus den Berechnungen des W ergab sich ein Verkehrswert von € 4 000 000,–. Der vorsichtige B ließ die Berechnungen von seinem Steuerberater S durchsehen, der in der Tat einen groben Bilanzierungsfehler entdeckte, welcher mit € 200 000,–

Anspruch aus § 433 II
Der Kaufpreis beträgt € 3 200 000,–, wenn die Schätzung des W für beide Parteien verbindlich ist. Wird von den Parteien ein sachkundiger Dritter (sog. **Schiedsgutachter**) herangezogen, um die vertragliche Leistung zu bestimmen, so sind drei Möglichkeiten denkbar (vgl. Palandt/*Grüneberg*, § 317 Rn. 4–7):
a) Er soll unmittelbar die Leistung bestimmen und damit den Parteiwillen ergänzen (vgl. *BGH* NJW 1996, 452, 453).
b) Er soll den objektiv feststehenden, für die Parteien aber ungewissen Inhalt der

werterhöhend zu Buche geschlagen hatte. B weigerte sich daraufhin, mehr als 80% von € 3 800 000,– = € 3 040 000,– zu zahlen. Zu Recht?

Leistung klarstellen (vgl. *BGH* NJW 1965, 150).

c) Er soll Tatsachen feststellen, die für den Inhalt und Umfang der Leistung mittelbar bestimmend sind.

Im Fall a) spricht man von einem Schiedsgutachten i. w. S. Es finden darauf die §§ 317–319 unmittelbare Anwendung. In den Fällen b) und c) handelt es sich dagegen um Schiedsgutachten im eigentlichen Sinn. Da in diesen Fällen die Tätigkeit des Schiedsgutachters nicht in Ermessensausübung, sondern in Ausübung seiner Sachkunde besteht, können nach h. M. (vgl. *BGH* NJW 1983, 2245) die §§ 317 ff. nur modifiziert Anwendung finden. An die Stelle des „**billigen Ermessens**" in § 317 tritt die Pflicht zu „**sorgfältiger Tätigkeit**", an die Stelle der „**offenbaren Unbilligkeit**" in § 319 I die „**offenbare Unrichtigkeit**" (vgl. BGHZ 81, 237; NJW 1991, 2698). Da W eine Tatsache (Verkehrswert) feststellen sollte, die für den Kaufpreis mittelbar (80%) bestimmend sein sollte, liegt der Fall c) vor (vgl. *BGH* WM 1975, 256). Das von W gefundene Ergebnis ist daher gem. § 319 I nicht erst dann für die Parteien unverbindlich, wenn es „offenbar unbillig" ist (wozu gehört, dass Treu und Glauben in grober Weise verletzt sind), sondern schon dann, wenn es offenbar unrichtig ist. Dazu ist lediglich erforderlich, dass sich die Unrichtigkeit (Fehler- oder Lückenhaftigkeit) des Schiedsgutachtens dem sachkundigen und unbefangenen Beobachter aufdrängt (*BGH* NJW 1983, 2245; 1991, 2698). – Bei einem groben Bilanzierungsfehler ist offenbare Unrichtigkeit anzunehmen. Die Berechnung des W ist daher für B nicht verbindlich. Er kann gem. § 319 I S. 2 mit

Erfolg auf Bestimmung des Verkehrswerts durch das Gericht klagen (vgl. *LG Hamburg* NJW 1970, 2064).

Beachte: Vom Schiedsgutachter ist streng zu unterscheiden der **Schiedsrichter** (§§ 1025 ff. ZPO), dem von den Parteien die Entscheidung eines Rechtsstreits anstelle des Prozessrichters anvertraut wird. Zur im Einzelfall schwierigen Abgrenzung vgl. BGHZ 48, 25.

6. Verwirkung und Verzicht

M hatte mit O einen notariell beurkundeten Grundstückskaufvertrag geschlossen. Der Kaufpreis sollte bis zu einem bestimmten Zeitpunkt bezahlt werden. Für den Fall nicht rechtzeitiger Zahlung war vereinbart worden, dass der Verkäufer ohne weitere Fristsetzung vom Vertrag zurücktreten dürfe. O konnte den Zahlungstermin nicht einhalten. Erst in den darauf folgenden Wochen überwies er einen Teilbetrag auf das von M angegebene Konto. Später gelang es ihm, einen größeren Kredit zu bekommen, so dass er nacheinander mehrere Beträge überweisen konnte. Da M sein Konto nicht überprüfte, gelangten diese Zahlungen, die insgesamt 80% des Kaufpreises ausmachten, nicht zu seiner Kenntnis. Kurze Zeit darauf

M kann nach § 346 S. 1 von O Rückübereignung verlangen, wenn er wirksam vom Kaufvertrag zurückgetreten ist.

a) Entstehen des Rücktrittsrechts
Das Rücktrittsrecht war hier nach § 323 I, II Nr. 2 bzw. nach der vertraglichen Vereinbarung als vertragliches Rücktrittsrecht mit Ablauf der Zahlungsfrist entstanden.

b) Erlöschen des Rücktrittsrechts
aa) Das Rücktrittsrecht als Gestaltungsrecht kann durch einseitigen Verzicht erlöschen (vgl. Fall 156). Ein Verzicht ist auch konkludent möglich, setzt aber eine entsprechende **Willenserklärung** voraus. Aus der bloßen Entgegennahme von (Teil-)Zahlungen kann in der Regel noch kein solcher Verzichtswille gefolgert werden, jedenfalls dann nicht, wenn der Verkäufer, wie hier, gar keine Kenntnis von den Zahlungen erlangt hatte. Ein konkludenter Verzicht ist daher nicht anzunehmen.

bb) Das Rücktrittsrecht kann aber auch durch **Verwirkung** untergehen (s. *BGH* NJW 2002, 669; 2006, 1198). Es handelt sich hierbei um einen Anwendungsfall des allgemeinen Einwands aus Treu und Glauben

erklärte M den Rücktritt vom Kaufvertrag. Er ließ sich auch nicht durch die Mitteilung von den zwischenzeitlichen Zahlungen beeindrucken, sondern verlangte von O, der bereits als Eigentümer eingetragen worden war, Rückgabe des Grundstücks. Zu Recht?

(§ 242). Ein Recht ist verwirkt, wenn sich ein Schuldner über einen gewissen Zeitraum hin wegen der Untätigkeit seines Gläubigers bei objektiver Beurteilung darauf einrichten durfte und auch eingerichtet hat, dieser werde sein Recht nicht mehr geltend machen, und deswegen die verspätete Geltendmachung gegen Treu und Glauben verstößt (*BGH* a. a. O.). Da es sich um eine objektive Beurteilung handelt und nicht ein Willensentschluss des Berechtigten entscheidend ist, kann Verwirkung selbst dann eintreten, wenn der Berechtigte keine Kenntnis von seiner Berechtigung hat (*BGH* NJW 2007, 2183); s. auch den gesetzlichen Ausdruck dieses Gedankens in § 314 III.

(1) Zeitmoment: Der Berechtigte hat sein Recht über einen längeren Zeitraum hinweg (was nach den Umständen des Einzelfalls zu beurteilen ist) nicht ausgeübt, obwohl ihm dies möglich und zumutbar war.

(2) Umstandsmoment: Der Gegner hat darauf vertraut und durfte auch bei verständiger Würdigung aller Umstände darauf vertrauen, dass der Berechtigte sein Recht nicht mehr geltend machen wolle. Ferner muss die verspätete Geltendmachung des Rechts für den Gegner **unzumutbar** sein. Dies ist regelmäßig der Fall, wenn sich der Gegner darauf **eingerichtet** (z. B. Dispositionen getroffen) hat (vgl. BGHZ 67, 56, 68).

Hier hatte M von seinem Rücktrittsrecht über längere Zeit hinweg keinen Gebrauch gemacht. Da er die erste und auch die weiteren Zahlungen nicht zurückwies, konnte O bei objektiver Beurteilung annehmen, dass M sein Rücktrittsrecht nicht mehr ausüben wolle. Auf die subjektive Willensrichtung des M – hier bedingt durch seine Unkenntnis vom Eingang der Zahlungen – kommt es nicht an. Die Verwirkung kann auch gegen den Willen des Berechtigten eintreten (BGHZ 25, 52), ja sogar dann, wenn er von seinem Recht gar keine Kenntnis hatte. – O hatte sich auch darauf eingerichtet, denn er hatte einen Kredit aufgenommen, um die weiteren Zahlungen erbringen zu können, was er nicht getan hätte, wenn M vorher seinen Rücktritt erklärt hätte (vgl. *BGH* BB 1969, 383). Die Voraussetzungen der Verwirkung sind daher gegeben. Dass O gem. § 350 dem M eine Frist zur Ausübung des (vertraglichen) Rücktrittsrechts hätte setzen können, mit der Folge des Erlöschens dieses Rechts bei nicht rechtzeitiger Ausübung, steht der Berufung auf Verwirkung wegen der (unbewussten) Entgegennahme der Zahlungen nicht entgegen (anders in der Fallkonstellation *BGH* NJW 2002, 669). M kann daher derzeit nicht die Rückübereignung verlangen. Er kann aber wegen des noch ausstehenden Kaufpreisrestes dem O eine Frist setzen und anschließend nach § 323 zurücktreten. Zahlt O dann nicht, so erwächst dem M erneut ein Rücktrittsrecht (s. dazu auch Fall 56).

7. Fehlen und Wegfall der Geschäftsgrundlage

Was versteht man unter „Fehlen oder Wegfall der Geschäftsgrundlage" und welche Rechtsfolgen knüpfen sich daran?

1. Entstehung und Funktion der Regeln über die Geschäftsgrundlage

Die Lehre von der **Geschäftsgrundlage** wurde von *Oertmann* (Die Geschäftsgrundlage, 1921) begründet und bald von der Rspr. (vgl. RGZ 103, 332) aufgegriffen. Ihre Aufgabe ist die sachgerechte Verteilung solcher Vertragsrisiken, die sich aus unrichtiger Beurteilung oder unerwarteter Änderung von Umständen ergeben, im Vertrag aber keine Regelung gefunden haben. Über Begriff, Inhalt und dogmatische Einordnung des Rechtsinstituts der Geschäftsgrundlage hat sich jedoch bis heute keine einheitliche Meinung gebildet, wenngleich Rechtsprechung und Rechtswissenschaft bestimmte Grundsätze und Fallgruppen herausgearbeitet haben (s. BT-Drs. 14/6040, S. 174 f.). Der Gesetzgeber hat diese Grundsätze mit dem Schuldrechtsmodernisierungsgesetz zum 1. 1. 2002 in § 313 kodifiziert, dabei aber weder eine Änderung des bisherigen Rechtszustands noch dessen Festschreibung beabsichtigt (BT-Drs., a.a.O., S. 175).

2. Anwendungsbereich und Abgrenzung
Die in § 313 niedergelegten Regeln über die Geschäftsgrundlage gelten grundsätzlich für alle schuldrechtlichen Verträge. Sie greifen jedoch nur dann ein, wenn (ggf. durch ergänzende Auslegung zu ermittelnde) vertragliche oder gesetzliche Regelungen (z. B. hinsichtlich Unmöglichkeit, Mängelhaftung, Irrtum) die betreffende Vertragsstörung in Tatbestand oder Rechtsfolge nicht oder nicht ausreichend erfassen (vgl. *BGH* WM 1969, 498). Der Streit geht nur darüber, wie weit die (ergänzende) Vertragsauslegung bzw. die gesetzlichen Sonderregelungen reichen bzw. umgekehrt, wo die Geschäftsgrundlage anfängt.

3. Tatbestand des Fehlens bzw. Wegfalls der Geschäftsgrundlage
a) Begriff
Die Geschäftsgrundlage ist zu unterscheiden vom Vertragsinhalt einerseits und vom bloß einseitigen (und daher unerheblichen) Motiv andererseits.

aa) Nach der Rspr. (vgl. *BGH* BB 2006, 911 m. w. N.) wird sie gebildet durch die „bei Vertragsschluss bestehenden gemeinsamen Vorstellungen beider Parteien oder die dem Geschäftsgegner erkennbaren und von ihm nicht beanstandeten Vorstellungen der einen Vertragspartei von dem Vorhandensein oder dem künftigen Eintritt gewisser Umstände, sofern der Geschäftswille der Parteien auf dieser Vorstellung aufbaut". Dies findet sich nunmehr in § 313 I wieder. § 313 II stellt den Fall des anfänglichen Fehlens der Geschäftsgrundlage dem späteren Wegfall gleich (s. *Rösler*, JuS 2004, 1058; 2005, 27).

bb) In der Literatur wurde weiter differenziert zwischen **subjektiver** und **objektiver** GG. Unter der subjektiven GG seien solche gemeinsame Vorstellungen oder Erwartungen der Parteien zu verstehen, die für den Vertragsschluss so maßgeblich waren, dass bei Kenntnis von ihrer Unrichtigkeit der Vertrag nicht oder nicht mit diesem Inhalt zustande gekommen wäre (Fälle des **„gemeinsamen Motivirrtums"**; Beispiel: BGHZ 163, 42). Unter der objektiven GG dagegen jeder Umstand, dessen Vorhandensein oder Fortdauer objektiv erforderlich ist, damit der Vertrag im Sinne der Intentionen beider Parteien noch als eine sinnvolle Regelung bestehen kann (Fälle der **„Äquivalenzstörung"** und der **„Zweckvereitelung"**; s. etwa BGHZ 97, 171, 175 ff.). § 313 regelt in Abs. 1 zunächst die „objektive" Geschäftsgrundlage und stellt ihr in Abs. 2 die „subjektive" Geschäftsgrundlage gleich.

b) Erheblichkeit der Störung der Geschäftsgrundlage

Nicht jede Störung (Fehlen bzw. Wegfall) der Geschäftsgrundlage ist relevant. Außerdem muss das unveränderte Festhalten am Vertrag für die betroffene Partei **unzumutbar** sein. Das ist insbesondere dann nicht der Fall, wenn der betreffende Umstand in ihren **Risikobereich** fällt (Vorrang der **vertraglichen oder gesetzlichen Risikoverteilung**). Ob dies der Fall ist, ist durch Auslegung des Vertrages und des anzuwendenden dispositiven Rechts zu ermitteln (vgl. *BGH* NJW 1985, 2693; 1992, 2690, 2691; NJW-RR 2008, 1716).

4. Rechtsfolgen des Wegfalls (Fehlens) der Geschäftsgrundlage

a) Vertragsanpassung

Grundsätzlich kommt nur eine **Anpassung** des Vertrages an die veränderten Umstände unter Berücksichtigung der berechtigten Interessen beider Teile und größtmöglicher Aufrechterhaltung des Vertrages in Betracht. Diese Anpassung tritt allerdings nicht unmittelbar kraft Gesetzes ein. Vielmehr haben die Parteien einen ggf. gerichtlich durchzusetzenden – **Anspruch** auf Vertragsanpassung. Der Anspruchsteller muss in diesem Fall auf Abgabe der entsprechenden Willenserklärung klagen, die im Erfolgsfall mit Rechtskraft des Urteils nach § 894 ZPO fingiert wird (s. dazu im Einzelnen *Riesenhuber/Domröse*, JuS 2006, 208 ff).

Die Anpassung kann z. B. in der Herabsetzung einer Verbindlichkeit oder in der Einräumung eines Ausgleichsanspruches bestehen (vgl. Fälle 18, 101).

b) Rücktritts- bzw. Kündigungsrecht

Ist eine Anpassung des Vertrages nicht möglich oder einem Teil nicht zumutbar, so steht dem benachteiligten Teil gem. § 313 III ein Rücktritts- bzw. Kündigungsrecht zu. Wird dies ausgeübt, vollzieht sich die Rückabwicklung nach den §§ 346 ff.

8. Zusendung von unbestellten Waren

Der Buchhändler B schickt dem Rechtsanwalt R unaufgefordert eine Neuauflage des Palandt sowie eine Jubiläumsausgabe der Luther-Bibel. Der Sendung sind ein Anschreiben und je eine Rechnung für die beiden Bücher beigefügt. Im Anschreiben heißt es, B gehe davon aus, dass R am Erwerb der beiden Werke interessiert sei; sei dies wider Erwarten nicht der Fall, bitte er um baldige Rücksendung. Als von R keine Reaktion kommt, meldet sich B bei ihm telefonisch. R erklärt daraufhin, er habe den Palandt in seine Handbibliothek aufgenommen; die Bibel habe er seinem Freund, dem Pastor P, geschenkt, ohne ihm etwas von der Herkunft des Buches zu sagen. Zur Zahlung sei er nicht verpflichtet, da er nichts bestellt habe.
1. Kann B von R Zahlung des Palandt verlangen?
2. Kann B von R Zahlung der Bibel verlangen?
3. Kann B wenigstens von P Herausgabe der Bibel verlangen?

1. Anspruch des B gegen R auf Zahlung des Palandt gemäß § 433 II
Der Anspruch setzt voraus, dass zwischen B und R ein Kaufvertrag über den Palandt zustande gekommen ist. Das Angebot hierzu ist von B ausgegangen. Fraglich ist nur, ob auch eine Annahmeerklärung des R vorliegt. Sie ist zwar nicht ausdrücklich erfolgt, könnte jedoch konkludent, nämlich durch Aufnahme des Buchs in die Handbibliothek, erklärt worden sein. Ein Zugang dieser Erklärung (sog. Willensbetätigung) wäre nämlich nach § 151 S. 1 nicht erforderlich, da insoweit ein Verzicht des B anzunehmen ist.

a) Fehlendes Erklärungsbewusstsein
Die Vorstellung, sich mit der Aufnahme der Benutzung des Palandt (überhaupt) nicht rechtsgeschäftlich zu binden, würde an sich das Erklärungsbewusstsein des R ausschließen. Dies hätte, da im Falle des § 151 S. 1 der Gedanke des Vertrauensschutzes keine Rolle spielt, die Unwirksamkeit (und nicht bloß die Anfechtbarkeit der Annahmeerklärung nach § 119 I analog) zur Folge. Darauf kann sich R jedoch nach § 116 S. 1 analog nicht berufen. Denn wer in Kenntnis der Sachlage eine Handlung vornimmt, die ihm nur gestattet sei, wenn er das Vertragsangebot annehme, ohne den Willen zu haben, eine Annahme zu erklären, gleicht demjenigen, der eine Willenserklärung unter einem geheimen Vorbehalt abgibt (*La-*

Zur Vertiefung: *S. Lorenz*, 2. FS *W. Lorenz*, 2001, S. 193 ff.; *Riehm*, Jura 2000, 505 ff.

renz I, 7. Aufl., 1989, § 28 I S. 533; *BGH* NJW-RR 1986, 415, 416).

b) Einwand der unbestellten Zusendung

Nach § 241 a I wird zwar durch die Lieferung unbestellter Waren kein Anspruch gegen den Empfänger, also auch kein Zahlungsanspruch, begründet. Diese Vorschrift gilt jedoch nur im Verhältnis von Unternehmer zu Verbraucher und schließt im Übrigen einen Vertragsschluss nach dem oben beschriebenen Mechanismus nicht aus (s. u.). R ist hier aber, da der Palandt für seine „selbstständige berufliche Tätigkeit" bestimmt ist, als Unternehmer i. S. von § 14 I und nicht als Verbraucher i. S. des § 13 anzusehen. Er kann sich daher nicht auf § 241 a I berufen.

2. Anspruch des B gegen R auf Zahlung der Bibel

a) Gemäß § 433 II

Das Angebot zum Vertragsschluss ist wiederum von B ausgegangen; fraglich ist nur, ob auch eine Annahmeerklärung des R vorliegt. Da eine ausdrückliche Erklärung fehlt, kann sie allenfalls konkludent, nämlich durch Verschenken der Bibel an P, erfolgt sein. Der Zugang dieser konkludenten Annahme könnte wiederum nach § 151 S. 1 entbehrlich sein. Ob eine Annahme i. S. des § 151 S. 1 vorliegt, ist indessen im Wege der Auslegung zu klären. Es kommt darauf an, ob aus der Sicht eines unbeteiligten objektiven Dritten auf Grund aller äußeren Umstände auf einen Annahmewillen geschlossen werden kann (*BGH* NJW 1999, 2179). Dabei kann nicht unberücksichtigt bleiben, dass nach dem Willen des Gesetzgebers die Lieferung unbestellter Waren durch einen Unternehmer an einen Verbraucher keine Ansprüche gegen diesen begründet (§ 241 a I). Es sind damit nicht nur Zahlungs-, sondern auch alle sonstigen Ansprüche, etwa auf Herausgabe, Schadensersatz oder Nutzungsvergütung, ausgeschlossen. Der Gesetzgeber wollte mit dieser „Radikalkur" das Unwesen der Zusendung unbestellter Waren abstellen. Der Verbraucher kann daher mit der Sache nach Belieben verfahren. § 241 a schließt zwar einen (konkludenten) Vertragsschluss mit dem Verbraucher keineswegs aus: Behält dieser die Sache mit entsprechendem Annahmewillen, so kann auch weiterhin ein wirksamer Kaufvertrag zustande kommen, ohne dass dem Absender eine Annahmeerklärung des Empfängers zugehen muss (§ 151). Der Anspruch wird dann gerade nicht, wie von § 241 a ausgeschlossen, „durch die Lieferung", sondern erst durch die Annahme des darin zum Ausdruck kommenden Angebots begründet. Allerdings dürfte es angesichts der Existenz der Regelung nahezu ausgeschlossen sein, in der Benutzung bzw. im Verbrauch der Sache eine konkludente Annahmeerklärung des Verbrauchers zu sehen. Diesem wird ein entsprechender Wille insbesondere dann kaum zu unterstellen sein, wenn er weiß, dass er die Sache wegen § 241 a kostenlos behalten und nutzen darf, d. h. wirtschaftlich gesehen „geschenkt" bekommt (*S. Lorenz,* JuS 2000, 833, 841; *ders.,* FS W. Lorenz, 2001, S. 197 f.). Da das Buch nicht für die selbstständige berufliche Tätigkeit des R bestimmt ist, sondern dem privaten Bereich zuzuordnen ist, ist R insoweit als Verbraucher anzusehen. Ein vertraglicher Zahlungsanspruch ist daher mangels Vertragsschlusses nicht entstanden.

b) Gemäß §§ 812 I S. 1, 1. Alt., 818 II

An sich wäre R, da kein Vertrag zustande gekommen war, nach § 812 I S. 1, 1. Alt. (Leistungskondiktion) zur Rückgabe der Bibel und, da er sie verschenkt hat, nach § 818 II bzw. nach §§ 819 I, 818 IV, 292, 989 zum Wertersatz verpflichtet. Jedoch ist dieser Anspruch – wie auch jeder andere – durch § 241 a I ausgeschlossen.

3. Anspruch des B gegen P auf Herausgabe der Bibel

a) Gemäß § 985

Da P Besitzer der Bibel ist, könnte B die Herausgabe nach § 985 verlangen, wenn er noch Eigentümer ist. B könnte sein Eigentum bereits auf Grund der unbestellten Zusendung und der Empfangnahme durch R verloren haben, wenn darin eine Übereignung nach § 929 S. 1 lag. Zwar ist in der unerbetenen Zusendung ein Übereignungsangebot zu erblicken, allerdings nur unter der aufschiebenden Bedingung der Annahme des Kaufangebots durch R. Denn es ist nicht anzunehmen, dass B sein Eigentum auch ohne das Zustandekommen eines Kaufvertrages auf R übertragen möchte. Da diese Bedingung nicht eingetreten ist, ist B zunächst Eigentümer der Bibel geblieben. Er könnte es allerdings dadurch verloren haben, dass R die Bibel an P verschenkt, d. h. schenkweise (§ 516) übereignet hat (§ 929 S. 1). Da P von der Herkunft der Bibel nichts wusste, ist davon auszugehen, dass er R gutgläubig für den Eigentümer hielt. P hat daher zumindest gutgläubig nach § 932 I S. 1 Eigentum an der Bibel erworben. Ein Herausgabeanspruch scheidet daher aus. Richtigerweise ist aber § 241 a zugleich auch eine gesetzliche Ermächtigung des Empfängers zu entnehmen, über die Sache zu verfügen, so dass ein Eigentumserwerb des P gar nicht von dessen Gutgläubigkeit abhängt (*S. Lorenz*, 2. FS W. Lorenz, 2001, S. 210 f.). Nur dies entspricht der vom Gesetzgeber ausdrücklich für „angemessen" erachteten Lage, dass die Regelung „im Ergebnis auf eine Schenkung hinausläuft" (BT-Drs. 14/2658, S. 46; str.).

b) Gemäß § 816 I S. 2

In Betracht käme allerdings, da P das Eigentum an der Bibel durch die unentgeltliche Verfügung eines Dritten, des R, erworben hat, ein Herausgabeanspruch aus § 816 I S. 2. Denn P hat auf Grund dieser Verfügung „unmittelbar einen rechtlichen Vorteil", eben das Eigentum, erlangt. Sieht man in § 241 a einen Fall der Verfügungsermächtigung (s. o.), ist ein solcher Anspruch schon deshalb ausgeschlossen, weil R nicht als Nichtberechtigter verfügt hat. Die h. M. gelangt zu demselben Ergebnis, indem sie die Ansprüche aus § 816 I zutreffend als Surrogat für den ursprünglich gegebenen, aber durch wirksame Verfügung eines Nichtberechtigten untergegangenen Eigentumsanspruch aus § 985 qualifiziert und daher durch § 241 a ebenfalls ausgeschlossen ansieht (s. Palandt/*Grüneberg*, § 241 a Rn. 7 m. w. N.; str.): Wenn der ursprüngliche Eigentumsherausgabeanspruch kraft Gesetzes ausgeschlossen ist, muss auch der entsprechende Folgeanspruch aus § 816 I S. 1 oder 2 ausgeschlossen sein. Da hier der Eigentumsherausgabeanspruch des B gegen R nach § 241 a I ausgeschlossen war, besteht kein Anspruch aus § 816 I S. 2 gegen P.

2. Kapitel. Unmöglichkeit der Leistung

I. Unmöglichkeit und Wegfall der Primärleistungspflicht

9. Objektive und subjektive Unmöglichkeit

Kling kauft im Antiquitätengeschäft des Viktor einen Bauernschrank aus dem späten 19. Jahrhundert zum (marktgerechten) Preis von € 4000,–.

1. Noch vor dem vereinbarten Abholtermin wird der Schrank bei einem Brand im Lager des Viktor vollständig zerstört.
a) Ist Viktor von der Leistungspflicht befreit? Muss er dazu Erklärungen abgeben?
b) Wie ist zu entscheiden, wenn Viktor den Brand selbst vorsätzlich gelegt hat?
2. Noch bevor Kling den Schrank abholt, veräußert ein Angestellter des Viktor, der vom Verkauf des Schranks nichts wusste, diesen an Dreier.
a) Kann Kling von Viktor Lieferung des Schranks verlangen?
b) Wie ist zu entscheiden, wenn Dreier dazu bereit ist, den Schrank an Kling zu übereignen, hierfür aber von Viktor eine „Ablöse" von € 12 000,– verlangt?

1. a) Viktor ist von der Pflicht aus § 433 I zur Lieferung des Schranks gem. § 275 I befreit, da die Leistung „für jedermann" unmöglich ist (sog. „objektive Unmöglichkeit"). Dieser Wegfall der sog. Primärleistungspflicht nach § 275 I erfolgt ipso iure, d. h. der Anspruch auf die Leistung entfällt automatisch, ohne dass es einer Geltendmachung bedarf („ist ausgeschlossen").

b) Dies gilt auch, wenn er die Unmöglichkeit zu vertreten hat. § 275 I–III regeln den Wegfall der Primärleistungspflicht grundsätzlich unabhängig von der Frage des Vertretenmüssens (s. aber § 275 II S. 2). Dieses erlangt erst bei der Frage der **sekundären Leistungspflichten** und sonstiger Rechtsfolgen (Schadensersatz, Schicksal der Gegenleistungspflicht, s. § 275 IV) Bedeutung.

2. a) Die Leistung ist hier allenfalls dem V, nicht aber „jedermann" unmöglich, da D den Schrank an K übergeben und übereignen könnte (auf eine nur in Ausnahmefällen bestehende **Verpflichtung** des D hierzu, s. PdW SchuldR II, Fall 2, kommt es insoweit nicht an). § 275 I erfasst aber auch die nur für den Schuldner bestehende Unmöglichkeit (sog. **„subjektive Unmöglichkeit"** oder **„Unvermögen"**). Diese liegt aber nicht allein deshalb vor, weil der

Schuldner – wie hier V – über den Leistungsgegenstand (derzeit) nicht verfügt. Sie setzt vielmehr voraus, dass der Schuldner auch nicht in der Lage ist, sich die Sache wieder zu beschaffen bzw. den Verfügungsberechtigten zur Leistung an den Gläubiger zu veranlassen (BGHZ 141, 179, 181 f.). Vorübergehende Leistungshindernisse begründen dagegen grundsätzlich keine Unmöglichkeit i. S. v. § 275 I (s. dazu Fall 15). V muss daher darlegen und beweisen, dass er den Schrank weder wiederbeschaffen noch D veranlassen kann, ihn an K zu übereignen.

b) Ist der V zwar zur Beschaffung des Gegenstandes in der Lage, kommt ein Leistungsverweigerungsrecht nach § 275 II in Betracht, wenn die Aufwendungen hierfür in einem groben Missverhältnis zum (nicht ausschließlich nach wirtschaftlichen Kriterien zu beurteilenden) „Leistungsinteresse" des K stehen (sog. „faktische" oder „praktische" Unmöglichkeit). **Dabei** kann nach § 275 II S. 2 auch die Frage des Vertretenmüssens eine Rolle spielen (s. dazu – zum alten Recht – *BGH* NJW 1988, 699). Angesichts der notwendigen finanziellen Aufwendungen (3-facher Marktpreis) ist hier trotz des u. U. vorliegenden Verschuldens des V bzw. desjenigen seines Angestellten (§ 278) von Unverhältnismäßigkeit auszugehen, so dass V nach § 275 II die Leistung verweigern kann.

10. Anfängliche und nachträgliche Unmöglichkeit

Ändert sich etwas an der rechtlichen Beurteilung von Fall 9, wenn der Schrank be-

In Bezug auf die Frage der Befreiung von der Primärleistungspflicht ändert sich an der rechtlichen Beurteilung nichts. § 275 I–

reits vor Vertragsschluss bei einem Brand im Lager des Viktor zerstört worden bzw. an Dreier verkauft und übereignet worden war?

III differenziert tatbestandlich nicht zwischen anfänglichen und nachträglichen Leistungshindernissen. Die Wirksamkeit des Vertrages wird auch durch die anfängliche Unmöglichkeit bzw. das anfängliche Unvermögen nicht beeinflusst (§ 311 a I, anders § 306 BGB a. F.).

Merke: In Bezug auf die Frage der Befreiung von der Primärleistungspflicht stellt § 275 I–III subjektive und objektive, anfängliche und nachträgliche, zu vertretende und nicht zu vertretende Leistungshindernisse gleich. Eine Differenzierung (zwischen anfänglichen und nachträglichen, zu vertretenden und nicht zu vertretenden Leistungshindernissen) erfolgt erst bei der Frage der weiteren Rechtsfolgen einer solchen Leistungsbefreiung (s. § 275 IV sowie Fälle 58 und 59).

11. Teilweise und vollständige Unmöglichkeit: Unteilbare Leistung

Das Antiquariat A hatte Rechtsanwalt B die komplette Sammlung der Reichsgerichtsentscheidungen in Zivilsachen mit 172 Bänden zum Preis von € 4000,– zum Kauf angeboten. Nachdem B das Angebot angenommen hatte, brach im Antiquariat ein Brand aus, dem zwei Kisten mit den ersten 80 Bänden der Entscheidungen zum Opfer fielen. B möchte daraufhin vom Kauf Abstand nehmen. Kann A Abnahme und Zahlung der verbliebenen 92 Bände verlangen?

Anspruch aus § 433 II

a) Der Anspruch auf Abnahme und Zahlung der restlichen Bände würde gem. § 326 I S. 1 Hs. 1 entfallen, wenn die von A zu erbringende Leistung **vollständig** unmöglich geworden wäre, ohne dass dies von einer der Parteien zu vertreten wäre. Wäre die Leistung nur **teilweise** unmöglich geworden, würde gem. § 326 I S. 1 Hs. 2 sich lediglich die Zahlungspflicht entsprechend mindern.

b) Ob eine Leistung teilbar und ob ein Leistungshindernis vollständige oder nur teilweise Unmöglichkeit der Leistung bewirkt, hängt vom **Zweck** und **Inhalt** des Vertrages ab (vgl. RGZ 140, 383). Auch wenn an sich noch ein Teil der Leistung erbracht werden könnte, wie hier die Lieferung der restlichen Bände, ist doch vollständige Unmöglichkeit anzunehmen, wenn der **vertraglich festgelegte oder vorausgesetzte Verwendungszweck** des Gläubigers auch nicht teilweise erreicht werden kann, m. a. W. wenn dem Gläubiger nur mit der vollen Leistung gedient ist. Um dies zu ermitteln, ist ähnlich wie bei § 139 zu fragen, ob der Vertrag mutmaßlich auch über den noch möglich gebliebenen Teil der Leistung zustande gekommen wäre.

Hier ist nicht anzunehmen, dass B auch mit der Lieferung von nur 92 Bänden einverstanden gewesen wäre, da nur eine komplette Sammlung für die juristische Arbeit sinnvoll und eine Rückergänzung der fehlenden Bände schwierig ist. Es ist daher vollständige Unmöglichkeit gegeben. Da keine der Parteien das Leistungshindernis zu vertreten hat, muss B die restlichen Bände nicht abnehmen und bezahlen. Auf § 326 V i. V. m. § 323 V S. 1 (Interessefortfall) kommt es dabei nicht an, weil wegen der Unteilbarkeit der Leistung keine teilweise, sondern vollständige Unmöglichkeit vorliegt.

Merke: § 434 III (Manko-Lieferung) spielt hier keine Rolle, weil das Gewährleistungsrecht erst ab Gefahrübergang eingreift, s. PdW SchuldR II, Fall 26.

12. Teilweise und vollständige Unmöglichkeit: Teilbare Leistung

K erwirbt beim Küchenstudio V eine Einbauküche. Noch vor Lieferung stellt sich heraus, dass die vereinbarte Kühl-/Gefrierkombination nicht lieferbar ist. Auf das Angebot des V, diese

Anspruch aus § 433 II
a) Ein Anspruch auf Abnahme und Zahlung der Küche könnte nach § 326 I S. 1 Hs. 1 insgesamt ausgeschlossen sein, wenn die geschuldete Leistung unmöglich ist. Nach dem Typus und Inhalt des Vertrages ist hier jedoch von einer teilbaren Leistung

durch ein gleichwertiges Gerät eines anderen Herstellers zu ersetzen, will sich K nicht einlassen, weil er den Kauf der Küche ohnehin bereut. Er erklärt deshalb den Rücktritt vom gesamten Vertrag. V verlangt hingegen Abnahme und Zahlung des lieferbaren Teils der Küche. Zu Recht?

Fall nach: *LG Rottweil* NJW 2003, 3139; dazu *S. Lorenz*, NJW 2003, 3097.

auszugehen, weil die Kühl-/Gefrierkombination jederzeit durch ein gleichwertiges Gerät ersetzbar ist. Damit liegt lediglich ein Fall von Teilunmöglichkeit vor, die gem. § 326 I S. 1 Hs. 2 lediglich zu einem anteiligen Wegfall der Zahlungsverpflichtung führt.

b) Ein Anspruch auf Abnahme der Küche ohne Kühl-/Gefrierkombination könnte schon deshalb ausgeschlossen sein, weil K diese als Teilleistung nach § 266 zurückweisen darf (so *LG Rottweil* NJW 2003, 3097). Dies ist indes nicht der Fall: V ist in Bezug auf die Kühl-/Gefrierkombination nach § 275 I (arg.: „soweit") von der Leistungspflicht befreit, so dass der noch mögliche Teil der Leistung (restliche Küche) die ganze (noch) geschuldete Leistung und keine Teilleistung i. S. v. § 266 darstellt (s. zur Abgrenzung Fall 39).

c) Die Abnahme- und Zahlungspflicht des K könnte jedoch durch Rücktritt gem. §§ 326 V, 323 erloschen sein. Im Falle einer Teilunmöglichkeit setzt der Rücktritt vom ganzen Vertrag, d. h. in Bezug auf die noch mögliche Teilleistung gem. § 323 V S. 1 jedoch **Interessefortfall** voraus. Dieser liegt nur dann vor, wenn die Leistung gerade wegen der teilweisen Unmöglichkeit für den Gläubiger zwecklos ist, was sich nach objektiven Kriterien bestimmt. Dies ist hier nicht der Fall, weil die Kombination ersetzbar ist. Da K somit in Bezug auf die noch mögliche Leistung kein Rücktrittsrecht hat, muss er sie abnehmen und (anteilig) bezahlen.

13. Qualitative Unmöglichkeit

V verkauft dem K ein Ge-
mälde als ein Original des
Malers M. Noch vor der
Übergabe stellt sich heraus,
dass es sich um eine Fäl-
schung handelt. Kann K dennoch Lieferung des Gemäldes
verlangen?

Anspruch aus § 433 I S. 1
Nach § 433 I S. 1 schuldet V die Verschaffung von Eigentum und Besitz an dem
Gemälde. Diese Leistung ist nicht nach
§ 275 I unmöglich. Die Leistungspflicht
besteht daher fort. Die Erfüllung der Verpflichtung des V aus § 433 I S. 2, das Gemälde frei von Sachmängeln (hier also: als
ein Original des Künstlers M) zu verschaffen, ist nicht möglich. (Nur) **insoweit** ist V
nach § 275 I von der Leistungspflicht befreit. Strukturell handelt es sich damit um
einen Fall teilweiser Unmöglichkeit, den
das Gesetz aber bestimmten Sonderregelungen unterwirft (s. § 326 I S. 2). Man kann
daher insoweit auch von „qualitativer Unmöglichkeit" sprechen (s. PdW SchuldR II,
Fall 10; *Medicus/Lorenz* I, Rn. 345).

14. Tatsächliche und rechtliche Unmöglichkeit

Der vietnamesische Staatsan-
gehörige A war bei der Dru-
ckerei D beschäftigt. Er besaß
eine befristete Arbeitserlaub-
nis. Das Arbeitsamt lehnte
nach Fristablauf eine Verlängerung dieser Erlaubnis ab
und wies A gleichzeitig darauf hin, dass eine Arbeits-
ausübung ohne Erlaubnis
gem. § 4 III AufenthaltsG
nicht gestattet sei und das
Arbeitsverhältnis auch im
Falle des Widerspruchs nicht
fortgesetzt werden dürfe. Darauf kündigte D den Arbeitsvertrag unter Einhaltung der

Anspruch aus §§ 611 I, 615 S. 1
Die Ablehnung der Verlängerung der Ar-
beitserlaubnis hatte nicht die Nichtigkeit
des Arbeitsvertrages zur Folge, sondern
gab lediglich einen Kündigungsgrund
(*BAG* NJW 1977, 1023).
Gem. § 615 S. 1 kann der Arbeitnehmer die
vereinbarte Vergütung auch für nicht geleistete Dienste verlangen, wenn der Arbeitgeber mit der Annahme der Dienste in
Verzug gekommen ist. Annahmeverzug
scheidet aber aus, wenn dem Arbeitnehmer
die Leistung **unmöglich** war. **Tatsächliche**
(physische) Unmöglichkeit liegt nicht vor,
da A hätte arbeiten können. Jedoch ist eine
Leistung auch dann unmöglich, wenn ihr
ein **rechtliches** Hindernis entgegensteht,

Zwei-Wochen-Frist. Muss D für diese beiden Wochen auch dann den Lohn bezahlen, wenn A seine Dienste weiter angeboten hatte?

insbesondere wenn die Leistung gegen ein gesetzliches Verbot verstößt (vgl. *Medicus/ Lorenz* I, Rn. 415). So liegt es hier, da A nur unter Verstoß gegen § 4 III AufenthaltsG seine Arbeit ausüben könnte (vgl. *BAG* a. a. O.). Da weder A noch D dieses Leistungshindernis zu vertreten haben, entfällt die Lohnzahlungspflicht nach § 326 I S. 1 Hs. 1.

15. Einstweilige und dauernde Unmöglichkeit

Bauer A hatte mit dem Bauunternehmer B einen Vertrag über die Errichtung eines Wohnhauses auf einem Grundstück das A geschlossen. Beide gingen davon aus, dass dafür in absehbarer Zeit die Baugenehmigung erteilt würde. Da bei der Behörde Zweifel an der Genehmigungsfähigkeit des Bauvorhabens geäußert wurden und die Entscheidung sich immer wieder verzögerte, teilte B dem A mit, er halte sich an den Vertrag nicht mehr gebunden, weil er seine Dispositionen nicht länger hinausschieben könne. Zwei Tage später wurde dem A unverhofft die Baugenehmigung erteilt. Kann er jetzt noch von B Vertragserfüllung verlangen?

Zur Vertiefung: *Medicus,* FS Heldrich, 2005, S. 347 ff; *Canaris,* FS U. Huber, 2006, S. 143 ff.

Anspruch aus § 631 I
Der Anspruch auf Erfüllung des Werkvertrages ist **ipso iure** (automatisch) weggefallen, wenn ein Fall von Unmöglichkeit nach § 275 I vorliegt. § 275 I setzt aber eine **dauernde** Unmöglichkeit voraus, die bloß **einstweilige,** d. h. u. U. vorübergehende Unmöglichkeit führt nach dem Wortlaut des Gesetzes nicht zum endgültigen Wegfall der Leistungspflicht (BGHZ 174, 61 Tz. 15). Jedoch steht nach wohl allg. M. (vgl. BGHZ a.a.O. Tz. 24; *Medicus/Lorenz I,* Rn. 422; MünchKomm/*Ernst,* § 275 Rn. 139 ff.) zumindest für den Schuldner (der Gläubiger kann ja nach § 323 ohne Rücksicht auf Vertretenmüssen zurücktreten) die einstweilige Unmöglichkeit der dauernden gleich, wenn durch sie die Erreichung des Vertragszwecks gefährdet und dem Schuldner ein weiteres Zuwarten nicht zumutbar ist (a.A. *Canaris,* FS U. Huber, 2006, S. 143, 158, der hier ausschließlich § 313 anwenden will). Wird die Leistung nachträglich doch noch unerwartet möglich, so ist dies ohne Belang (BGHZ a. a. O.). – Da hier durch die Verzögerung der Entscheidung der Vertragszweck ge-

fährdet und dem B ein weiteres Zuwarten unzumutbar war, ist (endgültige) Unmöglichkeit zu bejahen. Es besteht daher kein Anspruch auf Vertragserfüllung.

16. Absolutes und relatives Fixgeschäft

Zum Begräbnis des Seniorchefs der Fa. Silberstein hatte der Betriebsratsvorsitzende Haller im Auftrag der Belegschaft einen schönen Kranz für € 200,– bestellt. Die Trauerfeierlichkeit war auf Mittwoch, 14 Uhr angesetzt. Der Gärtner Distel hatte versprochen, den Kranz rechtzeitig zum Friedhof zu bringen und ihn dem Haller auszuhändigen. Leider erschien Distel zur festgesetzten Zeit nicht, so dass Haller nur ein eilig herbeigeschafftes Blumenbukett am Grab niederlegen konnte, was allen sehr peinlich war. Erst als die Trauergäste bereits gegangen waren, kam Distel mit dem Kranz und entschuldigte sich bei Haller damit, dass er unterwegs durch einen unverschuldeten Unfall sehr lange aufgehalten worden sei. Haller war noch so ergrimmt, dass er zu Distel kein Wort sagte und sich entfernte. Distel legte den Kranz am Grab nieder und übersandte tags darauf eine Rechnung über

Anspruch aus §§ 651 I S. 1, 433 II
Ob D die vereinbarte Vergütung verlangen kann, hängt davon ab, welche Bedeutung der verspäteten Anlieferung zukommt.

a) An sich gelten für die verspätete Leistungserbringung die Regeln über Verspätung der Leistung (§§ 280 I, III, 281, §§ 280 I, II, 286 sowie § 323)

b) Die Leistungszeit kann jedoch nach dem Parteiwillen eine weitergehende Bedeutung haben:

aa) Haben die Parteien vereinbart, dass die Leistung des einen Teils „zu einem im Vertrag bestimmten Termin oder innerhalb einer bestimmten Frist" bewirkt werden soll und hat „der Gläubiger im Vertrag den Fortbestand seines Leistungsinteresses an die Rechtzeitigkeit der Leistung gebunden", kann er bei Verspätung der Leistung gem. § 323 II Nr. 2 ohne Fristsetzung vom Vertrag zurücktreten (für den Schadensersatz statt der Leistung nach §§ 280 I, III, 281 fehlt es an einer entsprechenden Regelung). Ein solches **eigentliches** oder **relatives Fixgeschäft** ist dann anzunehmen, wenn die rechtzeitige Leistungserbringung für die Vertragsschließenden von solcher Bedeutung war, dass das Geschäft damit „stehen und fallen" sollte.

bb) Die Leistungszeit kann darüber hinaus aber auch in der Weise Bestandteil der geschuldeten Leistung sein, dass bei nicht

€ 200,– an Haller. Muss er bezahlen?

rechtzeitiger Leistung Unmöglichkeit mit Folge der §§ 275 I, 326 I S. 1 anzunehmen ist. Ein solches **uneigentliches** oder **absolutes Fixgeschäft** ist immer dann gegeben, wenn der Leistungszeitpunkt nach Sinn und Zweck des Vertrags und nach der Interessenlage der Parteien so wesentlich ist, dass eine verspätete Leistung keine Erfüllung mehr darstellt, dh. für den Gläubiger restlos **sinnlos** ist (*BGH* NJW 2009, 2743 Tz. 12; Bsp.: Taxi zum Bahnhof; Weihnachtsbaum zum Hl. Abend). Das nur relative Fixgeschäft unterscheidet sich damit vom absoluten dadurch, dass beim relativen Fixgeschäft ein Interesse des Gläubigers an der Leistung trotz Überschreitung des vereinbarten Erfüllungszeitraums nicht vollständig ausgeschlossen ist, während beim absoluten Fixgeschäft die Leistung nach dem Vertragsinhalt in jeder Hinsicht, d. h. objektiv sinnlos geworden ist, d.h. der Vertragszweck auch durch eine verspätete Leistung noch erreicht werden kann (so z.B. *BGH*, a. a. O., für einen verspäteten Flug).

Hier war für D ersichtlich, dass der Kranz zur festgesetzten Zeit herbeigebracht werden musste, damit ihn H niederlegen konnte, und dass eine spätere Anlieferung für die Zwecke des H, den Betriebsrat würdig zu repräsentieren, sinnlos war. Spätestens mit Ende der Trauerfeierlichkeit („**Erfüllungszeitraum**") war daher die Leistung unmöglich geworden. Gem. § 326 I S. 1 Hs. 1 entfiel damit auch die Gegenleistungspflicht des H vollständig, ohne dass es einer Rücktrittserklärung nach §§ 323 I, 349 bedurft hätte.

17. Zweckerreichung (anderweitiger Eintritt des Leistungserfolgs)

A fand seine Garagenausfahrt durch ein Fahrzeug mit ausländischer Nummer versperrt. Da er dringend verreisen musste und der Fahrer nicht ausfindig zu machen war, rief er den Abschleppunternehmer B an. Noch vor dessen Eintreffen kehrte der Fahrer des fremden Wagens zurück und fuhr den Wagen weg. Der Abschleppwagen musste daher unverrichteter Dinge wieder umkehren. Kann B von A eine Vergütung verlangen?

1. Anspruch aus §§ 631 I, 326 II

Der Werkvertrag kam mit A zustande, auch wenn A ein Geschäft des fremden Fahrers führen wollte. Grundsätzlich ist daher A aus dem Vertrag verpflichtet. Da B seinerseits die versprochene Leistung nicht erbringen konnte, ist A zur Zahlungsverweigerung gem. § 641 I berechtigt, es sei denn, dass eine von ihm zu vertretende Unmöglichkeit der Leistung vorliegt (§ 326 II). Von den Normalfällen der Unmöglichkeit unterscheidet sich der vorliegende Fall dadurch, dass der Leistungserfolg (Wegschaffen des Wagens) gerade eingetreten ist, wenngleich auf andere Weise als durch eine Leistungshandlung des Schuldners. Es ist jedoch anerkannt, dass es sich auch bei der Zweckerreichung um einen Fall der **Unmöglichkeit** handelt (vgl. *Medicus/Lorenz* I, Rn. 414, 445a). Denn unter **Leistung** i. S. des § 275 I ist der durch das vertragsmäßige Verhalten des Schuldners (Leistungshandlung) herbeigeführte **Leistungserfolg** zu verstehen. Kann der Schuldner durch sein Verhalten den Leistungserfolg nicht mehr herbeiführen, so ist ihm die Leistung unmöglich geworden. – Liegt demnach zwar Unmöglichkeit der Leistung des B vor, so hat sie doch A nicht i. S. des § 326 II zu verantworten, da er sie nicht selbst herbeigeführt hat und das Wegfahren des fremden Fahrers nicht in seinen Verantwortungsbereich fällt (s. Fall 25). Es wäre unsinnig, ihm vorzuwerfen, er hätte vielleicht den fremden Fahrer am Wegfahren hindern und damit das Abschleppen ermöglichen können. Ein Anspruch auf die vereinbarte (bzw. übliche, § 632 II) Vergütung entfällt daher.

2. Anspruch aus §§ 631 I, 326 I S. 1 Hs. 2

Hat der Gläubiger die Unmöglichkeit nicht zu vertreten, so ist grundsätzlich § 326 I S. 1 anzuwenden. Danach würde B überhaupt keine Vergütung bekommen. Dies erscheint aber höchst unbillig, weil A immerhin die Aufwendungen des B veranlasst hat. Im Schrifttum wird daher teilweise vorgeschlagen, die Vorbereitungshandlungen des Schuldners als Teilleistung i. S. des § 326 I S. 1 Hs. 2 anzusehen und ihm aus diesem Gesichtspunkt einen Anspruch auf Vergütung seiner Aufwendungen zuzugestehen. Dies ist zwar im Wesentlichen interessengerecht, aber nicht mit dem Gesetzeswortlaut vereinbar: Von einer Teilleistung kann man nur sprechen, wenn die Leistung teilbar und der **Leistungserfolg** teilweise eingetreten ist. Die richtige Lösung ist vielmehr im Werkvertragsrecht zu suchen (s. MünchKomm/*Ernst*, § 275 Rn. 157).

3. Anspruch aus §§ 631 I, 645 I

Nach § 645 I hat der Unternehmer einen Anspruch auf Teilvergütung und Ersatz der in der Vergütung nicht inbegriffenen Auslagen, wenn das Werk infolge eines Mangels des vom Besteller gelieferten Stoffes nicht mehr ausgeführt werden kann. Der Grundgedanke dieser Vorschrift ist: Der Besteller, der den Stoff, aus dem, an dem oder mit dem die Werkleistung erbracht werden soll, zur Verfügung zu stellen hat, steht der Gefahr, dass das Werk infolge Mangelhaftigkeit des Stoffes nicht durchgeführt werden kann, näher als der Unternehmer (vgl. BGHZ 60, 14, 18; 83, 197, 203). Dieser Grundgedanke trifft auch auf die vorliegende Fallgestaltung zu: das Auto war der Stoff, an dem die Leistung (Abschleppen) zu erbringen war. Der Mangelhaftigkeit des Stoffes muss es gleichstehen, wenn der Stoff überhaupt nicht mehr vorhanden ist, wie hier. Ein Unterschied in der Interessenlage ist nicht ersichtlich. Es ist daher gerechtfertigt, § 645 I analog anzuwenden (*Medicus/Lorenz* I, Rn. 445a; *Looschelders*, SchuldR AT, Rn. 726). B kann daher einen seiner Arbeit entsprechenden Teil der Vergütung zuzüglich Auslagenersatz verlangen.

18. Unverhältnismäßigkeitseinrede nach § 275 II: Vergleichsmaßstab

V handelt mit Computerbauteilen. Gegenüber dem Computerhersteller H hat er sich zur Lieferung von 1000 Arbeitsspeichermodulen zum Preis von je € 30,– verpflichtet. Er selbst bezieht diese Module zum Preis von € 20,– von verschiedenen Produzenten. Auf Grund eines plötzlichen Ansteigens der Weltmarktpreise steigen seine Einkaufskosten auf € 80,–. Er verweigert daraufhin die Lieferung an H. Zu Recht?

1. Leistungsbefreiung nach § 275 I
Da dem V die Lieferung der Speichermodule weder tatsächlich noch rechtlich unmöglich ist, ist er nicht nach § 275 I von der Leistungspflicht befreit.

2. Leistungsverweigerungsrecht nach § 275 II
Ein Leistungsverweigerungsrecht nach § 275 II (s. dazu bereits Fall 9 unter 2 b) setzt ein Missverhältnis zwischen dem Aufwand des Schuldners (hier: Beschaffungskosten des V i. H. v. insges. € 80 000,–) und dem Leistungsinteresse des Gläubigers (hier: Wert der Leistung für H) voraus (*BGH* NJW 2005, 3284). Kein Leistungsverweigerungsrecht nach § 275 II wird hingegen durch ein Missverhältnis zwischen dem Aufwand des Schuldners und dessen **eigenen** Nutzen, d. h. der Gegenleistung begründet (*Medicus/Lorenz* I, Rn. 424). Hier besteht kein Missverhältnis zwischen dem Aufwand des V und dem „Interesse" (Nutzen) des Gläubigers H, da dieser, wenn er sich die Speichermodule anderweitig besorgte, hierfür nunmehr ebenfalls zumindest € 80 000,– aufwenden

müsste. Aufwand des Schuldners und Leistungsinteresse des Gläubiger decken sich also, V hat kein Leistungsverweigerungsrecht aus § 275 II.

3. Vertragsanpassungs- oder Rücktrittsrecht nach § 313 III?

Im Hinblick auf das Missverhältnis zwischen Leistung und Gegenleistung kommt allenfalls ein Anspruch des V auf Anpassung des Kaufpreises nach § 313 I bzw. im Falle der Unzumutbarkeit der Vertragsanpassung ein Rücktrittsrecht aus § 313 III (Wegfall der Geschäftsgrundlage, s. o. Fall 7) in Betracht. Das Ansteigen der Weltmarktpreise für Speichereinheiten fällt jedoch in den Risikobereich des V, so dass eine Vertragsanpassung bzw. ein Rücktrittsrecht ausscheiden.

19. Unverhältnismäßigkeitseinrede nach § 275 II: Maßgebliche Faktoren

Eigner hat in seinem Testament seinen Sohn Sven zum Alleinerben seines Millionenvermögens eingesetzt. In seinem Testament hat er allerdings seine Segelyacht seinem Neffen Nemo vermacht, mit dem ihn eine herzliche Segelkameradschaft verbunden hat und dessen verstorbener Vater der frühere Eigner der Yacht war. Sven, der dies als Zurücksetzung empfindet, ist darüber so erbost, dass er die Yacht, die einen Verkehrswert von € 100 000,– hat, auf offenem Meer versenkt.

Anspruch aus § 2174

Durch das Vermächtnis hat N gem. § 2174 gegen S (§ 2147 S. 2) einen schuldrechtlichen Anspruch auf Übereignung und Übergabe der Segelyacht erworben.

a) Erlöschen nach § 275 I?

Dieser Anspruch ist nicht gem. § 275 I erloschen, da die Bergung der Yacht und damit deren Übereignung und Übergabe nicht tatsächlich oder rechtlich unmöglich geworden sind.

b) Leistungsverweigerungsrecht nach § 275 II

S könnte jedoch ein Leistungsverweigerungsrecht aus § 275 II haben. Dazu muss zunächst ein grobes Missverhältnis zwischen dem Leistungsaufwand des S (Wert

Die Bergung der Yacht ist zwar noch möglich, die Bergungskosten würden jedoch über € 1 000 000,– betragen. Kann Nemo von Sven Übereignung und Übergabe der Yacht verlangen?

der Yacht und Bergungskosten, insges. € 1 100 000,–) und dem Leistungsinteresse des N bestehen, wobei nach § 275 II S. 2 für die Frage der dem S zuzumutenden Aufwendungen auch das Vertretenmüssen des Leistungshindernisses zu berücksichtigen ist. § 275 II ist dabei als Ausnahmetatbestand **eng** auszulegen, d. h. der Ausschluss der Leistungspflicht ist nur in Extremfällen des Rechtsmissbrauchs gerechtfertigt. Dies ist aber grundsätzlich erst dann gegeben, wenn im konkreten Einzelfall kein vernünftiger Gläubiger auf der Leistung in natura bestehen würde (MünchKomm/ *Ernst,* § 275 Rn. 90). Hier steht dem Aufwand des S nicht nur der kommerzielle Nutzen des N i. H. v. nur € 100 000,–, sondern auch dessen emotionales Interesse an der Leistung (Verhältnis zu E, Yacht des verstorbenen Vaters) gegenüber. Überdies hat S das Leistungshindernis vorsätzlich herbeigeführt. Ein Leistungsverweigerungsrecht nach § 275 II scheidet daher aus. N kann von S Übereignung und Übergabe der Yacht verlangen.

20. „Persönliche" Unmöglichkeit

Die Sopranistin Anja ist im Rahmen ihres Engagements am Münchner Gärtnerplatztheater für die Rolle der Hanna Glawari („Lustige Witwe") engagiert. Am Tag der Erstaufführung erleidet ihr Ehemann bei einem Verkehrsunfall lebensgefährliche Verletzungen.
1. Muss Anja, die lieber am

1. Nach § 275 III kann der Schuldner die Leistung verweigern, wenn er die Leistung persönlich zu erbringen hat und sie ihm unter Abwägung des seiner Leistung entgegenstehenden Hindernisses mit dem Leistungsinteresse des Gläubigers nicht zugemutet werden kann. Dies ist in Fallvar. 1 gegeben. A muss nicht auftreten.
2. § 275 III ist – wie § 275 II – als Leistungsverweigerungsrecht ausgestaltet. Dem Schuldner steht es also frei, die Ein-

Krankenbett ihres Mannes bleiben will, in der Operette auftreten?

2. Darf Anja auftreten?

3. Wie ist zu entscheiden, wenn die Verletzung des Ehemannes zwar schwer, aber nicht lebensgefährlich ist und das Theater in der Kürze der Zeit keinen Ersatz besorgen kann mit der Folge, dass die Premiere ausfallen würde, was wiederum erhebliche Folgekosten für das Theater nach sich ziehen würde? (Fall nach BT-Drs. 14/6040 S. 130)

rede zu erheben oder aber überobligationsmäßige Leistungen zu erbringen. A darf daher auftreten.

3. Die Leistungshindernisse auf Seiten des Schuldners sind mit dem Leistungsinteresse des Gläubigers abzuwägen. Im Hinblick auf den Charakter der Verletzung und die gefährdete Premiere ist in Fallvar. 3 ein Leistungsverweigerungsrecht zu verneinen.

II. Unmöglichkeit im gegenseitigen Vertrag

21. Schicksal der Gegenleistungspflicht ("funktionelles Synallagma")

Kober hatte sich mit Vogelsang dahin geeinigt, dass ihm dieser sein Motorrad für € 3000,– überlassen sollte. Kober leistete eine Anzahlung von € 500,–, den Rest sollte er bei Übergabe des Motorrads am nächsten Tag bezahlen. Dazu kam es nicht mehr, da das Motorrad in der Nacht bei Vogelsang gestohlen wurde. Da keine Aussicht bestand, das Motorrad wieder aufzufinden, verweigert Kober die Zahlung des restlichen Kaufpreises und verlangt sei-

1. Anspruch des V auf Zahlung des Restkaufpreises aus § 433 II
Durch den Diebstahl wurde dem V die von ihm geschuldete Leistung, nämlich Übereignung und Übergabe des Motorrads, unmöglich, was gem. § 275 I zur Befreiung von der Primärleistungspflicht führte. Dies bewirkt jedoch nach § 326 I S. 1 den (automatischen) Wegfall der Gegenleistungspflicht, da auch K nicht für die Unmöglichkeit allein oder weit überwiegend verantwortlich ist bzw. sich im Annahmeverzug befand (§ 326 II) oder die Gefahr des zufälligen Untergangs **(Preisgefahr)** bereits gem. §§ 446, 447 auf ihn übergegangen war (s. dazu PdW SchuldR II, Fälle 6, 7, 8).

ne Anzahlung zurück. Vo-
gelsang hatte die € 500,– jedoch in der Nacht zuvor mit
Freunden verzecht und weigert sich daher, dem Verlangen des Kober nachzukom-
men. Er verlangt seinerseits
Zahlung des Restkaufpreises,
denn schließlich könne er
auch nichts für den Diebstahl
des Motorrades. Da es bereits
an Kober verkauft gewesen
sei, sei dies allein dessen
Risiko.

1. Muss Kober den Restkaufpreis bezahlen?
2. Kann Kober die geleistete Anzahlung zurückverlangen?

V hat daher keinen Anspruch auf Zahlung
des Restkaufpreises.

2. *Anspruch des K auf Rückzahlung des
geleisteten Kaufpreises aus §§ 326 IV, 346 I*
Soweit die Gegenleistung schon erbracht
wurde, kann sie gem. § 326 IV „nach den
§§ 346 bis 348 zurückgefordert werden".
Diese Verweisung bezieht sich nur auf den
Umfang der nach § 326 IV unmittelbar
begründeten Herausgabepflicht, d. h. die
Rückzahlungsverpflichtung setzt nicht die
Ausübung eines Rücktrittsrechts voraus.
Anders als das Bereicherungsrecht (s.
§ 818 III) enthält § 346 aber keinen allgemeinen Befreiungsgrund des Wegfalls der
Bereicherung, so dass V mangels Eingrei-
fens einer Privilegierung (§ 346 III) nach
§ 346 I, II Nr. 2 zur Rückzahlung des
erhaltenen Kaufpreises verpflichtet ist.

3. *Anspruch auf Rückzahlung des Kaufpreises aus §§ 326 V, 323, 346 I*
K kann überdies nach §§ 326 V, 323 vom
Vertrag zurücktreten und nach § 346 I die
geleistete Anzahlung zurückverlangen. Da
bereits § 326 IV einen Rückzahlungsanspruch nach § 346 I gewährt, ist dies freilich unnötig.

22. Schicksal der Gegenleistungspflicht bei teilweiser/qualitativer Unmöglichkeit

Wie Fall 21, jedoch wurde
das Motorrad zusammen mit
einem Kofferaufsatz ver-
kauft. Der Wert des Motorrads mit Kofferaufsatz hätte
€ 3200,– betragen, ohne Kofferaufsatz ist es lediglich
€ 2800,– wert. In der Nacht

1. *Anspruch des V auf Zahlung des Kaufpreises aus § 433 II*
Durch den Diebstahl wurde dem V die von
ihm geschuldete Leistung, nämlich Übereignung und Übergabe des Motorrads mit
Kofferaufsatz, teilweise unmöglich, was
gem. § 275 I **insoweit** zur Befreiung von
der Primärleistungspflicht führte (s. dazu

vor der geplanten Übergabe wird der Kofferaufsatz gestohlen.

1. Welche Ansprüche hat Vogelsang gegen Kober, der noch keine Anzahlung geleistet hat?

2. Kann Kober vom gesamten Vertrag zurücktreten?

3. Wie ist zu entscheiden, wenn zwar der Kofferaufsatz nicht gestohlen wird, sich aber nach der Übergabe an Kober herausstellt, dass das Motorrad entgegen der Vereinbarung im Kaufvertrag nicht dem Baujahr 2000 entstammt, sondern – was Vogelsang nicht wissen konnte – drei Jahre älter ist?

Fall 12). Dies bewirkte nach § 326 I S. 1 Hs. 2 den (automatischen) **anteiligen** Wegfall der Gegenleistungspflicht. Die Höhe des Anteils berechnet sich nach Minderungsgrundsätzen (Verweis auf § 441 III). Damit vermindert sich der Kaufpreisanspruch um € 375,– auf € 2625,– (zur Berechnung der Minderung s. PdW SchuldR II, Fall 41).

2. *Rücktrittsrecht des K aus §§ 326 V, 323*
K kann bezüglich des noch möglichen Teils der Leistung, d. h. des Motorrads, unter den Voraussetzungen der §§ 326 V, 323 ohne das Erfordernis einer Fristsetzung zurücktreten. Der Verweis auf § 323 durch § 326 V betrifft damit die Rücktrittsausschlussgründe des § 323 V, VI. Nach § 323 V S. 1 setzt ein Rücktrittsrecht des K **Interessefortfall** voraus (s. dazu Fall 12). Die Beweislast hierfür liegt beim Gläubiger (K). Vorliegend ist ein Interessefortfall weder dargetan noch ersichtlich.

3. *a) Anspruch des V auf Zahlung des Kaufpreises aus § 433 II*
Da es sich bei dem Alter des Motorrads um einen unbehebbaren Sachmangel i. S. v. § 434 I S. 1 handelt, liegt ein Fall teilweiser Unmöglichkeit in Form der qualitativen Unmöglichkeit vor (s. o. Fall 13). In diesem Fall bleibt die Gegenleistungspflicht des Gläubigers (K) gem. § 326 I S. 2 zunächst in voller Höhe aufrechterhalten (auch eine Mängeleinrede aus § 320 besteht nicht, s. PdW SchuldR II, Fall 10).

b) Rücktrittsrecht des K aus §§ 437 Nr. 2, 326 V, 323
K kann ohne Erfordernis einer Fristsetzung zurücktreten. Als Rücktrittsausschlussgrund kommt im Falle einer Schlechtleistung jedoch nicht § 323 V S. 1, sondern § 323 V S. 2 zur Anwendung. Danach setzt der Rück-

tritt nicht Interessefortfall voraus, sondern ist lediglich dann ausgeschlossen, wenn „die Pflichtverletzung" (hier der Pflicht aus § 433 I S. 2, s. dazu aber auch *BGH* NJW 2006, 1960 sowie *Lorenz*, NJW 2006, 1925 und PdW SchuldR II, Fall 10 Var. 4) unerheblich ist. Die Beweislast hierfür trifft nach der negativen Formulierung den Schu. (V). Grund dieser zweifachen Privilegierung ist, dass sich der Gläubiger nicht soll rechtfertigen müssen, warum ihm mit einer mangelhaften Leistung nicht gedient ist. Da der Sachmangel hier nicht unerheblich ist, kann K vom Vertrag zurücktreten (zum Minderungsrecht s. PdW SchuldR II, Fall 10, zum Problem der Mankolieferung sowie der teilweisen Mangelhaftigkeit s. PdW SchuldR II, Fall 26, 27).

23. Preisgefahr und Annahmeverzug

Wie Fall 21, jedoch holt Kober das Motorrad nicht, wie vereinbart, am nächsten Tag bei Vogelsang ab. In der darauf folgenden Nacht wird das Motorrad gestohlen, weil Vogelsang aus Unachtsamkeit seine Garage nicht versperrt hatte.
1. Kann Vogelsang Zahlung des Restkaufpreises verlangen?
2. Wie ist zu entscheiden, wenn sich Vogelsang im Kaufvertrag zusätzlich verpflichtet hatte, die in 3 Monaten fällige nächste Werks-

1. Anspruch des V auf Zahlung des Restkaufpreises aus § 433 II
Durch den Diebstahl wurde dem V die von ihm geschuldete Leistung, nämlich Übereignung und Übergabe des Motorrads, unmöglich, was gem. § 275 I zur Befreiung von der Primärleistungspflicht führte. Nach § 326 II S. 1 Alt. 2 bleibt die Verpflichtung zur Gegenleistung in Abweichung von § 326 I S. 1 aber erhalten, wenn die Leistungsbefreiung (hier: die Unmöglichkeit nach § 275 I) zu einem Zeitpunkt eintritt, in welchem sich der Gläubiger (hier: K) im Annahmeverzug befindet und die Unmöglichkeit vom Schuldner (hier: V) nicht zu vertreten ist. Da K das ordnungsgemäß bereitgestellte Motorrad zum vereinbarten Zeitpunkt nicht abgeholt hat,

inspektion des Motorrads zu bezahlen?

befand er sich im Annahmeverzug (§ 293, s. u. Fall 84). Die Unmöglichkeit der Leistung war auch nicht von V i. S. v. § 276 zu vertreten. Zwar lag Fahrlässigkeit vor, jedoch hat V gem. § 300 I im Annahmeverzug des K nur Vorsatz und grobe Fahrlässigkeit zu vertreten. V hat daher Anspruch auf Zahlung des Restkaufpreises.

2. Anrechnung ersparter Aufwendungen
Behält der Schuldner nach § 326 II S. 1 den Anspruch auf die Gegenleistung, so muss er sich nach § 326 II S. 2 hierauf anrechnen lassen, was er infolge der Befreiung von der Leistungspflicht erspart. V muss sich daher die ersparten Kosten für die Inspektion auf den Kaufpreis anrechnen lassen.

24. Rücktrittsrecht wegen Unmöglichkeit

Welchen Zweck verfolgt also § 326 V?

Das Rücktrittsrecht im Falle der Unmöglichkeit erscheint (nur) auf den ersten Blick überflüssig, da bei Unmöglichkeit der Leistung die Gegenleistungspflicht ohnehin automatisch wegfällt (§ 326 I) und bereits erbrachte Leistungen schon auf Grund von § 326 IV nach Rücktrittsrecht (§§ 346 ff.) zurückzugewähren sind, ohne dass es hierzu einer rechtsgestaltenden Rücktrittserklärung bedarf. Von Bedeutung ist es aber: a) im Falle der unbehebbar mangelhaften Leistung („**qualitative Unmöglichkeit**", s. dazu Fall 13), weil es hier gem. § 326 I 2 gerade nicht zu einem automatische Wegfall des Gegenleistungspflicht kommt. Erst das Rücktrittsrecht nach § 437 Nr. 2 bzw. § 634 Nr. 3 i.V.m. § 326 V eröffnet hier die Möglichkeit einer Rückabwicklung und mittelbar über §§ 441 I, 638 I ein Minderungsrecht.

b) im Falle **teilweiser Unmöglichkeit** für den bereits erbrachten bzw. noch möglichen Teil der Leistung (s. Fall 12).

c) im Falle **zweifelhafter Unmöglichkeit**: Weiß der Gläubiger nicht, ob die Leistung unmöglich ist, kann er nach einer erfolglosen Fristsetzung jedenfalls wirksam zurücktreten. Der Rücktritt ist dann entweder nach § 326 V oder nach § 323 wirksam (Will der Gläubiger weiterhin die geschuldete Leistung, kann er auf Leistung klagen. In diesem Fall muss der Schuldner, der sich auf § 275 I beruft, die Unmöglichkeit beweisen; zur gleichzeitigen Klage auf Erfüllung und Schadensersatz s. *Wieser*, NJW 2003, 2432).

25. Vom Gläubiger zu verantwortende Unmöglichkeit

Der Veranstalter U hatte für die 14-tägige Tournee der „Girlie"-Band „Flic-Flac-Flo" den B als Tonmeister engagiert. Vereinbart war ein Pauschalhonorar von € 8000,–. Bereits nach der zweiten Veranstaltung kam es zu Unstimmigkeiten innerhalb der Band, die sich daraufhin auflöste, ohne die Tournee zu Ende zu führen. B verlangt Bezahlung des vereinbarten Honorars. U hält ihm entgegen, dass er auch nichts dafür könne, dass die Band nicht mehr auftreten wolle.

1. Kann B das vereinbarte Honorar verlangen?

2. Wie ist zu entscheiden, wenn B nach endgültiger Ab-

1. Anspruch aus §§ 611 (bzw. 631) i. V. m. § 326 II S. 1 Alt. 1

Durch den Abbruch der Tournee wurde die von B zu erbringende Leistung (gleichgültig ob man sie als Dienst- oder Werkleistung betrachtet) unmöglich i. S. v. § 275 I. B kann daher die ausstehende Gage nur verlangen, wenn U für die Unmöglichkeit (allein oder weit überwiegend) „verantwortlich" ist. Was der Gläubiger zu „verantworten" hat, ist in § 326 II S. 1 nicht geregelt und geht auch aus sonstigen Bestimmungen des BGB nicht hervor: Die §§ 276–278 handeln nur vom **Vertretenmüssen** des **Schuldners**, § 254 I spricht nur vom „Verschulden" des Gläubigers. In Lit. und Rspr. werden hierzu unterschiedliche Lösungsansätze verfolgt, die sich im Ergebnis häufig sehr nahe kommen (s. etwa MünchKomm/*Ernst*,

sage der Konzerte einen weiteren Auftrag eines anderen Veranstalters (Honorar: € 4000,–) nicht angenommen hat?

Fall nach: *BGH* NJW 2002, 595 m. Anm. *Mankowski*, LM H. 2/ 2002 § 324 BGB Nr. 11.

§ 326 Rn. 49 ff.; *Medicus/Lorenz* I, Rn. 444 f.). Die wohl h. M. wendet die §§ 276–278 analog an.

a) Einigkeit besteht insbesondere darüber, dass in erster Linie auf die vertragliche Vereinbarung, d. h. die **vertragliche Risikoübernahme** abzustellen ist (s. auch § 276 I S. 1 letzter Hs.). Eine von einer Mm. vertretene allgemeine „Sphärentheorie" wird hingegen zu recht weitestgehend abgelehnt (s. dazu Fall 26).

b) Liegt keine vertragliche Risikoübernahme vor, so hat der Gläubiger eine Leistungsstörung jedenfalls dann zu vertreten, wenn er schuldhaft eine **allgemeine deliktische oder vertragliche Pflicht** verletzt, beispielsweise Mitwirkungs-, Sorgfalts- und Obhutspflichten. Bei der Verletzung vertraglicher Pflichten haftet er auch analog § 278 für das Verhalten von Personen, die er im Gefahrenbereich des Schuldners einsetzt.

c) Schließlich wird auch eine **Obliegenheit** des Gläubigers bejaht, die Leistung des Schuldners nicht durch eigenes Handeln, das seiner freien Entscheidung entspringt, unmöglich zu machen. Vereitelt der Gläubiger also durch eigenes zurechenbares Handeln die Leistung (z. B. indem er die geschuldete Werkleistung oder eine Nacherfüllung selbst vornimmt), so hat er die Unmöglichkeit zu verantworten, auch wenn keine vertragliche Pflicht besteht, die Leistung nicht selbst zu erbringen.

Nach Sachlage kommt hier nur der Tatbestand a), d. h. eine vertragliche Risikoübernahme in Betracht (s. *BGH* a. a. O.): Nur U war es möglich, das Risiko des Zusammenhalts der Band vor Beginn der Tournee abzuschätzen, dem B standen insoweit keine Erkenntnismöglichkeiten zur Verfügung. Die Störung wurde nicht von einer der Parteien, sondern durch die Band verursacht, mit welcher nur U in einem Vertragsverhältnis stand. Das Risiko, dass sein Vertragspartner sich nicht vertragsgerecht verhält, hatte danach aus dem Empfängerhorizont des B mangels eines anderweitigen abweichenden Vorbehaltes U übernommen (*BGH* a. a. O.). B kann daher die Zahlung des vereinbarten Honorars verlangen.

2. Anrechnung unterlassenen Erwerbs

Nach § 326 II S. 2 hat sich der Schuldner im Falle der Aufrechterhaltung seines Anspruchs auf die Gegenleistung anrechnen lassen, was er durch anderweitige Verwendung seiner Arbeitskraft erwirbt bzw. böswillig zu erwerben unterlässt. Der Begriff der „Böswilligkeit" setzt dabei nicht Schädigungsabsicht voraus. Ausreichend ist, dass der Schuldner eine anderweitige zumutbare Erwerbstätigkeit kennt und bewusst auslässt (s. Palandt/*Grüneberg*, § 326 Rn. 13). B muss sich daher € 4000,– anrechnen lassen und kann nach §§ 611 (bzw. 631), 326 II S. 1 lediglich Zahlung von € 4000,– verlangen.

26. Verantwortung und Risikotragung des Gläubigers

Die Belegschaft der Firma A war auf ihrem Betriebsausflug zum Mittagessen eingekehrt. Danach sollte auf dem Chiemsee eine Schiffsrundfahrt stattfinden, die A bei dem Schiffsunternehmer B gebucht hatte. Dazu kam es

1. Anspruch aus §§ 631 I, 326 II

Die Erfüllung des zwischen A und B geschlossenen Werkvertrages wurde infolge der Erkrankung der Belegschaft gem. § 275 I unmöglich. Denn die Rundfahrt mit der Belegschaft konnte und sollte nach dem Vertrage nur am Tag des Betriebsausflugs stattfinden (**absolutes Fixge-**

nicht mehr, weil die ganze Belegschaft nach der Mahlzeit infolge des Genusses verdorbener Speisen erkrankt war. B verlangte darauf von A Zahlung der vereinbarten Vergütung abzüglich der ersparten Unkosten. A wollte überhaupt nichts bezahlen, da weder er noch seine Leute es zu verantworten gehabt hätten, dass die Rundfahrt ausfallen musste. Wie ist zu entscheiden?

schäft, s. Fall 16). A muss gem. § 326 II die vereinbarte Gegenleistung entrichten, wenn er die Unmöglichkeit zu verantworten hat. Einer der herkömmlichen Fälle des Verantwortenmüssens (s. Fall 25) liegt aber nicht vor. Eine Ausweitung des „Verantwortenmüssens" bis hin zu einer allgemeinen Risikoverantwortung für Leistungshindernisse aus dem „Risikobereich" des Gläubigers (z. B. Erkrankung) ist nicht möglich (*Medicus/Lorenz* I, Rn. 445a; MünchKomm/*Ernst*, § 326 Rn. 62; BGHZ 60, 14, 17; s. auch BGHZ 135, 116, 118 f.), zumal für derartige Fälle Sonderregelungen (z. B. § 645 I) zur Verfügung stehen, die einem gerechten Interessenausgleich ermöglichen.

2. Anspruch aus §§ 631 I, 645 I
Nach § 645 I hat der Besteller, der den Stoff für die Herstellung des Werks zu liefern hat, das Risiko der Tauglichkeit dieses Stoffs zu tragen, mit der Folge, dass er die bereits geleistete Arbeit anteilig vergüten und die Auslagen ersetzen muss. Die gleiche Interessenlage besteht, wenn das Werk nicht an einem Stoff, sondern an einer Person herzustellen ist (z. B. Operation oder Beförderung). Dies rechtfertigt eine analoge Anwendung des § 645 I in den Fällen, in denen infolge des Zustandes der Person das Werk nicht ausgeführt werden kann (BGHZ 60, 14, 20; 83, 197, 203). B kann daher eine Teilvergütung für die bereits geleisteten Vorbereitungsarbeiten (Bereitstellen von Schiff und Personal usw.) sowie Ersatz etwaiger in der Vergütung nicht enthaltender Auslagen verlangen.

27. Tatbestandsmäßigkeit, Rechtswidrigkeit und Verschulden bei Vertragsverletzungen

Der Papierfabrikant P hatte mit dem Gutsbesitzer G einen Kaufvertrag über 500 Festmeter Papierholz zum Preis von € 25 000,– geschlossen und einen Betrag von € 5000,– angezahlt. Der Rest sollte nach Abholung des Holzes bezahlt werden. G stellte das Holz fristgerecht am Waldrand zur Abholung bereit und setzte P davon in Kenntnis. P ließ das Holz aber auch nach mehrmaligen Aufforderungen nicht abholen, weil er es nicht mehr benötigte. Da das Holz durch die lange Lagerung bereits Schäden erlitten hatte und ein vollständiger Verderb zu befürchten war, veräußerte G schließlich das Holz an den D zum Preis von € 20 000,–. Er übersandte dem P die Abrechnung über diesen Verkauf und erklärte, dass er den erzielten Erlös auf den noch ausstehenden Kaufpreis verrechne. P fordert hingegen seine Anzahlung zurück. Zu Recht?

Fall nach: *BGH* JZ 1957, 666.

1. Anspruch aus §§ 326 IV, 346 I

P kann seine Anzahlung nach §§ 326 IV, 346 I zurückverlangen, wenn es sich bei der Anzahlung um eine nach § 326 nicht geschuldete Gegenleistung handelte.

a) Unmöglichkeit (§ 275 I)

Die Veräußerung des Holzes an D war weder eine Erfüllung gem. § 362 II, noch besaß sie, da die Voraussetzungen eines Selbsthilfeverkaufs nach § 383 nicht vorlagen, eine erfüllungsgleiche Wirkung. Vielmehr bewirkte sie, dass dem G die Erfüllung des Kaufvertrages unmöglich wurde (vgl. aber *BGH* JZ 1957, 666). Damit ist die Gegenleistungspflicht des P nach § 326 I weggefallen, sofern nicht die Voraussetzungen des § 326 II vorliegen.

b) Verantwortlichkeit des P (§ 326 II Alt. 1)

Da P die Unmöglichkeit nicht verursacht hat, bleibt die Gegenleistungspflicht nicht nach § 326 II S. 1 Alt. 1 aufrechterhalten.

c) Annahmeverzug und fehlendes Vertretenmüssen des G (§ 326 II S. 1 Alt. 2)

Da P sich im Annahmeverzug befand, bliebe seine Gegenleistungspflicht trotz der Unmöglichkeit aufrechterhalten, wenn diese von G nicht zu vertreten ist. Vertretenmüssen erfordert nach § 276 I grundsätzlich Verschulden, d. h. Vorsatz oder Fahrlässigkeit.

Hierbei ist folgendes zu berücksichtigen: Die Unterscheidung von **Tatbestandsmäßigkeit**, **Rechtswidrigkeit** und **Verschulden** gilt nicht nur für das Deliktsrecht, sondern auch für das **Vertragsrecht** (vgl. Münch-Komm/*Grundmann*, § 276 Rn. 12 ff.). Allerdings tritt sie hier nicht so deutlich hervor, weil sich an Vertragsstörungen auch dann Rechtsfolgen knüpfen können, wenn sie nicht durch ein Verhalten einer Vertragspartei bedingt sind. Zu denken ist dabei etwa an die zufällige Unmöglichkeit (§§ 275, 326 I) oder an die Fälle einer Garantiehaftung. Es ist daher zu beachten, dass Rechtswidrigkeit und Verschulden nur dort von Bedeutung sind, wo durch das **Verhalten** einer Vertragspartei eine Vertragsstörung eingetreten ist. Dies bedeutet, dass dann bei der Prüfung des Vertretenmüssens (vgl. § 276 I S. 1) einer Vertragsstörung (§§ 280, 326) zunächst die Fragen der Tatbestandsmäßigkeit und der Rechtswidrigkeit zu klären sind. Verschulden setzt damit ein objektiv rechtswidriges Verhalten voraus. Die Tatbestandsmäßigkeit indiziert grundsätzlich die Rechtswidrigkeit (so die Lehre vom **Erfolgsunrecht**; anders die Lehre vom **Handlungsunrecht**, die – von Vorsatztaten abgesehen – in § 276 I S. 2 den Rechtswidrigkeitsmaßstab erblickt, z. B. *Esser/Schmidt*, § 25 IV 1 c). Die Rechtswidrigkeit kann aber durch einen Rechtfertigungsgrund ausgeschlossen sein.

G hatte durch sein Verhalten den obj. Tatbestand einer Pflichtverletzung (Unmöglichkeit) herbeigeführt. Sein Handeln war rechtswidrig, wenn ihm kein **Rechtfertigungsgrund** zur Seite stand. Zu den anerkannten Rechtfertigungsgründen rechnet auch die **berechtigte Geschäftsführung ohne Auftrag** (vgl. Palandt/ *Sprau*, Einf. v. § 677 Rn. 5, 11). Die Führung eines Geschäfts für einen anderen erfordert den Willen, die Angelegenheiten eines anderen zu besorgen und ihm das Ergebnis seiner Geschäftsführung zu Gute kommen zu lassen. Da P den durch den drohenden Verderb zu besorgenden Schaden allein zu tragen gehabt hätte (arg. §§ 293, 300 I, 326 II S. 1 Alt. 2), ist anzunehmen, dass G mit der Veräußerung in erster Linie die Interessen des P wahrnehmen wollte. Seine Maßnahme entsprach den Umständen nach auch dem „Interesse" und dem „mutmaßlichen Willen" des P. G handelte daher in berechtigter Geschäftsführung ohne Auftrag. Da somit ein Rechtfertigungsgrund vorlag, hat G die Unmöglichkeit nicht zu vertreten. Sein Kaufpreisanspruch i. H. v. € 25 000,– bleibt damit aufrechterhalten (anders in der Begründung *BGH* JZ 1957, 666: P müsse sich so behandeln lassen, als sei auf seine Weisung hin an D geleistet worden). P kann hingegen gem. §§ 681 S. 2, 667, aber auch nach § 285 (s. dazu Fall 30) Herausgabe des von G erzielten Erlöses i. H. v. € 20 000,– verlangen. Da G insoweit wirksam die Aufrechnung erklärt hat (§§ 387, 388), bestand noch eine Restforderung in Höhe der von P geleisteten Anzahlung. Dieser kann daher nicht deren Rückzahlung verlangen.

28. Beiderseits zu vertretende Unmöglichkeit

Der Ausfahrer A des Großhändlers V hatte beim Elektrohändler K zehn Fernsehgeräte, die dieser „frei Haus" bestellt hatte, abzuliefern. Als er mit seinem Fahrzeug in den Hof des K einfuhr, stieß er mit einem von K gelenkten Firmenwagen zusammen. Beide Fahrer traf gleiches Verschul-

1. Ausgangsfall

Die durch den Untergang der Geräte bewirkte Unmöglichkeit der Leistung ist nicht nur von V zu vertreten (§§ 276, 278), sondern auch von K zu verantworten. Dieser Fall der **beiderseitig zu vertretenden Unmöglichkeit** ist in § 326 II S. 1 nur ansatzweise geregelt. Danach bleibt die Gegenleistungspflicht jedenfalls bei einer „weit überwiegenden" Verantwortlichkeit

den. Bei dem Unfall wurden die Geräte so beschädigt, dass sie unbrauchbar waren. K hätte die Geräte, die im Einkauf € 700,– pro Stück kosteten, mit einem Gewinn von € 120,– pro Stück weiterverkaufen können. Andere Geräte konnte er sich wegen langer Lieferfristen nicht rechtzeitig beschaffen.

1. Welche vertraglichen Ansprüche haben V und K gegeneinander?

2. Wie ist zu entscheiden, wenn der Wiederverkaufswert der Geräte wegen eines zwischenzeitlichen Modellwechsels lediglich € 650,– pro Stück betragen hätte?

Zur Vertiefung: *Canaris,* FS E. Lorenz, 2004, S. 147 ff.

des Gläubigers aufrechterhalten. Damit sind jedoch lediglich Fälle gemeint, in welchen die Mitverantwortung des Schuldners so gering ist, dass sie nach § 254 ohnehin unbeachtlich wäre (BT-Drs. 14/6040, S. 187). Im Übrigen ist dort aber keine Aussage darüber getroffen, wie beide Verschuldensanteile in anderen Fällen zu berücksichtigen sind.

a) Nach h. M. zum früheren Recht (s. dazu *Looschelders,* JuS 1999, 949 ff.; *Faust,* JuS 2001, 133 ff.) sind der Anspruch auf Schadensersatz sowie die Aufrechterhaltung der Gegenleistungspflicht zu kombinieren: Der Schuldner (hier: V) behält zwar nach § 326 II den Anspruch auf die Gegenleistung, dieser ist jedoch analog § 254 um seinen Verschuldensanteil zu kürzen. Der Gläubiger (hier: K) wiederum hat einen nach der **Differenztheorie** (dazu unten Fall 37, 38) zu berechnenden Anspruch auf Schadensersatz statt der Leistung aus §§ 280 I, III, 283, der wiederum um den eigenen Verschuldensanteil zu kürzen ist (*U. Huber* II, § 57 II). Vorliegend bleibt damit die Zahlungspflicht des K i. H. v. € 3500,– erhalten. Andererseits hat K einen Schadensersatzanspruch statt der Leistung (hier: entgangener Gewinn aus dem Wiederverkauf der Geräte i. H. v. € 1200,–), der seinerseits nach § 254 I um den Mitverschuldensanteil des Gläubiger zu kürzen ist und damit hier € 600,– beträgt. Das führt hier saldiert zu einem Zahlungsanspruch des V i. H. v. € 2900,–. (Die Berechnung des Schadensersatzanspruches hat auf der Basis der **Differenztheorie** zu erfolgen, weil das Mitverschulden des Schuldners – hier des V – bereits beim teilweisen Wegfall der Gegenleistungspflicht berücksichtigt ist und sonst zu dessen Lasten doppelt angerechnet würde).

b) Nach anderer, im Ergebnis aber gleicher Ansicht (s. mit unterschiedlichen Nuancen Palandt/*Grüneberg*, § 326 Rn. 15; Jauernig/*Vollkommer*, § 326 Rn. 22; *Rauscher*, ZGS 2002, 333; *Canaris*, FS E. Lorenz, 2004, S. 158 f.; *Medicus/Lorenz* I, Rn. 449) fällt zwar der Entgeltanspruch des Schuldners nach § 326 I S. 1 weg. An dessen Stelle tritt aber ein ebenfalls nach § 254 I um den Mitverschuldensanteil des Schuldners zu kürzender Schadensersatzanspruch aus §§ 280 I, 241 II in Höhe des entfallenen Entgeltanspruchs. Dieser Anspruch (vorliegend € 7000,– × ½ = € 3500,–) ist dann mit dem nach der **Differenztheorie** zu berechnenden, ebenfalls nach § 254 I geminderten Schadensersatzanspruch des Gläubigers (hier: € 600,–) zu saldieren, was ebenfalls zu einem Zahlungsanspruch des V i. H. v. € 2900,– führt.

c) Eine dritte Ansicht (*Lorenz/Riehm*, Rn. 350) berechnet den nach § 254 zu kürzenden Schadensersatzanspruch des Gläubigers (hier: des K) auf der Basis der **Surrogationstheorie** und kürzt diesen um dessen Mitverschuldensanteil (hier: Wiederverkaufswert der Ware i. H. v. € 8200,–, gemindert um 50% Mitverschuldensanteil = € 4100,–) belässt es aber (in Anwendung von § 326 II S. 1) beim ungekürzten Anspruch des Schuldners (hier: des V) auf die Gegenleistung (hier: € 7000,–). Dies führt ebenfalls zu einem Zahlungsanspruch des V i. H. v. € 2900,–.

2. Abwandlung

a) Nach den unter 1 a) und b) geschilderten Ansichten besteht ein um 50% Mitverschuldensanteil geminderter Entgelt- bzw.

Schadensersatzanspruch des V i. H. v.
€ 3500,–. Ein Schadensersatzanspruch des
K nach der **Differenztheorie** kommt dagegen nicht in Betracht, da der vereinbarte
Kaufpreis den Wert der Kaufsache überstieg: Bei der Berechnung des Schadensersatzanspruches des Gläubigers nach der
Differenztheorie sei eine negative Differenz zwischen Wert und Kaufpreis (hier:
€ 500,–) nicht anzuerkennen, weil dem
Schuldner (hier: V) dann der volle Gewinn
aus dem Geschäft erhalten bliebe, während
im umgekehrten Fall eines Verkaufs unter
Wert (Ausgangsfall) der dem Gläubiger
(hier: K) entgangene Gewinn auf beide
Parteien aufgeteilt würde. Dies widerspre-
che dem Prinzip der Mitverantwortung
und damit dem Gleichheitssatz (*Canaris,*
FS E. Lorenz, 2004, S. 172). Damit hat V
einen Zahlungsanspruch i. H. v. € 3500,–.
b) Nach der unter 1. c) geschilderten
Ansicht hat hingegen K einen um 50%
geminderten Schadensersatzanspruch nach
der **Surrogationstheorie** i. H. v. € 3250,–.
Dem steht ein (ungeminderter) Zahlungsanspruch des V i. H. v. € 7000,– gegenüber,
was zu einem Anspruch des V i. H. v.
€ 3750,– führt. Wirtschaftlich bedeutet
dies, dass K den Verlust, den er bei Durchführung des Vertrages gemacht hätte
(10 x 50 = € 500,–) in voller Höhe selbst
trägt. Dies könnte gerechtfertigt sein, weil
das Verlustrisiko aus dem Vertrag unabhängig von der Verantwortung für die
Unmöglichkeit der Leistung zu tragen ist,
da der Verlust aus dem Geschäft nicht auf
die Unmöglichkeit der Leistung zurückzuführen ist, sondern bereits durch den Vertragsschluss entstanden ist.

c) Alle Ansichten stimmen im Endergebnis überein, wenn es sich um ein für den Gläubiger (K) günstiges bzw. neutrales Geschäft gehandelt hat, weil der im entgangenen Gewinn bestehende Schaden anteilig von beiden Parteien getragen wird. Sie unterscheiden sich insoweit lediglich in der Begründung der Ansprüche des Schuldners (V). Hierbei ist der Anwendung von §§ 280 I, 241 II (Ansicht 1. b) der Vorzug zu geben, da sie gesetzesnäher und dogmatisch klarer ist. Das von Ansicht 1. a) vorausgesetzte (anteilige) Fortbestehen des Zahlungsanspruchs des Schuldners (V) ist nämlich mit § 326 I S. 1 nicht vereinbar. Handelt es sich jedoch um ein für den Gläubiger (K) ungünstiges Geschäft, belässt nur Ansicht 1. c) dem Gläubiger (K) diesen Verlust vollständig, während dieser nach allen anderen Ansichten von beiden Parteien getragen wird. Auch insoweit ist der Ansicht 1. b) zuzustimmen: Zwar ist der *Verlust* des K aus dem Geschäft bereits mit Vertragsschluss eingetreten und nicht Folge der (von beiden Parteien zu vertretenden) Unmöglichkeit, jedoch ergibt sich aus der Wertung des § 326 I S. 1, dass dem Schuldner (V) die Gegenleistung und damit auch der **Gewinn** aus dem Vertrag nur dann gebührt, wenn bzw. soweit er die geschuldete Leistung erbringt. Da V aber selbst dann den Gewinn aus dem Vertrag nicht erhielte, wenn die Kaufsache durch einen weder von ihm noch von K zu vertretenden Umstand zerstört worden wäre (auch in diesem Fall wäre ja der Verlust des K bereits eingetreten!), kann der Fall der beiderseits zu vertretenden Unmöglichkeit nicht anders entschieden werden.

III. Unmöglichkeit und Surrogatsherausgabepflicht

29. Surrogatsherausgabepflicht bei anfänglicher Unmöglichkeit

Kunstsammler Kober erwirbt beim Galeristen Vogelsang für € 10 000,– eine Installation „Fettecke" von Joseph Beuys. Diese ist zurzeit des Vertragsschlusses als Leihgabe im städtischen Kunstmuseum ausgestellt. Am Abend vor dem Vertragsschluss wurde die Installation allerdings von einer Reinigungskraft, die sie irrtümlich für abgelagerten Unrat hielt, weggeschafft und dabei vollständig zerstört. Da das Kunstwerk von Vogelsang mit € 15 000,– gegen Zerstörung versichert war, verlangt Kober nunmehr Abtretung des Anspruches gegen die Versicherung. Zu Recht?

Zur Vertiefung: *Canaris,* FS Heldrich, 2005, S. 11 ff.; zur Fallgestaltung s. *LG Düsseldorf* NJW 1988, 345.

Anspruch aus § 285 I

Gemäß § 285 kann der Gläubiger vom Schuldner Herausgabe des Ersatzes oder Abtretung des Ersatzanspruches (sog. **„stellvertretendes commodum"**) verlangen, den dieser „infolge des Umstandes, auf Grund dessen er die Leistung nach § 275 Abs. 1 bis 3 nicht zu erbringen braucht, für den geschuldeten Gegenstand erlangt" (zum Grundgedanken und zur Reichweite der Norm, vgl. BGHZ 99, 385, 388 f., zur Anwendbarkeit im Gewährleistungsrecht s. PdW SchuldR II, Fall 34). Diese Befugnis steht dem Gläubiger auch im Rahmen eines gegenseitigen Vertrages zu, und zwar gleichgültig, ob der Schuldner die Unmöglichkeit zu vertreten hat oder nicht. Hier war V infolge der Zerstörung des Kunstwerks nach § 275 I von der Leistungspflicht befreit. Die Tatsache, dass diese Unmöglichkeit bereits vor Vertragsschluss bestand, hat nach § 311 a I keine Auswirkungen auf die Wirksamkeit des Vertrages (s. Fall 10). Nach dem Wortlaut von § 285 kann der Gläubiger allerdings nur ein Surrogat verlangen, das der Schuldner „für den **geschuldeten** Gegenstand" erlangt. Da hier aber die Leistung bereits bei Vertragsschluss unmöglich war, war das Kunstwerk selbst nach § 275 I zu keinem Zeitpunkt geschuldet. Diese Formulierung des § 285 beruht jedoch lediglich auf einem Redaktionsversehen (unterbliebene Anpassung des Wortlauts von § 281 *BGB* a. F.). Da auch § 275 IV ausdrücklich auf § 284 verweist und diese Regelung nicht zwischen anfänglicher und nachträglicher Unmöglichkeit unterscheidet, ist § 285 entgegen seinem Wortlaut auch im Fall anfänglicher Unmöglichkeit anwendbar. Die Vorschrift ist also zu lesen: „ für den geschuldeten **oder versprochenen** Gegenstand ..." (*Canaris,* FS Heldrich, 2005, S. 37 f.). K kann daher Abtretung des Anspruchs gegen die Versicherung verlangen.

30. Veräußerungserlös als „stellvertretendes commodum"

Brügel hatte beim Antiquitätenhändler Auer eine Barockplastik entdeckt, für die Auer € 8500,– verlangte. Brügel einigte sich mit Auer über den Kauf und zahlte € 2500,– an. Den Rest wollte er bei Abholung der Plastik am übernächsten Tag bezahlen. Kurz darauf erschien bei Auer ein anderer Kunstsammler, Kunz, der für dieselbe Plastik € 12 000,– in bar bot. Diesem Angebot konnte Auer nicht widerstehen. Er verschwieg daher, dass die Plastik bereits verkauft war und händigte sie dem Kunz aus. Als Brügel zur Abholung erschien, teilte Auer ihm diesen Sachverhalt mit und gab ihm die Anzahlung zurück. Kunz ist nicht bereit, die Plastik wieder herauszugeben. Kann Brügel von Auer die € 3500,– Differenz zwi-

1. Anspruch aus § 285 I
A hatte durch die Übereignung der Sache an K (schuldhaft) die Unmöglichkeit der Leistung i. S. v. § 275 I herbeigeführt. Fraglich ist aber, ob A den Erlös **infolge** dieses Umstandes erlangt hat (Erfordernis der adäquaten Verursachung). Unmöglich wurde dem A die Leistung an B nämlich nicht durch den Kaufvertrag mit K, sondern erst durch die Übereignung (§ 929) an diesen. Streng genommen erlangte A den Erlös aber nicht auf Grund dieser Übereignung, sondern auf Grund des Kaufvertrages (§ 433 II). Jedoch genügt bei § 285 nach h. M. (vgl. BGHZ 75, 206; *BGH* NJW 1983, 930) ein **wirtschaftlicher** Zusammenhang zwischen der unmöglich gewordenen Leistung und dem daraus erzielten Erlös (s. dazu BGHZ 167, 312 und *Medicus/Lorenz* I, Rn. 432). Ein solcher ist hier bei Kaufvertrag und Übereignung gegeben, so dass auch der Erlös aus dem Weiterverkauf (sog. **commodum ex negotiatione cum re**) von § 285 I erfasst wird. B ist daher berechtigt, unabhängig vom Vertretenmüssen des A und vom tatsächlichen Wert der Plastik die

schen Erlös und Kaufpreis verlangen?

€ 12 000,– Erlös herauszuverlangen. Er bleibt dann aber gem. § 326 III S. 1 zur Zahlung des Kaufpreises verpflichtet. B kann ohne weiteres aufrechnen, so dass für ihn eine überschießende Forderung in Höhe von € 3500,– verbleibt.

2. Anspruch aus § 816 I S. 1

Der Anspruch aus § 816 I S. 1 setzt voraus, dass A zum Zeitpunkt der Übereignung an K Nichtberechtigter und B Berechtigter war. Dies wäre nur dann der Fall gewesen, wenn bereits bei Abschluss des Kaufvertrages zwischen A und B zugleich das Eigentum auf den B übertragen worden wäre. An sich wäre dies gem. § 930 (Verwahrungsvertrag als Besitzmittlungsverhältnis) möglich gewesen. Jedoch ist nicht anzunehmen, dass B das Eigentum noch vor Erhalt des vollen Kaufpreises übertragen wollte. Ein Anspruch aus § 816 entfällt daher.

3. Anspruch aus §§ 687 II, 681, 667

§ 687 II verlangt, dass jemand ein objektiv fremdes Geschäft als eigenes führt. Zwar stellt die Veräußerung fremder Sachen im eigenen Namen ohne Einwilligung des Eigentümers eine solche unerlaubte Eigengeschäftsführung dar. Hier gehörte aber die Plastik noch dem A, so dass er mit der Veräußerung ein eigenes Geschäft vornahm. Dass er dabei den Kaufvertrag mit B verletzte, ist insoweit ohne Belang.

31. Vertretenmüssen und Rechtsirrtum

Wie Fall 30. Gegenüber dem Verlangen des Kunz macht Auer geltend, er habe nicht gewusst, dass er zur Herausgabe des Erlöses verpflichtet

1. Anspruch aus §§ 285 I

Der Anspruch aus § 285 bezweckt zwar ebenso wie das Bereicherungsrecht den Ausgleich ungerechtfertigter Vermögensverschiebungen (vgl. *BGH* LM Nr. 1 zu

gewesen sei und habe aus Freude über den guten Geschäftsabschluss eine große Party gegeben. Dabei habe er die € 3500,– Mehrerlös verbraucht. Seiner Ansicht nach müsse er daher nichts mehr bezahlen. Wie ist zu entscheiden?

§ 281). Er ist gleichwohl kein Bereicherungsanspruch, sondern ein vom Gesetz anstelle des ursprünglichen Leistungsanspruchs gewährter Surrogatanspruch. A kann sich daher nicht auf Wegfall der Bereicherung (§ 818 III) berufen (vgl. Jauernig/*Vollkommer,* § 285 Rn. 12). Das Schicksal des Anspruchs aus § 285 regelt sich vielmehr nach den §§ 275 ff. – Da A das erlangte Geld ausgegeben hat, ist ihm die Herausgabe unmöglich geworden (die allgemeinen Grundsätze über die **Geldschuld** (s. Fall 107) gelten hier nicht, da nicht Zahlung einer bestimmten Geldsumme – sog. Geld**wert**schuld –, sondern Herausgabe von **empfangenem** Geld geschuldet war; vgl. auch *BGH* NJW 2005, 3709; 2006 986). A ist insoweit nach § 275 I von der Leistungspflicht befreit.

2. Anspruch aus §§ 280 I, III, 283

A schuldet jedoch den Wert des empfangenen Geldes nach §§ 280 I, III, 283 als Schadensersatz statt der Leistung, wenn er nicht fehlendes Vertretenmüssen nachweist (§ 280 I S. 2).

a) Vorsatz

A hat sich die Herausgabe des Geldes durch bewusstes und gewolltes Handeln unmöglich gemacht. Es wäre daher an Vorsatz i. S. des § 276 I S. 1 zu denken. Zum Vorsatz gehört indessen das **Bewusstsein der Rechtswidrigkeit.** Denn nach der im Zivilrecht herrschenden **Vorsatztheorie** (vgl. z. B. *BGH* NJW 1992, 566, 569) ist Vorsatz eine Schuldform. Schuld setzt aber Tatbestandsmäßigkeit und Rechtswidrigkeit voraus (s. Fall 27). Der Handelnde muss also bewusst gegen eine bestehende Pflicht verstoßen haben. Da A nicht positiv um seine Herausgabepflicht nach § 285 wusste, besaß er folglich nicht das erforderliche Bewusstsein der Rechtswidrigkeit. Vorsatz scheidet aus.

b) Fahrlässigkeit

Ein den Vorsatz ausschließender Rechtsirrtum befreit jedoch den Schuldner nicht schlechthin, sondern nur dann, wenn der Rechtsirrtum unverschuldet ist (vgl. Palandt/*Grüneberg*, § 276 Rn. 22). A musste damit rechnen, dass die vertragswidrige Weiterveräußerung der Plastik Folgen haben konnte. Er hätte daher, bevor er den Mehrerlös verbrauchte, mit verkehrsüblicher Sorgfalt Erkundigungen über die Rechtslage einziehen müssen. Da er dies unterließ, beruht sein Rechtsirrtum auf Fahrlässigkeit. Somit hat A gem. §§ 280 I, III, 283 Schadensersatz statt der Leistung, im Ergebnis wiederum € 3500,– zu leisten.

32. Grenzen der Anwendung des § 285

Supermarktbetreiber M hatte von V ein Grundstück zur Verwendung als Kundenparkplatz gemietet. Ohne Zustimmung des M vermietete V für eine Woche eine Teilfläche des Grundstücks an den Markthändler D zum Betrieb eines Verkaufsstandes. M verlangt von V den dadurch erzielten Erlös heraus. Zu Recht?

Fall nach: BGHZ 167, 312.

1. Anspruch aus § 285 I

Durch die Einräumung des Besitzes an D ist dem V die dem M geschuldete Leistung (teilweise) unmöglich geworden (§ 275 I). Er erlangte infolge dieses Umstandes, der die Leistung unmöglich machte, auch einen Ersatz, nämlich die von D erzielte Miete. Nach § 285 I ist jedoch nur ein solcher Ersatz herauszugeben, den der Schuldner gerade *für* den geschuldeten Gegenstand (hier: Gebrauchsüberlassung an M als Parkplatz) verlangt hat. Es ist also **"Identität zwischen geschuldetem und ersetztem Gegenstand"** (BGHZ 46, 260; 167, 312) erforderlich. Da M das Grundstück selbst nur als Parkplatz hätte nutzen und seinerseits nicht hätte weitervermieten dürfen

(§ 540 I), besteht hier eine solche Identität nicht: Der erzielte Erlös war durch die unmöglich gewordene vertragliche Verpflichtung zur Gebrauchsüberlassung wirtschaftlich nicht dem M zugewiesen, weil er ihn nicht hätte erzielen können.

2. Anspruch aus §§ 687 II, 681 S. 2, 667

Ein Anspruch aus (unechter) GoA scheitert schon daran, daß die Vermietung an D kein (objektiv) fremdes Geschäft war, da M zu einer solchen Vermietung nicht berechtigt gewesen wäre.

3. Anspruch aus § 816 I S. 1

Ein Bereicherungsanspruch aus § 816 Abs. 1 S. 1 scheidet aus, weil die Vermietung einer Sache keine Verfügung im Sinne dieser Vorschrift ist.

3. Kapitel. Pflichtverletzung

I. Grundstruktur und Schadensarten

33. Pflichtverletzung und Vertretenmüssen

Was ist eine „Pflichtverletzung" i. S. v. § 280 I? Was bedeutet „Vertretenmüssen"?

Zur Vertiefung: *Canaris*, JZ 2001, 499, 512; *Medicus/Lorenz* I, Rn. 336 ff.

1. Pflichtverletzung

Der Begriff der **Pflichtverletzung** ist der zentrale Begriff des Leistungsstörungsrechts. „Pflichtverletzung" ist jede objektive Abweichung des Verhaltens einer Partei des Schuldverhältnisses vom geschuldeten Pflichtenprogramm des § 241. Erfasst sind sowohl die (völlige oder teilweise) Nichterfüllung (auch im Falle von § 275 I–III, s. Fall 58, 59), die verspätete Erfüllung und die Schlechterfüllung einer Haupt- oder Nebenleistungspflicht (vgl. § 241 I), als auch die Verletzung vertraglicher oder vorvertraglicher (§ 311 II) Schutzpflichten i. S. v. § 241 II. Zur Feststellung der Pflichtverletzung ist zunächst die verletzte Pflicht zu identifizieren (etwa die Pflicht zur Übereignung der Kaufsache aus § 433 I S. 1 oder die Pflicht zu mangelfreier Leistung aus § 433 I S. 2, aber auch die Pflicht zu rechtzeitiger Leistung, s. § 271).

2. Vertretenmüssen

Davon zu unterscheiden ist das **Vertretenmüssen** der Pflichtverletzung. Hierbei handelt es sich um den **Zurechnungsgrund** der Pflichtverletzung an den Schuldner. Erst beide Elemente gemeinsam begründen die Verpflichtung zum Schadensersatz. Was der Schuldner zu vertreten hat, ergibt sich aus § 276 und diversen Sonder-

regelungen (z. B. § 287 S. 2). I. d. R. setzt
Vertretenmüssen danach **Verschulden,**
d. h. **Vorsatz** und **Fahrlässigkeit** voraus.
Während der Gläubiger die Pflichtverletzung zu beweisen hat, wird das Vertretenmüssen nach § 280 I S. 2 vermutet. Zur
Entlastung muss Schuldner nicht in jedem
Fall speziell den Umstand beweisen, der die
unverschuldete Schadensursache herbeigeführt hat. Auch rein abstrakte Möglichkeiten, für die es keinen Anhaltspunkt gibt,
braucht er nicht zu widerlegen. Er muss
aber nachweisen, dass er die als Ursachen in
Betracht kommenden Umstände nicht zu
vertreten hat. Bleibt die ernstliche Möglichkeit des Vertretenmüssens auch nur
hinsichtlich einer der in Betracht kommenden Ursachen bestehen, so ist die
Vermutung nicht widerlegt (*BGH* NJW
2005, 418, 420 m. w. N.).

34. Schadensarten

Welche Arten des Schadensersatzes kommen auf Grund
einer Pflichtverletzung in
Betracht? Worin liegt die
Bedeutung der Unterschei-
dung?

Zur Vertiefung: *Medicus/Lo-
renz* I, Rn. 351 ff.

1. Das Gesetz unterscheidet in § 280 zwischen **Schadensersatz** (§ 280 I), **Schadensersatz wegen Verzögerung der Leistung**
(§ 280 II) und **Schadensersatz statt der
Leistung** (§ 280 III). § 311 a II enthält
daneben eine Sonderregelung (nur) für
den Schadensersatz statt der Leistung im
Falle der anfänglichen Leistungsbefreiung
i. S. v. § 275 (Unmöglichkeit und gleichge-
stellte Tatbestände, s. Fall 59).

a) Unter den **Schadensersatz statt der
Leistung** fällt derjenige Schaden, der auf
das endgültige Ausbleiben der Leistung
zurückzuführen ist. Endgültiges Ausbleiben der Leistung liegt vor, wenn die
Leistung unmöglich ist (§ 275 I), die Ein-

rede nach § 275 II, III erhoben ist oder der
Schuldner die Leistung nicht mehr erbringen darf, weil der Gläubiger Schadensersatz
statt der Leistung verlangt hat (§ 281 IV)
oder nach § 323 vom Vertrag zurückgetreten ist (was nach § 325 das Recht auf
Schadensersatz statt der Leistung unberührt lässt). Damit ist derjenige Schaden
erfasst, der entfiele, wenn die Leistung noch
erbracht würde, d. h. diese wertmäßig
repräsentiert.

b) Nicht Gegenstand des Schadensersatzes
„statt der Leistung" sind hingegen alle
Schäden, die bereits vor diesem Zeitpunkt
endgültig eingetreten, d. h. nicht auf das
endgültige Ausbleiben der Leistung zurückzuführen sind, weil sie auch dann,
wenn die Leistung jetzt noch erfolgen
würde, nicht entfielen. Man spricht insoweit vom **Schadensersatz „neben" der
Leistung.**

c) Auch der **Verspätungsschaden** ist daher
typologisch dem Schadensersatz „neben"
der Leistung zuzuordnen. Das Gesetz
macht dessen Ersatzfähigkeit aber nach
§ 280 II vom Verzug (§ 286) des Schuldners abhängig.

2. Die **Bedeutung** der Unterscheidung besteht in den unterschiedlichen Anspruchsvoraussetzungen. Während der Schadensersatz „neben" der Leistung unmittelbar
nach § 280 I ersatzfähig ist, bedarf es für
den Schadensersatz wegen Verspätung der
Leistung nach § 280 II der zusätzlichen
Tatbestandsvoraussetzungen des § 286
(Verzug), d. h. im Regelfall einer Mahnung.
Für den Schadensersatz statt der Leistung
bedarf es gem. § 280 III der zusätzlichen
Tatbestandsvoraussetzungen einer der Vorschriften der §§ 281–283 bzw. müssen die

besonderen Voraussetzungen von § 311 a II vorliegen.

35. Schadensersatz „statt der Leistung", Schadensersatz „wegen Verzögerung der Leistung" und Schadensersatz „neben der Leistung"

Imbissbesitzer Kling kauft am 1.3. beim Gastronomieausstatter Varese für € 1000,– einen „Döner"-Grill, um sein bisher nur bayerisches Angebot international zu bereichern. Dabei wird Anlieferung durch Varese vereinbart. Bei dem Grill handelt es sich um ein Sonderangebot im tatsächlichen Wert von € 1200,–.
1. Als Varese das Gerät nach 3 Wochen noch nicht geliefert hat, kauft sich Kling bei einem anderen Händler einen Grill desselben Typs zum Preis von € 1200,– und verlangt von Varese Erstattung der Mehrkosten i. H. v. € 200,–. Zu Recht?
2. Da Varese nicht liefert, setzt ihm Kling am 15.3. eine Lieferfrist bis zum 22.3., die ereignislos verstreicht. Am 29.3. bestellt Kling bei einem anderen Händler einen Grill desselben Typs zum Preis von € 1200,–. Noch am gleichen Tag verlangt Kling von Varese Schadensersatz für die Mehrkos-

1. Ausgangsfall:
Anspruch aus §§ 280 I, III, 281
a) Pflichtverletzung (§ 280 I)
Gem. § 271 I war der Anspruch des K sofort fällig. V hat damit die Pflicht zur rechtzeitigen Lieferung verletzt.
b) Weitere objektive Tatbestandsvoraussetzungen
Bei dem von K geltend gemachten Schadensersatzanspruch handelt es sich um Schadensersatz statt der Leistung, weil dieser Schaden (Mehrkosten für den anderweitigen Erwerb des Leistungsgegenstandes) entfiele, wenn die Leistung bewirkt werden würde (s. Fall 34). Damit ist § 280 I als Anspruchsgrundlage nicht ausreichend, nach § 280 III müssen vielmehr über die bloße Pflichtverletzung hinaus die Tatbestandsvoraussetzungen einer der §§ 281–283 vorliegen. Da hier kein Fall von Unmöglichkeit (und gleichgestellter Tatbestände) i. S. v. § 275 oder einer Nebenpflichtverletzung i. S. v. § 241 II, sondern Verspätung einer fälligen Leistung vorliegt, ist § 281 anzuwenden. Danach setzt der Schadensersatz statt der Leistung grundsätzlich den fruchtlosen Ablauf einer dem Schuldner zu setzenden Leistungsfrist voraus. Da K eine solche nicht gesetzt hat und dies auch nicht nach § 281 II entbehrlich war, hat er keinen Anspruch auf Schadensersatz i. H. der Mehrkosten des Deckungskaufs.

ten des Ersatzgeräts i. H. v. € 200,– sowie Ersatz des aus dem Verkauf von „Döner" entgangenen Gewinns für die gesamte Zeit bis zur Lieferung des Ersatzgeräts, die erst am 12. 4. erfolgen kann. Zu Recht?

3. Das Gerät wird rechtzeitig geliefert, erweist sich aber als mangelhaft, weil es nicht die zum Grillen von Fleischspießen erforderliche Hitze erreicht. Kling entdeckt diese Ursache nach einer Woche und verlangt Lieferung eines neuen Geräts. Dieses wird erst nach vier weiteren Wochen geliefert. Kann Kling Schadensersatz für den in diesen 5 Wochen entgangenen Gewinn verlangen?

4. Das Gerät wird geliefert, jedoch kommt es auf Grund einer Undichtigkeit in der Gasleitung des Geräts zu einer Verpuffung, bei welcher die Einrichtung des Imbiss beschädigt wird. Kann Kling von Varese Schadensersatz für die zerstörten Einrichtungsgegenstände verlangen?

2. Fallvariante:

a) Anspruch aus §§ 280 I, III, 281

Da K dem V – anders als in Fallvar. 1 – eine angemessene Frist zur Leistung gesetzt hat, ist ein Anspruch auf Schadensersatz statt der Leistung entstanden. Dieser beinhaltet den Ersatz aller Schäden, die sich aus dem **endgültigen Ausbleiben** der Leistung ergeben (s. Fall 34). Maßgeblicher Zeitpunkt ist damit nicht derjenige des Entstehens des Schadensersatzanspruchs (22. 3.), sondern gem. § 281 IV der Zeitpunkt seiner Geltendmachung (29. 3.). Damit kann K als Schadensersatz statt der Leistung die Mehrkosten für das Ersatzgerät i. H. v. € 200,– sowie den Verdienstausfall für die Zeit vom 29. 3. bis zum 12. 4. verlangen.

b) Anspruch aus §§ 280 I, II, 286, 249 I, 252

aa) Pflichtverletzung (§ 280 I): V hat die Pflicht zu rechtzeitiger Leistung verletzt (s. o.).

bb) Weitere objektive Tatbestandsvoraussetzungen: Bei der Geltendmachung des bis zum 29. 3. erlittenen Verdienstausfalls handelt es sich **nicht** um Schadensersatz statt der Leistung. Der Anspruch auf die Leistung ist nämlich gem. § 281 IV erst mit Geltendmachung des Schadensersatzanspruchs statt der Leistung entfallen. Der während des Bestehens des Erfüllungsanspruchs bereits entstandene Verdienstausfall wäre aber durch die Leistung, wenn sie erfolgt wäre, nicht rückwirkend behoben worden, sondern war bereits endgültig entstanden (die Leistung hätte lediglich das Entstehen eines weiteren Schadens verhindert). Es handelt sich damit insoweit um Schadensersatz **neben der Leistung.** Da dieser aber **ausschließlich** auf die Verzögerung der Leistung zurückzuführen ist, müssen gem.

§ 280 II die zusätzlichen Voraussetzungen des § 286 (Verzug) vorliegen. Dieser setzt grundsätzlich eine Mahnung voraus, die hier am 15.3. erfolgte, da die Setzung einer Lieferfrist zugleich eine Mahnung i. S. v. § 286 I enthielt (s. im Einzelnen Fälle 43–57). Der Verzug **endete** noch nicht mit dem Ablauf der Nachfrist, sondern gem. § 281 IV erst mit der **Geltendmachung** des Anspruchs auf Schadensersatz statt der Leistung am 29.3. (s. Fall 56). Aus diesem Grund kann der danach entstandene Verdienstausfall auch nicht auf §§ 280 I, II, 286 gestützt werden. V war damit vom 15.3. bis zum 29.3. in Verzug.

cc) Vertretenmüssen (§ 280 I S. 2): Das nach § 280 I S. 2 (und für den Verzug nach § 286 IV) erforderliche Vertretenmüssen wird vermutet (zur Bedeutung von § 286 IV im Zusammenhang mit § 280 I S. 2 s. Fall 50).

K kann damit Schadensersatz für erlittenen Verdienstausfall für den Zeitraum vom 15.3. bis 29.3. aus §§ 280 I, II, 286 als Verzugsschaden verlangen.

c) Integration des Verzögerungsschadens in den Schadensersatz statt der Leistung?

Vor der Schuldrechtsreform war anerkannt, dass der Gläubiger in einer Situation wie der vorliegenden den gesamten Verzögerungsschaden als unselbstständigen Bestandteil, d. h. als Rechnungsposten des Nichterfüllungsschadens mitliquidieren kann (s. *BGH NJW* 2000, 951) bzw. muss (so *U. Huber* II, S. 301 ff.). Auch nach der neuen Rechtslage könnte man mit dem Argument, der Gläubiger sei im Wege des Schadensersatzes statt der Leistung so zu stellen, als sei die Leistung **rechtzeitig** erfolgt, den Verzögerungsschaden insgesamt unter §§ 280 I, III, 281 subsumieren. Die ganz h. M. lehnt dies jedoch zu Recht ab, weil so die scharfe dogmatische Unterscheidung der Schadensarten aufgeweicht würde, ohne dass dem ein prakt. Vorteil gegenüberstünde. Außerdem sind – wenngleich nur in außergewöhnlichen Situationen – Fälle vorstellbar, in welchen trotz einer Fristsetzung nach § 281 keine Mahnung i. S. v. § 286 vorliegt, was dann zu einer Umgehung von § 280 II führen würde (s. dazu nur MünchKomm/*Ernst*, § 281 Rn. 110 m. w. N.)

Merke also: Solange der Gläubiger im Verzug des Schuldners noch nicht Schadensersatz statt der Leistung verlangt hat, ist der Verzögerungsschaden unter §§ 280 I, II, 286 zu subsumieren. Der danach **bereits entstandene** Anspruch auf Ersatz des Verzögerungsschadens fällt weder mit einem Rücktritt noch mit der Geltendmachung von Schadensersatz statt der Leistung nachträglich weg (s. auch Fall 134). Mit der Geltendmachung des Schadensersatzes statt der Leistung entfällt aber **(ex nunc)** der Verzug, da die Leistungspflicht nach § 281 IV wegfällt (s. Fall 43). Gleiches gilt im Falle des Rücktritts. Der Ersatz von Verzögerungsschäden, die ab diesem Zeitpunkt entstehen, kann dann nur noch als Schadensersatz statt der Leistung verlangt werden.

3. Fallvariante:

a) Anspruch aus §§ 437 Nr. 3, 280 I, 433 I S. 2, 249 I, 252

aa) Pflichtverletzung (§ 280 I): V hat die Pflicht zu mangelfreier Leistung aus § 433 I S. 2 verletzt.

bb) Weitere objektive Tatbestandsvoraussetzungen: Der geltend gemachte Schadensersatz stellt keinen Schadensersatz statt der Leistung (§ 280 III) dar, weil er bereits endgültig eingetreten ist. Es handelt sich, da er nicht (ausschließlich) auf der

Verzögerung der Leistung, sondern auf der Mangelhaftigkeit der Leistung beruht, auch nicht um einen Verzögerungsschaden, so dass er unmittelbar nach § 280 I ersetzbar ist (*BGH* NJW 2009, 2674; s. Fall 47).

cc) Vertretenmüssen (§ 280 I S. 2): Das Vertretenmüssen wird nach § 280 I S. 2 vermutet. V kann sich durch den Nachweis entlasten, dass er den Mangel weder vorsätzlich oder fahrlässig verursacht hat noch ihn kannte oder kennen musste. An die Widerlegung der Vermutung sind freilich keine übertriebenen Anforderungen zu stellen (s. *BGH* NJW-RR 1990, 446, 447 zu § 282 BGB a. F.; MünchKomm/*Ernst,* § 280 Rn. 33). I. d. R. treffen den Verkäufer, der nicht zugleich Hersteller der Sache ist, keine Untersuchungspflichten.

dd) Einwand des Mitverschuldens: Sollte V die Vermutung des Vertretenmüssens nicht widerlegen können, begründet die Tatsache, dass K den Nacherfüllungsanspruch (§ 439 I) erst nach einer Woche geltend gemacht hat, nach den gegebenen Umständen keinen Mitverschuldenseinwand nach § 254 II S. 1 (s. dazu PdW SchuldR II, Fall 42 sowie *BGH* NJW 2009, 2674 Tz. 19).

b) Anspruch aus §§ 437 Nr. 3, 280 I, II, 286, 439 I, 249 I, 252

aa) Pflichtverletzung (§ 280 I): V hat (auch) die Pflicht aus § 439 I verletzt, da er mit Ablieferung der fehlerhaften Sache gem. § 439 I zur Nacherfüllung verpflichtet war.

bb) Weitere Tatbestandsvoraussetzungen: In Bezug auf den Nacherfüllungsanspruch aus § 439 handelt es sich um einen allein auf die Verspätung (der Nacherfüllung) zurückgehenden Schaden. Dieser ist nach

§§ 280 II, 286 erst ab Verzugseintritt ersetzbar. Dieser trat nach h. M. unmittelbar mit Zugang der als Mahnung i. S. v. § 286 I aufzufassenden Aufforderung zur Nacherfüllung ein (s. dazu Fall 48). Da V in Bezug auf das Unterlassen der Nacherfüllung die Vermutung des Vertretenmüssen (§§ 286 IV, 280 I S. 2) kaum wird widerlegen können, haftet er ab dem Zugang des Nacherfüllungsverlangens, d. h. für 4 Wochen, auf Ersatz des Verdienstausfalls.

4. Fallvariante:
Anspruch aus § 280 I
a) Pflichtverletzung
V hat sowohl die Pflicht zu mangelfreier Leistung aus § 433 I S. 2 als auch eine Nebenpflicht i. S. v. § 241 II verletzt (zum Verhältnis beider Pflichtverletzungen sowie zur Verjährungsfrage s. PdW SchuldR II, Fall 23).

b) Weitere objektive Tatbestandsvoraussetzungen
Der geltend gemachte Anspruch stellt weder Schadensersatz statt der Leistung dar (die Erbringung der geschuldeten Leistung würde den Schaden nicht beheben), noch geht der Schaden auf die Verzögerung der Leistung zurück. Anspruchsgrundlage ist damit allein § 280 I.

c) Vertretenmüssen
Das Vertretenmüssen wird nach § 280 I S. 2 vermutet. V kann sich durch den Nachweis entlasten, dass er den Mangel weder vorsätzlich oder fahrlässig verursacht noch ihn kannte oder kennen musste (s. o.). Führt V diesen Nachweis nicht, haftet er nach § 280 I, 249 I, II auf Schadensersatz.

36. Entgangener Gewinn als Schadensersatz neben der Leistung

Als der VfL Wolfsburg überraschender Weise Deutscher Fußballmeister wurde, bestellte der Fanartikel-Händler Kullmann bei dem Textilfabrikanten Veith 2000 Wolfsburg-Trikots der laufenden Saison, die er angesichts der derzeitigen Begeisterung bei den beiden bis Saisonende verbliebenen Heimspielen der Mannschaft am 20.7. und 27.7. mit einem Gewinn von € 10 000,– verkaufen kann. Als Liefertermin wird der 10.7. vereinbart.
1. Als Veith am 15.7. immer noch nicht geliefert hat, verlangt Kullmann unter Verzicht auf die Lieferung € 10 000,– entgangenen Gewinn. Zu Recht?
2. Veith bietet erst am 28.7. die Lieferung an. Da die Mannschaft in der neuen Saison mit neu gestalteten Trikots spielt, kann Kullmann die Trikots jetzt nur noch mit einem Gewinn von € 2000,– absetzen. Er verweigert die Annahme der Trikots und verlangt von Veith Schadensersatz i. H. v. € 10 000,–. Zu Recht?

1. Ausgangsfall:
Anspruch aus §§ 280 I, 281, 249 I, 252
a) Pflichtverletzung (§ 280 I)
Der Anspruch des K war lt. Vertrag am 10.7. fällig. V hat damit die Pflicht zur rechtzeitigen Lieferung verletzt.
b) Weitere objektive Tatbestandsvoraussetzungen
Da z. Zt. der Geltendmachung des Schadensersatzanspruches der geltend gemachte Schaden (entgangener Gewinn aus dem Weiterverkauf) behoben würde, wenn V liefern würde, der Schaden also noch nicht endgültig eingetreten ist, macht K Schadensersatz statt der Leistung geltend. Da die Leistung auch noch möglich ist, müssen gem. § 280 III die Tatbestandsvoraussetzungen des § 281 gegeben sein. Dies ist nicht der Fall, weil K dem V keine Leistungsfrist gesetzt hat und eine solche Fristsetzung auch nicht nach § 281 II entbehrlich war. K hat keinen Anspruch auf Schadensersatz.

2. Abwandlung:
Anspruch aus § 280 I
a) Pflichtverletzung (§ 280 I)
V hat die Pflicht zur rechtzeitigen Lieferung verletzt (s. o.). Ein absoluter Fixschuldcharakter (s. Fall 16) lässt sich der Vereinbarung zwischen V und K nicht entnehmen, so dass nicht von Unmöglichkeit i. S. v. § 275 I ausgegangen werden kann.
b) Weitere objektive Tatbestandsvoraussetzungen
In Bezug auf den von K geltend gemachten entgangenen Gewinn ist zu differenzieren:

*aa) Schadensersatz statt der Leistung
(§ 280 III):* Der anfangs erzielbare Gewinn
von € 10 000,– ist durch den Zeitablauf
i. H. v. € 8000,– endgültig entfallen. Insoweit macht K daher nicht Schadensersatz
„statt", sondern „neben" der Leistung geltend. I. H. v. € 2000,– ist der Gewinn aber
noch erzielbar, d. h. der Schaden würde
durch die Lieferung der so noch absetzbaren
Trikots verhütet. K macht daher insoweit
Schadensersatz statt der Leistung geltend.
Da trotz des Zeitablaufs keine Unmöglichkeit (§ 275 I) vorliegt, müssen die weiteren
Voraussetzungen von § 281 vorliegen. Da
auch keine ausreichenden Anhaltspunkte
für eine Entbehrlichkeit der Fristsetzung
nach § 281 II vorliegen (Tatfrage), kann K
insoweit keinen Schadensersatz verlangen.

*bb) Schadensersatz wegen Verzögerung der
Leistung (§ 280 II):* Der in Höhe von
€ 8000,– **endgültig** entgangene Gewinn
des K ist allein auf die **Verzögerung** der
Leistung zurückzuführen. Er ist daher nach
§ 280 II nur ersatzfähig, wenn die Voraussetzungen des § 286 (Verzug) vorlagen.
Dies ist der Fall, weil wegen des vereinbarten Liefertermins gem. § 286 II Nr. 1
eine Mahnung entbehrlich war.

c) Vertretenmüssen (§ 280 I S. 2)
Das nach § 280 I S. 2 (und für den Verzug
nach § 286 IV) erforderliche Vertretenmüssen wird vermutet und ist hier nicht
widerlegt.

K kann daher entgangenen Gewinn
i. H. v. € 8000,– verlangen.

Merke: Die Kategorien „Schadensersatz statt der
Leistung" und Schadensersatz „neben" der Leistung (einschl. des Verzögerungsschadens, s.
Fall 34) sind also zeitlich **dynamische** Kategorien. Ein und derselbe Schaden kann, je nachdem

zu welchem Zeitpunkt er geltend gemacht wird, als Schadensersatz „statt" oder Schadensersatz „neben" der Leistung zu qualifizieren sein.

37. Surrogations- und Differenztheorie bei Verspätung des Geldschuldners

K kauft von V dessen gebrauchten Pkw (Wert: € 4500,–) zum Preis von € 5000,–. Als K zum vereinbarten Zeitpunkt den Pkw weder abholt noch bezahlt, setzt ihm V eine Zahlungsfrist von 2 Wochen. Diese verstreicht ergebnislos. Welche Rechtsbehelfe hat V gegen K? Macht es dabei einen Unterschied, wenn V den Pkw bereits an K übereignet hatte?

1. Anspruch auf Kaufpreiszahlung aus § 433 II

V hat den ursprünglichen Erfüllungsanspruch, d. h. er kann weiterhin Zahlung des Kaufpreises Zug um Zug gegen Übergabe und Übereignung des Pkw (§§ 320, 433 I) verlangen.

2. Rücktritt (§ 323)

V kann gem. § 323 I vom Vertrag zurücktreten. Damit erlöschen die gegenseitigen Leistungspflichten. Schadensersatzansprüche des V werden gem. § 325 durch den Rücktritt nicht berührt.

3. Anspruch auf Schadensersatz statt der Leistung aus §§ 280 I, III, 281

a) Pflichtverletzung

Durch die Nichtzahlung des Kaufpreises zum Fälligkeitstermin hat K die Pflicht zu (rechtzeitiger) Zahlung des Kaufpreises aus § 433 II verletzt.

b) Weitere Tatbestandsvoraussetzungen

Mit dem Ersatz des entgangenen Gewinns macht V Schadensersatz statt der Leistung geltend. Die hierfür im Fall einer fälligen Leistungspflicht nach § 281 I erforderliche erfolglose Setzung einer angemessenen Nachfrist ist erfolgt.

c) Vertretenmüssen

Das Vertretenmüssen wird nach § 280 I S. 2 vermutet, Geldmangel hat der Schuldner nach § 276 I S. 1 (Natur des Schuldverhältnisses) überdies immer zu vertreten (s. Fall 95).

d) Haftungsausfüllung

Nach § 249 I hat K den V so zu stellen, wie er bei Erfüllung der Zahlungsverpflichtung stünde. Damit kann V Schadensersatz jedenfalls nach der **Differenztheorie**, d. h. in Höhe des entgangenen Gewinns von € 500,– verlangen. Trotz der Tatsache, dass der Erfüllungsanspruch gem. § 281 IV mit dem Verlangen von Schadensersatz statt der Leistung erlischt, kann er aber auch nach der **Surrogationstheorie** vorgehen, d. h. anstelle des Kaufpreises Schadensersatz i. H. v. € 5000,– gegen Übereignung des Pkw verlangen: Das Vertrauen des **Geldschuldners**, die Leistung nicht mehr annehmen zu müssen, wird nämlich durch § 281 IV nicht geschützt (*Medicus/Lorenz* I, Rn. 499, s. aber Fall 56). Auch sagt die Regelung lediglich aus, dass K die Übereignung nicht mehr **verlangen** darf, nicht aber, dass V die Leistung nicht mehr **erbringen** darf (wenn er etwa ein Interesse daran hat, die eigene Leistung loszuwerden). V hat damit die Wahl zwischen der Differenz- und der Surrogationstheorie (h. M., s. etwa Palandt/*Grüneberg,* § 281 Rn. 21). Dies gilt auch, wenn er seine Leistung (Übereignung des Pkw) bereits erbracht hat, weil Schadensersatz nach der Differenztheorie in diesem Fall nach § 325 als Kombination von Rücktritt und Schadensersatz statt der Leistung zulässig ist.

38. Surrogations- und Differenztheorie bei gleichartigen Leistungen

Böhme hatte beim Apotheker Fleck einen „Spitzweg" entdeckt, dessen Schätzpreis € 10 000,– betrug. Da dem

1. Anspruch auf Zahlung von € 2000,–

Da dem B die ihm obliegende Leistung (Übereignung der Vase) nachträglich infolge eines Umstandes, den er zu vertreten

Fleck das Gemälde für Geld nicht feil war, bot ihm Böhme eine chinesische Vase aus der Ming-Zeit, die einen Wert von € 12 000,– besaß, zum Tausch an. Fleck ging darauf ein. Als Böhme am nächsten Tag die Vase mit dem Auto zu Fleck transportierte, verursachte er schuldhaft einen Verkehrsunfall, bei dem die Vase zu Bruch ging. Fleck weigerte sich daraufhin, seinen Spitzweg herzugeben, verlangte vielmehr € 2000,– als Schadensersatz, weil er diesen Betrag bei Durchführung des Vertrages wertmäßig erzielt hätte.
1. Zu Recht?
2. Kann Fleck auch Schadensersatz i. H. v. € 12 000,– verlangen?
3. Wie ist der Fall zu beurteilen, wenn Fleck den „Spitzweg" bereits an Böhme übereignet hatte?
4. Wie ist der Fall zu beurteilen, wenn die Vase nicht zerstört wurde, sondern Böhme sie auch nach erfolgter Setzung einer angemessenen Nachfrist durch Fleck nicht liefert?

hat (§ 276 I), unmöglich geworden ist, kann F nach §§ 280 I, III, 283 Schadensersatz statt der Leistung verlangen. B hingegen hat gem. § 326 I S. 1 den Anspruch auf die Gegenleistung (Übereignung des „Spitzweg") verloren. F kann daher jedenfalls nach der **Differenztheorie** vorgehen und entgangenen Gewinn i. H. v. € 2000,– verlangen.

2. Anspruch auf Zahlung von € 12 000,–
Wahlweise kann F aber auch nach der **Surrogationstheorie** vorgehen, d. h. die von ihm ursprünglich geschuldete Leistung (Übereignung des „Spitzweg") erbringen und Schadensersatz i. H. des Wertes der gesamten unmöglich gewordenen Gegenleistung i. H. v. € 12 000,– verlangen. Ebenso wie im Fall von § 281 IV (s. Fall 37) ergibt sich nämlich aus der Tatsache, dass F gem. § 326 I S. 1 die Leistung nicht mehr erbringen muss nicht, dass er sie nicht im Wege des Schadensersatzes erbringen darf.

3. Rechtslage bei erfolgter Übereignung
F kann dem B den „Spitzweg" belassen und nach der **Surrogationstheorie** vorgehen, d. h. Schadensersatz i. H. v. € 12 000,– verlangen. Er kann den „Spitzweg" aber auch nach §§ 326 IV, 346 I zurückfordern und Schadensersatz nach der Differenztheorie i. H. v. € 2000,– verlangen.

4. Rechtslage bei Verzögerung der Leistung
Der Anspruch des F auf Schadensersatz statt der Leistung ergibt sich in diesem Fall aus §§ 280 I, III, 281. F kann weiterhin den Erfüllungsanspruch geltend machen, aber auch vom Vertrag zurücktreten und/oder Schadensersatz statt der Leistung verlangen (§ 325). In diesem Fall erlischt sein Anspruch auf die Leistung entweder infolge des Rücktritts oder durch das Schadens-

ersatzverlangen (§ 281 IV). Das beeinflusst aber ebenso wenig wie die Leistungsbefreiung nach § 326 I S. 1 sein Recht, im Wege des Schadensersatzes die von ihm ursprünglich geschuldete Leistung zu erbringen und Schadensersatz nach der **Surrogationstheorie** i. H. v. € 12 000,– zu verlangen (*Medicus/Lorenz* I, Rn. 453). Wahlweise kann er auch nach der **Differenztheorie** vorgehen und entgangenen Gewinn i. H. v. € 2000,– geltend machen.

Merke: Der Gläubiger hat grundsätzlich die Wahl zwischen beiden Arten des Schadensersatzes. Lediglich bei der Verspätung des Schuldners einer Sachleistung kann von diesem wegen § 281 IV nicht Schadensersatz in Form der Naturalerfüllung verlangt werden. Dies ist aber kein Problem der Surrogations- oder Differenzmethode, sondern eine Frage der Naturalrestitution (s. dazu Fall 56).

39. Schadensersatz „statt der ganzen Leistung" („großer" und „kleiner" Schadensersatz)

Vogelsang hat dem Kober sein Motorrad mit Kofferaufsatz zum Preis von € 3000,– verkauft. Der Kofferaufsatz hat einen Wert von € 600,–, das Motorrad ist € 2800,– wert. Kober bezahlt sofort, jedoch liefert Vogelsang zum Fälligkeitstermin das Motorrad ohne den Kofferaufsatz, weil er diesen selbst noch benötigt. Kober nimmt das Motorrad an, setzt dem Vogelsang aber eine Frist zur Lieferung des Kofferaufsatzes. Diese Frist verstreicht fruchtlos.

1. Ausgangsfall
a) Rücktrittsrecht des K aus § 323
Die Rücktrittsvoraussetzungen nach § 323 liegen vor, da V die fällige Leistungspflicht aus einem gegenseitigen Vertrag nicht vollständig erfüllt hat und eine von K gesetzte Frist fruchtlos verstrichen ist (§ 437 ist nicht mitzuzitieren, weil bei der Nichtlieferung einer von mehreren mitverkauften Sachen bzw. eines Teils einer Gesamtsache keine Mankolieferung i. S. v. § 434 III vorliegt, s. Palandt/*Weidenkaff* § 434 Rn. 53). Da hier somit eine **Teilleistung** vorliegt, setzt der Gesamtrücktritt nach § 323 V S. 1 **Interessefortfall** voraus. Dieser liegt nur dann vor, wenn das Interesse an

1. Kann Kober, der den Kauf angesichts der Abneigung seiner neuen Freundin gegen Motorräder ohnehin bereut, vom Vertrag zurücktreten oder gegen Rückgabe des Motorrads Schadensersatz i. H. v. € 3400,– verlangen?
2. Wie ist der Fall zu beurteilen, wenn Kober die Lieferung des Motorrads ohne Kofferaufsatz zurückweist und dem Vogelsang eine Frist zur Lieferung des Motorrads mit Kofferaufsatz setzt, die fruchtlos verstreicht?
3. Wie ist der Fall zu beurteilen, wenn Motorrad und Kofferaufsatz zwar geliefert werden, das Motorrad aber entgegen der Vereinbarung im Kaufvertrag nicht dem Baujahr 2000 entstammt, sondern – was Vogelsang aus Unachtsamkeit übersehen hatte – 3 Jahre älter ist?
4. Das Motorrad und Kofferaufsatz werden geliefert, jedoch ist der Kofferaufsatz für den Motorradtyp nicht zugelassen und darf daher nicht benutzt werden. Kober erklärt daraufhin den Rücktritt und verlangt von Vogelsang den gesamten Kaufpreis Zug-um-Zug gegen Rückgabe des Motorrads zurück. Zu Recht?

der bereits erbrachten Leistung (Motorrad) gerade wegen des Ausbleibens der restlichen Leistung fortgefallen ist. Da dies nicht der Fall ist, kann K nicht vom gesamten Vertrag, sondern nur in Bezug auf den Kofferaufsatz zurücktreten.

b) Anspruch auf Schadensersatz statt der Leistung aus §§ 280 I, III, 281

Die Voraussetzungen eines Schadensersatzanspruchs statt der Leistung wegen Verzögerung der Leistung liegen in Bezug auf den Kofferaufsatz vor: V hat eine fällige Leistungspflicht verletzt, die weiteren Voraussetzungen des § 281 I (fruchtlose Fristsetzung) liegen vor, das Vertretenmüssen wird nach § 280 I S. 2 vermutet. Da K aber Schadensersatz statt der Leistung nicht nur in Höhe des Wertes des Kofferaufsatzes, sondern auch in Bezug auf den Wert des Motorrads verlangt, macht er „Schadensersatz statt der **ganzen** Leistung" (sog. „**großen Schadensersatz**") geltend. Das ist zwar grundsätzlich möglich, wenn er Zug-um-Zug gegen den Schadensersatz die Rückübereignung des Motorrads anbietet (§§ 281 V, 346 I, 348). Nach § 281 I S. 2 setzt jedoch auch dies in Parallelität zum Rücktrittsrecht (s. § 323 V S. 1) voraus, dass das Interesse an der bereits erhalten Leistung infolge der Verzögerung der Teilleistung weggefallen ist (s. Fall 12). Dadurch wird gesichert, dass § 323 V nicht im Wege des „großen" Schadensersatzes umgangen werden kann. Da hier kein Interessefortfall vorliegt, kann K Schadensersatz statt der Leistung nur in Bezug auf den Kofferaufsatz i. H. v. € 600,– (sog. „**kleinen Schadensersatz**") verlangen.

2. Fallvariante: Rücktritt nach § 323 bzw. Anspruch aus §§ 280 I, III, 281 bei Zurückweisung der Teilleistung

Da die Lieferung des Kofferaufsatzes weiterhin möglich ist (s. zur Abgrenzung Fall 12), kann K die Lieferung des Motorrads gem. § 266 als **Teilleistung** zurückweisen und bezüglich der gesamten Leistung nach § 323 zurücktreten bzw. nach §§ 280 I, III, 281 Schadensersatz statt der Leistung verlangen. Da in diesem Fall keine Teilleistung, sondern vollständige Nichtleistung vorliegt, finden die Einschränkungen der §§ 281 I S. 2, 323 V S. 1 keine Anwendung, K kann Schadensersatz statt der ganzen Leistung i. H. v. € 3400,– verlangen.

3. Fallvariante: Anspruch aus § 437 Nr. 3, 311 a II

Da es sich bei dem Alter des Motorrads um einen anfänglichen unbehebbaren Mangel i. S. v. § 434 I S. 1 handelt, liegt ein Fall anfänglicher qualitativer Unmöglichkeit vor (s. o. Fall 13, 22). K kann gem. § 311 a II Schadensersatz statt der Leistung jedenfalls in Höhe der Wertdifferenz verlangen, da (was ebenfalls vermutet wird) V den Mangel und seine Unbehebbarkeit fahrlässig verkannt hat (§ 311 a II S. 2). Insoweit ist der Schadensersatz statt der ganzen Leistung auch nicht gem. §§ 311 a II S. 3, 281 I S. 3 ausgeschlossen, da der Mangel nicht unerheblich ist (s. dazu Fall 22). Für die weitere Frage, ob K Schadensersatz statt der Leistung auch in Bezug auf den Kofferaufsatz verlangen kann, sind wiederum §§ 311 a II S. 3, 281 I S. 2 heranzuziehen (Problem der **teilweisen Mangelhaftigkeit**, s. PdW SchuldR II, Fall 27). Da dem K mit einem Kofferaufsatz ohne Motorrad

nicht gedient ist, liegt der hierfür erforderliche **Interessefortfall** vor, so dass K
Schadensersatz statt der ganzen Leistung
i. H. v. € 3400,– Zug-um-Zug gegen Rückgabe des Motorrads und des Kofferaufsatzes (§§ 311 a II S. 3, 281 V, 346 I, 348)
verlangen kann.

**4. Fallvariante: Anspruch aus §§ 437
Nr. 2, 326 V, 323 V, 346 I**
Die mangelnde Betriebserlaubnis des Kofferaufsatzes stellt einen Sachmangel i. S. v.
§ 434 I dar (s. PdW SchuldR II, Fall 20). Im
Falle nur teilweiser Mangelhaftigkeit ist für
die Frage des Gesamtrücktritts § 323 V S. 1
heranzuziehen (s. PdW SchuldR II, Fall 27):
Teilweise Mangelhaftigkeit ist mit Teilleistung gleichzustellen, weil es wertungsmäßig keinen Unterschied macht, ob ein Teil
der Leistung gar nicht (s. Ausgangsfall)
oder mangelhaft erbracht wurde. K kann
daher nur vom ganzen Vertrag zurücktreten, wenn gerade auf Grund der Mangelhaftigkeit des Kofferaufsatzes sein Interesse am Kauf des Motorrades im Übrigen
weggefallen ist. Da dies hier nicht der Fall
ist, kann K nicht den gesamten Kaufpreis
zurückverlangen (sondern nur einen Teil-
rücktritt in Bezug auf den Kofferaufsatz
erklären und den darauf entfallenden Kauf-
preisanteil zurückfordern).

**40. Schadensersatz und Aufwendungsersatz
bei Verfolgung ideeller Zwecke**

Kindler aus München möchte
mit seiner Frau das einzige
Konzert des Startenors Pedriali in Hamburg besuchen.
Er erwirbt beim Veranstalter

1. Ausgangsfall
*a) Anspruch auf Rückzahlung des Eintritts-
preises aus §§ 326 I S. 1, IV, 346 I*
Durch die Absage des Konzerts zum geplanten Zeitpunkt ist die aus dem zwischen

Viktor für € 200,– zwei Eintrittskarten für das Konzert und bucht beim Reiseveranstalter R-Tours für € 800,– eine Wochenendreise nach Hamburg mit Flug, Übernachtung und Hafenrundfahrt. Zwei Tage vor dem Termin muss das Konzert abgesagt und auf unbestimmte Zeit verschoben werden, weil es auf Grund von Unachtsamkeiten des technischen Personals des Viktor zu Sicherheitsmängeln im Saal gekommen war. Kindler und seine Frau reisen daher nicht an. Die Reise kann er jedoch auf Grund der Vereinbarung mit dem Reisebüro nicht mehr stornieren.

1. Kann Kindler von Viktor Rückzahlung des Eintrittspreises sowie Erstattung der Kosten für Flug und Hotel verlangen?

2. Wie ist zu entscheiden, wenn Kindler – um seine Frau zu beeindrucken – die Reise in einem Privatjet zum Preis von € 25 000,– gebucht hätte, ein Linienflug in der ersten Klasse aber möglich gewesen wäre und lediglich € 1200,– gekostet hätte?

3. Wie ist zu entscheiden, wenn das Konzert wegen einer Erkrankung des Pedriali einen Tag vor dem geplanten

K und V abgeschlossenen Konzertbesuchsvertrag (gemischttypischer Vertrag mit werk-, dienst- und mietvertraglichen Elementen) geschuldete Leistung nach § 275 I unmöglich geworden (absolutes Fixgeschäft). K kann daher gem. §§ 326 I, IV, 346 I den Eintrittspreis i. H. v. € 200,– zurückverlangen. Auf Vertretenmüssen kommt es dabei nicht an, ein (nach § 326 V ebenfalls möglicher) Rücktritt ist hierzu nicht notwendig.

b) Anspruch auf Ersatz der Reisekosten aus §§ 280 I, III, 283

K macht mit den Reisekosten Schadensersatz statt der Leistung geltend. Die Pflichtverletzung des V liegt im Ausfall des Konzerts, die Vermutung des Vertretenmüssens (§ 280 I S. 2) ist hier nicht widerlegbar, da das Konzert auf Grund dem K nach § 278 I zurechenbarer Fahrlässigkeit seiner Erfüllungsgehilfen ausfiel. Weitere Tatbestandsvoraussetzungen stellt § 283 nicht auf. Allerdings hat K keinen Vermögensschaden erlitten, da die Reisekosten auf jeden Fall angefallen wären und der Teilnahme am Konzert Vermögenswert nur in Höhe des Eintrittspreises zugemessen werden kann. Die Tatsache, dass die Reisekosten ihren (ideellen) Zweck (Teilnahme am Konzert) nicht erfüllt haben, stellt keinen Vermögensschaden dar. Insofern handelt es sich um einen immateriellen Schaden, dessen Ersatz § 253 entgegensteht (BGHZ 99, 182, 198; *LG Lüneburg* NJW 2002, 614).

c) Anspruch auf Aufwendungsersatz aus §§ 280 I, III, 283, 284

Nach § 284 kann K jedoch **anstelle** des Schadensersatzes statt der Leistung Ersatz der Aufwendungen verlangen, die er im

Termin ohnehin hätte abgesagt werden müssen?

4. Wie ist der Ausgangsfall zu entscheiden, wenn Kindler die Eintrittskarten bei einem Werbepreisausschreiben des Viktor gewonnen hätte, bei welchem der in der Werbung angegebene Vorname des Tenors in eine Postkarte auszufüllen war?

Zur Vertiefung: *Canaris,* FS Wiedemann, 2002, S. 3 ff.; *S. Lorenz/Unberath,* JuS 2005, 335; *S. Lorenz* JuS 2008, 673 f.

Vertrauen auf den Erhalt der Leistung gemacht hat und billigerweise machen durfte. Die Reisekosten stellen solche „Aufwendungen" (freiwillige Vermögensopfer) dar und sind auch im Vertrauen auf den Erhalt der Leistung erfolgt. Es ist auch nicht ersichtlich, dass K diese Aufwendungen nicht „billigerweise" hätte machen dürfen, denn sie stehen nicht vollkommen außer Verhältnis zu dem verfolgten Zweck. K kann daher Aufwendungsersatz i. H. v. € 800,– verlangen. Der Anspruch kann neben dem Anspruch auf Rückzahlung des Eintrittspreise geltend gemacht werden.

2. Fallvariante:
Der Ersatz der Aufwendungen nach § 284 setzt deren „Billigkeit" voraus, um den Schuldner vor zu weitreichenden Haftungsfolgen zu schützen (str.). Das Chartern des Privatjets zum Zweck eines Konzertbesuchs ist, da normale Linienflüge zur Verfügung standen, unzweifelhaft „unbillig". Allerdings berührt § 284 nach seinem Regelungszweck nicht die Freiheit des Gläubigers, auch unbillige Aufwendungen zu machen, sondern beschränkt nur deren Ersatzfähigkeit. Damit fällt der Aufwendungsersatzanspruch des K nicht vollständig weg, sondern beschränkt sich auf die Höhe, in welcher Aufwendungen noch als „billig" anzusehen wären (MünchKomm/*Ernst,* § 284 Rn. 21), hier also auf den Ersatz der hypothetischen Flugkosten i. H. v. € 1200,–.

3. Fallvariante
In Bezug auf den Anspruch auf Rückzahlung des Eintrittspreises besteht kein Unterschied zum Ausgangsfall. Ein Auf-

wendungsersatzanspruch besteht jedoch gem. § 284 letzter Halbs. nicht, weil – wofür V die Beweislast trägt – auch ohne die von ihm zu vertretende Pflichtverletzung der Zweck der Aufwendungen (Besuch des Konzerts) nicht erreicht worden wäre und er die (Reserve-)Ursache hierfür (Erkrankung des Sängers) nicht zu vertreten hat.

4. Fallvariante

§ 284 findet als Vorschrift des Allgemeinen Schuldrechts nicht nur auf Verpflichtungen aus gegenseitigen Verträgen Anwendung, sondern ist auch auf Verpflichtungen aus einseitig verpflichtenden Schuldverhältnissen anwendbar (BT-Drs. 14/6040, S. 143). Bei einem Werbepreisausschreiben, bei welchen die gestellte Aufgabe von jedermann leicht zu erfüllen, aber auch kein Einsatz zu erbringen ist, liegen jedoch weder eine Auslobung bzw. Preisausschreiben (§§ 661, 657) noch ein Ausspielungsvertrag (§§ 763, 762), sondern ein Schenkungsversprechen vor. Gegenstand der Schenkung war der Anspruch auf Teilnahme am Konzert. Das zunächst gem. §§ 518 I, 125 S. 1 formnichtige Schenkungsversprechen wurde hier durch die Zusendung der Eintrittskarten (§§ 807, 793 I) geheilt (§ 518 II). Damit ist der Fall grundsätzlich ebenso zu beurteilen wie der Ausgangsfall. Da jedoch der Schenker gem. § 521 für einfache Fahrlässigkeit nicht haftet, ist hier die Vermutung des Vertretenmüssens (§ 280 I S. 2) widerlegt, so dass ein Anspruch auf Schadensersatz statt der Leistung aus §§ 280 I, III, 283 nicht besteht und damit ein an dessen Stelle tretender Anspruch auf Aufwendungsersatz aus § 284 nicht in Betracht kommt.

41. Aufwendungsersatz und gesetzliche Schuldverhältnisse

Der Kunstsammler Ertl hat in seinem Testament seine Tochter Gerda zur Alleinerbin eingesetzt. Ein Aquarell des Kunstmalers Wieland hat er jedoch seinem Neffen Siegfried vermacht. Gerda übergibt daher dem Siegfried das Gemälde. Geraume Zeit später findet sich ein weiteres, später verfasstes Testament des Ertl, in welchem er das Vermächtnis zu Gunsten Siegfrieds widerruft. Gerda verlangt daher das Aquarell von Siegfried zurück, wozu dieser sich bereiterklärt. In Vorfreude auf das Aquarell, das einen Marktwert von € 2000,– hat, bestellt Gerda, für die das ihre Großmutter darstellende Bild einen großen Erinnerungswert hat, beim Kunstschreiner Zapp einen Rahmen in Edelholzausführung zum Preis von € 2500,–. Noch bevor Siegfried der Gerda das Bild aushändigen kann, wird dies bei einem Wohnungsbrand, den dieser durch leichtfertiges Brennenlassen einer Kerze verursacht hat, zerstört. Gerda verlangt daraufhin Schadensersatz in Höhe von € 2500,–, weil sie für den Rahmen keine ander-

1. Anspruch auf Schadensersatz aus §§ 812 I S. 1 Alt. 1, 819 I, 818 IV, 292, 989
S schuldete der G die (Rück-)Übereignung des Gemäldes aus § 812 I S. 1 Alt. 1 (Leistungskondiktion), da die wirksame (Abstraktionsprinzip!) Übereignung des Gemäldes von G an S (= Leistung) rechtsgrundlos war. Der vermeintliche Anspruch des S gegen G auf Übereignung des Gemäldes aus §§ 2174, 2147 bestand nämlich wegen des Widerrufs der entsprechenden letztwilligen Verfügung des E (§ 2253) nicht. Da S die Rechtsgrundlosigkeit z. Zt. der Zerstörung des Gemäldes kannte, haftet er gem. §§ 819 I, 818 IV nach den „allgemeinen Vorschriften". Damit ist u. a. § 292 gemeint. Diese Vorschrift verweist hinsichtlich des Anspruchs auf Schadensersatz wegen Unmöglichkeit der Herausgabe der Sache auf die Vorschriften des Eigentümer-Besitzer-Verhältnisses für den Fall der Rechtshängigkeit (hier: § 989). Da S den Untergang des Gemäldes verschuldet hat (§ 276), haftet er auf Schadensersatz, jedoch nur in Höhe des Wertes des Gemäldes (€ 2000,–). Die (weiteren) Kosten für den Rahmen stellen keinen Vermögensschaden dar, weil sie den Wert des Gemäldes nicht erhöht hätten und der Wert des Rahmens durch die Nichtlieferung des Gemäldes objektiv auch nicht gemindert ist.

2. Anspruch auf Aufwendungsersatz aus §§ 280 I, III, 283, 284
Die Verweisung der §§ 818 IV, 819 I auf die „allgemeinen Vorschriften" bezweckt, dem Bereicherungsschuldner die Privilegien der milderen Haftung aus Bereicherungsrecht zu nehmen (s. dazu PdW SchuldR II, Fälle

weitige Verwendung hat.
Zu Recht?

220–225) und ihn „den Schuldnern aus anderen Rechtsgründen gleichzustellen" (s. BGHZ 83, 293, 299). Damit wird nicht nur auf § 292, sondern auch auf die §§ 275 ff. verwiesen, zumindest soweit sie über die §§ 292, 989 ff. hinausgehende Rechtsfolgen vorsehen (str., s. Staudinger/ *Lorenz*, § 818 Rn. 50; Bamberger/Roth/ *Wendehorst*, § 818 Rn. 84). In der Nichterfüllung des Anspruchs der G gegen S auf Rückübereignung des Gemäldes liegt trotz der Tatsache, dass dieser Anspruch mit dessen Zerstörung nach § 275 I erloschen ist, objektiv eine Pflichtverletzung des S i. S. v. § 280 I (s. dazu Fall 58). Diese hat S auch i. S. v. § 276 zu vertreten, da er den Umstand, der zur Leistungsbefreiung nach § 275 I geführt hat, fahrlässig herbeigeführt hat. Anstelle des daher nach §§ 280 I, III, 283 gegebenen Anspruchs auf Schadensersatz statt der Leistung kann G nach § 284 Aufwendungsersatz verlangen: Die Regelung ist sowohl nach Wortlaut und Systematik, aber auch nach ihrer Entstehungsgeschichte nicht nur auf vertragliche Schuldverhältnisse, sondern auch dann anwendbar, wenn der Gläubiger in Erwartung der Leistung aus einem **gesetzlichen** Schuldverhältnis wie etwa einem Bereicherungsanspruch Aufwendungen macht (s. *Canaris*, FS Wiedemann, 2002, S. 3, 26). Da G die Aufwendungen im Vertrauen auf den Erhalt der Leistung gemacht hat, diese auch billigerweise machen durfte und der von ihr verfolgte Zweck ohne die Pflichtverletzung des S erreicht worden wäre, kann sie von S Ersatz der Rahmungskosten i. H. v. € 2500,– verlangen. S kann im Gegenzug analog § 255 Herausgabe des Rahmens verlangen (s. Fall 42).

42. Aufwendungsersatz und Rentabilitätsvermutung

Rosario mietet durch die Vermittlung des Maklers Mies von Vinz Gaststättenräume in einem Gebäude, das Vinz gerade in der Augsburger Innenstadt baut. Rosario will dort eine Pizzeria betreiben. Vinz sichert zu, dass die Räume am 1. 7. betriebsfertig übergeben werden. Rosario erwirbt daraufhin bereits eine Gaststätteneinrichtung, einen Pizza-Holzofen und stellt Personal ein. Die Übergabe des Lokals findet jedoch zum vereinbarten Zeitpunkt nicht statt, da das Gebäude nicht fertig gestellt ist, weil Vinz die Handwerker nicht bezahlen kann. Rosario setzt dem Vinz am 2. 7. eine Frist zur Übergabe betriebsfertiger Gaststättenräume bis zum 2. 8.. Nachdem diese Frist ergebnislos verstreicht, erklärt Rosario gegenüber Vinz den Rücktritt vom Vertrag und gibt sein Gaststättenprojekt auf. Den Kaufvertrag über die Gaststätteneinrichtung kann er noch rückgängig machen, nicht jedoch denjenigen über den Pizzaofen. Die Arbeitsverträge kann er gegen Abfindungen i. H. v. € 3000,– auflösen. Rosario verlangt nun von Vinz Ersatz der an Mies gezahlten

1. a) Anspruch des R auf Schadensersatz statt der Leistung aus §§ 280 I, III, 281

Die Voraussetzungen eines Anspruchs auf Schadensersatz statt der Leistung liegen vor: V hat eine fällige Leistungspflicht (aus § 535 I) nicht rechtzeitig erbracht (Pflichtverletzung), die weiteren Voraussetzungen der §§ 280 III, 281 (Fristsetzung und Fristablauf) sind ebenfalls erfüllt. Das (nach § 280 I S. 2 vermutete) Vertretenmüssen i. S. v. § 276 I liegt vor, weil der Schuldner Geldmangel stets zu vertreten hat (s. dazu Fall 95) und V überdies eine Garantie übernommen hatte. Das Vorliegen eines Vermögensschadens hat freilich R zu beweisen. Hinsichtlich unmittelbar mit dem Erwerb zusammenhängender Aufwendungen (Maklerkosten) hatte die Rspr. die sog. „Rentabilitätsvermutung" entwickelt. Danach wird (widerlegbar) vermutet, dass unmittelbare Erwerbsaufwendungen wie z. B. Beurkundungskosten, Maklergebühren etc. (s. BGHZ 114, 193, 197; 143, 41, 48) mit der Gegenleistung wieder erwirtschaftet worden, d. h. rentabel gewesen wären. Hinsichtlich weiterer, nicht erwerbs- sondern einsatzbezogener Aufwendungen galt die Vermutung hingegen nicht. Diese durch die Rspr. entwickelte Rentabilitätsvermutung gilt auch nach der Schaffung von § 284 fort (s. *LG Bonn* NJW 2004, 74 m. w. N.). Damit kann R hier auf Grund der Rentabilitätsvermutung im Wege des Schadensersatzes lediglich Ersatz der Maklerkosten i. H. v. € 1000,– verlangen. Dieser Schadensersatz ist gem. § 325 durch den von R erklärten Rücktritt nicht ausgeschlossen. Der Ersatz der weiteren Aufwendungen

Maklercourtage i. H. v. € 1000,–, des Kaufpreises für den Pizzaofen (€ 3500,–) sowie der Abfindungszahlungen. Vinz wendet demgegenüber ein, der Betrieb einer weiteren Pizzeria in der Innenstadt wäre möglicherweise ohnehin nicht rentabel gewesen, so dass dem Rosario diese Kosten sowieso geblieben wären. Er solle erst einmal nachweisen, dass seine Investitionen rentabel gewesen wären.

1. Kann Rosario von Vinz den geltend gemachten Kostenersatz verlangen?

2. Wie ist zu entscheiden, wenn Rosario Gaststätteneinrichtung und Pizzaofen erst kurz vor Ablauf der dem Vinz gesetzten Nachfrist erworben hat und zu diesem Zeitpunkt bereits absehbar war, dass Vinz den Termin nicht wird halten können und Rosario für diesen Fall zum Rücktritt entschlossen war?

Zur Vertiefung: *Gsell,* NJW 2006, 125 ff.

(Abfindungszahlungen, Kaufpreis für den Pizzaofen) als Bestandteil des Schadensersatzes statt der Leistung setzt den (kaum zu führenden) Beweis seitens des R voraus, dass diesen ein Vermögensvorteil in mindestens derselben Höhe gegenübergestanden hätte.

b) Anspruch aus § 284

Anstelle des Schadensersatzes statt der Leistung kann der Gläubiger (hier: R) Ersatz der Aufwendungen verlangen, die er im Vertrauen auf den Erhalt der Leistung gemacht hat und billigerweise machen durfte, sofern nicht der Schu. (hier: V) beweist, dass deren Zweck auch ohne die Pflichtverletzung nicht eingetreten wäre. Verfolgt der Gläubiger – wie hier – wirtschaftliche Interessen, greift § 284 die Rentabilitätsvermutung auf, führt sie aber erheblich weiter, weil auch entferntere, einsatzbezogene Aufwendungen erfasst werden, sofern sie im Vertrauen auf die Leistung erfolgt sind und auch „billigerweise" gemacht werden durften (BGHZ 163, 381). Da dies hier der Fall ist, kann R Ersatz des Kaufpreises für den Pizzaofen (€ 3500,–) sowie der Abfindungszahlungen (€ 3000,–) verlangen. Freilich hat R im Gegenzug analog § 255 den Pizzaofen an V zu übereignen. V kann dies nur abwenden, wenn *er* beweist, dass die Aufwendungen nicht rentabel gewesen wären und daher ihren (wirtschaftlichen) Zweck ohnehin nicht erreicht hätten. Bei den Maklerkosten i. H. v. € 1000,– handelt es sich zwar um Kosten, die bereits infolge des Abschlusses des Vertrages mit V entstanden sind (s. § 652 I S. 1). Dennoch aber ist diese Aufwendung auch und gerade im Hinblick auf den späteren Erhalt der Vertragsleistung gemacht worden, da R den Vertrag mit V nicht eingegangen wäre, wenn er gewusst hätte, dass er nicht pünktlich vollzogen wird und die Maklerkosten dann wg. § 652 I S. 1 nicht angefallen wären (s. dazu MünchKomm/*Ernst*, § 284 Rn. 19). Sie sind daher ebenfalls nach § 284 ersetzbar (*BGH* NJW 2006, 149; eingehend *Althammer*, NZM 2003, 129, 133). Da der Aufwendungsersatz an die Stelle des Schadensersatzes statt der Leistung tritt, der nach § 325 mit dem Rücktritt (und ggf. auch mit der Minderung) kombiniert werden kann, wird auch er durch den Rücktritt des R nicht berührt.

c) Einwand des Mitverschuldens
Auf den Aufwendungsersatzanspruch aus § 284 ist zwar § 254 analog anwendbar (s. *Gsell*, NJW 2006, 125, 126 m. w. N.), jedoch gereicht es R nicht zum Mitverschulden, dass er sein Projekt aufgibt. Es gibt keine pauschale Pflicht des Gl., aus den Aufwendungen „das Beste zu machen" (MünchKomm/*Ernst*, § 284 Rn. 33).

2. Fallalternative: Anspruch auf Aufwendungsersatz nach § 284
Da Rosario hätte absehen können, dass die Aufwendung für den Pizzaofen vergeblich sein würde, ist sein Aufwendungsersatzanspruch insoweit analog § 254 I ausgeschlossen. Er kann daher Aufwendungsersatz nur i. H. v. € 4000,– verlangen (dasselbe Ergebnis erreicht man mit dem Argument, dass R in diesem Fall die Aufwendung „billigerweise" nicht machen durfte, so etwa Hk/*Schulze*, § 284 Rn. 5; *Canaris*, JZ 2001, 499, 517).

II. Verzögerung der Leistung

43. Voraussetzungen und Folgen des Schuldnerverzuges

1. Was sind die Voraussetzungen des Verzugs?
2. Welche Rechtsfolgen hat der Schuldnerverzug?
3. Wann endet der Schuldnerverzug?
4. Was ist bei der Auslegung der gesetzlichen Regelung des Verzugs zu beachten?

1. Voraussetzungen des Schuldnerverzugs

Der Schuldner, der nicht rechtzeitig leistet, obwohl er dazu in der Lage wäre, kommt unter bestimmten Voraussetzungen in Schuldnerverzug. Diese Voraussetzungen sind in § 286 geregelt.

a) Wirksamer, fälliger und durchsetzbarer Anspruch

Zunächst muss gegen den Schuldner ein **wirksamer, fälliger** (§ 271) und **durchsetzbarer** Anspruch auf eine Leistung bestehen, was insbesondere voraussetzt, dass die Leistung dem Schuldner noch **möglich** ist (§ 275 I).

b) Mahnung oder Zeitablauf

Im Übrigen ist nach dem Inhalt der Schuld zu unterscheiden.

aa) Sach- und Dienstleistungen. Ist eine Sach- oder Dienstleistung geschuldet, setzt der Schuldnerverzug zusätzlich eine **Mahnung** durch den Gläubiger voraus (§ 286 I). Diese stellt zwar keine Willenserklärung dar, weil ihre Rechtsfolgen kraft Gesetzes eintreten, wohl aber eine **geschäftsähnliche Handlung** (h. M.; vgl. *BGH* NJW 1987, 1547), auf welche die Vorschriften über empfangsbedürftige Willenserklärungen (z. B. auch das **Zugangserfordernis**, § 130 oder die Möglichkeit von Bedingung und Befristung, s. Fälle 45, 46) entsprechende Anwendung finden. Klageerhebung (Zustellung einer Klageschrift, § 253 ZPO) bzw. Zustellung eines Mahnbescheids im Mahnverfahren (§§ 688 ff. ZPO) stehen nach § 286 I S. 2 der Mahnung gleich. Die Mahnung ist **entbehrlich,** wenn für die

Leistung eine Zeit nach dem Kalender bestimmt ist (§ 286 II Nr. 1), die Leistungszeit kalendermäßig berechenbar ist (§ 286 II Nr. 2), der Schuldner die Leistung ernsthaft und endgültig verweigert (§ 286 II Nr. 3) oder der sofortige Eintritt des Verzugs aus „besonderen Gründen unter Abwägung der beiderseitigen Interessen" gerechtfertigt ist (§ 286 II Nr. 4).

bb) Entgeltforderung: Ist ein Entgelt (d. h. eine Geldleistung als Gegenleistung) geschuldet, kommt der Schuldner nach § 286 III S. 1 **spätestens** (d. h. wenn nicht bereits nach § 286 I, II Verzug begründet ist) in Verzug, wenn er 30 Tage nach Fälligkeit und Zugang einer Rechnung oder einer gleichwertigen Zahlungsaufforderung nicht leistet (bei Verbrauchern gilt dies nur in Verbindung mit einem besonderem Hinweis hierauf, s. § 286 III S. 1 Hs. 2). Ist der Schu. nicht Verbraucher, kommt er, wenn sich diese Zeitpunkte nicht feststellen lassen, spätestens 30 Tage nach Fälligkeit und Empfang der Gegenleistung in Verzug (§ 286 III S. 2).

c) Nichtleistung
Verzug setzt weiter die Nichtleistung des Schuldners nach der Mahnung voraus. Maßgebend ist dabei die Leistungshandlung, nicht der Leistungserfolg. Nach h. M. tritt Verzug aber unmittelbar mit **Zugang** der Mahnung ein, dem Schuldner wird also keine weitere Leistungsfrist eingeräumt. Die nachträgliche Vornahme der Leistungshandlung kann den Verzug lediglich beenden (s. u. Fall 48).

d) Vertretenmüssen der Verzögerung
Verzug ist nach § 286 IV ausgeschlossen, wenn die Leistung infolge eines Umstandes unterbleibt, den der Schuldner **nicht zu**

vertreten (i. S. der §§ 276–278) hat. Das Vertretenmüssen wird also **vermutet.** Maßgebender Zeitpunkt ist dabei derjenige des Eintritts aller obj. Verzugsvoraussetzungen, nicht derjenige der Fälligkeit (s. Fall 50). Für seine finanzielle Leistungsfähigkeit hat der Schuldner allerdings nach § 276 I S. 1 stets einzustehen (s. Fall 59).

2. *Die Rechtsfolgen des Schuldnerverzugs*
Die unmittelbar anspruchsbegründenden Rechtsfolgen des Schuldnerverzugs sind in den §§ 280 I, II, 286, 288 geregelt. Darüber hinaus hat der Verzug vielfältige sog. **Tatbestandswirkungen,** d. h. er ist Voraussetzung für bestimmte Wirknormen wie etwa Haftungsverschärfungen oder Tatbestandsmerkmal innerhalb anderer Anspruchsgrundlagen.
Die wichtigsten davon sind:
a) Schadensersatz wegen Verzögerung der Leistung
Der Schuldner hat nach § 280 I, II dem Gläubiger den durch den Verzug entstehenden Schaden zu ersetzen.
b) Verzugszinsen
Bei Geldschulden sind nach § 288 I S. 1 Verzugszinsen als Mindestschaden zu ersetzen. Diese werden auf Grundlage des Basiszinssatzes (§ 247) berechnet (s. dazu Fall 53). Ein weitergehender Zins- oder Ersatzanspruch wird dadurch nicht ausgeschlossen (§ 286 III, IV).
c) Haftungsverschärfung (§ 287)
Etwaige Haftungsmilderungen (wie etwa aus § 521) entfallen. Bei einer während des Verzugs eintretenden Unmöglichkeit, Erschwerung oder Verschlechterung der Leistung haftet der Schuldner nach § 287 S. 2 auch für Zufall, sofern er nicht nachweist, dass der Schaden auch bei rechtzeitiger

Leistung eingetreten wäre. Dahinter steht der Gedanke, dass der Leistungsgegenstand auch unverschuldeten Gefahren aus der Sphäre des Schu. nicht mehr ausgesetzt gewesen wäre, wenn dieser rechtzeitig geleistet hätte (dann allerdings den Gefahren aus der Sphäre des Gl.).

d) Schadensersatz statt der Leistung

Für den Anspruch des Gläubiger auf Schadensersatz statt der Leistung im Falle der Verzögerung der Leistung verweisen §§ 280 I, III, 281 zwar nicht auf § 286, jedoch decken sich die Tatbestandsvoraussetzungen eines solchen Anspruchs teilweise mit denjenigen des § 286: Der Schuldner einer fälligen Leistungspflicht ist nach einer Fristsetzung im Falle des Vertretenmüssens i. d. R. auch im Verzug i. S. v. § 286, da die Fristsetzung zumindest im Regelfall auch eine Mahnung beinhaltet.

e) Rücktrittsrecht

Die Voraussetzungen eines Rücktritts wegen Verzögerung einer fälligen Leistung nach § 323 sind ebenfalls teilweise mit denjenigen des Verzugs deckungsgleich. Der entscheidende Unterschied besteht im Fristsetzungserfordernis sowie insbesondere in der Tatsache, dass das Rücktrittsrecht anders als der Verzug kein **Vertretenmüssen** des Schuldners voraussetzt.

3. Beendigung des Verzugs

Der Verzug wird beendet durch

a) Erbringung der Leistung, wobei nach h. M. die Vornahme der **Leistungshandlung** ausreichend ist, s. Erman/*Hager,* § 287 Rn. 72 m. w. N. sowie Fall 48; anders für den Fall der Banküberweisung im Hinblick auf die Zahlungsverzugsrichtlinie (dazu u. 4.) aber *EuGH* NJW 2008, 1935: Gutschrift auf dem Empfängerkonto.

b) Annahmeverzug des Gläubigers (§§ 293 ff.)
s. unten Fälle 84 ff.
c) Stundung durch den Gläubiger
Wegfall der **Fälligkeit.**
d) Rücknahme der Mahnung bzw. der Klage
e) Entstehen einer Einrede
Z. B. Verjährung (§ 214 I), zu §§ 273, 320 s. aber Fälle 51, 52.
f) Erlöschen der Forderung
Z. B. durch Anfechtung (§ 142 I), Aufrechnung (§ 389), Unmöglichkeit (§ 275 I), Rücktritt (§ 346 I), Geltendmachung von Schadensersatz statt der Leistung (§ 281 IV).
Die Beendigung des Verzugs wirkt i. d. R. **ex nunc** (so insb. auch im Falle des Rücktritts und des Schadensersatzverlangens nach § 281 IV, anders etwa im Falle der Anfechtung, § 142 I).

4. Auslegung der §§ 286 ff.

Bei der Auslegung des Verzugsrechts ist zu beachten, dass die gesetzliche Regelung (auch) den Zweck verfolgt, die **Zahlungsverzugsrichtlinie** der EG v. 29. 6. 2000 umzusetzen. Im persönlichen Anwendungsbereich der Richtlinie, die lediglich für Zahlungsansprüche im Geschäftsverkehr gilt, ist daher das **Gebot richtlinienkonformer Auslegung** zu beachten (s. dazu *Köhler,* AT, § 3 Rn. 40). Da der Gesetzgeber aber bei einer solchen „Überumsetzung" der Richtlinie im Zweifel keine „gespaltene" Auslegung ein und derselben Rechtsnorm je nachdem, ob der Anwendungsbereich der Richtlinie eröffnet ist, beabsichtigt, wirkt das Gebot richtlinienkonformer Auslegung mittelbar auch auf das „richtlinienfreie" Recht, d. h. es erfasst im Rahmen einer (allein im nationalen Recht wurzelnden) **Ausstrahlungswirkung** im Zweifel die jeweiligen Normen auch dann, wenn der Anwendungsbereich der Richtlinie nicht eröffnet ist (s. *BGH* NJW 2002, 1881 – Heininger).

44. Inhalt der Mahnung

Der Gärtner Bock hatte beim Lagerhausbesitzer Lampe eine Ladung Torferde bestellt. Nachdem er längere Zeit vergeblich auf die Ware gewartet hatte, schrieb er an Lampe, er wäre für eine Mitteilung sehr dankbar, wann er mit dem Eintreffen der bestellten Sendung rechnen dürfe. Kann dieses Schreiben als wirksame Mahnung i. S. d. § 286 I S. 1 angesehen werden?

Unter einer **Mahnung** versteht man die an den Schuldner gerichtete eindeutige und bestimmte Aufforderung, mit welcher der Gläubiger unzweideutig zum Ausdruck bringt, dass er die Leistung verlangt (*BGH* NJW 1998, 2132, 2133). (**Grund:** Der Schuldner soll erkennen können, dass das Ausbleiben der Leistung für ihn rechtliche Folgen haben kann; **Warnfunktion** der Mahnung.)
Misst man die Erklärung des B an diesen Erfordernissen, so ist das Vorliegen einer wirksamen Mahnung zu verneinen, weil daraus nicht klar und eindeutig hervorging, dass B die Leistung sofort oder doch zu einem bestimmten späteren Zeitpunkt („spätestens bis …") verlangte (vgl. MünchKomm/*Ernst*, § 286 Rn. 48). – Allzu große Höflichkeit schadet also.

45. Rechtsnatur der Mahnung

Der 19-jährige Alf hatte sich von seinem 17-jährigen Freund Max dessen „Playstation" mit einigen Videospielen ausgeliehen. Die Eltern des Max wussten davon nichts. Nach einer Woche ging Max zu Alf und forderte

Anspruch des M gegen A
a) aus §§ 604, 280, 287 S. 2
M könnte einen vertraglichen Ersatzanspruch haben, wenn mit A ein wirksamer Leihvertrag zustande gekommen wäre. Da M minderjährig und der Abschluss des Leihvertrages für ihn nicht lediglich rechtlich vorteilhaft i. S. des § 107 war und fer-

ihn auf, „endlich die Playstation wieder rauszurücken". Alf versprach dies für den nächsten Tag, vergaß die Sache aber. Unglücklicherweise wurde in der folgenden Nacht in Alf's Elternhaus eingebrochen und die „Playstation" entwendet. Muss A das Gerät ersetzen?

ner die elterliche Einwilligung fehlte, war der Leihvertrag schwebend unwirksam (§ 108 I). Solange die Eltern nicht genehmigen, können daher keine Vertragsansprüche geltend gemacht werden.

b) aus §§ 812 I S. 1, Abt. 1, 818 IV, 819 I, 292 I, 989, 287 S. 2

A hatte den Besitz am Gerät durch eine **Leistung** des M **ohne rechtlichen Grund** erlangt, weil der Überlassung kein wirksamer Leihvertrag zu Grunde lag (s. o.). Er schuldete daher nach § 812 I S. 1 Rückgabe des Geräts, und zwar sofort gem. § 271 I. Durch den Diebstahl ist zwar dem A die Rückgabe unmöglich geworden. Er kann sich aber nicht auf Wegfall der Bereicherung nach § 818 III berufen, weil er im Zeitpunkt der Entgegennahme des Geräts „bösgläubig" i. S. des § 819 I war. Denn selbst wenn er sich nicht bewusst gewesen sein sollte, dass mangels elterlicher Zustimmung kein wirksamer Leihvertrag zustande kommen konnte, so wusste er zumindest um seine Rückgabepflicht. Dies reicht nach st. Rspr. aus (vgl. *BGH* NJW 1985, 1828, 1829 m. w. N.). Nach § 819 I i. V. mit § 818 IV haftete A daher **„nach den allgemeinen Vorschriften".** Damit ist u. a. § 292 gemeint. Diese Vorschrift verweist hinsichtlich des Anspruchs auf Schadensersatz wegen Unmöglichkeit der Herausgabe der Sache auf die Vorschriften des Eigentümer-Besitzer-Verhältnisses für den Fall der Rechtshängigkeit (hier: § 989). § 292 enthält jedoch den Zusatz: **„soweit nicht aus dem ... Verzug des Schuldners sich zu Gunsten des Gläubigers ein anderes ergibt".** Daraus folgt: An sich würde A nicht nach § 989 haften, weil diese Vorschrift Verschulden voraussetzt, den A aber am

Diebstahl kein Verschulden trifft. Indessen sind nach § 292 zu Gunsten des Gläubigers (M) die Verzugsvorschriften anwendbar, zu denen auch § 287 S. 2 gehört. Nach dieser Norm hat der Schuldner während des Verzugs die Unmöglichkeit der Leistung auch dann zu vertreten, wenn sie – wie hier – durch Zufall eintritt. Entscheidend ist somit, ob sich A im Zeitpunkt des Diebstahls mit der Rückgabe der Playstation in Schuldnerverzug (§ 286) befand. Der Rückgabeanspruch war fällig (s. o.). Das Verlangen, „endlich die Playstation rauszurücken", stellt auch eine Mahnung dar. Fraglich ist nur, ob M als Minderjähriger wirksam mahnen konnte. Auf die Mahnung als **geschäftsähnliche Handlung** (s. o. Fall 43) finden die Vorschriften über die Geschäftsfähigkeit entsprechende Anwendung (*BGH* NJW 1987, 1547). Da die Mahnung dem Gläubiger „lediglich einen rechtlichen Vorteil" verschafft, kann ein beschränkt Geschäftsfähiger nach § 107 auch ohne Einwilligung seines gesetzlichen Vertreters wirksam mahnen. Die Mahnung des M war daher wirksam. Da A keinen Grund hatte, die Rückgabe zu verweigern, hat er die Leistungsverzögerung auch i. S. des § 286 IV zu vertreten. Er kam also durch die Mahnung in Verzug und hat folglich nach § 287 S. 2 auch für die zufällige Unmöglichkeit der Rückgabe einzustehen.

46. Entbehrlichkeit der Mahnung, Verzugsschaden

Bauer Kaltenböck hat beim Landmaschinenhändler Vinz eine Mähmaschine zum Preis von € 15 000,– bestellt.

1. Anspruch auf Ersatz der Mietkosten aus §§ 280 I, II, 286

In der Nichtlieferung zum vertraglich vereinbarten Zeitpunkt liegt eine Pflichtver-

1. Als Liefertermin ist im Vertrag der 1.7. vereinbart. Vinz liefert die Maschine erst am 15.7. Kaltenböck hatte zur Vermeidung von Ernteausfällen zwischenzeitlich eine Ersatzmaschine gemietet. Kann er die Mietkosten i. H. v. € 300,– von Vinz ersetzt verlangen?

2. Wie Fallvariante 1, jedoch war im Vertrag kein Liefertermin vereinbart. Vinz kündigt jedoch einige Zeit nach Vertragsschluss in einem Schreiben an Kaltenböck an, dass die Lieferung pünktlich vor Beginn der Erntesaison im August erfolgen werde. Als dies nicht geschieht, mietet Kaltenböck am 1.8. eine Ersatzmaschine an und verlangt von Vinz Ersatz der Mietkosten i. H. v. € 300,–. Zu Recht?

3. Vinz liefert pünktlich. Auf der mit der Maschine dem Kaltenböck zugesandten Rechnung findet sich der Vermerk „zahlbar netto innerhalb von einer Woche ab Lieferung". Kann Vinz von Kaltenböck die Zahlung von Verzugszinsen verlangen, als dieser nach sechs Wochen immer noch nicht bezahlt hat?

4. Wie Fallvar. 3, jedoch findet sich im Kaufvertrag die Klausel „zahlbar sofort bei letzung des V i. S. v. § 280 I. Die Vermutung des Vertretenmüssens (§ 280 I S. 2) ist nicht widerlegt und angesichts der Tatsache, dass im Falle einer sog. „marktbezogenen Gattungsschuld" i. d. R. die Übernahme eines Beschaffungsrisikos i. S. v. § 276 liegt (s. u. Fall 101), auch nicht widerlegbar. Da der geltend gemachte Schaden jedoch (allein) auf der Verzögerung der Leistung beruht, handelt es sich um **Schadensersatz wegen Verzögerung der Leistung,** für dessen Ersatzfähigkeit nach § 280 II Verzug i. S. v. § 286 erforderlich ist. Die Leistung war nach der vertraglichen Abrede zum 1.7. fällig, eine Mahnung nach § 286 II Nr. 1 entbehrlich, weil für die Leistung eine Zeit nach dem Kalender bestimmt war. K kann daher Ersatz der Mietkosten verlangen.

2. Anspruch auf Ersatz der Mietkosten aus §§ 280 I, II, 286

Mangels anderweitiger vertraglicher Regelung war der Anspruch des K auf Lieferung sofort fällig (§ 271). Da V nicht sofort geliefert hat, liegt somit eine Pflichtverletzung i. S. v. § 280 I S. 1 vor, das Vertretenmüssen wird nach § 280 I S. 2 vermutet. Da K den V aber nicht gemahnt hatte, besteht ein Anspruch auf Ersatz der Mietkosten nur, wenn eine Mahnung entbehrlich war. Dies ist nach § 286 II Nr. 4 unter anderem dann der Fall, wenn „aus besonderen Gründen unter Abwägung der beiderseitigen Interessen der sofortige Eintritt des Verzugs gerechtfertigt ist". Dies liegt etwa dann vor, wenn sich der Schuldner einer Mahnung entzieht oder aber einer solchen zuvorkommt, indem er selbst die Leistung zu einem bestimmten Termin ankündigt und damit dem Schuldner das Bedürfnis zu

Lieferung". Kann Vinz Verzugszinsen verlangen?
5. Wie Fallvar. 3, jedoch hatte
Kaltenböck bei Vinz zu privaten Zwecken ein Fernsehgerät erworben.

Zur Vertiefung: *BGH* NJW
2008, 50 m. Anm. *Gsell.*

einer Mahnung nimmt, weil diese dann nur
eine bloße Förmelei wäre (sog. „**Selbst-
mahnung**", s. *BGH* NJW 2008, 1216
Tz. 16). Letzteres liegt hier vor, so dass der
von K geltend gemachte Anspruch besteht.

**3. Anspruch auf Zahlung von Verzugs-
zinsen aus § 288 I S. 1**

Ein Anspruch auf Zahlung von Verzugszinsen aus § 288 setzt Verzug voraus. Die
Zahlungsverpflichtung des K war an sich
sofort mit Lieferung fällig (§§ 271, 320).
Verzug setzt aber weiter eine Mahnung
voraus. Diese war hier nicht nach § 286
Nr. 2 (für Nr. 1 fehlt es überdies an einer
kalendermäßigen Bestimmung) entbehrlich. Zwar ist die Zahlungsfrist kalendermäßig berechenbar, jedoch war sie von V
einseitig festgelegt. § 286 II Nr. 2 verlangt
aber eine **vertragliche** Bestimmung der
Leistungszeit. Da die Mahnung aber **gleichzeitig** mit der fälligkeitsbegründenden
Handlung (Rechnungsstellung) erfolgen
kann, kann in der einseitigen Aufforderung,
binnen einer Woche zu zahlen, eine **auf-
schiebend befristete** (§§ 163, 158 I) **Mahnung** oder aber lediglich ein **Hinausschieben der Fälligkeit** (Stundung) liegen. Das
ist eine Auslegungsfrage. Nach *BGH* NJW
2008, 50 wird die erstmalige Zusendung
einer Rechnung mit Angabe eines Zah-
lungsziels üblicherweise nicht als Mahnung
verstanden (s. dazu die Kritik von *Gsell*,
a.a.O., S. 52). Richtigerweise ist von einer
befristeten Mahnung auszugehen (so auch
BGH NJW 2006, 3271). K befand sich also
nach einer Woche im Verzug, so daß V ab
diesem Zeitpunkt Verzugszinsen verlangen
kann.

Folgt man dem nicht, so ist K aber gem.
§ 286 III spätestens mit Ablauf von 30 Tagen

nach Zugang der Rechnung in Verzug gekommen. Für den Zeitraum danach kann V
daher in jdem Fall Verzugszinsen verlangen.

**4. Anspruch auf Zahlung von Verzugszin-
sen aus § 288 I S. 1**

Da die Mahnung frühestens mit, keinesfalls
aber vor Eintritt der Fälligkeit erfolgen
kann, kann die bereits im Kaufvertrag enthaltene Klausel „zahlbar sofort nach Lieferung" keine befristete Mahnung darstellen.
Die Mahnung war mangels kalendermäßiger
Bestimmung auch nicht nach § 286 II Nr. 1
entbehrlich. Auch der Entbehrlichkeitstat-
bestand des § 286 II Nr. 2 ist nicht erfüllt.
Zwar ist die Leistungszeit kalendermäßig
mit einem bestimmten Ereignis (Lieferung)
bestimmbar, jedoch ist mit dem Erfordernis
soforiger Zahlung keine „angemessene
Zeit" für die Leistung von dem Ereignis an
bestimmt (BT-Drs. 14/6040, S. 146; zu Bedenken in Bezug auf die Richtlinienkonfor-
mität der Regelung s. *Huber*, JZ 2000, 957,
961). Da auch keiner der weiteren Ent-
behrlichkeitstatbestände der § 286 II Nr. 3,
4 vorliegt, trat Verzug gem. § 286 III erst
30 Tage nach Rechnungsstellung ein. V kann
daher erst ab diesem Zeitpunkt Zahlung von
Verzugszinsen aus § 288 I, II verlangen.

**5. Anspruch auf Zahlung von Verzugszin-
sen aus § 288 I S. 1**

Da K hier als Verbraucher (§ 13) gehandelt
hat, gerät er gem. § 286 III Hs. 2 nicht
automatisch nach 30 Tagen in Verzug, da auf
diese Rechtsfolge in der Rechnung nicht
hingewiesen wurde. Das gilt nach der Rspr.
auch, wenn die Zahlungsaufforderung als
befristete Mahnung (s. dazu 3.) auszulegen
wäre. Zum Schutze des Verbrauchers ist hier
nämlich § 286 III Hs. 2 analog anzuwenden
(*BGH* NJW 2008, 50 Tz. 11).

47. Mangelbedingter Betriebsausfall und Verzögerungsschaden

Wie Fall 46, jedoch war kein Liefertermin bestimmt. Vinz liefert die Maschine. Bei der ersten Inbetriebnahme stellt sich aber heraus, dass auf Grund einer unsorgfältigen Endmontage der Maschine bei Vinz deren Mähwerk nicht funktioniert. Kaltenböck kann deshalb einen Teil seiner Ernte nicht einbringen. Kann er den dadurch erlittenen Verdienstausfall von Vinz ersetzt verlangen?

Zur Vertiefung: *Canaris,* ZIP 2003, 321; *BGH* NJW 2009, 2674.

Anspruch aus §§ 280 I, 433 I S. 2

V hat die Pflicht zu mangelfreier Leistung aus § 433 I S. 2 verletzt. Vertretenmüssen ist ebenfalls zu bejahen, da sich V die Fahrlässigkeit (§ 276 I) seiner Angestellten nach § 278 zurechnen lassen muss. Der von K geltend gemachte Schadensersatz stellt nach zutreffender Ansicht „einfachen" Schadensersatz „neben" der Leistung, nicht aber Verzögerungsschaden i. S. v. § 280 II dar. Verzögerungsschaden ist nur derjenige Schaden, der **allein** auf die Verzögerung der Leistung beruht. Damit ist der von K erlittene Schaden als „Mangelfolgeschaden" ohne das Erfordernis des Verzugs unmittelbar nach § 280 I zu ersetzen (h. M., s. insb. *Canaris,* ZIP 2003, 321; *Medicus/Lorenz* I, Rn. 469; *BGH* NJW 2009, 2674). Dem kann angesichts der Unterschiede der Pflichtverletzung (Verspätung/Schlechtleistung) nicht entgegengehalten werden, dass der Schuldner, der überhaupt nicht leistet, besser steht als derjenige, der schlecht leistet (so die Mm., s. dazu die Nachweise bei *BGH* a.a.O.), denn im Falle der Nichtleistung kann sich der Gläubiger wesentlich besser gegen den Verspätungsschaden schützen als im Falle einer mangelhaften Leistung (s. dazu PdW, SchuldR II, Fall 42).

48. Verzugseintritt und verschärfte Haftung

Der Antiquitätenhändler H hatte auf einer Auktion einen Barocksessel von V gekauft. V versprach, den Sessel sogleich per Bahnfracht an ihn zu übersenden. Da der Sessel

1. Ausgangsfall: Anspruch des H gegen V aus §§ 280 I, III, 283

H könnte entgangenen Gewinn als Schadensersatz „statt der Leistung" verlangen, wenn V die nachträgliche Unmöglichkeit der Leistung (§ 275 I) zu **vertreten** hätte,

nach einigen Tagen noch nicht eingetroffen war, mahnte H den V. V rief bei H an, entschuldigte sich und erklärte, er werde den Sessel sofort zur Bahn bringen. Er tat dies auch, wurde jedoch auf dem Weg zur Bahn unverschuldet in einen Unfall verwickelt, bei dem der Sessel irreparabel zu Bruch ging. 1. Kann H von V Schadensersatz verlangen, weil er den Sessel mit Gewinn hätte weiterveräußern können? 2. Wie wäre es, wenn V den Sessel zwar bei der Bahn aufgegeben hätte, dieser aber infolge eines Zugunglücks zerstört worden wäre?

was nach § 280 I S. 2 vermutet wird. Fraglich ist, ob die Vermutung hier widerlegt ist. Grundsätzlich hat der Schuldner nur Vorsatz und Fahrlässigkeit zu vertreten, sofern nicht eine strengere oder mildere Haftung (gesetzlich) bestimmt ist oder sich aus dem Inhalt des Schuldverhältnisses ergibt (§ 276 I S. 1). Nach § 287 S. 2 haftet der Schuldner im Verzug „wegen der Leistung **auch für Zufall**", sofern nicht der Schaden auch bei rechtzeitiger Leistung eingetreten wäre. Das ist gerechtfertigt, weil es zur Unmöglichkeit nicht gekommen wäre, wenn der Schuldner rechtzeitig geleistet hätte. Fraglich ist hier aber, ob sich V im Zeitpunkt des Unfalls in Verzug befand, da er sich sogleich nach Erhalt der Mahnung bemüht hatte, die Leistung zu erbringen. In § 286 I S. 1 heißt es nämlich, dass der Schuldner, der **auf eine Mahnung des Gläubigers nicht leistet,** durch die Mahnung in Verzug kommt.

a) Nach einer Meinung (z. B. *Staudinger/ Löwisch/Feldmann*, § 286 Rn. 59; zuletzt *U. Huber*, FS Ulmer, 2003, S. 1165, 1194) soll die Mahnung dem Schuldner eine letzte Gelegenheit geben, durch sofortige Leistung die Verzugsfolgen zu vermeiden. Dementsprechend soll Verzug nicht eintreten, wenn der Schuldner alsbald nach Zugang der Mahnung leistet. – Selbst wenn man dieser Auslegung folgt, ist V durch die Mahnung in Verzug geraten, weil er nicht geleistet hat. Denn hierfür ist zwar die rechtzeitige Vornahme der **Leistungshandlung** ausreichend. Bei der Schickschuld, wie sie hier vorliegt, ist aber die Leistungshandlung erst abgeschlossen und damit vorgenommen, wenn die Ware der Transportanstalt, hier der Bahn, übergeben wurde. Dazu war es noch nicht gekommen. V konnte daher den Eintritt des Verzugs nicht verhindern. Er haftet damit.

b) Nach h. M. (vgl. *Zimmermann,* JuS 1991, 229, 231; *Canaris,* Karlsruher Forum 2002, S. 5, 46 m. w. N.) tritt Verzug hingegen stets mit **Zugang** der Mahnung ein. Dem Schuldner stehe keine weitere Leistungsfrist zu, weil er bereits ab Fälligkeit zu leisten hatte. Die Vornahme der Leistungshandlung nach Erhalt der Mahnung könne den Verzug lediglich beenden (vgl. *BGH* NJW 1969, 875; s. aber *EuGH* NJW 2008, 1935 für Zahlung durch Banküberweisung: Gutschrift auf dem Empfängerkonto). Da hier die Leistungshandlung zwar begonnen, aber noch nicht abgeschlossen war, war der eingetretene Verzug noch nicht wieder beendet. Die Unmöglichkeit trat daher „während des Verzugs" ein. V haftet daher auch nach dieser Ansicht.

2. Fallvariante:

In diesem Fall ist nach beiden Ansichten die Unmöglichkeit nicht „**während des Verzugs**" eingetreten: Nach der Mindermeinung deshalb nicht, weil V seine Leistungshandlung sofort nach Zugang der Mahnung erbracht hatte, also nicht in Verzug geraten war; nach der h. M. deshalb nicht, weil V sich zwar ab Zugang der Mahnung in Verzug befand, dieser aber im Zeitpunkt der Vornahme der Leistungshandlung endete. Mangels Vertretenmüssen schuldet V daher keinen Schadensersatz.

49. Wegfall des Vertretenmüssens nach Verzugseintritt

Transportunternehmer U bringt seinen Lieferwagen zur Reparatur in die Werkstatt des W. Dieser verpflichtet sich, die Reparatur bis zum 13. Mai vorzunehmen. W kann den Termin jedoch nicht halten, da er zu viele Aufträge angenommen hat. Er teilt dem U daher mit, dass mit einer Reparatur erst zum 20. Mai zu rechnen sei. Diesen Termin hätte W eigentlich auch halten können, jedoch kommt es auf Grund eines von ihm nicht verschuldeten Werkstattbrandes am 16. Mai zu einer weiteren Verzögerung. Die Reparatur wird schließlich erst am 30. Mai abgeschlossen und das Fahrzeug dem U übergeben. U, der sich ab dem 14. Mai für die gesamte Zeit ein Ersatzfahrzeug für € 120,–/Tag gemietet hatte, verlangt von W Schadensersatz i. H. v. € 2040,–. U ist hingegen nur zur Zahlung von € 360,– bereit, denn ab dem 16. Mai könne er nichts mehr für die Verzögerung.

Anspruch des U aus §§ 280 I, II, 286

Der Anspruch auf Ersatz des von U geltend gemachten Verzögerungsschadens aus §§ 280 I, II, 286 setzt voraus, dass W mit der geschuldeten Leistung i. S. v. § 286 in Verzug war. Da die Leistung laut vertraglicher Abrede am 13. Mai fällig, eine Mahnung nach § 286 II Nr. 1 entbehrlich war und W die Verspätung zunächst auch zu vertreten hatte (§ 286 IV), befand sich W mit Ablauf des 13. Mai im Verzug. Der Verzug ist aber auch nicht dadurch entfallen, dass nach seinem Eintritt das Vertretenmüssen durch Eintritt eines Entschuldigungsgrundes weggefallen ist: Ein erst nach Eintritt des Verzugs entstehender Entschuldigungsgrund beseitigt den Verzug nach Maßgabe von § 287 S. 2 nicht (*BGH* NJW-RR 1996, 460; Palandt/*Grüneberg*, § 286 Rn. 32; anders für den Fall des nachträglichen Rechtsirrtums *U. Huber* I, S. 504). Da U im Falle rechtzeitiger Leistung von dem weiteren zeitweiligen Leistungshindernis (Werkstattbrand) nicht betroffen worden wäre, ist der Verzug damit nicht durch den Werkstattbrand entfallen. U kann Ersatz der Mietkosten für das Ersatzfahrzeug für die gesamte Dauer i. H. v. insgesamt € 2040,– verlangen. Zu demselben Ergebnis gelangt man – ohne Rückgriff auf § 287 S. 2 – bereits über schadensersatzrechtliche Kausalitätserwägungen: Nach § 249 I ist U so zu stellen, wie wenn W rechtzeitig geleistet hätte. In diesem Fall wäre U von dem Brand nicht betroffen gewesen, hätte also die Mietkosten insgesamt nicht gehabt. Damit hat er Anspruch auf Ersatz der Mietkosten für die gesamte Dauer der Verzögerung.

50. Wegfall des Vertretenmüssens zwischen Fälligkeit und Verzugseintritt

Transportunternehmer U erwirbt bei seinem bisherigen Konkurrenten V, der sein Geschäft aus Altersgründen aufgibt, einen gebrauchten Lkw, den dieser bei U abliefern soll. Dies geschieht zunächst nicht, weil V die Fahrzeugschlüssel in der Unordnung seines Büros aus Unachtsamkeit verlegt hatte. Als V schließlich die Schlüssel gefunden hat, wird das Fahrzeug – für V vollkommen unvorhersehbar – auf Grund einer staatsanwaltschaftlichen Ermittlung vorübergehend beschlagnahmt. Kurz danach geht dem V ein noch vor der Beschlagnahme von U abgesandter Brief zu, in welchem er zur Lieferung aufgefordert wird. Da V das Fahrzeug jetzt nicht liefern kann, mietet U für die Dauer der Beschlagnahme ein Ersatzfahrzeug an und verlangt von V Ersatz der Kosten. Zu Recht?

Anspruch aus §§ 280 I, II, 286
Der Anspruch auf Schadensersatz setzt zunächst eine Pflichtverletzung voraus. Da der Anspruch des U sofort fällig war (§ 271 I), lag in dem Unterlassen der Lieferung eine Verletzung der Pflicht zu rechtzeitiger Leistung. Diese hatte V auch zu vertreten, so dass die Vermutung des Vertretenmüssens nach § 280 I S. 2 insoweit nicht widerlegbar ist. Da U aber Verzögerungsschaden i. S. v. § 280 II geltend macht, müssen zusätzlich die Voraussetzungen des § 286 (Verzug) vorliegen. Dieser tritt aber trotz einer (hier vorliegenden) Mahnung nach § 286 IV nicht ein, solange die Leistung infolge eines Umstands unterbleibt, den der Schuldner nicht zu vertreten hat. Maßgeblicher Zeitpunkt für das Vertretenmüssen für den Ersatz des Verspätungsschadens ist damit der Zeitpunkt, in welchem die übrigen Voraussetzungen des Verzugs vorliegen (*Kohler*, JZ 2004, 961, 963 f.; Erman/*Hager*, § 286 Rn. 56; Palandt/*Grüneberg*, § 286 Rn. 32; Münch-Komm/*Ernst*, § 286 Rn. 104, a. A. wohl *BGH* v. 7. 3. 1989, Az.: X ZR 61/87, s. dazu aber *Hager*, a. a. O.). Da dieser hier erst mit Mahnung eintreten konnte und diese wiederum erst mit Zugang (s. Fall 43) wirksam wurde, kommt es darauf an, ob V auch zu diesem Zeitpunkt noch die Verzögerung der Leistung zu vertreten hat. Da für ihn die staatsanwaltschaftliche Beschlagnahme nicht vorhersehbar war, hatte er die Verspätung der Leistung im Zeitpunkt der Wirksamkeit der Mahnung nicht (mehr) i. S. v. § 276 zu vertreten. § 287 S. 2 (Zufalls-

haftung) ist nicht anwendbar, weil die Norm ihrerseits Verzug voraussetzt. U haftet daher nicht für den Verzögerungsschaden.

51. Verzugseintritt beim gegenseitigen Vertrag

Der Gastwirt Alt bestellt am Morgen des 10. Mai telefonisch beim Fleischgroßhändler Wammerl 100 Schnitzel und 50 Steaks zur Lieferung am gleichen Tag. Als der Ausfahrer des Wammerl bei Alt erscheint, stellt sich heraus, dass dieser das Fleisch nicht sofort bezahlen kann. Da der Ausfahrer Anweisung hat, Ware nur gegen Barzahlung abzugeben, unterbleibt an diesem Tag die Auslieferung trotz des Protests des Alt. Dem Alt entgehen infolgedessen Einnahmen in Höhe von € 500,–. Kann er diesen Betrag von Wammerl ersetzt verlangen?

1. Anspruch aus § 280 I, III, 283

Der Anspruch würde voraussetzen, dass die Leistung des W nachträglich unmöglich geworden wäre. Da die Lieferung als solche aber weiterhin möglich ist, könnte Unmöglichkeit nur vorliegen, wenn ein sog. **absolutes Fixgeschäft** vereinbart worden wäre (vgl. Fall 16). Dies ist hier aber nicht anzunehmen, da das Fleisch auch zu einem späteren Lieferzeitpunkt von A verwendet werden kann. Ein Anspruch aus §§ 280 I, III, 283 scheidet daher aus.

2. Anspruch aus § 280 I, II, 286

Der Anspruch aus § 286 I geht auf Ersatz des Verzögerungsschadens. Ist dem Gläubiger auf Grund des Verzugs des Schuldners eine Möglichkeit zur Weiterveräußerung entgangen, kann er grundsätzlich den entgangenen Gewinn (§ 252 S. 1) ersetzt verlangen (vgl. Palandt/*Grüneberg*, § 286 Rn. 48). Die Frage ist daher, ob W mit der Lieferung in Schuldnerverzug geraten ist.

a) Da zwischen A und W ein wirksamer Kaufvertrag geschlossen war und die Lieferung vereinbarungsgemäß am 10. Mai erfolgen sollte, lag eine wirksame und fällige Forderung des A gegen W auf Erbringung einer Sachleistung vor.

b) W hatte am 10. Mai nicht geleistet. Da die Leistungszeit kalendermäßig bestimmt war, kam er an sich nach § 286 II Nr. 1 in Schuldnerverzug.

c) Etwas anderes gilt aber dann, wenn W berechtigt war, die Leistung zu verweigern. Hier hatte W die Auslieferung von der gleichzeitigen Bezahlung abhängig gemacht. Dazu war er nach § 320 I berechtigt, da keine Vorleistung des W vereinbart war. Bereits das Bestehen der **Einrede des nicht erfüllten Vertrages** nach § 320 I reicht schon aus, um den Eintritt des Schuldnerverzugs zu verhindern (*BGH* NJW 1999, 53; *BGH* NJW 1999, 2110), erst recht die tatsächliche Geltendmachung dieser Einrede, wie hier. Beim Kaufvertrag muss der Käufer daher, um den Verkäufer in Schuldnerverzug zu setzen, diesem seine ihm obliegende Gegenleistung (Kaufpreis) Zug um Zug anbieten. Das Angebot muss in der Weise erfolgen, dass der Verkäufer durch die Nichtannahme der Zahlung in Annahmeverzug gerät (BGHZ 116, 224, 249). Dies war hier nicht geschehen, vielmehr hatte sich A sogar geweigert, die Ware sofort zu bezahlen.

W ist daher nicht in Schuldnerverzug geraten und haftet sonach nicht.

52. Beginn und Ende des Schuldnerverzuges bei Bestehen eines Zurückbehaltungsrechts

Der Fabrikant A hatte beim Büromaschinenhändler B, mit dem er in ständiger Geschäftsverbindung stand, einen PC bestellt. Als Liefertermin war der 2. März vereinbart worden. B hielt jedoch diesen Termin nicht ein. Da bei A viele Schreibarbeiten anfielen, mietete er kur-

Anspruch aus §§ 280 I, II, 286

Zum Verzögerungsschaden rechnen auch die Mietkosten für einstweilige Ersatzbeschaffung (§ 251 I). A kann daher Ersatz der Mietkosten verlangen, wenn sich B während der ganzen Zeit im Schuldnerverzug befand.

a) Verzugsbeginn

Da die Lieferung zu einem kalendermäßig fixierten Zeitpunkt erfolgen sollte und B

zerhand bei C einen PC und teilte dem B mit, er werde ihn für die anfallenden Kosten haftbar machen. B erwiderte am 23. März, A möge erst einmal die noch offene Rechnung vom 14. Januar aus einer früheren Lieferung begleichen. Solange dies nicht geschehen sei, werde er auch nicht liefern. A bezahlte am 24. März und erhielt am nächsten Tag den PC. Kann er die bis dahin entstandenen Mietkosten von B ersetzt verlangen?

zur Leistung imstande war, sind die Voraussetzungen des § 286 I, II Nr. 1 erfüllt. Der Verzugseintritt wird auch nicht dadurch gehindert, dass dem B von Anfang an ein Zurückbehaltungsrecht nach § 273 I wegen einer Kaufpreisforderung aus früherer Lieferung (zur Konnexität beider Forderungen vgl. nur BGHZ 54, 250 sowie Fall 115) zustand. Denn der Schuldner ist erst (und nur) dann zur Leistungsweigerung nach § 273 berechtigt, wenn er diese Einrede tatsächlich geltend macht (Grund: Möglichkeit zur Abwendung der Einrede gem. § 273 III). Im Unterlassen der Leistung liegt noch kein Geltendmachen der Einrede (*BGH* NJW 1971, 421). B kam daher mit Ablauf des 2. März in Verzug.

b) Verzugsende Der Verzug endet **(ex nunc)**, wenn der Schuldner leistet oder die Leistung anbietet (s. Fall 48). Zur Beendigung des Verzuges genügt es daher nicht, dass der Schuldner nachträglich sein Zurückbehaltungsrecht geltend macht, wie hier am 23. März geschehen. Der Schuldner muss mindestens seine Leistung Zug um Zug gegen Erbringen der Leistung des Gegners anbieten (*BGH* a. a. O.). Da B dies nicht getan hatte, endete sein Verzug erst mit der Lieferung am 25. März.

53. Verzugszinsen und weiterer Verzugsschaden

Student B hatte seinen Wagen in die Werkstatt des W zur Reparatur gebracht. Bei Abholung des Fahrzeugs am 3. 5. 2009 wurde ihm auch die Rechnung über € 1200,– ausgehändigt. B zahlte zunächst € 400,–. Nach Ablauf

1. Anspruch des W gegen B auf Zahlung von Zinsen

a) aus §§ 641 IV, 246

Der Werklohnanspruch des W gegen B aus § 631 I wurde mit Abnahme der Reparaturleistung, die hier jedenfalls in der Abholung des Fahrzeugs zu erblicken ist, am 3. 5. 2009 fällig (§ 641 I S. 1). Von diesem

von drei Wochen ließ W dem B durch den Anwalt A eine schriftliche Mahnung zusenden, die diesem am 25. 5. 2009 zuging. Im Wortlaut des Mahnschreibens wurde zur Zahlung von „ausstehenden € 900,– (€ 1200,– abzgl. € 400,– Anzahlung)" aufgefordert. Da B nach sechs Wochen immer noch nicht gezahlt hatte, verlangt W durch ein weiteres Anwaltsschreiben des A an B Zahlung der Rechnung nebst 9% Zinsen seit dem 3. 5. 2009, weil W mit einem Bankkredit in entsprechender Höhe arbeite. Weiter fordert er Anwaltskosten i. H. v. jeweils € 50,– für das Mahnschreiben und das weitere Anwaltsschreiben.

Muss B die verlangten Zinsen und die Anwaltskosten bezahlen?

Zeitpunkt an hat W gem. § 641 IV einen Anspruch auf Verzinsung der Vergütung, da keine Stundung vereinbart war. Allerdings belaufen sich diese Zinsen gem. § 246 nur auf 4%.

b) aus §§ 286, 288 I S. 1

Nach § 288 I hat B die Forderung des W von Verzugseintritt an mit 5% über dem Basiszinssatz zu verzinsen. Allerdings befand sich B nicht schon ab 3. 5. 2009, dem Zeitpunkt des Fälligwerdens der Werklohnforderung, in Schuldnerverzug, sondern erst mit Zugang der Mahnung am 25. 5.. Zwar beinhaltete die Mahnung eine Zuvielforderung von € 100,–, jedoch ist diese unschädlich, wenn – wie hier – der Schuldner die Aufforderung nach Treu und Glauben als Bewirkung zur Aufforderung der tatsächlich geschuldeten Leistung verstehen muss und der Gläubiger zur Annahme der wirklich geschuldeten Leistung bereit ist (*BGH* NJW 1999, 3115; 2006, 3271). Nach dem Rechtsgedanken des § 187 schuldete B damit ab dem 26. 6. 2009 Verzugszinsen (s. Palandt/*Grüneberg*, § 286 Rn. 30). § 286 III steht dem nicht entgegen, da diese 30-Tagesregelung nach ihrem (seit dem 1. 1. 2002) eindeutigen Wortlaut („spätestens") einen früheren Verzugseintritt nach § 286 I, II nicht ausschließt. Die Höhe des **Verzugszinses** errechnet sich aus dem Basiszinssatz zuzüglich 5% bzw. 8% bei Rechtsgeschäften ohne Verbraucherbeteiligung (§ 288 II). Der **Basiszinssatz** ergibt sich aus der in § 247 genannten Bezugsgröße und kann sich jeweils am 1. 1. und am 1. 7. eines Jahres ändern (Bekanntgabe durch die Deutsche Bundesbank, s. § 247 II). Im ersten Halbjahr 2009 betrug er 1,62% (s. www.bundesbank.de). B schuldet daher

ab dem 26. 6. 2009 Verzugszinsen i. H.
v. 6,62%.

c) Aus §§ 280 I, II, 286 I, 288 IV
Über die gesetzlichen Zinsen hinaus kann
W nach § 288 IV einen „weiteren Schaden"
geltend machen. Da hier W mit Bankkredit
in Höhe von 9% arbeitet und er bei
rechtzeitiger Bezahlung den Kredit entsprechend hätte reduzieren können, kann
er zusätzlich die Differenz zwischen der
Höhe der gesetzlichen Verzugszinsen und
den Bankzinsen verlangen. Im Ergebnis
kann also W von B für die Zeit vom
3. 5. 2009 bis 25. 6. 2009 4% Zinsen und ab
dem 26. 6. 2009 9% Zinsen verlangen.

*2. Anspruch des W gegen B auf Ersatz der
Anwaltskosten aus §§ 280 I, II, 286*
Zu den ersatzfähigen Verzugsschäden i. S.
des § 286 I gehören auch die Kosten aus der
Inanspruchnahme eines Anwalts für die
außergerichtliche Rechtsverfolgung (vgl.
BGHZ 30, 154, 156; Palandt/*Grüneberg*,
§ 286 Rn. 45), nicht jedoch die Kosten für
die verzugsbegründende Mahnung. Diese
sind nämlich nicht Folge des Verzugs,
sondern dessen Voraussetzung. Da sie dennoch einen Verzögerungsschaden darstellen, sind sie auch nicht unmittelbar nach
§ 280 I ersetzbar (s. *BGH* NJW 1985, 320,
323). B muss daher Anwaltskosten nur
i. H. v. € 50,– bezahlen.

54. Das Erfordernis der „angemessenen Frist" in § 323 I

Der Großhändler G hatte
beim Skifabrikanten F 200
Paar Skier aus dessen neuester
Produktion bestellt, wobei
ihm sofortige Lieferung zugesagt worden war. Nachdem

1. Ausgangsfall
F kann Abnahme und Zahlung nach
§ 433 II nur dann verlangen, wenn der von
G erklärte Rücktritt (§ 349) unwirksam ist.
G war zum Rücktritt berechtigt, wenn die
Voraussetzungen des § 323 I vorlagen:

zwei Wochen verstrichen waren, forderte ihn G mit Schreiben vom 2. 8. zur Lieferung bis zum 6. 8. gegen Bezahlung des Kaufpreises auf. F erhielt das Schreiben am 4. 8. Trotz aller Bemühungen konnte F erst am 8. 8. die Sendung fertig stellen und dem Spediteur aushändigen. Als die Skier am 10. 8. bei G eintrafen, lehnte dieser die Annahme ab und teilte dem F mit, dass er vom Vertrag zurücktrete. F besteht auf Abnahme und Zahlung.
1. Kann F Abnahme und Zahlung der Skier verlangen?
2. Wie ist zu entscheiden, wenn G den F in dem Schreiben vom 2.8. zu „unverzüglicher Lieferung" aufgefordert hat und F erst am 1.9. liefert?
3. a) F hat die Lieferung der Skier für Anfang November zugesagt. 2 Wochen vor dem vereinbarten Liefertermin erfährt G auf Nachfrage, dass die Produktion der bestellten Skier noch nicht einmal begonnen wurde, weil – für diesen nicht vorhersehbar – F mit dem erforderlichen Rohmaterial nicht beliefert wurde. Da die Produktion somit frühestens Anfang November wieder aufgenommen werden kann und damit eine Lieferung nicht vor dem 20. November zu erwarten

a) Nichterbringung einer fälligen und durchsetzbaren Leistungspflicht aus einem gegenseitigen Vertrag
Der Lieferungsanspruch war fällig (§ 271 I) und auch durchsetzbar, da ihm keine Einrede entgegenstand. Insbesondere hatte G die geschuldete Gegenleistung angeboten (s. Fall 51).

b) Fristsetzung
G muss eine **angemessene** Frist zur Leistung gesetzt haben. Hierzu gilt, dass die Frist zwar nicht so bemessen zu sein braucht, dass der Schuldner Zeit hat, eine noch nicht begonnene Leistung fertig zu stellen, sie soll vielmehr dem Schuldner nur noch eine letzte Gelegenheit geben, die begonnene Erfüllung zu vollenden (vgl. *BGH* NJW 1985, 320, 323). Im Übrigen kommt es auf die Umstände des Einzelfalls an, z. B. auf Umfang und Schwierigkeit der Leistung, auf die bereits verstrichene Zeitspanne sowie auf den Bedarf des Gläubigers. Nach Sachlage war die dem F gesetzte Nachfrist zu kurz bemessen. Dies hatte aber nicht zur Folge, dass die Fristsetzung unwirksam war und er erneut eine Frist bestimmen müsste. Denn dadurch würde der Zweck der Fristsetzung, den Vertrag in angemessener Frist zum Vollzug zu bringen, vereitelt. Vielmehr wurde damit eine **angemessene** Frist in Lauf gesetzt (s. Palandt/*Grüneberg*, § 281 Rn. 10). – Welcher Zeitraum angemessen war, entscheidet im Streitfall das Gericht (vgl. z. B. *BGH* NJW 1985, 2640). Lag die Lieferung noch innerhalb des vom Gericht für angemessen erachteten Zeitraums, so hat der Schuldner rechtzeitig erfüllt. Der Gläubiger handelt daher auf sein Risiko, wenn er die nach seiner Ansicht verspätete Lieferung zu-

ist, erklärt G am 20. Oktober den sofortigen Rücktritt vom Vertrag, um sich für das Weihnachtsgeschäft rechtzeitig anderweitig einzudecken. Zu Recht?

b) Könnte G am 20. Oktober Schadensersatz statt der Leistung (entgangenen Gewinn) verlangen, wenn F es fahrlässig versäumt hatte, das erforderliche Rohmaterial zu bestellen?

rückweist. Obendrein kommt er dann in Annahmeverzug. – Hier dürfte die Lieferung des F noch innerhalb der angemessenen Frist erfolgt sein. G war daher nicht berechtigt, vom Vertrag zurückzutreten, F kann Abnahme und Zahlung verlangen.

2. Abwandlung 1

Fraglich ist, ob die Aufforderung zu „unverzüglicher Lieferung" eine wirksame Fristsetzung darstellt. Nach der Rspr. verlangt eine solche nicht zwingend die Angabe eines festen Zeitraums oder Endtermins. Auch die Aufforderung zu „unverzüglicher" oder „umgehender" Lieferung bringe hinreichend zum Ausdruck, dass dem Schuldner für die Erfüllung nur ein begrenzter Zeitraum zur Verfügung stehe. Sie setzt dann ebenso wie im Fall einer zu kurz bemessenen Frist eine objektiv angemessene Frist in Gang (*BGH* NJW 2009, 3153, str.). Da hier eine solche verstrichen ist, ist G wirksam zurückgetreten, F kann nicht Abnahme und Zahlung verlangen.

3. Abwandlung 2

a) Da zum Zeitpunkt der Rücktrittserklärung (§ 349) der Anspruch auf Lieferung noch nicht fällig ist, besteht grundsätzlich (noch) kein Rücktrittsrecht nach § 323 I. Nach § 323 IV kann der Gläubiger jedoch bereits vor Fälligkeit zurücktreten, wenn offensichtlich ist, dass die Rücktrittsvoraussetzungen eintreten werden. Das ist hier der Fall, da feststeht, dass F weder zum Fälligkeitstermin noch zum Ablauf einer frühestens dann zu setzenden angemessenen Leistungsfrist (s. Fall 46) wird leisten können. Da das Rücktrittsrecht unabhängig vom Vertretenmüssen ist, kann G daher bereits jetzt vom Vertrag zurücktreten.

b) Anspruchsgrundlage für den Schadens-

ersatz statt der Leistung ist §§ 280 I, III,
281. Das hierfür erforderliche (vermutete)
Vertretenmüssen des F (§ 280 I S. 2) liegt
zwar vor, da dieser fahrlässig gehandelt hat
(§ 276), auch mag eine Fristsetzung nach
§ 281 II angesichts des relativen Fixschuld-
charakters (vgl. Fall 16) entbehrlich sein.
Anders als § 323 sieht jedoch § 281 nicht die
Möglichkeit vor, Schadensersatz statt der
Leistung bereits vor dem Fälligkeitstermin
zu verlangen. Das ist angesichts der Tatsache, dass dem Gläubiger vor Fälligkeit
auch der Gewinn nicht gebührt, gerechtfertigt. Es liegt daher auch keine im Wege der
Analogie zu füllende Regelungslücke vor
(so auch MünchKomm/*Ernst*, § 281 Rn. 66;
Medicus/Lorenz I, Rn. 494; a. A. *Looschelders*, SchuldR AT, Rn. 619; Palandt/*Grüneberg*, § 281 Rn. 8a). Da auch die Voraussetzungen der §§ 280 I, III, 282 nicht vorliegen, kann G (noch) nicht Schadensersatz
statt der Leistung verlangen. Seine wirtschaftliche Handlungsfreiheit wird dadurch
nicht eingeschränkt, da er vom Vertrag
zurücktreten kann. Sofern er den Rücktritt
(noch) nicht erklärt und die Fälligkeit des
Anspruchs abwartet, kann er dann nach
§§ 280 I, III, 281 II Schadensersatz statt der
Leistung verlangen (s. § 325).

55. Vertragsaufsage vor Fälligkeit

Wie Fall 54. Als Liefertermin
ist der 1. November vereinbart. Bereits 2 Wochen vor
diesem Termin verweigert F
gegenüber G ernsthaft und
endgültig die Vertragserfüllung, weil er zwischenzeitlich
die Gelegenheit bekommen

1. Anspruch aus §§ 280 I, III, 281
Der Anspruch scheitert an der fehlenden
Fälligkeit (s. Fall 54 unter 3 b). Eine analoge
Anwendung von § 323 IV scheidet aus.
2. Anspruch aus §§ 280 I, III, 282, 241 II
Die grundlose, ernsthafte und endgültige
Weigerung, einen Vertrag zu erfüllen, stellt
jedoch als sog. „Vertragsaufsage" die Ver-

hat, seine gesamte Produktion zu besseren Preisen im Export zu verkaufen. Kann G, der sich anderweitig nicht mehr rechtzeitig für das Weihnachtsgeschäft eindecken kann, Schadensersatz in Höhe des entgangenen Gewinns verlangen?

letzung einer Treuepflicht aus § 241 II dar, die unter der Voraussetzung des § 282 zum Schadensersatz statt der Leistung verpflichtet (s. Fall 72 sowie *Medicus/Lorenz* I, Rn. 494). Da F hier die Erfüllung des Vertrags in bewusstem Vertragsbruch verweigert hat, ist dem G das Festhalten am Vertrag nicht mehr zumutbar. Er kann daher Schadensersatz statt der Leistung in Höhe des entgangenen Gewinns verlangen (in der Begr. anders *MünchKomm/Ernst*, § 281 Rn. 62: analoge Anwendung von §§ 281 I, II – nur – im Fall der Vertragsaufsage).

56. Schicksal der Primärleistungspflicht, ius variandi des Gläubigers

K kauft von V dessen gebrauchten Pkw (Wert: € 5000,–) zum Preis von € 4500,–. Als V zum vereinbarten Zeitpunkt nicht liefert, setzt ihm K eine Lieferfrist von zwei Wochen. Diese verstreicht ergebnislos.
1. Welche Rechtsbehelfe hat K gegen V?
2. K hatte dem V bereits bei der Fristsetzung mitgeteilt, dass er für den Fall des fruchtlosen Ablaufs der Frist vom Vertrag zurücktritt. Kann K, wenn er es sich anders überlegt, nach Ablauf der Frist noch
a) Schadensersatz i. H. v. € 500,– oder
b) Lieferung des Pkw verlangen?
3. K verlangt zunächst weiter Lieferung des Pkw. Kann er, wenn er sich es anders über-

1. Rechtsbehelfe des K
a) Anspruch auf Lieferung des Pkw aus § 433 I
K hat (weiterhin) den ursprünglichen Erfüllungsanspruch, d. h. er kann weiterhin Verschaffung von Eigentum und Besitz am Pkw Zug-um-Zug gegen Zahlung des Kaufpreises (§§ 320, 433 II) verlangen. Dieser Anspruch wird durch den bloßen Ablauf der Frist nicht berührt. Er erlischt erst, wenn der Gläubiger (K) vom Vertrag zurücktritt oder aber Schadensersatz statt der Leistung verlangt (§ 281 IV).
b) Rücktritt (§ 323)
K kann gem. § 323 I vom Vertrag zurücktreten. Damit erlöschen die gegenseitigen Leistungspflichten. Schadensersatzansprüche des K werden gem. § 325 durch den Rücktritt nicht berührt.
c) Schadensersatz statt der Leistung i. H. v. € 500,– (entgangener Gewinn) aus §§ 280 I, III, 281
aa) Pflichtverletzung (§ 280 I): Durch die Nichtleistung zum Fälligkeitstermin hat V

legt, zu Schadensersatz und/ oder Rücktritt übergehen?
4. K reagiert nach Ablauf der Nachfrist zunächst gar nicht. Kann V, der den Pkw für den Fall, dass K zurücktritt oder Schadensersatz statt der Leistung verlangt, anderweitig veräußern möchte, den K zu einer Entscheidung veranlassen?

die Pflicht zu (rechtzeitiger) Lieferung aus § 433 I S. 1 verletzt.

bb) Weitere Tatbestandsvoraussetzungen (§ 280 III): Mit dem Ersatz des entgangenen Gewinns macht K Schadensersatz statt der Leistung geltend (s. Fall 34). Die hierfür im Fall einer fälligen Leistungspflicht nach §§ 280 III, 281 I erforderliche fruchtlose Setzung einer angemessenen Nachfrist liegt vor.

cc) Vertretenmüssen: Das Vertretenmüssen des V wird nach § 280 I S. 2 vermutet.

dd) Inhalt des Schadensersatzanspruches: Nach § 249 I (Grundsatz der Naturalrestitution) ist K so zu stellen, wie er stünde, wenn V den Pkw geliefert hätte. Demzufolge kann K jedenfalls nach der **Differenztheorie** (s. dazu Fälle 37, 38) vorgehen und entgangenen Gewinn i. H. v. € 500,– geltend machen. Geht K nach der **Surrogationstheorie** vor, kann er Wertersatz i. H. v. € 5000,– gegen Zahlung von € 4500,– Kaufpreis verlangen, was im Ergebnis nicht von der Differenztheorie abweicht. Ein Schadensersatzanspruch nach der Surrogationstheorie in Form der **Naturalherstellung** auf Lieferung des Fahrzeugs gegen Zahlung des vereinbarten Kaufpreises i. H. v. € 4500,– ist hingegen ausgeschlossen, da mit dem Schadensersatzverlangen der Erfüllungsanspruch nach § 281 IV weggefallen ist und der Schadensersatz in Form der Lieferung (Naturalrestitution) nichts anderes als ein Erfüllungsanspruch im Gewand eines Schadensersatzanspruches und nicht mehr Schadensersatz „statt" der Leistung wäre. K kann daher Schadensersatz nur in Form von Wertersatz verlangen. Will er weiterhin die Leistung, muss und kann er anstelle des Schadensersatzanspruchs den ursprünglichen Erfüllungsanspruch geltend machen.

2. Verhältnis zu anderen Rechtsbehelfen
a) Verhältnis zum Schadensersatzanspruch
Der Schadensersatzanspruch ist gem. § 325 durch den Rücktritt nie ausgeschlossen.

b) Verhältnis zum Erfüllungsanspruch
Sowohl der Rücktritt (s. § 349) als auch das Schadensersatzverlangen (geschäftsähnliche Handlung) sind Gestaltungsrechte bzw. haben rechtsgestaltende Wirkung, d. h. sie sind grundsätzlich unwiderruflich (BT-Drs. 14/6040, S. 141). Ihre Wirksamkeit setzt aber das Bestehen des Rücktrittsrechts bzw. des Schadensersatzanspruchs voraus. Diese entstehen aber – sofern die Fristsetzung nicht entbehrlich ist – jeweils erst mit Ablauf der Nachfrist. Vor diesem Zeitpunkt können die Rücktrittserklärung bzw. das Schadensersatzverlangen zwar bereits erfolgen, werden aber erst mit Ablauf der Nachfrist wirksam und damit unwiderruflich (str., wie hier Münch-Komm/*Ernst*, § 281 Rn. 96; *Wieser*, NJW 2003, 2432, 2433; a. A. Jauernig/*Stadler*, § 281 Rn. 15; *Derleder/Zänker*, NJW 2003, 2777). Da es sich bei der Erklärung des K nicht um eine bloße Absichtsbekundung, sondern um eine Rücktrittserklärung gehandelt hat (Auslegungsfrage!), kann er nicht mehr Lieferung des Pkw verlangen.

3. Verhältnis des Erfüllungsanspruchs zu Schadensersatz und Rücktritt
Der Übergang vom Erfüllungsanspruch auf Rücktritt und Schadensersatz ist hingegen grundsätzlich jederzeit möglich, weil dessen Geltendmachung keine rechtsgestaltende Wirkung hat (*BGH* NJW 2006, 1198). Es handelt sich insoweit nämlich

nicht um eine Wahlschuld, bei welcher die Wahl nach § 263 II gestaltende Wirkung hat. Die Rechtsbehelfe stehen vielmehr im Verhältnis sog. „elektiver Konkurrenz", weil es sich nicht um einen einheitlichen Anspruch mit alternativem Inhalt, sondern um mehrere alternativ konkurrierende Ansprüche bzw. Gestaltungsrechte handelt. Hierauf finden die §§ 262 ff. keine Anwendung (*BGH* a. a. O.; MünchKomm/ *Ernst,* § 281 Rn. 68; zum Nacherfüllungsanspruch s. PdW SchuldR II, Fall 29). Allerdings kann der Gl., der nach Fristablauf zunächst Erfüllung verlangt hat, nach § 242 (Verbot widersprüchlichen Verhaltens) nicht während der Zeit, welche die Leistung üblicherweise fordert, unvermittelt vom Erfüllungsanspruch auf Schadensersatz statt der Leistung bzw. Rücktritt übergehen (*BGH* a. a. O; MünchKomm/ *Ernst,* § 281 Rn. 101). Einer erneuten Fristsetzung nach § 281 I bzw. § 323 I bedarf es dafür freilich nicht (so aber Jauernig/*Stadler,* § 281 Rn. 15; anders im Falle der Verwirkung, s. Fall 6).

4. Reaktionsmöglichkeiten des V

a) Fristsetzung nach § 350, 264 II

Eine Fristsetzung durch V nach § 350 scheidet aus, weil eine solche dort nur für den Fall eines **vertraglichen** Rücktrittsrechts vorgesehen ist. Auch eine Fristsetzung nach § 264 II kommt nicht in Betracht, weil es sich bei den Wahlmöglichkeiten des Gläubigers (K) nicht um eine Wahlschuld, sondern um einen Fall elektiver Konkurrenz handelt (s. o.).

b) Leistungsangebot

V kann dem K die Leistung (wie geschuldet) anbieten. Nimmt er sie an, ist der fortbestehende Anspruch durch Erfüllung erloschen und es besteht kein Schadensersatzanspruch statt der Leistung mehr (MünchKomm/*Ernst*, § 281 Rn. 79; offengelassen von *BGH* a. a. O.). Lehnt er sie ab, ohne dabei zugleich (konkludent) den Rücktritt zu erklären oder Schadensersatz statt der Leistung zu verlangen, so kommt er (auch durch ein bloß wörtliches Angebot, s. § 295) in Gläubigerverzug (§§ 293 ff.) und es ist ihm nach § 242 (Treu und Glauben) verwehrt, später wieder die Leistung zu verlangen (s. *Canaris*, Karlsruher Forum 2002, S. 49; ähnlich Münch-Komm/*Ernst*, § 281 Rn. 85: Annahmeverzug des Gläubiger hat dieselbe Wirkung wie Tilgung der Forderung).

c) Erklärt sich K auf die bloße Frage des V, ob er die Leistung weiterhin wolle, nicht, so muss sich V weiterhin leistungsbereit halten. Bietet er dann später die Leistung an, können im Einzelfall das Rücktrittsrecht des K und sein Anspruch auf Schadensersatz statt der Leistung verwirkt sein (§ 242), s. Erman/*Westermann*, § 281 Rn. 19; *BGH* NJW 2002, 669 sowie oben Fall 6.

57. Erfüllungsverweigerung und eigene Vertragsuntreue des Gläubigers

Der Gastwirt Kunz hatte mit dem Großbauern Volz einen Vertrag über die Lieferung von 300 Ztr. Kartoffeln, zahlbar bei Lieferung, geschlossen. Volz lieferte zum festgesetzten Zeitpunkt nicht. Die Kartoffelpreise waren mittlerweile gesunken. Kunz ergriff diese Gelegenheit beim

Anspruch auf Schadensersatz statt der Leistung aus §§ 280 I, III, 281

1. Pflichtverletzung aus einem Schuldverhältnis

Ein Anspruch des V setzt zunächst das Bestehen eines Schuldverhältnisses voraus. Ein solches besteht nicht mehr, wenn K wirksam vom Vertrag zurückgetreten ist. Zwar kann die Erklärung des K, der Vertrag habe sich erledigt, als Rücktrittserklärung

Schopf und deckte am nächsten Tag seinen Bedarf anderweitig. Er teilte dies dem Volz mit und erklärte ihm, dass sich damit sein Vertrag mit ihm erledigt habe. Volz bestand auf Vertragsdurchführung und bot dem Kunz nach dessen Rücktrittserklärung die Lieferung der Kartoffeln für den nächsten Tag an. Kunz erwiderte, diese Mühe könne Volz sich sparen, er werde die Kartoffeln nicht annehmen, weil er sie nicht brauche und dies sei sein letztes Wort in dieser Angelegenheit. Volz verlangte daraufhin von Kunz Schadensersatz statt der Leistung. Kunz lehnt ab mit der Begründung, Volz sei seinerseits vertragsuntreu gewesen, weil er nicht rechtzeitig geliefert habe. Wie ist zu entscheiden?

aufgefasst werden, jedoch sind die Rücktrittsvoraussetzungen des § 323 nicht erfüllt: K hatte dem V weder eine Frist gesetzt, noch war eine solche nach § 323 II entbehrlich: V hat die Leistung nicht verweigert (Nr. 1), es lag (trotz des vereinbarten Liefertermins) kein „relatives Fixgeschäft" (Nr. 2) vor und die bloße Tatsache des billigeren Deckungskaufs begründet auch keine „besonderen Umstände" in Form des Interessefortfalls (Nr. 3), s. MünchKomm/*Ernst,* § 323 Rn. 129 m. w. N. Da V die geschuldete Gegenleistung in Annahmeverzug begründender Weise angeboten hatte (hierzu genügte nach § 295 S. 1 ein wörtliches Angebot), hat K eine fällige und durchsetzbare Leistungspflicht aus § 433 II verletzt.

2. Fristsetzung

Nach § 281 I setzt der Anspruch des V grundsätzlich den fruchtlosen Ablauf einer Nachfrist voraus. Die Fristsetzung war hier aber nach § 281 II Alt. 1 entbehrlich: In der unberechtigten Rücktrittserklärung des K steckte die Weigerung, den Vertrag noch zu erfüllen, die jedenfalls durch die spätere Erklärung des K („dies sei sein letztes Wort") den Charakter der Ernstlichkeit und Endgültigkeit erhielt.

3. Berücksichtigung des Einwands der Vertragsuntreue?

a) Die frühere Rspr. (*BGH* NJW 1987, 251, 253; NJW-RR 1994, 372) hatte den Grundsatz aufgestellt: Wer selbst vertragsuntreu sei und sein vertragswidriges Verhalten nicht aufgebe, könne nach Treu und Glauben auch keine Rechte aus der Nichterfüllung des anderen Teils geltend machen, wenn die beiderseitigen Pflichtverletzungen in einem inneren Zusammenhang stehen. Folgte man dem, so gilt: Zum Zeitpunkt der (unberechtigten) Rücktrittserklärung des K befand sich V in Schuldnerverzug (§ 286 I, II Nr. 1), war also selbst vertragsuntreu. Der Schuldnerverzug wird aber durch Leistung oder durch ein Annahmeverzug begründendes Leistungsangebot beendet. Sieht man bereits in der Rücktrittserklärung des K eine Erklärung des K, „dass er die Leistung nicht annehmen werde" (§ 295 S. 1), so endete der Schuldnerverzug des V mit seinem wörtlichen Leistungsangebot. Aber auch wenn dies hier nicht anzunehmen wäre, so kann sich K doch nicht auf den Verzug und damit auf die Vertragsuntreue des V berufen, weil er erklärt hat, auf seiner Erfüllungsverweigerung auch dann zu beharren, wenn V die ihm noch mögliche Beseitigung seiner Vertragsuntreue vornehmen werde (*BGH* WM 1972, 1056). Denn hier wäre es zwecklos, dem K noch die Erbringung seiner eigenen Leistung zur Pflicht zu machen. – Der Einwand fehlender Vertragstreue greift daher nicht durch.

b) Auch wer den Grundsatz des Erfordernisses eigener Vertragstreue als zu unbestimmt bzw. überflüssig ablehnt (s. z. B. MünchKomm/*Ernst*, § 323 Rn. 257), gelangt hier zu keinem anderen Ergebnis: V kann Schadensersatz verlangen, weil die Erfüllungsverweigerung **unabhängig** vom Verzug des V erklärt wurde und **unabhängig** davon aufrechterhalten wird.

III. Schadensersatz wegen Unmöglichkeit der Leistung

58. Nachträgliche Unmöglichkeit und Pflichtverletzung

Kling kauft im Antiquitätengeschäft des Viktor einen Bauernschrank aus dem späten 19. Jahrhundert zum Preis von € 4000,–. Der Marktwert des Schrankes beträgt € 5000,–. Noch vor dem vereinbarten Abholtermin wird der Schrank bei einem Brand im Lager des Viktor vollständig zerstört. Kann Kling von Victor Schadensersatz in Höhe des entgangenen Gewinns verlangen?

Anspruch des K gegen V aus §§ 280 I, III, 283

a) Pflichtverletzung

Ein Anspruch auf „Schadensersatz statt der Leistung" wegen (nachträglicher) Unmöglichkeit setzt nach § 280 I zunächst eine Pflichtverletzung voraus (zu diesem Begriff s. Fall 33). Auch im Falle der nachträglichen Unmöglichkeit stellt trotz der Tatsache, dass § 275 I den Schuldner von der Leistungspflicht befreit, die Nichterbringung (der nicht **mehr** geschuldeten) Leistung **objektiv** eine Pflichtverletzung dar (sog. **erfolgsbezogene Auffassung**, s. etwa *Canaris*, JZ 2001, 499, 512; *Medicus/Lorenz* I, Rn. 337). Dies ergibt sich insbesondere aus § 275 IV, der deutlich macht, dass der Wegfall der Leistungspflicht nur die Primärleistungspflicht, nicht aber etwaige daraus resultierende Schadensersatzpflichten berühren soll. Nach einer anderen Ansicht (sog. „verhaltensbezogene Betrachtungsweise") kann wegen § 275 I im Ausbleiben der Leistung keine Pflichtverletzung gesehen werden. Diese könne vielmehr nur in dem Umstand liegen, der die Leistungsbefreiung herbeigeführt hat, d. h. in einem Verstoß des Schuldners gegen die Pflicht, sich leistungsbereit zu halten. Diese Auffassung ist jedoch schon aus Gründen der Beweislast nicht zu halten: Da diese nur hinsichtlich des Vertretenmüssens umgekehrt wird (s. unten c.), müsste bei einer verhaltensbezogenen Auffassung der Gläubiger darlegen und beweisen, warum dem Schu. die Leistung unmöglich geworden ist.

Dies entspricht aber nicht der Absicht des Gesetzgebers.

b) Weitere Tatbestandsvoraussetzungen (§ 280 III)

K macht durch den entgangenen Gewinn Schadensersatz „statt der Leistung" geltend (s. dazu Fall 34). Im Falle der Leistungsbefreiung nach § 275 bestehen jedoch nach § 283 S. 1 keine weiteren, über § 280 I hinausgehenden Tatbestandsvoraussetzungen (neben der Herbeiführung dogmatischer Stringenz des Gesetzes liegt die praktische Bedeutung von § 283 in der Verweisung des § 283 S. 2 auf § 281 I S. 2, 3 und 5).

c) Vertretenmüssen

Das Vertretenmüssen (§ 276) wird nach § 280 I S. 2 vermutet (anders im Arbeitsverhältnis, s. § 619 a). Es bezieht sich auf den Umstand, der zur Unmöglichkeit der Leistung geführt hat. Um diese Vermutung zu beseitigen, müsste V nachweisen, dass er weder den Brand, der zur Zerstörung des Bauernschranks geführt hat, vorsätzlich oder fahrlässig verursacht hat noch eine Garantie für seine Leistungsfähigkeit übernommen hatte. Gelingt ihm dies nicht, kann K Schadensersatz i. H. v. € 1000,– verlangen.

59. Anfängliche Unmöglichkeit und Pflichtverletzung

Boor suchte seit langem nach einem Bugatti S. 35 B, Baujahr 1925, weil ihm der reiche Sammler Söhn € 35 000,– für einen gut erhaltenen Wagen dieses Typs zahlen wollte. Zufällig wurde er mit dem Westermann bekannt, der

1. Anspruch auf Ersatz des entgangenen Gewinns aus § 311 a II

Mit dem entgangenen Gewinn macht B Schadensersatz statt der Leistung geltend. Anspruchsgrundlage hierfür ist im Falle anfänglicher Unmöglichkeit § 311 a II als **lex specialis** zu §§ 280 I, III, 283. § 311 a I stellt zunächst klar, dass auch die anfäng-

diesen Wagentyp besaß. Boor besichtigte mit Westermann den in einer Scheune auf dem Land abgestellten Wagen und fand daran Gefallen. Beim Verlassen der Scheune warf Westermann achtlos eine noch brennende Zigarettenkippe auf den Boden. In die Stadt zurückgekehrt, wurden beide bei einem Preis von € 30 000,– handelseinig. Boor teilte dem Söhn telegrafisch mit, dass sein Suchen Erfolg gehabt habe. Allerdings war noch vor seinem Vertragsschluss mit Westermann die Scheune nebst Wagen abgebrannt. Boor ärgerte sich, dass ihm durch die Nachlässigkeit des Westermann € 5000,– Gewinn entgangen waren. Er möchte daher wissen, ob er diesen Betrag ersetzt verlangen kann und wie es mit den unnützen Telegrammkosten in Höhe von € 20,– steht.

Zur Vertiefung: *Canaris,* FS Heldrich, 2005, S. 11 ff.

liche (subjektive oder objektive) Unmöglichkeit kein Wirksamkeitshindernis des Vertrages darstellt. **Haftungsgrund** ist die Nichterfüllung des nach § 311 a I wirksamen Leistungsversprechens. Anknüpfungspunkt des nach § 311 a II S. 2 vermuteten **Vertretenmüssens** ist in diesem Fall nicht eine (zum Zeitpunkt des Eintritts der Unmöglichkeit noch gar nicht bestehende) Pflicht zum sorgsamen Umgang mit dem Vertragsgegenstand, sondern die **Kenntnis des Leistungshindernisses.** W haftet also nicht, wenn er nachweist, dass er die Zerstörung des Bugatti zum Zeitpunkt des Vertragsschlusses weder kannte noch seine diesbezügliche Unkenntnis zu vertreten hat. Das Vertretenmüssen der Ursache des Leistungshindernisses selbst (hier also der fahrlässig verursachte Brand) ist hingegen als solches irrelevant, wenngleich sich hieraus im Einzelfall mittelbar auch eine fahrlässige Unkenntnis der Unmöglichkeit ergeben *kann* (s. MünchKomm/ *Ernst,* § 311 a Rn. 46). Hier hatte W im Zeitpunkt des Vertragsschlusses keine Kenntnis von der Unmöglichkeit. An sich begründet es auch keinen Fahrlässigkeitsvorwurf, wenn der Schuldner nicht unmittelbar vor Vertragsschluss noch einmal seine Leistungsfähigkeit überprüft. Jedoch hätte W bei Wahrung der verkehrserforderlichen Sorgfalt angesichts seiner Achtlosigkeit mit dem Brand und damit mit der Zerstörung des Bugatti rechnen und sich daher unmittelbar vor Vertragsschluss über dessen Existenz vergewissern müssen. B kann daher von W Schadensersatz statt der Leistung in Höhe des entgangenen Gewinns von € 5000,– verlangen.

2. Anspruch auf Ersatz der Telegrammkosten

Der Anspruch auf Ersatz der Telegrammkosten kann nicht als Bestandteil des Schadensersatzes statt der Leistung geltend gemacht werden, da es insoweit an einem Schaden fehlt: B hätte diese Kosten auch bei Erfüllung des Vertrages gehabt. Es handelt sich hier vielmehr um Aufwendungen i. S. v. § 284. Diese können jedoch nach §§ 311 a II, 284 nur **anstelle** des Schadensersatzes statt der Leistung, nicht aber neben diesem geltend gemacht werden. Da der Inhalt des Schadensersatzanspruchs hier wesentlich höher ist, ist dem B nicht zu raten, den Anspruch auf Aufwendungsersatz geltend zu machen.

60. Haftung für nachträgliches Unvermögen

Gesetzt den Fall, Westermann hätte nach der Besichtigung, aber vor Vertragsschluss aus Nachlässigkeit Wagen und Scheune nicht abgesperrt und der Wagen wäre kurz **nach** Vertragsschluss von unbekannten Dieben entwendet worden, welche Ansprüche hätte Boor gegen ihn?

1. Anspruch aus § 433 I S. 1 auf Erfüllung

Der Anspruch auf Erfüllung (Übereignung und Übergabe des Wagens) ist ausgeschlossen, wenn sie dem Schuldner oder für jedermann unmöglich ist (§ 275 I). Da hier der unbekannte Dieb den Wagen übergeben könnte (W kann lediglich Eigentum verschaffen, str. ist nur, ob dies bloße dingliche Einigung erfordert oder ob zusätzlich der Vindikationsanspruch aus § 985 abgetreten werden kann und muss, s. Jauernig/*Jauernig*, § 931 Rn. 10 m. w. N.), liegt allenfalls subjektive Unmöglichkeit (Unvermögen) vor (BGHZ 8, 222, 231). Diese könnte aber nur vorübergehend sein, weil es W u. U. möglich ist, nach dem Fahrzeug fahnden zu lassen, es so wiederzuerlangen und anschließend zu übereignen. Ist der Dritte jedoch schlechthin unauffindbar, so liegt endgültiges Unvermögen vor, da weiteres Abwarten nicht zumutbar ist (s. Fall 15 sowie Münch-Komm/*Ernst*, § 275 Rn. 52). B hat daher keinen Anspruch auf Übereignung gegen W.

2. Anspruch auf Schadensersatz statt der Leistung

a) Aus § 311 a II

§ 311 a II setzt nach § 311 a I eine anfängliche Leistungsbefreiung nach § 275 voraus. Zum Zeitpunkt des Vertragsschlusses war der Wagen aber noch vorhanden. Da hier also nachträgliches Unvermögen vorliegt, ist ein Anspruch aus § 311 a II ausgeschlossen.

b) Aus §§ 280 I, III, 283

Der Anspruch setzt neben der hier vorliegenden Leistungsbefreiung Vertretenmüssen voraus, welches nach § 280 I S. 2 vermutet wird. Vertretenmüssen setzt nach § 276 grundsätzlich Vorsatz oder Fahrlässigkeit voraus. Die Nachlässigkeit des W lag hier aber zunächst zeitlich vor dem Vertragsschluss. Zu diesem Zeitpunkt traf ihn allerdings noch keine (vertragliche) Pflicht gegenüber B, mit der Kaufsache sorgsam umzugehen (vgl. *Gudian*, NJW 1971, 1239). Da der Diebstahl unmittelbar nach Vertragsschluss erfolgte, kann eine nach Vertragsschluss liegende Fahrlässigkeit auch nicht im Unterlassen von Sicherungsmaßnahmen gesehen werden, da W diese nicht mehr rechtzeitig ergreifen konnte. B hat daher die Unmöglichkeit nicht zu vertreten, sofern man nicht in seinem Leistungsversprechen zugleich die Übernahme einer Garantie i. S. v. § 276 I für konkret erkennbar bevorstehende Leistungshindernisse sehen will (so – zum früheren Recht – *Huber* I, S. 674.

c) Anspruch aus § 311 a II analog

Da es im Hinblick auf die Parteiinteressen nicht darauf ankommen kann, ob der Diebstahl kurz vor oder kurz nach Vertragsschluss erfolgt (s. zu diesem Ziel des Gesetzgebers BT-Drs. 14/6040 S. 164), ist der Fall wertungsmäßig einer anfänglichen Leistungsbefreiung vergleichbar. Dies rechtfertigt eine analoge Anwendung von § 311 a II. Damit haftet W, wenn er die Ursache, die zur späteren Leistungsbefreiung führte, kannte oder er seine diesbezügliche Unkenntnis zu vertreten hat (vgl. auch – ebenfalls zum früheren Recht – *BGH* DB 1960, 261: Der Schuldner hat ein von ihm nicht unmittelbar verschuldetes nachträgliches Unvermögen dann [gem. § 325 BGB a. F.] zu vertreten, wenn er bei Vertragsschluss bei gehöriger Überlegung mit dem Eintreten des Unvermögens rechnen musste). Hier hätte W angesichts seiner Achtlosigkeit mit dem Diebstahl des Bugatti rechnen müssen. B kann daher von W Schadensersatz statt der Leistung in Höhe des entgangenen Gewinns von € 5000,– verlangen.

3. Anspruch aus § 285 auf Abtretung des Ersatzanspruchs gegen die Diebe

B kann auch nach § 285 Abtretung des Ersatzanspruchs aus § 823 I gegen die Diebe verlangen, muss sich jedoch den abgetretenen Anspruch auf seinen Schadensersatzanspruch anrechnen lassen (§ 285 II). Die Anrechnung entfällt, wenn sich der abgetretene Anspruch als undurchsetzbar erweist, etwa weil die Diebe unauffindbar bleiben (vgl. Palandt/*Grüneberg,* § 285 Rn. 11; str.).

61. „Wahlfeststellung" zwischen anfänglicher und nachträglicher Unmöglichkeit

Wie ist Fall 60 zu entscheiden, wenn weder feststeht, ob der Diebstahl vor oder nach Vertragsschluss geschehen ist, noch ob W das Absperren vor oder nach Vertragsschluss aus Nachlässigkeit unterlassen hat?

Steht nicht fest, ob es sich um eine anfängliche oder nachträgliche Leistungsbefreiung handelt, muss sich W, sofern er nicht den Zeitpunkt nachweist, in zweifacher Hinsicht exkulpieren, d. h. er muss nachweisen, dass er weder eine nachträgliche Leistungsbefreiung zu vertreten hätte noch eine anfängliche Leistungsbefreiung kannte bzw. fahrlässig verkannt hat. Der Zeitpunkt des Eintritts der Unmöglichkeit kann dann offen bleiben (vgl. Erman/*Kindl*, § 311 a Rn. 1; *Canaris*, FS Heldrich, 2005, S. 20 f.).

62. Anfängliche Unmöglichkeit und Ersatz des Vertrauensschadens

Wie ist Fall 59 zu entscheiden, wenn der Brand der Scheune und die Zerstörung des Bugatti eine halbe Stunde vor Vertragsschluss durch einen Blitzschlag verursacht wurden?

1. Anspruch auf Ersatz des entgangenen Gewinns aus § 311 a II
Da W die Unmöglichkeit z. Zt. des Vertragsschlusses weder kannte noch seine Unkenntnis i. S. v. § 276 zu vertreten hatte, da er insoweit weder fahrlässig war (er hatte anders als in Fall 59 keine Veranlassung, sich kurz vor Vertragsschluss noch einmal über die Möglichkeit der Leistung zu vergewissern) noch eine Garantie für die Leistungsfähigkeit übernommen hatte, hat B keinen Anspruch auf Ersatz des entgangenen Gewinns aus § 311 a II.

2. Anspruch auf Ersatz der Telegrammkosten aus § 284
Ein anstelle des Schadensersatzes statt der Leistung geltend zu machender Anspruch auf Aufwendungsersatz besteht nicht, weil mangels Vertretenmüssen die Anspruchsvoraussetzungen für den Schadensersatz statt der Leistung nicht gegeben sind.

3. Anspruch auf Ersatz der Telegrammkosten aus § 122 analog

Eine Mm. in der Lit. bejaht im Falle fehlenden Vertretenmüssens eine Haftung des Schuldners auf das negative Interesse analog § 122 (s. insbes. *Canaris*, JZ 2001, 499, 505; offen lassend, wenngleich grundsätzlich zustimmend auch die Begr. des Regierungsentwurfs zum Schuldrechtsmodernisierungsgesetz BT-Drs. 14/6040, S. 166). Begründet wird dies damit, dass die Situation mit derjenigen einer Irrtumsanfechtung nach § 119 II gleichzusetzen sei: Wenn der Schuldner etwa beim (schuldlosen) Irrtum über eine verkehrswesentliche Eigenschaft der geschuldeten Sache sich vom Vertrag und damit seiner Leistungspflicht nur um den Preis des Ersatzes eines Vertrauensschadens des Gläubiger lösen könne, dürfe dies in dem typologisch ähnlichen Fall der nicht zu vertretenden Unkenntnis der eigenen Leistungsfähigkeit nicht anders beurteilt werden. Folgt man dieser Ansicht, ist B so zu stellen, wie er stünde, wenn er die Unmöglichkeit gekannt hätte. Da er in diesem Fall das Telegramm nicht abgeschickt hätte, wären die Kosten hierfür analog § 122 zu ersetzen.

Die überwiegende Ansicht in der Literatur lehnt eine solche Analogie hingegen mangels Bestehen einer Regelungslücke ab. Gegen sie spreche insbesondere das in § 311a II zum Ausdruck kommende Verschuldensprinzip sowie die Gleichbehandlung von anfänglicher und nachträglicher Unmöglichkeit (MünchKomm/*Ernst*, § 311a Rn. 41). Die ohnehin schon systemwidrige Ausnahmeregelung des § 119 II dürfe nicht ausgedehnt werden (so etwa *Looschelders*, SchuldR AT, Rn. 665; Erman/

Kindl, § 311 a Rn. 5 m. w. N.). Dieses Argument geht freilich an der Sache vorbei, denn es geht nicht um die Ausdehnung der (in der Tat systemwidrigen) Anfechtungsmöglichkeit des § 119 II, sondern um die analoge Anwendung der damit korrespondierenden Schadensersatzpflicht des Anfechtenden. Folgt man der h. M., hat B keinen Anspruch auf Ersatz der Telegrammkosten.

63. Anfängliche Unmöglichkeit und Haftung aus culpa in contrahendo/Nebenpflichtverletzung

1. Wie Fall 59, jedoch wurde B nach Vertragsschluss mit W von D ein gleichartiger Bugatti für € 28 000,– angeboten. Auf dieses Angebot ging er jedoch angesichts des bereits mit W geschlossen Vertrages nicht ein. B verlangt nunmehr Schadensersatz in Höhe des aus diesem Vertrag entgangenen Gewinns i. H. v. € 7000,–, weil er diesen Bugatti für € 35 000,– an S hätte weiterverkaufen können. Zu Recht?

2. Wie ist zu entscheiden, wenn W nach Vertragsschluss von der Zerstörung des Bugatti erfährt, es aber vergisst, dies dem B mitzuteilen und dieser deshalb den Vertragsschluss mit D unterlässt, der bei rechtzeitiger Mitteilung noch möglich gewesen wäre?

1. Ausgangsfall

a) Anspruch aus § 311 a II

Zwar hat B gegen W einen Anspruch auf Schadensersatz statt der Leistung aus § 311 a II (s. Fall 59). Da er danach aber so zu stellen ist, wie er stünde wenn die Leistung erfolgt wäre (§ 249 I), ist der entgangene Gewinn aus dem unterlassenen Geschäft mangels haftungsausfüllender Kausalität nicht ersatzfähig: Wenn nämlich die Leistung (Lieferung des Bugatti durch W für € 30 000,–) erfolgt wäre, hätte B das Geschäft mit D ebenfalls nicht getätigt, d. h. der (zusätzliche) Gewinn aus diesem Geschäft wäre ihm ohnehin entgangen.

b) Aus § 284

Das Unterlassen des Vertragsschlusses erfolgte zwar „im Vertrauen auf den Erhalt der Leistung", stellt aber keine „Aufwendung" i. S. v. § 284 dar (BT-Drs. 14/6040, S. 144, 165).

c) Aus § 122 analog

Selbst wenn man auch im Falle des Vertretenmüssens bei anfänglicher Unmöglichkeit der Leistung § 122 analog anwenden wollte (s. Fall 62), wäre diese Haftung nach § 122 I, letzter Hs. auf das positive Interesse aus dem nicht durchgeführten Vertrag, hier also auf den Ersatz von € 5000,– beschränkt (s. dazu PdW AT, Fall 57).

d) Aus §§ 280 I, 311 II, 241 II (culpa in contrahendo)

Die schuldhafte Nichtaufklärung über die Unmöglichkeit der Leistung vor Vertragsschluss stellt gleichzeitig eine vorvertragliche Pflichtverletzung dar, die nach § 249 I zu einer Haftung auf das negative Interesse führt. Hier wäre B so zu stellen, wie er stünde, wenn er die Unmöglichkeit der Leistung vor Vertragsschluss gekannt hätte. Da er dann den Vertrag mit D geschlossen hätte, wäre der hieraus entgangene Gewinn von € 7000,– an sich ersatzfähig. Allerdings schließt § 311a II durch den darin enthaltenen Verweis auf § 284 nach h. M. als vorrangige Sonderregelung eine solche Haftung aus (*Huber/Faust*, Schuldrechtsmodernisierung, 2002, § 7 Rn. 17; Palandt/*Grüneberg*, § 311a Rn. 14; Erman/*Kindl*, § 311a Rn. 11; wohl auch BT-Drs. 14/6040, S. 165; a. A. MünchKomm/*Ernst*, § 311a Rn. 21 a. E.). Dem ist zuzustimmen, da der Gläubiger durch den Schadensersatz nach § 311a II so gestellt wird, als sei der Vertrag durchgeführt und er in diesem Fall das Ersatzgeschäft ebenfalls nicht gemacht hätte. An dieser von der Möglichkeit der Vertragserfüllung in natura unabhängigen eigenen Entscheidung muss er sich festhalten lassen: Mit der von § 311a angeordneten Gültigkeit des Vertrags und der Ersatzfähigkeit des positiven Interesses korrespondiert die Bindung an die wirtschaftlichen Folgen der eigenen rechtsge-

schäftlichen Entscheidung (s. auch *Canaris,*
JZ 2001, 499, 507).

**2. Variante: *Anspruch aus §§ 280 I, 241 II
(Nebenpflichtverletzung)***
Aus dem (wirksamen) Kaufvertrag zwischen B und W ergab sich für W gem.
§ 241 II eine Pflicht zur Rücksichtnahme
auf die Interessen des B. Damit entstand
auch eine Nebenpflicht, B rechtzeitig über
die Unmöglichkeit der Leistung zu infor-
mieren. Diese Pflicht hat W schuldhaft
verletzt, auch ist die Pflichtverletzung
kausal für den von B erlittenen Schaden,
da er im Falle rechtzeitiger Mitteilung einen
Gewinn von € 7000,– aus dem Vertrag mit
D gemacht hätte. Dieser Anspruch ist, da es
nicht um eine vorvertragliche Pflichtverletzung geht, auch nach der h. M. nicht
durch § 311 a II verdrängt (s. *Palandt/
Grüneberg,* § 311 a Rn. 14; Erman/*Kindl,*
§ 311 a Rn. 11).

64. Anfängliche Unmöglichkeit und Vertretenmüssen

Der Fahrzeughersteller P-
AG kündigt an, ein neues
Modell eines Sportwagens in
stark limitierter Stückzahl auf
den Markt zu bringen. K
schließt daraufhin mit dem
Vertragshändler V einen
Kaufvertrag über ein Exemplar der Serie.
1. Die P-AG gibt das Projekt
jedoch überraschend auf, die
Serie wird nicht hergestellt. K
verlangt nunmehr von V
Schadensersatz in Höhe des
aus einem Weiterverkauf des

1. Ausgangsfall:
a) Anspruch aus § 311 a II
Da es sich um einen Fall anfänglicher
(objektiver) Unmöglichkeit handelt, deren
Vorliegen die Wirksamkeit des Vertrages
nicht beeinträchtigt (§ 311 a I), haftet V auf
Schadensersatz statt der Leistung in Höhe
des entgangenen Gewinns aus § 311 a II,
sofern er nicht nachweisen kann, dass er die
(endgültige) Unmöglichkeit weder kannte
noch seine Unkenntnis zu vertreten hat.
aa) Kenntnis: Da V mit der Herstellung des
Modells rechnete, lag positive Kenntnis der
(endgültigen) Unmöglichkeit nicht vor.
bb) Zu vertretende Unkenntnis: V hat seine

Fahrzeugs entgangenen Gewinns. Zu Recht?

2. Der Sportwagen wird hergestellt, jedoch war die P-AG von Anfang an entschlossen, diesen direkt zu vertreiben, so dass V nicht beliefert wird. Auf dem freien Markt ist das Fahrzeug nicht mehr erhältlich. Kann K Ersatz des aus dem Weiterverkauf entgangenen Gewinns verlangen?

3. Wie ist zu entscheiden, wenn die P-AG erst einen Monat nach Herstellung der Serie den Entschluss gefasst hätte, die restlichen Exemplare selbst zu vertreiben?

Fall nach: *BGH* NJW 1994, 515.
Zur Vertiefung: *U. Huber,* FS Ulmer, 2003, S. 1185.

Unkenntnis i. S. v. § 276 I zu vertreten, wenn er fahrlässig verkannt hat, dass ihm die Lieferung des Sportwagens unmöglich sein wird oder aber er insoweit vertraglich ein Beschaffungsrisiko übernommen hat. Da V nicht damit rechnen musste, dass das Projekt eingestellt wird, liegt keine Fahrlässigkeit i. S. v. § 276 II vor. Ob V vertraglich ein Beschaffungsrisiko übernommen hat, ist eine Auslegungsfrage. I. d. R. wird der Verkäufer einer zu beschaffenden Gattungssache durch das vertragliche Leistungsversprechen nach dem „Inhalt des Schuldverhältnisses" ein Beschaffungsrisiko aus der Gattung, d. h. das Risiko übernehmen, aus einer tatsächlich existierenden Gattung liefern zu können (Beschaffungsgarantie bei sog. **marktbezogener Gattungsschuld**, s. Fall 101). Die Übernahme einer Garantie für den Fall der Nichtexistenz der gesamten Gattung, hier also das Produktionsrisiko, lässt sich aus dem Leistungsversprechen des Kaufvertrags aber nicht herleiten. K hat daher mangels Vertretenmüssens keinen Anspruch auf Schadensersatz statt der Leistung.

b) Anspruch aus §§ 280 I, III, 283
Im Falle anfänglicher Leistungsbefreiung nach § 275 I–III ist § 311 a II (nur!) für den Schadensersatz statt der Leistung **lex specialis** zu §§ 280 I, III, 283 (s. dazu im Zusammenhang mit „Mangelfolgeschäden" PdW SchuldR II, Fall 44). Unabhängig von der str. Frage, ob Fälle der anfänglichen Leistungsbefreiung auch über §§ 280 I, III, 283 erfasst werden könnten (verneinend *Canaris,* FS Heldrich, 2005, S. 3, 33 f.), sind diese Regelungen jedenfalls im Wege der Spezialität von § 311 a II verdrängt (s. MünchKomm/*Ernst,* § 311 a Rn. 4).

2. Fallvariante: Anspruch aus § 311 a II

Da V keinen Wagen aus der Serie beschaffen kann, diese aber tatsächlich existiert, liegt anders als im Ausgangsfall Unvermögen (= subjektive Unmöglichkeit, s. Fall 9) vor. Da die P-AG zu keinem Zeitpunkt bereit war, an V zu liefern, handelt es sich um anfängliches Unvermögen. Die objektiven Haftungsvoraussetzungen liegen wie im Ausgangsfall vor. K hat seine Unkenntnis auch i. S. v. § 276 I zu vertreten, weil er mit dem Verkauf einer noch herzustellenden bzw. fremden Sache zugleich (konkludent) vertraglich das Risiko übernommen hat, aus der (existenten) Gattung leisten zu können **(Beschaffungsrisiko)**. K hat daher Anspruch auf Schadensersatz statt der Leistung. Danach ist K gem. § 249 I dem Werte nach so zu stellen, als sei die Leistung (rechtzeitig) erfolgt. Somit hat K Anspruch auf Ersatz des aus einem Weiterverkauf des Sportwagens entgangenen Gewinns.

3. Fallvariante

Die bloße Tatsache, dass ein Schuldner nicht die Verfügungsmacht über den geschuldeten Gegenstand hat, begründet noch kein Unvermögen i. S. v. § 275 I. Dieses liegt, wie auch § 275 II zeigt, erst dann vor, wenn er den Gegenstand nicht beschaffen kann. Wäre V zwischenzeitlich in der Lage gewesen, von der P-AG ein Exemplar des Wagens zu beziehen, läge ein Fall nachträglichen Unvermögens vor (so wohl in der Fallgestaltung *BGH* NJW 1994, 515).

V haftet dem K dann nach §§ 280 I, III, 283 auf Schadensersatz statt der Leistung. Das (nach § 280 I S. 2 vermutete) Vertretenmüssen wird auch hier jedenfalls durch die Übernahme eines Beschaffungsrisikos

(§ 276 I) begründet (ein Verschulden läge überdies dann vor, wenn sich V nicht rechtzeitig einen Wagen beschafft hat). Ist nicht feststellbar, ob anfängliches oder nachträgliches Unvermögen vorliegt, kann der Anspruch alternativ auf § 311 a II oder §§ 280 I, III, 283 gestützt werden (s. Fall 61).

65. Zusammentreffen von anfänglichem Unvermögen und nachträglicher Unmöglichkeit

Knauer erwirbt vom Kunstsammler Voßkuhle ein Passauer Altargemälde aus dem 17. Jahrhundert im Wert von € 30 000,– zum Preis von € 20 000,–. Noch vor der Übergabe des Gemäldes wird dieses ohne Verschulden des Voßkuhle von unbekannten Dieben in dessen Galerie gestohlen. Nachträglich stellt sich überdies heraus, dass – was Voßkuhle als Fachmann hätte erkennen können – das Bild aus einem Einbruch beim Landgerichtspräsidenten Huber stammt.
1. Kann Knauer von Voßkuhle entgangenen Gewinn i. H. v. € 10 000,– verlangen?
2. Wie ist zu entscheiden, wenn Voßkuhle das Bild seinerseits von Huber gekauft und es vor einer Übereignung durch Huber an ihn bereits an Knauer weiterverkauft hat und es nunmehr beim Transport zu Voßkuhle durch ein

1. Ausgangsfall: Anspruch auf Schadensersatz statt der Leistung aus § 311 a II
An sich liegt ein Fall anfänglichen Unvermögens vor, so dass V auf Schadensersatz statt der Leistung i. H. des entgangenen Gewinns haftet, wenn er sein Unvermögen kannte oder aber seine diesbezügliche Unkenntnis zu vertreten hat. Letzteres liegt nach § 276 vor, da V fahrlässig verkannt hat, dass das Bild aus einem Einbruch stammte und er deshalb (s. § 935) weder dessen Eigentümer sein noch dem K Eigentum verschaffen konnte (zum Fehlen einer ges. Garantiehaftung für anfängliches Unvermögen s. BGH NJW 2006, 47, 49). Beim Schadensersatz statt der Leistung ist K nach § 249 I so zu stellen, wie wenn V z. Zt. des Vertragsschlusses zur Übereignung in der Lage gewesen wäre. Hier scheiterte die Erfüllung aber (nachträglich) unabhängig davon an einem Ereignis, das V nicht zu vertreten hatte, da V zu diesem Zeitpunkt auch nicht im Verzug war (§ 287 S. 2). V haftet daher nicht (s. Huber I, S. 550 f.
2. Fallalternative:
a) Anspruch aus § 311 a II
Zwar war V z. Zt. des Vertragsschlusses mit K nicht Eigentümer des Gemäldes, jedoch

Verschulden des Huber zerstört wird?

Zur Vertiefung: *Huber* I, S. 550 f.

war er auf Grund des Übereignungsanspruchs, den er aus § 433 I S. 1 gegen H hatte, zu diesem Zeitpunkt in der Lage, diesem das Eigentum zu verschaffen. Es liegt daher keine anfängliche (subjektive) Unmöglichkeit nach § 275 I vor. Ein Anspruch aus § 311 a II scheidet daher aus.

b) Anspruch aus §§ 280 I, III, 283
Durch die Zerstörung des Gemäldes ist die Leistung aber nachträglich (objektiv) unmöglich geworden. V haftet daher auf Schadensersatz statt der Leistung, wenn er die Vermutung des Vertretenmüssens (§ 280 I S. 2) nicht widerlegen kann. Ein Verschulden des V selbst liegt nicht vor, auch kann in dem Leistungsversprechen keine Garantieübernahme für **nachträgliche** Leistungshindernisse gesehen werden (s. dazu auch MünchKomm/*Ernst*, § 283 Rn. 8: Garantien für nachträgliche Leistungshindernisse dürften „eher selten vorkommen"). V muss sich aber auch nicht das Verschulden des H nach § 278 zurechnen lassen. Dieser ist nicht Erfüllungsgehilfe des V, da er von diesem nicht in die Erfüllung des Vertrages mit K eingeschaltet ist, d. h. er soll nicht gegenüber K die Leistung des V erbringen, sondern V in die Lage versetzen, an K leisten zu können (Erfüllungsgehilfe i. S. v. § 278 wäre H nur, wenn er auf Weisung des V direkt an K liefern würde). V haftet daher nicht.

66. Haftung wegen anfänglicher Unmöglichkeit und Irrtumsanfechtung nach § 119 II

Wie Fall 65, jedoch wird das Gemälde nicht gestohlen, sondern dem Eigentümer

Anspruch aus § 311 a II
Ein Anspruch auf Schadensersatz statt der Leistung i. H. des entgangenen Gewinns ist

Huber zurückgegeben. Knauer verlangt daraufhin von Voßkuhle entgangenen Gewinn i. H. v. € 10 000,–. Voßkuhle entgegnet, dass er den Vertrag nicht gelten lassen wolle. Er hätte das Gemälde nie verkauft, wenn er gewusst hätte, dass es Huber gehört. Kann Knauer den geltend gemachten Schadensersatz verlangen?

an sich gegeben (s. Fall 65), jedoch könnte er durch eine wirksame Anfechtung des Vertrages durch V entfallen sein (§ 142 I). Die Erklärung des V, den Vertrag „nicht gelten lassen" zu wollen, lässt sich unschwer als Anfechtungserklärung (§ 143) verstehen. Als Anfechtungsgrund kommt hier ein Eigenschaftsirrtum nach § 119 II in Betracht, weil V davon ausging, Eigentümer des Gemäldes zu sein. Unabhängig von der str. Frage, ob das Eigentum eine verkehrswesentliche Eigenschaft i. S. v. § 119 II darstellen kann (verneinend BGHZ 34, 32, 41) ist eine Anfechtung nach § 119 II durch § 311 a II jedenfalls ausgeschlossen, weil sich der Schuldner nicht durch Anfechtung dieser Haftung soll entziehen können (BT-Drs. 14/6040, S. 165, 210). Dies gilt im Kaufrecht auch für den Zeitraum vor Gefahrübergang (s. *Lorenz/Riehm*, Rn. 309 f.). K kann daher Schadensersatz i. H. v. € 10 000,– verlangen.

Anmerkung: Obwohl § 437 auch für Rechtsmängel gilt und das fehlende Eigentum einen Rechtsmangel i. S. v. § 435 darstellt, sind diese Regelungen hier nicht mitzuzitieren, weil sie erst ab Gefahrübergang gelten. Wichtig ist das für die Frage der Verjährung (s. PdW SchuldR II, Fall 11).

IV. Schlechtleistung und Nebenpflichtverletzung

67. Haftung für Schlechtleistung

Der Kaufmann Runkel hatte am 1. 12. 2002 den Rechtsanwalt Süß beauftragt, gegen einen säumigen Schuldner Klage auf Zahlung von

1. Honoraranspruch des S gegen R aus §§ 611 I, 675 (Anwaltsdienstvertrag)
Bei dem Anwaltsvertrag über eine Prozessführung handelt es sich um einen Dienstvertrag, der eine Geschäftsbesorgung, näm-

€ 4300,– aus Kaufvertrag zu erheben. Zu diesem Zweck hatte er ihm die betreffenden Geschäftsunterlagen ausgehändigt. Aus diesen Unterlagen ersah Süß, dass die Forderung mit Ablauf des Jahres verjährte. Süß vergaß dies aber wieder im Trubel der Geschäfte und reichte erst im neuen Jahr Klage ein. Prompt berief sich der Schuldner im Prozess auf Verjährung, die Klage wurde aus diesem Grunde abgewiesen.

1. Muss Runkel das vereinbarte Anwaltshonorar bezahlen?

2. Kann Runkel die € 4300,– von Süß ersetzt verlangen?

lich die Führung des Prozesses, zum Gegenstand hat. Der Gegenleistungsanspruch kann, da das Dienstvertragsrecht kein Gewährleistungsrecht kennt, nicht kraft Gesetzes wegen mangelhafter Dienstleistung gekürzt werden (*BGH* NJW 2004, 2817). Auch eine Kündigung nach § 626 lag nicht vor. S hat daher Anspruch auf das vereinbarte Honorar. R kann jedoch evtl. mit Gegenansprüchen aufrechnen (§§ 387 ff.).

2. *a) Schadensersatzanspruch des R gegen S aus § 280 I*

Zwischen R und S war ein Anwaltsdienstvertrag zustande gekommen. Die vom Anwalt geschuldete Leistung besteht nun nicht aus einer Summe von Einzelpflichten (Erstellen von Schriftsätzen, Auftreten im Termin usw.), sondern ist als einheitliches Ganzes anzusehen. Denn was im Einzelnen zu tun ist, ist nicht von vornherein bestimmbar, vielmehr der Sachkenntnis des Anwalts überlassen. Man kann daher nicht eine isolierte Pflicht zur rechtzeitigen Klageerhebung annehmen, deren Verletzung als Unmöglichkeit (§§ 280 I, III, 283) oder Verspätung (§§ 280 I, III, 281 bzw. § 280 I, II, 286) zu werten wäre. Vielmehr ist auf die Prozessführung als Ganzes abzustellen. Insoweit liegt weder Unmöglichkeit (S hat den Prozess geführt) noch Verzug (es fehlt jedenfalls an einer verzugbegründenden Mahnung) vor. S hat aber den Prozess schlecht geführt (Schlechtleistung). Denn zur sorgfältigen Prozessführung gehört die Prozessvorbereitung und hier in erster Linie die Prüfung der Verjährungsfrist eines geltend zu machenden Anspruchs (*BGH* NJW 1993, 2045; 1993, 2797; 1994, 2822). S hätte, nachdem er die drohende Verjährung erkannte, noch vor Jahresende Klage einreichen müssen, um damit die Hemmung der Verjährung zu bewirken (§ 204 I Nr. 1). Da er dies schuldhaft unterlassen hat, haftet er dem R unmittelbar aus § 280 I auf Schadensersatz, hier auf Zahlung der € 4300,–. Das Vorliegen weiterer Voraussetzungen nach § 280 II, III ist nicht zu prüfen.

Anmerkung: Rspr. und Lit. aus der Zeit vor dem 1. 1. 2002 stellen insoweit auf die – ungeschriebenen – Regeln der **positiven Forderungsverletzung (pFV)** bzw. **positiven Vertragsverletzung (pVV)** als Anspruchsgrundlage ab. Diese gewohnheitsrechtlich anerkannte Haftung wurde (zurückgehend auf *H. Staub,* Die positiven Vertragsverletzungen, 1904) zur Füllung der Regelungslücke zwischen Unmöglichkeit und Verspätung der Leistung entwickelt, s. erstmals RGZ 66, 289 ff. („Pferdefutterfall") aus dem Jahre 1907. Dieses Rechtsinstitut geht seit dem 1. 1. 2002 im allgemeinen Pflichtverletzungstatbestand des § 280 I auf. Die zum Inhalt der Sorgfaltspflichten bisher entwickelten Grundsätze behalten in diesem Rahmen aber unverändert Gültigkeit.

b) Anspruch aus Delikt
Der Schaden, den R erlitt, ist ein reiner Vermögensschaden. Ein Ersatzanspruch käme daher allenfalls aus § 823 II i. V. m. einem Schutzgesetz oder § 826 in Frage, deren Voraussetzungen jedoch nicht erfüllt sind.

68. Haftung für Schutzpflichtverletzung

Flick hatte den Malermeister Klecks beauftragt, in seinem kurz vor der Vollendung stehenden Einfamilienhaus die Türen zu streichen. Nach

1. Anspruch aus §§ 280 I
Da K die geschuldete Werkleistung als solche mangelfrei erbracht hat, liegt keine Verletzung der Pflicht aus § 633 I zu mangelfreier Leistung vor. Die Pflichten

Abschluss der Arbeit wusch sich der von Klecks mit Aufräumarbeiten betraute, sonst an sich zuverlässige Lehrling Linkisch im Bad die Hände und ging nach Hause. Er hatte aber vergessen, den Wasserhahn zuzudrehen, mit der Folge, dass der Fußboden überschwemmt und dadurch unbrauchbar wurde. Flick ließ den Fußboden erneuern, erhob aber erst nach Ablauf von zwei Jahren gegen Fleck Klage auf Ersatz der ihm entstandenen Kosten. Klecks berief sich im Prozess auf Verjährung. Nützt ihm dies etwas?

des K aus dem Werkvertrag erschöpften sich aber nicht darin, das versprochene Werk ordnungsgemäß herzustellen (Leistungspflicht). Ihn traf aus dem Vertragsverhältnis vielmehr i. S. v. § 241 II die Pflicht zur „Rücksicht auf die Rechte, Rechtsgüter und Interessen" des F. Der Schuldner hat damit nicht nur die geschuldete Leistung zu erbringen, d. h. das **Leistungsinteresse** des Gläubiger zu befriedigen. Aus dem jeweiligen Schuldverhältnis (und nicht aus § 241 II selbst – die Norm hat lediglich Hinweischarakter) ergibt sich vielmehr auch die Pflicht, dessen **Integritätsinteresse** zu achten, d. h. sich so zu verhalten, dass dem Gläubiger bei Durchführung des Vertrages keine Schäden an Eigentum, Gesundheit oder sonstigen Rechtsgütern erwachsen (Schutzpflicht, auch „nicht leistungsbezogene Nebenpflicht"). Diese Pflicht zur Wahrung des **status quo** besteht auch noch nach Erbringung der eigentlichen Leistung (vgl. Palandt/*Grüneberg*, § 241 Rn. 7). – Indem K den L einsetzte, bediente er sich seiner als Erfüllungsgehilfe auch in Bezug auf die Wahrung der Schutzpflichten nach § 241 II. Er muss sich daher dessen Verschulden gem. § 278 I S. 1 wie eigenes Verschulden zurechnen lassen, wenn die schädigende Handlung im inneren Zusammenhang mit der übertragenen Aufgabe steht und nicht nur „bei Gelegenheit" erfolgt (s. dazu Fall 97). Als L vergaß, den Wasserhahn zuzudrehen, verletzte er die dem K obliegende Schutzpflicht. Da der geltend gemachte Schaden weder Schadensersatz statt der Leistung noch Schadensersatz wegen Verzögerung der Leistung darstellt, ist er unmittelbar nach § 280 I zu ersetzen. Das (nach § 280 I S. 2 vermutete)

Vertretenmüssen liegt vor, weil L fahrlässig gehandelt hat (§ 276). Der Anspruch geht auf Ersatz des verursachten Schadens nach Maßgabe der §§ 249 ff. Aus § 249 II ergibt sich, dass K die Reparaturkosten zu erstatten hat. Der Anspruch ist auch noch nicht verjährt, denn für ihn gilt die Regelverjährung nach §§ 195, 199. Die kurze Verjährung des § 634 a I Nr. 1 gilt nicht, weil es sich nicht um einen auf ein mangelhafte Werkleistung zurückzuführenden sog. „Mangelfolgeschaden" handelt, d. h. der Schaden **allein** auf die Verletzung der Pflicht aus § 241 II zurückzuführen ist (s. dazu PdW SchuldR II, Fälle 142, 143).

2. Anspruch aus § 823 I
Ein Anspruch aus § 823 I besteht gegen K nicht, da dieser nicht selbst gehandelt hat.

3. Anspruch aus § 831 I
K haftet aus § 831 I für die von L begangene Eigentumsverletzung. Wenn er den L sorgfältig ausgewählt und überwacht hat, wird ihm jedoch der Entlastungsbeweis (Exkulpation) nach § 831 I S. 2 gelingen (s. dazu PdW SchuldR II, Fall 247). Der Anspruch aus § 831 I S. 2 unterläge ebenfalls der Regelverjährung und wäre daher nicht verjährt.

69. Schutzpflichten bei Durchführung eines nichtigen Vertrages

Könnte im vorigen Fall Flick auch dann Schadensersatz verlangen, wenn sich herausstellt, dass der Werkvertrag aus irgendeinem Grund nichtig war?

Da ein nichtiger Vertrag kein Schuldverhältnis erzeugt, könnte man meinen, dass F in diesem Falle auf den (hier unsicheren) Deliktsanspruch beschränkt wäre. Indessen ergibt sich aus § 311 II, dass Schutzpflichten auch schon im Stadium der Vertragsverhandlungen entstehen (vgl. Fall 74). Sie haben ihre Grundlage nicht in einem Vertrag, sondern in dem durch Anbahnung des Vertrags entstandenen Vertrauensverhältnis als einem gesetzlichen Schuldverhältnis (sog. **culpa in contrahendo**). Dieses Vertrauensverhältnis besteht auch nach Vertragsschluss fort. Umstritten ist lediglich, ob bei **wirksamem** Vertragsschluss dieses Vertrauensverhältnis einmündet in das umfassendere Vertragsverhältnis, die Schutzpflichten also zu **vertraglichen** Pflichten werden (so die h. M., vgl. Palandt/*Grüneberg*, § 241 Rn. 7) oder als selbstständiges gesetzliches Schuldverhältnis neben dem eigentlichen Vertragsverhältnis bestehen bleibt (so die Theorie des „**einheitlichen Schutzverhältnisses**"; vgl. *Canaris*, JZ 1965, 475). Einigkeit besteht darüber, dass bei nichtigem Vertragsschluss die durch seine Anbahnung begründeten Schutzpflichten fortdauern. Ob bei einer Schutzpflichtverletzung in diesem Stadium die Haftung aus den Grundsätzen über §§ 280 I, 311 II, 241 II (so richtigerweise Jauernig/*Stadler*, § 311 Rn. 47) oder über §§ 280 I, 241 II herzuleiten ist, ist kein Sach-, sondern ein Formulierungsproblem. – K haftet daher jedenfalls nach § 280 I wegen der Verletzung von Schutzpflichten aus einem Schuldverhältnis und hat sich wiederum das Verschulden des L nach § 278 zurechnen zu lassen.

70. Rücktrittsrecht bei Nebenpflichtverletzung

Flick beauftragt den Klecks, den Innenanstrich seines Hauses zu erneuern. Für die Malerarbeiten, die Klecks

1. Anspruch des K aus § 631 I
Die Erklärung des F kann als Kündigungs- oder Rücktrittserklärung verstanden werden. Zwar kann F den Werkvertrag gem.

persönlich erbringt, sind mehrere Tage veranschlagt. Am Abend des ersten Tages stößt Klecks beim Absteigen von der Leiter aus Unachtsamkeit einen Farbeimer um und verunreinigt den Parkettboden des Flick. Klecks erklärt sich sofort bereit, den Schaden zu ersetzen. Flick ist aber über den Vorfall so erbost, dass er Klecks erklärt, er lege auf dessen Tätigkeit keinen Wert mehr. Dies sei sein letztes Wort. Klecks male zwar einwandfrei, aber es sei ihm zu riskant, weitere Schäden dieser Art zu riskieren. Klecks ist damit nicht einverstanden und verlangt den vereinbarten Werklohn von € 2000,–.

1. Kann Klecks den vereinbarten Werklohn in voller Höhe verlangen?

2. Wie ist zu entscheiden, wenn Klecks in den Räumen des Flick während der Arbeit geraucht hätte und dies auch trotz mehrmaligen Bittens seitens des Flick mit dem Hinweis, er könne sich sonst nicht konzentrieren, nicht eingestellt hätte?

3. Wie ist zu entscheiden, wenn Klecks noch vor Beginn der Malerarbeiten die Ehefrau des Flick mit Anzüglichkeiten belästigt und beleidigt hätte?

§ 649 jederzeit ohne rechtfertigenden Grund kündigen, jedoch bleibt er in diesem Fall gem. § 649 S. 2 zur Entrichtung der vereinbarten Vergütung abzüglich ersparter Aufwendungen bzw. anderweitiger Verwendung der Arbeitskraft verpflichtet. Nach § 324 besteht jedoch bei der Verletzung von Nebenpflichten i. S. v. § 241 II für den Gläubiger ein (vom Vertretenmüssen unabhängiges) Rücktrittsrecht, wenn diesem das Festhalten am Vertrag nicht mehr **zumutbar** ist (für Dauerschuldverhältnisse s. § 314). Hierbei handelt es sich um eine eng auszulegende Ausnahmevorschrift, d. h. an das Kriterium der Unzumutbarkeit sind **hohe Anforderungen** zu stellen. Maßgeblich ist eine Abwägung der beiderseitigen Interessen, wobei insbesondere der Gegenstand des Vertrags, die für seine Durchführung erforderliche Vertrauensbasis und die Dauer des Vertragsverhältnisses zu berücksichtigen sind. Hier hat K zwar eine Nebenpflicht verletzt, jedoch hat er sich sofort bereiterklärt, den Schaden des F zu ersetzen. Auch waren weitere Schädigungen nicht konkret zu befürchten. Damit war die weitere Leistungserbringung durch K zumindest zu diesem Zeitpunkt (noch) nicht unzumutbar (anders etwa bei wiederholten Schädigungen). F hatte daher kein Rücktrittsrecht aus § 324. K kann gem. § 631 I, 649 S. 2 den vereinbarten Werklohn abzüglich ersparter Aufwendungen verlangen. In Höhe des Schadensersatzanspruches des F wegen der Beschädigung des Parketts (§§ 280 I, 241 II, 249 II) kann F gem. § 387 die Aufrechnung erklären.

2. Anspruch des K aus § 631 I

Das Rauchen in den Räumen des F stellt

Zur Vertiefung: BT-Drs. 14/
6040 S. 141 f.; 14/7052 S. 186;
Medicus/Lorenz I, Rn. 511.

ebenfalls die Verletzung einer sich aus dem Werkvertrag ergebenden Rücksichtnahmepflicht dar, die freilich als solche noch nicht zur Unzumutbarkeit des Festhaltens am Vertrag führt. Da K jedoch das Rauchen auch nach mehrmaliger **Abmahnung** seitens des F nicht eingestellt hat, kann hier Unzumutbarkeit i. S. v. § 324 bejaht werden. F konnte daher gem. § 324 vom Vertrag zurücktreten. Auch für die Frage, ob sich der Rücktritt auch auf bereits erbrachte Teilleistungen erstreckt, kommt es auf das Kriterium der Zumutbarkeit an (Staudinger/*Otto*, § 324 Rn. 73). In der Regel dürfte dies nicht der Fall sein, da es Zweck des § 324 ist, dem Gläubiger die **Fortsetzung** des Schuldverhältnisses zu ersparen. Im Übrigen wird § 323 V S. 1 entsprechend anzuwenden sein (Münch-Komm/*Ernst*, § 324 Rn. 12). Da hier auch kein Interessefortfall vorliegt, ist F zum Rücktritt lediglich in Bezug auf die noch ausstehende Werkleistung berechtigt. K hat gem. § 631 I Anspruch auf Zahlung des anteiligen Werklohns für die erbrachten Leistungen.

3. Anspruch des K aus § 631 I
Das Festhalten am Vertrag kann auch ohne vorherige fruchtlose Abmahnung unzumutbar sein, wenn bereits die einmalige Nebenpflichtverletzung das Vertragsverhältnis nachhaltig und unwiederbringlich zerrüttet. Das ist vorliegend der Fall, da dem F nicht zugemutet werden kann, einen Handwerker in seinem Haus zu beschäftigen, der ein Familienmitglied schwer belästigt und beleidigt hat. F konnte daher gem. § 324 vom Vertrag zurücktreten. K hat somit keinen Anspruch auf Zahlung des Werklohns.

71. Kündigungsrecht bei Dauerschuldverhältnissen

Gastwirt Grassinger hatte mit der Brauerei Bauer einen Vertrag, in welchem er sich verpflichtet, monatlich eine bestimmte Menge Bier abzunehmen. Im Laufe der Geschäftsbeziehung verbreitete die Brauerei nach Meinungsverschiedenheiten mehrfach unwahre geschäftsschädigende Tatsachen über Grassinger und setzte dies auch fort, nachdem Grassinger sich dies verbeten hatte. Dieser möchte die Geschäftsbeziehung daher beenden sowie Schadensersatz für den durch die Rufschädigung erlittenen Verdienstausfall geltend machen. Kann er dies?

1. Beendigung der Geschäftsbeziehung
Der Vertrag zwischen G und B ist ein Rahmenvertrag, der zum Abschluss von einzelnen Kaufverträgen verpflichtet und damit ein **Dauerschuldverhältnis**. Die Verbreitung unwahrer geschäftsschädigender Tatsachen stellt eine Nebenpflichtverletzung aus diesem Vertrag nach § 241 II dar. Bei Dauerschuldverhältnissen wird allerdings das Rücktrittsrecht nach §§ 323, 324 durch das **Recht zur außerordentlichen Kündigung aus wichtigem Grund** nach § 314 ersetzt, sofern sich ein solches nicht bereits aus einer der zahlreichen, hier aber nicht einschlägigen Spezialregelungen ergibt, s. etwa §§ 543, 569 (Miete), § 626 (Dienstvertrag), § 723 (Gesellschaftsvertrag). Ein **wichtiger Grund** liegt nach § 314 I S. 2 vor, „wenn dem kündigenden Teil unter Berücksichtigung aller Umstände des Einzelfalls und unter Abwägung der beiderseitigen Interessen die Fortsetzung des Vertragsverhältnisses bis zur vereinbarten Beendigung oder bis zum Ablauf einer Kündigungsfrist nicht zugemutet werden kann". Besteht dieser Grund – wie hier – in einer Pflichtverletzung, setzt eine Kündigung nach § 314 II jedoch in der Regel die Setzung einer Abhilfefrist bzw. bei Unterlassungspflichten eine erfolglose **Abmahnung** voraus, sofern diese nicht nach §§ 314 II S. 2, 323 II entbehrlich ist. Vertretenmüssen ist wie im Falle des Rücktrittsrechts nicht erforderlich.
Da G die B erfolglos abgemahnt hat, kann er gem. § 314 das Vertragsverhältnis kündigen. Das Kündigungsrecht muss jedoch innerhalb einer angemessenen Frist nach

Kenntnis des Rücktrittsgrunds ausgeübt
werden (§ 314 III).

2. *Schadensersatzanspruch aus §§ 280 I,
241 II, 249, 252*
G hat, sofern B die Vermutung des Vertretenmüssens nach § 280 I S. 2 nicht widerlegen kann, einen Anspruch auf Ersatz
des infolge der Rufschädigung entgangenen
Gewinns. Dieser Anspruch kann – wiederum in Parallele zum Rücktrittsrecht (s.
§ 325) – gem. § 314 IV neben der außerordentlichen Kündigung geltend gemacht
werden.

3. *Schadensersatzanspruch aus §§ 824, 249,
252*
Daneben hat G auch einen deliktischen
Schadensersatzanspruch aus § 824.

72. Schadensersatz statt der Leistung bei Nebenpflichtverletzung

Wie Fall 70, Fallvar. 3. Nachdem Flick gegenüber Klecks
den Rücktritt erklärt hat, beauftragt er den Maler Stock
mit den Malerarbeiten. Dieser verlangt hierfür jedoch
€ 2200,–. Flick verlangt daraufhin von Klecks Ersatz des
Mehrbetrags von € 200,–. Zu
Recht?

*Anspruch aus §§ 280 I, III, 282 i. V. m.
§ 241 II*
Da F Ersatz der Mehrkosten für die Erbringung der ursprünglich von K geschuldeten Leistung verlangt, macht er Schadensersatz statt der Leitung geltend. Im
Falle der Verletzung einer nicht leistungsbezogenen Nebenpflicht setzt dies nach
§ 282 neben einer vom Schuldner zu
vertretenden Verletzung einer Pflicht aus
§ 241 II ebenso wie das Rücktrittsrecht
nach § 324 Unzumutbarkeit der Leistung
durch den Schuldner voraus. Da hier beides
vorliegt, kann F (auch nach Ausübung des
Rücktrittsrechts, s. § 325) Schadensersatz
i. H. v. € 200,– verlangen.

73. Vertrauenshaftung Dritter bei Nebenpflichtverletzungen

Josef Schöps hatte seine Elektrohandlung auf seine Frau Anna übertragen. Das Geschäft lief fortan unter dem Namen seiner Frau, obwohl diese sich nicht um den Geschäftsgang kümmerte und auch keinerlei Branchenkenntnisse aufwies. Vielmehr wickelte Josef Schöps als Geschäftsführer die Geschäfte ab, bestellte insbesondere (im Namen seiner Frau) Waren bei den Großhändlern. Als es mit der Elektrohandlung bergab ging, veräußerte Schöps fünf Farbfernsehgeräte und acht Radios, die vom Großhändler Lips unter Eigentumsvorbehalt geliefert worden waren, weit unter Wert. Den Erlös verbrauchte er für sich, obwohl im Vertrag vorgesehen war, dass die Geräte nur im ordentlichen Geschäftsverkehr veräußert werden durften und der Verkaufserlös in Höhe des Einkaufspreises an Lips abzuliefern war. Lips erhielt vom Treiben des Schöps erst Kenntnis, als über das Vermögen der Anna Schöps das Insolvenzverfahren eröffnet worden war, das aber mangels Masse wieder eingestellt wurde (§ 207 InsO). Lips verlangt daher von Josef Schöps Scha-

1. Anspruch aus § 280 I

Der Verkauf der Geräte weit unter Wert stellte eine Vertragsverletzung dar. Ansprüche hieraus können jedoch grundsätzlich nur gegen die Vertragspartnerin A. S., die für das Verschulden ihres Mannes gem. § 278 einzustehen hat, geltend gemacht werden.

2. Anspruch aus § 280 I, 311 III, 241 II (vertragsähnliche) Vertrauenshaftung

Gem. § 311 III kann ein Schuldverhältnis mit Pflichten nach § 241 II auch mit einem Dritten, der nicht Vertragspartei werden soll, entstehen. Danach soll insbesondere ein Vertreter bzw. Verhandlungsgehilfe unter bestimmten Voraussetzungen für vorvertragliche Pflichtverletzungen persönlich neben dem (potentiellen) Vertragspartner haften, wenn er „in besonderem Maße Vertrauen für sich in Anspruch nimmt" (s. dazu Fall 82). Die Haftung ist aber nicht auf vorvertragliche Pflichtverletzungen beschränkt, d. h. unter den Voraussetzungen des § 311 III kann eine Haftung auch dann zu bejahen sein, wenn die Pflichtverletzung erst **nach Vertragsschluss** erfolgt, sofern sich das in Anspruch genommene besondere Vertrauen gerade auf die **Erfüllung** des Vertrages bezieht. Darüber besteht im Grundsatz heute Einigkeit, strittig sind jedoch Einzelheiten (vgl. BGHZ 70, 337, 344 f.; NJW-RR 1990, 459, 461; *OLG Dresden* NJW-RR 2000, 207; Palandt/*Grüneberg*, § 280 Rn. 33; MünchKomm/*Ernst*, § 280 Rn. 107). Zu berücksichtigen ist jedoch, dass das Vertrauen auf die ordnungsmäßige Vertrags**durchführung** im Allgemeinen nur dem

densersatz wegen Veruntreuung der Geräte. Zu Recht?

Vertragspartner entgegengebracht wird, weil nur dieser sich dazu verpflichtet hat. Eine allzu großzügige Anerkennung einer (vertragsähnlichen) Vertrauenshaftung des Dritten würde zu einer Verwischung der Grenze zwischen deliktischer und vertraglicher Haftung führen. Im Wesentlichen dürfte eine Haftung des Dritten nur in Betracht kommen, soweit der Dritte eine **Sachwalterstellung** einnimmt und **Informationspflichten** verletzt (z. B. falsche Auskünfte erteilt, auf die der Vertragsgegner vertraut). Das bloße wirtschaftliche Eigeninteresse an der Vertragsdurchführung ist hingegen nicht ausreichend. Da hier J. S. zwar möglicherweise eine Sachwalterstellung einnahm, aber keine Informationspflicht verletzte, ist eine Vertrauenshaftung abzulehnen.

3. Deliktsanspruch
Die unberechtigte Veräußerung begründet freilich einen deliktischen Schadensersatzanspruch aus § 823 I wegen Eigentumsverletzung.

V. Culpa in contrahendo

74. Rechtsgrund und Inhalt des Rechtsinstituts der „culpa in contrahendo"

Auf welchem Rechtsgrund beruht und welchen Inhalt hat das Rechtsinstitut der „culpa in contrahendo"?

Zur Vertiefung: Medicus/Lorenz I, Rn. 103 ff..; *Schwab,* JuS 2002, 773 ff., 872 ff.

Das Rechtsinstitut der „**culpa in contrahendo**" (Verschulden bei Vertragsverhandlungen – c. i. c.) war im BGB bis zum 1. 1. 2002 nicht ausdrücklich geregelt, aber seit langem gewohnheitsrechtlich anerkannt. Heute ist es in § 311 II i. V. m. § 241 II gesetzlich verankert. Es besagt, dass mit der Aufnahme von **rechtsgeschäftlichem** (und nicht lediglich **sozia-**

lem) Kontakt ein gesetzliches Schuldverhältnis entsteht, das vom tatsächlichen Zustandekommen eines Vertrages und seiner Wirksamkeit weitgehend unabhängig ist. Dieses Schuldverhältnis hat zwar keine primären Leistungspflichten, wohl aber Schutzpflichten i. S. v. § 241 II zum Gegenstand. Den inneren Grund für die Auferlegung solcher Pflichten erblickt man in der Pflicht, das in **Anspruch genommene Vertrauen** des Gegners nicht zu enttäuschen (vgl. BGHZ 60, 221, 226; *BGH* NJW 1981, 1036). Dadurch soll auch klargestellt werden, dass schon im Stadium der „Anbahnung" das Vermögen in die Schutzwirkung der Einwirkungs- und Anvertrauenshaftung einbezogen wird und diese somit nicht etwa auf die Rechte und Rechtsgüter des § 823 Abs. 1 beschränkt ist. Die Verhaltenspflichten lassen sich in zwei Gruppen einteilen:

(1) Dem Schutze des **Erhaltungs-(Integritäts-)interesses,** also dem Interesse, vor Schäden an Gesundheit und Eigentum bewahrt zu bleiben, dienen die sog. **Schutzpflichten** (z. B. Bewahrungs-, Obhutspflichten).

(2) Dem Schutze sonstiger Interessen, insbesondere (aber nicht nur) der **Vermögensinteressen,** die in Zusammenhang mit dem angestrebten Vertragsschluss stehen, dienen die sog. **Vertrauenspflichten** (z. B. Aufklärungs,- Rücksichtspflichten).

Intensität und Inhalt der Pflichten bestimmen sich danach, was im einzelnen Fall nach Treu und Glauben (§ 242) zumutbar ist. Bei Verletzung dieser Pflichten tritt, sofern (nach § 280 I S. 2 vermutetes) Vertretenmüssen vorliegt, eine Schadensersatzhaftung wegen Pflichtverletzung nach

§ 280 I ein. Weitere Voraussetzungen i. S. v. § 280 II, III kommen in diesem Zusammenhang nie in Betracht, weil es nie um die Verletzung von Leistungspflichten geht, Schadensersatz „statt der Leistung" oder „wegen Verzögerung der Leistung" also gar nicht in Betracht kommen kann. Da ein Schuldverhältnis besteht, wird im Unterschied zur Deliktshaftung (§§ 823 ff.) für Hilfspersonen ohne Exkulpationsmöglichkeit (§ 278 im Gegensatz zu § 831) und auch für nur fahrlässig verursachte Vermögensschäden gehaftet.

75. Entstehen des „Schuldverhältnisses aus Vertragsverhandlungen"

A hatte kaum das Kaufhaus B, in dem er sich nach geeigneten Weihnachtsgeschenken umschauen wollte, betreten, als er von dem hastig vorbeieilenden Verkäufer V gestoßen wurde. Er verlor das Gleichgewicht, stürzte unglücklicherweise in eine Bodenlampe und verletzte sich an Glassplittern.
1. Haftet der Geschäftsinhaber B für das Versehen des V, auch wenn er nachweisen kann, dass er bei Einstellung und Überwachung des V die nötige Sorgfalt hatte walten lassen?
2. Wie wäre der Fall zu entscheiden, wenn nicht A, sondern sein ihn begleitender elfjähriger Sohn S vom Ver-

1. Ausgangsfall
a) Anspruch aus §§ 280 I, 311 II, 241 II (c. i. c.)
B hat für das Verschulden des V gem. § 278 ohne Exkulpationsmöglichkeit einzustehen, wenn zwischen A und B bereits vor dem Sturz ein Schuldverhältnis zustande gekommen war und V als Erfüllungsgehilfe des B eine Pflicht aus diesem verletzt hat.
Nach § 311 II entsteht ein vorvertragliches Schuldverhältnis nach § 241 II nicht erst durch die – hier noch nicht vorliegenden – konkreten Vertragsverhandlungen (§ 311 II Nr. 1), sondern bereits durch jede andere Art der Vertragsanbahnung, bei welcher „der eine Teil ... dem anderen Teil die Möglichkeit zur Einwirkung auf seine ... Rechtsgüter gewährt". Genau dies war hier der Fall, weil A das von B zu diesem Zweck geöffnete Kaufhaus als zumindest potentieller Käufer betreten hatte und sich damit der Einwirkung des B ausgesetzt hat. Damit

käufer V umgestoßen worden wäre?

3. Wie wäre der Ausgangsfall zu beurteilen, wenn A das Geschäft nur betreten hätte, um sich wegen der kalten Witterung beim Warten auf seinen Bus aufzuwärmen?

bestand ein vorvertragliches Schuldverhältnis mit Schutzpflichten i. S. v. § 241 II. Da B in seinem Geschäftsbetrieb Hilfspersonen einsetzte, muss er sich deren Sorgfaltsverstöße gem. § 278 wie eigene zurechnen lassen. B haftet daher aus §§ 280 I, 311 II Nr. 2, 241 II i. V. mit § 278 ohne Exkulpationsmöglichkeit auf Schadensersatz.

b) Anspruch aus § 831 I S. 1

Die Haftung des B aus § 831 I S. 1 für den von V angerichteten Schaden entfällt, da B sich exkulpieren kann (§ 831 I S. 2).

2. Fallvariante

Zwar bestand kein rechtsgeschäftlicher Kontakt zwischen B und S. Nach § 311 III S. 1 können jedoch in der Vertragsanbahnung auch Schutzpflichten gegenüber Personen entstehen, die nicht selbst Vertragspartei werden sollen. Ebenso wie ein Vertrag „**Schutzwirkung für Dritte**" dergestalt entfalten kann, dass die vertraglichen Schutzpflichten nicht nur gegenüber dem Vertragspartner, sondern auch gegenüber Dritten bestehen (vgl. Fall 89), kann auch das gesetzliche Schuldverhältnis aus Vertragsverhandlungen solche Drittwirkungen haben (grundlegend BGHZ 66, 51 im sog. „Gemüseblatt-Fall"). Dritte sind dann in den Schutzbereich des Schuldverhältnisses einzubeziehen, wenn sie sich mit dem Verhandlungspartner oder an dessen Stelle in den Einflussbereich des anderen begeben und der Verhandlungspartner auf ihre Sicherheit für den anderen erkennbar wie auf seine eigene vertraut. Diese Voraussetzungen sind hier erfüllt, S hat daher einen Schadensersatzanspruch gegen B aus §§ 280 I, 311 II Nr. 2, III S. 1, 241 II, 278. (Wenn man – unnötigerweise – angesichts des Regelbeispiels in § 311 III S. 2 in

§ 311 III S. 1 nur Fälle der **Haftung**, nicht aber des **Schutzes** Dritter geregelt sieht, kann die Haftung gegenüber Dritten, die der Gesetzgeber des Schuldrechtsmodernisierungsgesetzes keineswegs abschaffen wollte, auf § 311 II Nr. 3 gestützt werden, s. *Canaris*, JZ 2001, 499, 529.)

Ein Anspruch aus § 831 I S. 1 scheitert wie im Ausgangsfall an der der Exkulpationsmöglichkeit des B.

3. Fallvariante

Wenn A das Kaufhaus nur aufsucht, um sich vor der Witterung zu schützen, liegt weder eine Vertragsanbahnung noch ein „geschäftlicher Kontakt" i. S. v. § 311 II Nr. 3, sondern ein für eine Sonderverbindung nicht ausreichender bloßer „sozialer" Kontakt vor (s. *Canaris*, JZ 2001, 499, 520). Eine Haftung des B aus §§ 311 II, 241 II kommt daher nicht in Betracht. Eine Haftung des B aus § 831 I S. 1 für den von V angerichteten Schaden scheitert wie im Ausgangsfall an der Exkulpationsmöglichkeit des B (§ 831 I S. 2).

76. Haftung für nicht erwartungsgerechte Verträge

Zahnarzt Zech hatte vom Bauträger Baal eine Eigentumswohnung gekauft. Er hatte dabei auf die Angaben des Baal vertraut, dass er die Kaufpreisraten vollständig aus den Mieteinnahmen und der Steuerersparnis finanzieren könne, so dass er kein eigenes Kapital aufbringen müsse. Hinterher stellt sich heraus, dass die Angaben un-

1. Anfechtung nach § 123 I?
Eine Anfechtung des Kaufvertrages nach § 123 I scheidet aus, da B den Z zwar durch unwahre Angaben zum Vertragsschluss veranlasst hatte, ihm aber kein Vorsatz und damit keine Arglist zur Last fällt (a. A. *Grigoleit*, NJW 1999, 900: § 123 I analog bei fahrlässiger Irreführung).
2. Anfechtung nach § 119 II?
Eine Anfechtung des Kaufvertrages nach § 119 II scheidet ebenfalls aus, da sich der Irrtum des Z nicht auf eine Eigenschaft der

richtig waren und Zech monatlich € 500,– zuzahlen muss. Baal hätte bei sorgfältiger Prüfung erkennen können, dass seine Angaben unzutreffend waren. Zech möchte vom Kaufvertrag loskommen, da er ihn unter diesen Umständen nicht geschlossen hätte. Besteht dafür eine Möglichkeit?

Kaufsache, sondern nur auf die Finanzierung des Kaufvertrages bezog, somit ein bloßer Motivirrtum vorlag.

3. Anspruch aus §§ 280 I, 311 II Nr. 1, 241 II (c. i. c.) auf Rückgängigmachung des Vertrages

a) Schuldverhältnis

Haben die Parteien Vertragsverhandlungen aufgenommen, treffen sie bestimmte Sorgfalts- und Aufklärungspflichten. Insbesondere besteht eine **Wahrheitspflicht:** Macht ein Verhandlungspartner bestimmte positive Angaben, müssen diese unabhängig von der Frage einer diesbezüglichen Pflicht zur (ungefragten) Aufklärung zutreffend sein.

b) Pflichtverletzung

Gibt der Verkäufer dem Käufer unrichtige Informationen zu Punkten, die für seinen Kaufentschluss von Bedeutung sind, so verletzt er seine Wahrheitspflicht. Das war hier der Fall, da die Art der Kaufpreisfinanzierung für Z von maßgeblicher Bedeutung war. Voraussetzung ist weiter die Kausalität der Pflichtverletzung, d. h. dass Z den Vertrag bei zutreffender Darstellung der Finanzierung nicht bzw. nicht zu diesen Konditionen geschlossen hätte. Insofern gilt nach der Rspr. aber eine **Vermutung aufklärungsrichtigen Verhaltens** (s. zuletzt *BGH* NJW 2007, 3057 Tz. 39 m. w. N.; eingehend *Canaris*, FS Hadding, 2004, S. 3 ff.). Dem B fällt auch Fahrlässigkeit zur Last, da er die Unrichtigkeit seiner Angaben hätte erkennen können. B haftet dem Z somit aus §§ 280 I, 311 II Nr. 1, 241 II auf Schadensersatz.

c) Rechtsfolgen

Die schuldhafte Verletzung von Pflichten aus dem Schuldverhältnis aus Vertragsverhandlungen löst einen Schadensersatzanspruch des Gegners aus. Nach § 249 I kann dieser verlangen, so gestellt zu werden, wie er ohne das schädigende Ereignis, hier also die Pflichtverletzung, stünde. Hätte B den Z richtig informiert, so hätte dieser den Vertrag nicht geschlossen. Daraus würde folgen, dass Z nach § 249 I die Befreiung von der Vertragsbindung, also Rückgängigmachung des Vertrages, verlangen kann.

aa) Gegen dieses Ergebnis wird allerdings eingewandt, dass es die Vorschriften der §§ 123, 124 aushöhle (vgl. MünchKomm/ *Kramer*, § 123 Rn. 35a m. w. N.). Denn über die Haftung aus c. i. c. könnte der Gegner praktisch das Ergebnis einer Anfechtung erreichen, ohne dass eine vorsätzliche Täuschung vorliegen und ohne dass die Anfechtungsfrist eingehalten werden müsste. Folgt man dieser Ansicht, so bliebe Z an den Vertrag gebunden.

bb) Die Rspr. (*BGH* NJW 1998, 302; 1999, 2032, 2034) bleibt allerdings dabei, dass über die c. i. c. auch Rückgängigmachung des Vertrages (und alternativ Herabsetzung der Gegenleistung) verlangt werden könne. Arglistanfechtung und c. i. c. seien Rechtsinstitute mit unterschiedlichen Funktionen (Schutz der rechtsgeschäftlichen Entscheidungsfreiheit einerseits; Schutz vor Schäden andererseits). Voraussetzung für den Anspruch auf Rückgängigmachung des Vertrages sei allerdings, dass der Gegner infolge des Vertragsschlusses einen **Vermögensschaden** erlitten habe. Die Eingehung eines Vertrages begründe nicht automatisch einen Vermögensschaden. Ein solcher liege nur vor, wenn der Vertragsschluss entweder **wirtschaftlich nachteilig** oder **unvernünftig** sei. Die wirtschaftliche Nachteiligkeit beurteile sich anhand einer Gegenüberstel-

lung der Vor- und Nachteile aus dem
Vertrag; die Unvernünftigkeit danach, ob
die vertragliche Leistung für die andere
Partei bei objektiver Würdigung nicht voll
brauchbar sei. – Hier ist ein Vermögensschaden des Z zu bejahen, weil die Vertragsleistung für seine Zwecke nicht voll
brauchbar ist und seine Vermögensdisposi-
tionen durchkreuzt werden, der Vertragsschluss somit für ihn objektiv unvernünftig
ist. Folgt man der Rspr., ist also eine Lösung
vom Vertrag möglich. Da es sich um einen
Schadensersatzanspruch handelt, ist zwar
der Einwand des Mitverschuldens (§ 254)
denkbar. Dafür gibt es jedoch hier keine
Anhaltspunkte.

cc) Eine im Vordringen befindliche Litera-
turansicht lässt – mit im Einzelnen variie-
renden Begründungsansätzen – die schadensersatzrechtliche Vertragsaufhebung
aus c. i. c. unabhängig vom Kriterium eines
Vermögensschadens zu, weil die vorvertraglichen Pflichten aus § 311 II, 241 II nicht
nur das Vermögen des anderen Teils, sondern dessen „Interessen" zum Gegenstand
haben. Dazu gehört auch die rechtsgeschäftliche Entscheidungsfreiheit (s. S. Lorenz, ZIP 1998, 1053; Canaris, JZ 2001, 499,
519; Schwab, JuS 2002, 773, 774 m. w. N.).
Weiter setzt § 249 I für den Schadensersatz
im Wege der Naturalrestitution gerade
keinen Vermögensschaden voraus (Medicus, Anm. zu BGH LM § 249 (A) Nr. 113).
Nach dieser zutr. Ansicht kann Z Rückgängigmachung des Vertrages verlangen,
ohne dass es der Herleitung eines Vermögensschadens bedürfte. Er kann diesen
Anspruch auch als Einwendung dem B
entgegensetzen, wenn dieser Vertragserfüllung verlangen sollte.

77. Kaufpreisreduktion durch culpa in contrahendo

Wie Fall 76. Zech hätte, wenn die Angaben des Baal zutreffend gewesen wäre, für die Eigentumswohnung einen um € 10 000,– geringeren Kaufpreis bezahlt. Kann er anstelle der Vertragsauflösung von Baal auch Rückzahlung von € 10 000,– verlangen, selbst wenn Baal nicht bereit gewesen wäre, zu diesem niedrigeren Preis zu verkaufen?

1. Anspruch aus §§ 437 Nr. 2, 441 I, IV, 346 I

Eine Rückzahlungsanspruch auf Grund einer Minderung des Kaufpreises kommt nicht in Betracht, weil die Eigentumswohnung keinen Sach- oder Rechtsmangel (§§ 434, 435) aufweist.

2. Anspruch aus §§ 280 I, 311 II Nr. 1, 241 II (c. i. c.)
a) Haftungsbegründung
S. Fall 76.
b) Rechtsfolgen
Nach der Rspr. des *BGH* kann im Falle einer vorvertraglichen Wahrheits- oder Aufklärungspflichtverletzung der Geschädigte im Wege der Schadensersatzes nicht nur Vertragsauflösung, sondern auch im Wege des Schadensersatzes das „zu viel Gezahlte" zurückverlangen, wenn er sich ohne die Pflichtverletzung auf einen Vertragsschluss nur zu einem geringeren Preis eingelassen hätte. Dabei erklärt die Rspr. es ausdrücklich für unbeachtlich, ob sich der andere Teil (hier: B) seinerseits auf einen solchen Vertragsschluss eingelassen hätte (s. *BGH* NJW 2001, 2875 m. w. N.; *BGH* NJW 2007, 1447; krit. *S. Lorenz*, NJW 1999, 1001; s. auch *Canaris*, AcP 200 [2000], 273, 315, der dies mit einer Analogie zu § 251 I rechtfertigt). Folgt man dem, kann Z Zahlung von € 10 000,– verlangen.

78. Haftung bei verschuldeter Formnichtigkeit eines Vertrages

Die Bauunion-GmbH hatte Grundstücke erworben und parzelliert, um darauf Reihenhäuser zu errichten. Zur

1. Anspruch aus Vorvertrag
A kann Abschluss des Kaufvertrages auf Grund des Vorvertrages nur verlangen, wenn dieser wirksam war. Da der Vorver-

Finanzierung der Vorhaben schloss sie mit Kaufinteressenten privatschriftliche „Kaufvorverträge" ab, in denen sich diese zu Vorabzahlung des Kaufpreises in Raten, die GmbH zum „notariellen Verkauf der Häuser zum garantierten Festpreis von € 200 000,– nach Fertigstellung" verpflichteten. Unter Berufung auf unvorhergesehene Kostensteigerungen forderte die GmbH von den Interessenten nach Fertigstellung erhebliche „Kaufpreisnachzahlungen". Der Kaufinteressent A weigerte sich und bestand auf Abschluss des notariellen Kaufvertrages. Die GmbH berief sich auf die Unwirksamkeit ihrer Verpflichtungen aus dem Vorvertrag wegen Formnichtigkeit und erklärte sich lediglich dazu bereit, den Kaufpreis zurückzuzahlen. Welche Ansprüche hat A gegen die GmbH?

trag der Form des § 311 b I bedurft hätte, ist er gem. § 125 nichtig. – Es liegt auch kein Fall vor, in dem eine Einschränkung des § 125 durch § 242 geboten ist. Denn hierzu reicht nicht jede Unbilligkeit infolge der Formnichtigkeit aus, sondern es müssen ganz gravierende Umstände vorliegen. So fordert die Rspr. (s. etwa *BGH* NJW 2002, 1050), dass die Nichtigkeit „zu schlechthin untragbaren Ergebnissen" führen würde (näher zum Problem: *Köhler*, AT, § 12 Rn. 16 ff.; PdW BGB AT, Fall 74).

2. Anspruch aus §§ 280 I, 311 II Nr. 1, 241 II (c. i. c.)

Der GmbH hätte zumindest bekannt sein müssen, dass der Vorvertrag formbedürftig war. Angesichts des Vertrauens der Interessenten auf die Wirksamkeit eines formlosen Vorvertrages hätte sie diese während der Vertragsverhandlungen auf die Notwendigkeit einer notariellen Beurkundung hinweisen müssen. Im schuldhaften Unterlassen dieser Aufklärung liegt eine vorvertragliche Schutzpflichtverletzung, die zum Schadensersatz verpflichtet. Gem. § 249 I hat dies zur Folge, dass die GmbH die Interessenten so stellen muss, wie sie ohne die Pflichtverletzung stünden (vgl. *BGH* NJW 1981, 1673, 2051). Wäre die GmbH ihrer Aufklärungspflicht nachgekommen, so ist anzunehmen, dass die Interessenten auf der notariellen Beurkundung bestanden hätten und die GmbH ihnen dies gewährt hätte, also ein wirksamer Vorvertrag zustande gekommen wäre (aber Tatfrage!).

a) An sich hätte A daher einen Anspruch aus auf Abschluss eines notariellen Kaufvertrages (so *Reinicke*, Rechtsfolgen formwidrig abgeschlossener Verträge, 1969, S. 129).

b) Die h. M. lehnt jedoch einen Anspruch auf Naturalherstellung ab, weil dies Vertragserfüllung (des Vorvertrags) und nicht Schadensersatz bedeutete und auf diesem Wege die zwingende Vorschrift des § 311 b I ausgeschaltet würde (BGHZ 116, 251, 258; *Gottwald*, JuS 1982, 880). Statt dessen gewährt sie dem Betroffenen einen Anspruch auf *Geldentschädigung* in Höhe des Preises eines gleichwertigen Grundstücks (*BGH* NJW 1965, 813). (Dieser Betrag kann bei zwischenzeitlichen Preissteigerungen über dem vereinbarten Kaufpreis liegen.)

c) Gegen beide Auffassungen wird zutreffend eingewandt, dass dadurch die Formvorschrift des § 311 b I ausgehöhlt wird (*Larenz* I, § 9 I a 3; *Medicus/Petersen*, BürgR, Rn. 185). A hat daher nur einen Anspruch auf Ersatz des Vertrauensschadens (*Larenz* und *Medicus/Petersen*, a. a. O.; so wohl auch BGHZ 92, 164, 17 f.).

79. Haftung bei Verweigerung des Vertragsschlusses

In der Gemeinde Aiterbach beschloss der Gemeinderat die Einführung der Müllabfuhr. Da die Gemeinde diese Aufgabe nicht selbst durchführen wollte, trat man in Verhandlungen mit dem Fuhrunternehmer Blacha. Nach Klärung aller wesentlichen Punkte erklärte der Bürgermeister, dem Vertragsschluss werde nichts mehr im Wege stehen, wenn sich Blacha ein geeignetes Müllfahr-

1. a) Anspruch §§ 280 I, 311 II Nr. 1, 241 II (c. i. c.)

Mit der Aufnahme der Vertragsverhandlungen kam gem. § 311 II Nr. 1 zwischen der Gemeinde A und B ein (gesetzliches) Schuldverhältnis mit Pflichten nach § 241 II zustande. Daraus ergab sich zwar unter keinen Umständen die Pflicht zum Vertragsschluss, denn im Rahmen der (negativen) **Vertragsfreiheit** hat jeder Vertragspartner bis zum Vertragsabschluss das Recht, von dem in Aussicht genommenen Vertragsabschluss Abstand zu nehmen. Aufwand, der in Erwartung des Vertrags-

zeug beschafft habe. Im Vertrauen auf das Zustandekommen des Vertrages bestellte Blacha einen Müllwagen. Kurz darauf musste er vom Bürgermeister erfahren, der Gemeinderat habe seinen früheren Beschluss wieder umgestoßen, ein Vertragsschluss komme daher nicht mehr in Betracht. Blacha musste dem Autohändler, bei dem er den Müllwagen bestellt hatte, € 4000,– entgangenen Gewinn bezahlen, um von der Abnahme- und Zahlungspflicht loszukommen.
1. Kann er diesen Betrag von der Gemeinde ersetzt verlangen?
2. Wie ist zu entscheiden, wenn der Bürgermeister, als er Blacha sagte, dem Vertragsschluss stehe nichts mehr im Wege, bereits wusste, dass sich im Gemeinderat ein Meinungswandel anbahnte?

Zur Vertiefung: *Canaris,* FS 50 Jahre BGH, 2000, S. 129, 180 ff.; *Wertenbruch,* ZIP 2004, 1525 ff.

abschlusses gemacht wird, erfolgt daher grundsätzlich auf eigene Gefahr (*BGH* NJW 1996, 1885). Die Pflicht, bei den Vertragsverhandlungen zumutbare Rücksicht auf die berechtigten Belange des Verhandlungsgegners zu nehmen, beinhaltet aber, bei diesem nicht den Eindruck zu erwecken oder aufrechtzuerhalten, der Vertrag komme mit Sicherheit zustande (und ihn dadurch zu Aufwendungen zu veranlassen), wenn dessen Zustandekommen tatsächlich fraglich ist. Pflichtwidrig ist auch, den anderen zu Aufwendungen im Hinblick auf einen möglichen Vertragsschluss zu veranlassen, wenn der Vertragsentschluss tatsächlich bereits aufgegeben ist (Vorspiegeln von Verhandlungsbereitschaft). All dies war hier aber nicht der Fall. Im „grundlosen" Abbruch von Vertragsverhandlungen selbst kann dagegen angesichts der Vertragsabschlussfreiheit gerade keine Pflichtverletzung gesehen werden (*Canaris,* FS 50 Jahre BGH, S. 181; *Schwab,* JuS 2002, 776). B hat daher **keinen** Schadensersatzanspruch aus §§ 280 I, 311 II, 241 II.

Die **Rspr.** sieht hingegen im grundlosen Abbruch von Vertragsverhandlungen selbst eine Pflichtverletzung, wenn der Vertragsschluss vorher als sicher dargestellt und der Verhandlungspartner dadurch zu vorvertraglichen Investitionen veranlasst wurde (BGHZ 76, 343, 349; nur unter engen Voraussetzungen, wenn der angebahnte Vertrag einer gesetzlichen Form bedarf, s. *BGH* NJW 1996, 1884). Sie kommt damit zu einem Schadensersatzanspruch aus **c. i. c.** auch dann, wenn das berechtigte Vertrauen des anderen Teils nicht schuldhaft herbeigeführt wurde (*BGH* NJW-RR 1989, 627). Sie gewährt aber (was eigentlich inkonsequent ist, wenn man in der Verweigerung des Vertragsschlusses eine Pflichtverletzung sieht) nur einen Anspruch auf Ersatz des **negativen Interesses.** Folgt man dieser Auffassung, kann B Schadensersatz i. H. v. € 4000,– verlangen.

b) Anspruch aus Vertrauenshaftung
Wurde der Vertragsschluss wie hier als sicher in Aussicht gestellt, ohne dass darin eine Pflichtverletzung lag, tritt eine starke Mm. im Falle eines späteren grundlosen Abbruchs der Vertragsverhandlungen mit unterschiedlichen Begründungsansätzen (s. dazu *Schwab*, JuS 2002, 777) für eine **verschuldensunabhängige Vertrauenshaftung** ein. Diese wird teilweise auf analoge Anwendung von § 122 gestützt (*BGH* LM § 276 (Fa) BGB Nr. 28), andere ziehen den Rechtsgedanken der §§ 1298 f. heran und stützen sich im Übrigen auf richterliche Rechtsfortbildung im Rahmen von § 242 (*Canaris*, FS 50 Jahre BGH, 2000, S. 181 f. m. w. N.). Dem Gegenargument, dass, wer sich einen künftigen Vertragsabschluss sichern will, sich durch ein bindendes Angebot oder einen Vorvertrag sichern kann und nicht auf den Vertragsschluss vertrauen darf, wenn er dies unterlässt (*Medicus/Lorenz* I, Rn. 106 f.) wird zutr. entgegengehalten, dass durch das Inaussichtstellen des Vertragsschlusses dieser keine Veranlassung hat, darauf hinzuwirken. Folgt man dieser Ansicht, kann B Schadensersatz i. H. v. € 4000,– aus Vertrauenshaftung verlangen.

2. Fallalternative
Anspruch §§ 280 I, 311 II Nr. 1, 241 II (c. i. c.)
Da zum Zeitpunkt des Inaussichtstellen des Vertragsschlusses dieser objektiv fraglich

war und B dies zumindest hätte erkennen können, liegt – anders als im Ausgangsfall – eine schuldhafte vorvertragliche Pflichtverletzung vor. Da die Pflichtverletzung nicht in der Verweigerung des Vertragsschlusses, sondern in der Erweckung des Vertrauens, ein solcher werde zustande kommen, liegt, ist B nach § 249 I nicht etwa so zustellen wie er stünde, wenn der Vertrags zustande gekommen wäre (**positives Interesse**). Ein entgangener Gewinn aus dem nicht zustande gekommenen Vertrag wäre also keineswegs ersetzbar. B ist vielmehr so zu stellen, wie er stünde, wenn er nicht auf das Zustandekommen des Vertrages vertraut hätte (sog. **negatives Interesse**). Da er dann nicht das Müllfahrzeug bestellt hätte, ist der hieraus resultierende Schaden i. H. v. € 4000,– zu ersetzen.

80. Haftungsmaßstab bei der culpa in contrahendo

Aigner besaß ein altes Motorrad, das zwar noch zugelassen war, das er aber nicht mehr benützte. Da sein Enkel Erpel, der soeben den Führerschein erworben hatte, sich dafür interessierte, bot Aigner ihm an, es auszuprobieren. Falls er daran Gefallen finde, werde er es ihm schenken. Schon bei der ersten Ampel fuhr Erpel auf ein Auto auf, da die Bremsen nicht funktionierten. Aigner hatte dies zwar gewusst, aber vergessen, den Erpel darauf hinzuweisen. Erpel zog sich bei dem Unfall erhebliche

1. Anspruch aus §§ 280 I, 311 II Nr. 1, 241 II (c. i. c.)

A und E waren in Vertrags-, nämlich in Schenkungsverhandlungen eingetreten. Den A traf daher die Pflicht, den E vor vermeidbaren Schädigungen zu bewahren. Diese Pflicht verletzte er schuldhaft, indem er es unterließ, den E über den Zustand des Motorrads aufzuklären. An sich hätte er daher für den Schaden voll aufzukommen. – Jedoch ist zu bedenken, dass der Schenker gem. § 524 I dem Beschenkten auf Ersatz der Schäden, die aus einem Fehler der Sache entstehen, nur bei Arglist haftet. Hätte A das Motorrad dem E bereits geschenkt, so würde er, da er den Fehler nur fahrlässig verschwieg, nicht haften (s. PdW SchuldR II, Fall 106). Es stellt sich daher die Frage,

Verletzungen zu. Haftet Aigner für den Schaden?

ob vertragliche Haftungserleichterungen nicht auch für das vorgelagerte „Schuldverhältnis aus Vertragsverhandlungen" gelten sollen. Die h. M. (vgl. BGHZ 93, 23; Palandt/*Grüneberg*, § 276 Rn. 70) bejaht dies, sofern die verletzte Schutzpflicht im Zusammenhang mit der Schenkung steht. *Gerhardt* (JuS 1970, 579, 602) wendet dagegen ein, dass das Haftungsprivileg des Schenkers erst dann gerechtfertigt sei, wenn er sich vertraglich gebunden habe. Dem steht entgegen, dass § 524 das Verschweigen eines Fehlers der verschenkten Sache, im Grunde also einen Fall der c. i. c., regelt. Die ratio des § 524 (Privilegierung der uneigennützigen Absicht) trifft auch dann zu, wenn die Sache bereits im Verlaufe der Schenkungsverhandlungen übergeben wird, sofern nur dem Empfänger die uneigennützige Absicht des Gebers bekannt ist. § 524 I muss daher entsprechend gelten, wenn (noch) kein Schenkungsvertrag zustande gekommen ist. – Da dem A lediglich Fahrlässigkeit zur Last fällt, haftet er nicht.

2. *Anspruch aus § 823 I bzw. § 823 II i. V. m. § 229 StGB*
Die Haftungsprivilegierung gilt auch für einen etwaigen konkurrierenden Deliktsanspruch (vgl. BGHZ 93, 23, 27 sowie PdW SchuldR II, Fall 106).

81. Culpa in contrahendo und Minderjährigenschutz

Der 17-jährige Paul Moll bestellte auf der Internetseite eines Elektronik-Versandhauses einen Computer mit Zubehör zum Preis von € 1300,–. Auf der Eingabe-

1. Anspruch aus §§ 823 ff.
Da das Versandhaus nur einen Vermögensschaden erlitten hat, kommen als Anspruchsgrundlagen allenfalls § 823 II und § 826 in Betracht. Ein verletztes Schutzgesetz ist jedoch nicht ersichtlich, § 263 StGB

maske hatte er in der Spalte „Alter des Bestellers" sein Alter mit 22 Jahren angegeben. Seine Eltern wussten von der Bestellung nichts, er hoffte aber, dass diese nachträglich ihre Zustimmung erteilen würden. Als der Computer eintraf, verweigerten die Eltern jedoch Annahme und Bezahlung. Kann das Versandhaus von Paul Moll wenigstens die vergeblich aufgewandten Postgebühren in Höhe von € 25,– ersetzt verlangen?

scheidet schon mangels Bereicherungsabsicht des P. M. aus. Was § 826 angeht, so fehlt es am Vorsatz der Schädigung, da P. M. ja auf Genehmigung durch seine Eltern vertraute.

2. Anspruch aus §§ 280 I, 311 II Nr. 1, 241 II (c. i. c.)

Wer Vertragsverhandlungen führt, den trifft die Pflicht, seinen Gegner über alle Umstände aufzuklären, die einem wirksamen Vertragsschluss entgegenstehen. Da die Minderjährigkeit des P. M. das Zustandekommen eines wirksamen Vertrages verhinderte (§ 107), hätte P. M. bei seiner Bestellung sein Alter wahrheitsgemäß angeben müssen. Hätte er dies getan, so hätte das Versandhaus auch nicht geliefert und es wären ihm keine Auslagen entstanden. An sich müsste daher P. M. für diesen Vertrauensschaden aufkommen. – Es ist aber Folgendes zu bedenken: Die Haftung für c. i. c. beruht auf dem Gedanken des **Vertrauensschutzes.** Nach den Wertungen des BGB ist aber der **Schutz des nicht voll Geschäftsfähigen** vorrangig. Dies muss auch für das Schuldverhältnis aus Vertragsverhandlungen gelten mit der Folge, dass die Pflichten aus diesem Rechtsverhältnis nur für den voll geschäftsfähigen Teil entstehen. Eine Einschränkung ist nur dort zu machen, wo die Aufnahme von Vertragsverhandlungen durch einen beschränkt Geschäftsfähigen mit Zustimmung des gesetzlichen Vertreters erfolgte (Analogie zu § 179 III S. 2; vgl. *Canaris,* NJW 1964, 1987). – Da die Eltern diese Zustimmung nicht erteilt hatten, haftet P. M. auch nicht.

82. Eigenhaftung vertragsfremder Dritter (Sachwalterhaftung)

Die A-KG war infolge einer allgemeinen Rezession in Liquiditätsschwierigkeiten geraten. Der Steuerberater Fuchs verhandelte daher im Namen und im Auftrag der A-KG mit dem kapitalkräftigen Boll über den Abschluss eines stillen Gesellschaftsvertrages (§ 230 HGB). Er verschwieg dabei die augenblicklichen Schwierigkeiten, weil er sie für nur vorübergehend erachtete und er den Boll nicht kopfscheu machen wollte. Da Fuchs die KG seit langem steuerlich beriet und die Unternehmensverhältnisse deshalb genau kennen musste, schenkte ihm Boll Vertrauen. Er schloss den Gesellschaftsvertrag ab und leistete eine Einlage von € 120 000,–. Fuchs erhielt von der KG für seine Vermittlung eine Provision von € 2400,–. Der von der Einlage erhoffte Sanierungserfolg trat wider Erwarten nicht ein. Die KG musste bald ihren Betrieb einstellen. Die Einlage war für Boll verloren. Da er den Vertrag nicht abgeschlossen hätte, wenn ihn Fuchs über die wahre Unternehmenssituation aufgeklärt hätte, verlangt er von Fuchs Schadensersatz. Zu Recht?

1. Anspruch aus § 280 I (Schlechterfüllung eines Auskunftsvertrags)

Ein Anspruch aus § 280 I wegen schuldhaft unrichtiger Auskunftserteilung würde einen Auskunftsvertrag zwischen F und B voraussetzen. Ein solcher Vertrag kann auch **stillschweigend** geschlossen werden. Es müssen jedoch die Gesamtumstände den Schluss rechtfertigen, dass beide Teile einen Rechtsbindungswillen hatten, also die Auskunft zum Gegenstand vertraglicher Rechte und Pflichten machen wollten. Indizien können dabei sein, ob die Auskunft von erheblicher Bedeutung für den Empfänger ist, ob der Auskunftgeber besonders sachkundig oder bei ihm ein eigenes wirtschaftliches Interesse im Spiel ist, ob der Auskunftsgeber als unabhängige neutrale Person oder auf Verlangen des Auskunftsempfängers in die Verhandlungen einbezogen wurde usw. (vgl. *BGH* NJW 1986, 180, 181). – Hier ist ein Verpflichtungswille des F zu verneinen, da er weder die Verhandlungen im eigenen wirtschaftlichen Interesse führte (s. u. 2.) noch als unparteiischer Sachwalter auftrat. Ein Anspruch aus § 280 I wegen der Schlechterfüllung eines Auskunftsvertrages kommt daher nicht in Betracht.

2. §§ 280 I, 311 II Nr. 1, III, 241 II (c. i. c.)
Auf Grund der Vertragsverhandlungen traf beide Parteien des angebahnten Vertrages die Pflicht, in zumutbarer Weise auf die berechtigten Belange des Gegners Rücksicht zu nehmen. Insbesondere hätte die KG den B über die Umstände aufklären müssen, die für seine Entscheidung erkennbar von besonderer Bedeutung waren (vgl. Münch-Komm/*Emmerich,* § 311 Rn. 96 ff.), hier

also über die finanzielle Situation der KG (vgl. *BGH* NJW 1980, 2408). Diese Pflicht hat F als Verhandlungsführer der KG schuldhaft verletzt. Die KG muss für das Verschulden ihres Verhandlungsbeauftragten nach § 278 einstehen. Ein Ersatzanspruch gegen die KG ist aber für B wirtschaftlich wertlos.

Nach § 311 III (der die bisherige Rspr. kodifiziert, s. etwa *BGH* NJW 1990, 506; NJW-RR 1992, 605) können jedoch unter bestimmten Voraussetzungen auch vertragsfremde Dritte aus **c. i. c.** haften (zur Einbeziehung Dritter in den Schutzbereich der vorvertraglichen Pflichten, die sich ebenfalls aus § 311 III S. 1 ergibt s. o. Fall 75). Vor dieser gesetzlichen Regelung des Jahres 2002, die eine sachliche Änderung nicht beabsichtigte, hatten sich dabei in der Rspr. im Wesentlichen zwei Fallgruppen herausgebildet. Danach haftete ein Vertreter bzw. Verhandlungsgehilfe persönlich, wenn er entweder (1) ein eigenes unmittelbares wirtschaftliches Interesse am Vertragsschluss hatte (s. *BGH* NJW 2002, 208, 212 m. w. N.) oder (2) in besonderem Umfang das persönliche Vertrauen des Verhandlungsgegners für die eigene Person in Anspruch genommen hatte (s. *BGH* NJW-RR 2003, 1037). Beide Fallgruppen werden von § 311 III erfasst. Die Fallgruppe a), die heute auf § 311 III S. 1 gestützt werden kann, wurde dabei von der Rspr. freilich zuletzt zu recht sehr restriktiv gehandhabt und nur dann bejaht, wenn der Verhandlungsgehilfe/Stellvertreter mit dem Vertrag bei wirtschaftlicher Betrachtungsweise ein eigenes Geschäft besorgte („procurator quasi in rem suam", s. *BGH* NJW 2002, 208, 212). Ein bloßes mittelbares Eigeninteresse (etwa in Bezug auf Provisionen und dergl.) ist nicht ausreichend. Eine Eigenhaftung des F aus diesem Gesichtspunkt kommt damit nicht in Betracht. – Fallgruppe b) ist nunmehr als Regelbeispiel in § 311 III S. 2 aufgenommen (s. etwa BGH NJW 2010, 858). Hier nahm F in besonderem Umfang das Verhandlungsvertrauen des B für sich in Anspruch, da er wusste, dass B auf seine besondere Sachkunde und Zuverlässigkeit als Steuerberater vertraute. F haftet daher persönlich auf Schadensersatz. Gem. § 249 I hat er den B so zu stellen, wie er bei ordnungsgemäßer Aufklärung stünde (vgl. *BGH* NJW 1988, 2236). Da B sich dann nicht auf den Vertrag eingelassen und nicht seine Einlage verloren hätte, hat ihm F diesen Betrag zu ersetzen. (Hätte B sein Geld anderweit gewinnbringend angelegt, wäre ihm sogar der entgangene Gewinn zu ersetzen; *BGH* a. a. O.). Jedoch kann sich der Umfang der Ersatzpflicht wegen eines etwaigen Mitverschuldens des B gem. § 254 I verringern.

3. Anspruch aus § 826 bzw. § 823 II i. V. mit § 263 StGB

Beide Anspruchsgrundlagen setzen eine **vorsätzliche** Schadenszufügung voraus. F hätte also zumindest die Schädigung des B für möglich halten und billigend in Kauf nehmen müssen **(dolus eventualis)**. Dies dürfte hier nicht der Fall sein, da F auf den Sanierungserfolg vertraute. Unerheblich ist daher, ob das Handeln des F sittenwidrig war (wofür nach *BGH* NJW 1986, 180, 181 bereits ein leichtfertiges und gewissenloses Handeln, wie bei Angaben „ins Blaue hinein", ausreichen kann).

83. Verjährung von Ansprüchen aus culpa in contrahendo

A sah sich beim Gebrauchtwagenhändler B nach einem geeigneten Wagen um. Er fand einen VW Golf, der ihm zusagte. B gestattete ihm eine Probefahrt. Dies hätte er besser nicht getan. Denn A verunglückte infolge grob verkehrswidriger Fahrweise, wobei der Wagen schwer beschädigt wurde. B machte erst sieben Monate nach Abschluss der Reparaturarbeiten einen Schadensersatzanspruch gegen A gerichtlich geltend. A erhob darauf im Prozess den Verjährungseinwand. Mit Erfolg?

1. § 280 I i. V. m. § 603 S. 1

Ob durch die Überlassung des Wagens zur Probefahrt ein Leihvertrag (§ 598) zustande kam, könnte mangels besonderer Erklärungen der Beteiligten nur aus den Umständen gefolgert werden. Gegen eine Leihe spricht entscheidend, dass die Hingabe des Wagens nicht lediglich im Interesse des Kunden, sondern auch des Händlers erfolgte. Dieser war ja am Verkauf des Wagens interessiert. Die Vorschriften über die Leihe (vgl. insbesondere §§ 599 bis 601) sind auf diese Interessengestaltung nicht zugeschnitten.

2. Anspruch aus §§ 280 I, 311 II, 241 II (c. i. c.)

Die Überlassung des Wagens erfolgte vielmehr im Rahmen von Verkaufsverhandlungen. Aus dem Schuldverhältnis der Vertragsverhandlungen traf den A gem. § 241 II die Pflicht, mit dem ihm anvertrauten Wagen sorgsam umzugehen (vgl. näher *BGH* NJW 1972, 1363). Diese Pflicht hat A grob fahrlässig verletzt (zur Frage des Haftungsausschlusses für **leichte** Fahrlässigkeit vgl. *BGH* NJW 1979, 643). Er haftet daher gem. §§ 280 I, 311 II, 241 II, 249 I auf Ersatz der Reparaturkosten, kann die Leistung aber gem. § 214 I verweigern, wenn dieser Anspruch verjährt ist.

Ansprüche verjähren gem. § 195 in drei Jahren ab dem in § 199 bestimmten Zeitpunkt, sofern das Gesetz nicht kürzere Fristen vorsieht, was für die Haftung aus **c. i. c.** nicht der Fall ist. Dies bedeutet aber nicht, dass für Ansprüche aus **c. i. c.** ausschließlich § 195 gilt. Vielmehr ist stets zu prüfen, ob nicht eine Analogie zu Vorschriften, die eine kürzere Verjährungsfrist vorsehen, geboten ist (vgl. BGHZ 49, 77). Bei einer zeitlich begrenzten Überlassung einer Sache im Rahmen von Vertragsverhandlungen ist eine mit Miete, Pacht und Leihe vergleichbare Situation gegeben. In diesen Gebrauchsüberlassungsverhältnissen ist für die Verjährung von Schadensersatzansprüchen wegen Beschädigung der Sache eine Frist von 6 Monaten vorgesehen (vgl. §§ 548 I, 581 II, 606; auch § 1057). Der Zweck dieser Vorschriften, eine rasche Auseinandersetzung und beschleunigte Klarstellung der Ansprüche wegen des Zustands der Sache bei ihrer Rückgabe zu erreichen, trifft auch hier zu. Es ist daher gerechtfertigt, die genannten Vorschriften auf den Anspruch aus c. i. c. analog anzuwenden (vgl. *BGH* NJW 1968, 1472). Folglich ist der Anspruch des B verjährt.

3. Anspruch aus § 823 I

Da bei der Beschädigung einer Sache im Rahmen eines Gebrauchsüberlassungsverhältnisses stets auch ein Deliktsanspruch gegeben sein wird, muss die kurze vertragliche Verjährungsfrist, wenn sie nicht leer laufen soll, auch für diesen konkurrierenden Anspruch gelten (*BGH* NJW 1968, 1472). § 195 wird auch insoweit verdrängt.

4. Kapitel. Annahmeverzug

84. Die Voraussetzungen des Annahmeverzugs

Fr. Bemsel hatte bei der Fahrschule Resch mit dem Fahrunterricht begonnen. Sie wurde jeweils zu Beginn der Fahrstunde vom Fahrlehrer an ihrer Wohnung abgeholt. Eines Tages verstauchte sich Fr. Bemsel den Fuß. Sie rief eine Stunde vor Beginn der nächsten Fahrstunde bei Resch an und teilte ihm mit, dass sie leider diese Fahrstunde wegen ihrer Verletzung ausfallen lassen müsse. Resch wünschte ihr baldige Besserung. Bei der nächsten Unterrichtsstunde wurde Fr. Bemsel aufgefordert, die ausgefallene Stunde zu bezahlen, weil kein anderer Fahrschüler für diese Stunde mehr eingeteilt werden konnte. Muss sie das?

1. Anspruch aus §§ 611 I, 326 II

Beim Vertrag über Fahrschulunterricht handelt es sich nicht um einen Werkvertrag, sondern um einen Dienstvertrag. Unmöglichkeit der Dienstleistung i. S. v. § 275 I, wie sie § 326 II u. a. voraussetzt, liegt aber nicht vor, wenn die Leistung – wie hier – **nachholbar** bleibt.

2. Anspruch aus §§ 611 I, 615 S. 1

Gem. § 615 S. 1 kann der Dienstverpflichtete, wenn der Dienstberechtigte mit der Annahme der Dienste in Verzug kommt, für die infolge des Verzuges nicht geleisteten Dienste die vereinbarte Vergütung verlangen, ohne zur Nachleistung verpflichtet zu sein.

Der **Annahme-** oder **Gläubigerverzug** hat folgende Voraussetzungen:

a) Der Schuldner muss zur Leistung **berechtigt** sein (vgl. § 271).

b) Der Schuldner muss zur Leistung **imstande** sein, d. h. die Leistung darf ihm nicht vorübergehend (§ 297) oder dauernd unmöglich sein.

c) Der Schuldner muss die Leistung, so wie sie geschuldet ist, **anbieten** (§§ 294–296).

d) Der Gläubiger **nimmt** die Leistung **nicht an** oder nimmt die erforderliche Mitwirkungshandlung nicht vor. **Vertretenmüssen**, insb. Verschulden des Gläubigers ist – anders als beim Schuldnerverzug (§ 286 IV) – **nicht** erforderlich!

R war zur Leistung berechtigt und imstande. Da er bzw. sein Gehilfe sich zur vereinbarten Zeit nicht mit dem Wagen an der Wohnung der B eingefunden hat, hat er an sich seine Leistung nicht „so, wie sie zu bewirken war, tatsächlich angeboten" (§ 294). Allerdings lag in der Absage der B eine „Erklärung, dass sie die Leistung nicht annehmen werde", so dass gem. § 295 S. 1 ein **wörtliches** Angebot des R ausreichend gewesen wäre, um die B in Verzug zu setzen. Jedoch hat R auch kein solches wörtliches Angebot abgegeben. – Ausnahmsweise wird aber nach § 242 auch ein wörtliches Angebot entbehrlich sein, wenn es völlig sinnlos wäre (vgl. *Medicus/ Lorenz*, I, Rn. 518; Palandt/*Grüneberg*, § 295 Rn. 4; MünchKomm/*Ernst*, § 295 Rn. 6; wohl auch *BGH* NJW 2001, 287, 288; str). Dies ist hier der Fall: Da die B am Fahren gesundheitlich verhindert war, hätte ein wörtliches Angebot keinerlei Sinn gehabt (ebenso *Wertheimer*, JuS 1993, 646, 649). Die B ist daher nach § 295 S. 1 i. V. mit § 242 in Annahmeverzug geraten. (Zum gleichen Ergebnis führt die Anwendung des § 296; vgl. dazu *BGH* NJW-RR 1991, 267, 268.)

Die B muss daher die Fahrstunde bezahlen. Freilich muss sich R nach § 615 S. 2 dasjenige anrechnen lassen, was er sich erspart hat (Benzinkosten usw.).

85. Aufwendungen für vergebliches Angebot

Maas hatte beim Möbelhändler Holtz eine Kücheneinrichtung für € 2500,–, Lieferung frei Haus, gekauft. Die Auslieferung war für den 3. 4.

1. Anspruch des M auf erneuten Antransport

Nach dem Inhalt des Kaufvertrages (vgl. § 269) waren die Möbel zur Wohnung des M zu bringen (Bringschuld). Da dem M die

vorgesehen. Da Maas diesen Termin übersehen hatte und an diesem Tage nicht zu Hause war, musste der Möbelwagen unverrichteter Dinge wieder umkehren. Als er am nächsten Tag bei Holtz anrief, antwortete ihm dieser, der vergebliche Antransport habe ihn n 80,– gekostet. Man könne nicht verlangen, dass er ein zweites Mal diese Kosten auf sich nehme. Maas solle nur selbst zusehen, wie er seine Kücheneinrichtung nach Hause schaffe. Maas bestand dagegen auf erneuter Anlieferung. Wie ist die Rechtslage?

Leistung so, wie sie zu bewirken war, tatsächlich angeboten worden war, kam M durch die Nichtannahme gem. §§ 293, 294 in Annahmeverzug. Dies bedeutet aber nicht, dass damit die Pflicht des H, die Möbel zu M zu bringen, entfiele und sich die Bringschuld in eine Holschuld umwandelte (vgl. Palandt/*Grüneberg*, § 304 Rn. 1). Soweit nichts anderes bestimmt ist, lässt vielmehr der Annahmeverzug den Leistungsinhalt unberührt. – Allerdings ist der Käufer nicht nur berechtigt, sondern nach § 433 II auch **verpflichtet**, die Kaufsache abzunehmen. Kommt er dieser Pflicht schuldhaft nicht rechtzeitig nach, so gerät er gem. § 286 (zusätzlich zum Annahmeverzug) in **Schuldnerverzug**. Jedoch ändert auch dies nichts am Inhalt der geschuldeten Leistung. M kann daher erneuten Antransport verlangen.

2. Zurückbehaltungsrecht des H wegen der Transportkosten

Die Kosten für den ersten vergeblichen Transport sind nicht „durch" den (Schuldner-)Verzug angefallen, sondern schon vorher. Als Verzugsschaden i. S. des § 286 I wären diese Kosten daher allenfalls unter dem Gesichtspunkt der „nutzlos gewordenen Aufwendungen" erstattungsfähig (vgl. *Stoll*, JZ 1971, 593, 594; a. A. BGH Z 71, 234, 239). – Jedenfalls kann H Erstattung nach § 304 verlangen, weil es sich insoweit um „**Mehraufwendungen**" für das erfolglose Angebot handelt (vgl. Palandt/*Grüneberg*, § 304 Rn. 2). Gem. § 273 kann er einen erneuten Antransport davon abhängig machen, dass ihm dieser Betrag erstattet wird.

86. Eintritt der Unmöglichkeit während des Annahmeverzugs

Fall wie oben. Der Möbel- wagen war jedoch auf der Rückfahrt infolge leichter Fahrlässigkeit des Fahrers verunglückt. Das Fahrzeug war dabei in Brand geraten, die Kücheneinrichtung dabei so beschädigt worden, dass sie nicht mehr verwendbar war.
1. Muss H nochmals eine Kücheneinrichtung liefern?
2. Kann er trotz des Unfalls den Kaufpreis verlangen?
3. Kann er Ersatz der Kosten für den vergeblichen An- transport verlangen?

1. Anspruch auf nochmalige Leistung

Beim Möbelkauf handelt es sich regelmäßig nicht um einen Stück-, sondern um einen **Gattungskauf.** An sich wird der Schuldner beim Gattungskauf durch den Untergang der zur Leistung vorgesehenen Stücke nur dann befreit, wenn die gesamte Gattung Untergang der zur Leistung vorgesehenen Stücke untergeht oder ein rechtliches Leis- tungshindernis besteht bzw. die Beschaf- fung dermaßen erschwert wird, dass dem Schuldner ein Leistungsverweigerungs- recht nach § 275 II, III zusteht. Dies gilt jedoch nur, solange keine **Konkretisierung** (Umwandlung der Gattungs- in eine Stück- schuld) eingetreten ist (s. dazu Fall 103). Hier erfolgte die Konkretisierung mit dem tatsächlichen Angebot der Möbel an der Wohnung des M, denn damit hatte H das zur Leistung „seinerseits Erforderliche ge- tan" (§ 243 II). Der spätere Untergang der Möbel bewirkte daher Unmöglichkeit der Leistung. Somit wurde M gem. § 275 I von seiner Leistungspflicht ersatzlos frei.

Anmerkung: Die Vorschrift des § 300 II ist insoweit überflüssig. Sie ist nur in denjenigen – seltenen – Fällen von Bedeutung, in welchen trotz des Annahmeverzuges noch keine Konkretisie- rung eingetreten ist (z. B. bei Ausreichen eines wörtlichen Angebots nach § 295 oder bei Ent- behrlichkeit eines Angebots nach § 296), der Gegenstand aber bereits ausgesondert war (s. *Medicus/Lorenz* I, Rn. 525), s. dazu Fall 103.

2. Anspruch auf Kaufpreiszahlung

Da die Unmöglichkeit der Leistung wäh- rend des Annahmeverzuges des M eintrat, bleibt M gem. § 326 II S. 1 Alt. 1 zur Zahlung des vereinbarten Kaufpreises verpflichtet, wenn H die Unmöglichkeit nicht zu vertreten hat. Da M nach §§ 293, 294 in Annahmeverzug geraten war, haftete H von diesem Zeitpunkt an nach § 300 I nur noch für Vorsatz und grobe Fahrlässigkeit. Er hatte folglich auch die leichte Fahrlässigkeit seines Erfüllungsgehilfen nach § 278 nicht zu vertreten. M bleibt daher zur Zahlung verpflichtet (s. Fall 23).

3. Anspruch auf Ersatz der Transportkosten
H könnte die Transportkosten als Kosten des vergeblichen Angebots nur ersetzt verlangen, wenn es sich dabei um „Mehraufwendungen" i. S. des § 304 handelt. Da hier ein erneuter Antransport nach § 275 entfällt und H den Kaufpreis ohnehin erhält, lagen keine Mehraufwendungen des H vor. Die Aufwendungen für **einen** Transport musste er ja nach dem Vertrag selbst tragen.

87. Annahmeverzug beim Werkvertrag

Der Bauunternehmer Utz war vom TV Stockdorf mit Umbauarbeiten im Innern der Turnhalle beauftragt worden. Als sich seine Leute am Montag, den 16. 4., um 7 Uhr, wie es vereinbart worden war, zur Arbeit einfanden, standen sie vor verschlossener Tür. Der Hausmeister, der die Schlüssel verwahrte, hatte nämlich vergessen aufzusperren. Da er in den Nachbarort gefahren war, konnte erst nach seiner Rückkehr um 10 Uhr mit der Arbeit begon-

1. Anspruch aus § 631
Ein Vergütungsanspruch aus § 631 entfällt, da in der fraglichen Zeit keine Arbeit geleistet wurde.

2. Anspruch aus §§ 631, 642
Es war Sache des Vereins, die Turnhalle zur gegebenen Zeit für die Arbeiten zugänglich zu machen. Da dies nicht geschehen war (auf ein Verschulden kommt es insoweit nicht an), kam der Verein nach § 296 S. 1 in Annahmeverzug, ohne dass es noch eines ausdrücklichen Angebots der Leistung (§§ 294, 295) bedurft hätte. Der Unternehmer braucht sich in einem solchen Fall nicht mit einem Anspruch auf Ersatz seiner Mehraufwendungen (z. B. aufgewandter

nen werden. Bis dahin hatten sich die Maurer im nahe gelegenen Wirtshaus aufgehalten. Utz stellte auch diese drei Stunden mit dem üblichen Satz in Rechnung, da ein anderweitiger Einsatz der Maurer in dieser Zeit nicht möglich war. Zu Recht?

Lohn) gem. § 304 zu begnügen. Ihm steht vielmehr nach § 642 I ein Anspruch auf eine „**angemessene Entschädigung**" zu. Die Höhe berechnet sich nach § 642 II. Da U sich während des Annahmeverzugs nichts erspart hat, auch seine Arbeiter nicht anders einsetzen konnte, kommt es allein auf die Dauer des Verzugs und die Höhe der vereinbarten Vergütung an. Dies bedeutet, dass U den üblichen Stundensatz (der ja einen Gewinn für ihn enthält) in Rechnung stellen darf.

88. Recht zur Besitzaufgabe bei Annahmeverzug

Voll hatte an Kurz ein Landhaus veräußert und dabei arglistig einen Sachmangel verschwiegen. Als Kurz den Mangel entdeckte, focht er den Kaufvertrag wegen arglistiger Täuschung an und forderte von Voll Rückzahlung des Kaufpreises Zugum-Zug gegen Rückgabe des Landhauses. Gleichzeitig erklärte er, wenn Voll seinem Verlangen nicht binnen 14 Tagen nachkomme, werde er sich nicht mehr um das Haus kümmern. Als Voll nach Ablauf dieser Frist immer noch nicht reagiert hatte, verließ Kurz das Haus und erhob nach einiger Zeit Klage auf Kaufpreisrückzahlung. Erst jetzt bequemte sich Voll zur Rückerstattung des Kaufpreises. Als er das Haus wie-

Anspruch aus §§ 812, 819 I, 818 IV, 292, 989

Da K den Kaufvertrag nach § 123 wirksam angefochten hatte, war er gem. § 812 I S. 1 auch zur Rückgabe des Hauses verpflichtet. Da ihm ferner spätestens vom Zeitpunkt der Anfechtung an der „Mangel des rechtlichen Grundes" bekannt war (vgl. auch § 142 II), haftete er gem. §§ 819 I, 818 IV nach den allgemeinen Vorschriften, d. h. hier nach §§ 292, 989. – K hätte voraussehen können, dass das verlassene Haus leicht Schaden nehmen konnte und er hätte all den Schaden durch einen Verbleib im Haus verhindern können. An sich würde er daher wegen fahrlässig verursachter „Verschlechterung" des Hauses auf Schadensersatz haften. Es ist jedoch zu berücksichtigen, dass K dem V die Herausgabe des Hauses angeboten hatte. Hierfür genügte gem. § 295 S. 1 2. Alt. ein wörtliches Angebot, da zur Leistung (Herausgabe) die Mitwirkung des V (Besitzübernahme) erforderlich war. Da V auf das Angebot nicht

der in Besitz nahm, musste er feststellen, dass sich in der Zwischenzeit Landstreicher eingenistet und erheblichen Schaden angerichtet hatten. Kann er von Kurz diesen Schaden ersetzt verlangen?

reagierte, kam er gem. § 293 in Annahmeverzug. – Besteht die Leistung des Schuldners in der Herausgabe eines Grundstücks, wie hier, so ist der Schuldner gem. § 303 S. 1 zur Besitzaufgabe (§ 856) berechtigt, wenn der Gläubiger in Verzug geraten ist. Allerdings muss gem. § 303 S. 2 die Besitzaufgabe dem Gläubiger vorher angedroht werden. Diese Androhung kann jedoch, wie hier geschehen, mit dem Leistungsangebot verbunden werden (RGZ 73, 70; h. M.). K war daher nach Fristablauf berechtigt, den Besitz des Hauses aufzugeben. Damit erlosch auch der Herausgabeanspruch des V gem. § 275 I. Da ihm die Besitzaufgabe nach § 303 gestattet war, haftet er mangels Rechtswidrigkeit (s. dazu oben Fall 27) auch nicht aus §§ 280 I, III, 283 auf Schadensersatz statt der Leistung.

5. Kapitel. Vertrag mit Schutzwirkung für Dritte

89. Der Tatbestand des Vertrags mit Schutzwirkung für Dritte

Alt hatte an den Maschinenfabrikanten Boll ein Rostschutzmittel zur Verwendung in dessen Betrieb geliefert. Er hatte dabei übersehen, auf die große Feuergefährlichkeit dieses Mittels hinzuweisen. Da die Arbeiter des Boll das Mittel in einem Raum verwendeten, in dem offenes Feuer brannte, blieb es nicht aus, dass es eines Tages zu einer explosionsartigen Entzündung des Mittels kam. Der Arbeiter Moser erlitt dabei schwere Brandwunden. Welche Ansprüche erwachsen dem Moser aus diesem Unfall gegen Alt?

Zur Vertiefung: *Neuner*, JZ 1999, 126 ff; *Wertenbruch* FS U. Huber, 2006, S. 637 ff.)

1. Anspruch aus §§ 280 I, 241 II

Da zwischen M und A kein Vertrag bestand, kommt lediglich der zwischen A und B geschlossene Kaufvertrag als Grundlage eines vertraglichen Schadensersatzanspruches in Betracht. Dass einem nicht am Vertrag beteiligten Dritten vertragliche Ansprüche zustehen können, ist dem BGB nicht fremd, wie sich aus § 328 ergibt. Allerdings erfasst diese Vorschrift nur den **Vertrag zu Gunsten Dritter**, also den Fall, dass einem Dritten der Anspruch auf die vertragliche **Leistung** eingeräumt wurde, während hier weder ein Leistungsanspruch des M noch eine Leistungspflichtverletzung des A in Frage stehen. Vielmehr geht es hier um die Verletzung einer dem A obliegenden **Schutzpflicht** (§ 241 II), nämlich der Pflicht, auf die Feuergefährlichkeit hinzuweisen. Es ist nun in Rspr. und Lehre seit langem anerkannt, dass dem Schuldner Schutzpflichten nicht nur gegenüber dem Gläubiger, sondern auch gegenüber Dritten obliegen können, und zwar hinsichtlich Gesundheit, Eigentum und Vermögen. Für vorvertragliche Pflichtverletzungen ist dies in § 311 III S. 1 gesetzlich niedergelegt (s. Fall 75). Man spricht in diesem Fall von einem „**Vertrag mit Schutzwirkung für Dritte**" (s. dazu etwa *Medicus/Lorenz* I, Rn. 817 ff.).

a) Dogmatische Begründung

Umstritten ist freilich, wie diese Ausdehnung der Vertragshaftung zu Gunsten Dritter, die an sich die strenge Trennung des BGB zwischen vertraglicher und deliktischer Haftung durchbricht, dogmatisch zu begründen ist. Die Rspr. (*BGH* NJW 1984, 355) arbeitete früher mit **Vertragsauslegung** bzw. mit **ergänzender Vertragsauslegung.** Sie fragte danach, ob die Einbeziehung des Dritten in die Schutzwirkung des Vertrages dem Parteiwillen bzw. dem Sinn und Zweck des Vertrages unter Berücksichtigung von Treu und Glauben (§§ 133, 157) entspricht. In der Lehre (vgl. MünchKomm/*Gottwald,* § 328 Rn. 101; *Neuner,* JZ 1999, 126 ff.) wird dagegen überwiegend und zutreffend der Standpunkt vertreten, es handle sich hier nicht um die Ausfüllung einer Vertragslücke, sondern um eine auf § 242 gestützte **richterliche Fortbildung des dispositiven Gesetzesrechts** für typische Vertragsgestaltungen, wenn nicht gar um **Gewohnheitsrecht** (so nunmehr *BGH* NJW 1996, 2927, 2928; s. aber auch *BGH* NJW 2004, 3035: Durch das Prinzip von Treu und Glauben geprägte ergänzende Vertragsauslegung).

b) Tatbestandliche Voraussetzungen

Die Frage, wann im Einzelfall ein Dritter in die Schutzwirkung eines Vertrages einbezogen ist (mit der Folge, dass ihm bei einer Schädigung durch den Schuldner ein **eigener** vertraglicher Schadensersatzanspruch zusteht), lässt sich naturgemäß nicht einheitlich beantworten. Im Laufe der Zeit haben sich jedoch folgende Tatbestandsmerkmale herauskristallisiert (vgl. *Medicus/Lorenz* I, Rn. 818 ff.; *Medicus/Petersen* BürgR, Rn. 844 ff.):

aa) „Leistungsnähe": Nur solche Dritte kommen in Betracht, die nach dem Inhalt des Vertrages bestimmungsgemäß mit der Leistung des Schuldners in Berührung kommen (*BGH* NJW 1985, 489; 1996, 2927, 2928), wobei es sich nach zutr. Auffassung nicht um die Hauptleistungspflicht handeln muss (*Schwab*, JuS 2002, 873 f gegen *BGH* NJW 1996, 2927). Dies ist hier bei M der Fall.

bb) „Gläubigernähe": Der Gläubiger muss, sofern die Einbeziehung des Dritten nicht schon ausdrücklich oder konkludent vereinbart ist (*BGH* NJW 1984, 355), im Regelfall ein **schutzwürdiges Interesse** daran haben, dass der ihm geschuldete Schutz in gleicher Weise auch dem Dritten zuteil wird, weil er seinerseits für den Dritten Verantwortung trägt. Eine solche Verantwortlichkeit ist **insbesondere** (aber nicht ausschließlich; vgl. Palandt/*Grüneberg*, § 328 Rn. 17) bei einem Rechtsverhältnis mit „personenrechtlichem Einschlag" gegeben, das den Gläubiger zu „Schutz und Fürsorge" gegenüber dem Dritten verpflichtet (z. B. arbeits- und familienrechtliche Verhältnisse). Auch diese Voraussetzung ist hier erfüllt, da B dem M nach § 618 zu Schutz und Fürsorge verpflichtet ist.

cc) Erkennbarkeit für den Schuldner: Weiter müssen diese beiden Umstände (aa und bb) dem Schuldner bei Vertragsschluss **erkennbar** sein, damit das von ihm einzugehende gegenüber mehren Personen bestehende und damit **erhöhte Haftungsrisiko** (hierin liegt der entscheidende Unterschied zur **Drittschadensliquidation**, bei der es lediglich zu einer **Schadensverlagerung** kommt, s. unten Fälle 92, 205 f)

für ihn kalkulierbar bleibt. – Hier war dem
A bekannt, zumindest aber erkennbar, dass
die Arbeiter des B mit dem Mittel in
Berührung kommen würden und dass B
ihnen zu Schutz und Fürsorge verpflichtet
war.

dd) Schutzbedürftigkeit des Dritten:
Schließlich muss der Dritte **schutzbedürftig** sein. Dies ist nicht der Fall, wenn er aus
dem Schadensereignis seinerseits im **Wesentlichen gleichwertige vertragliche** Ansprüche gegen einen anderen Schuldner hat
(vgl. BGHZ 70, 327, 329; *BGH* NJW 1993,
655, 656; 1996, 2927, 2929; MünchKomm/
Gottwald, § 328 Rn. 117). – Hier hat M
keine entsprechenden Ansprüche gegen B,
da diesen kein Verschulden trifft.

Daraus ergibt sich, dass M in die Schutzwirkung des Kaufvertrages zwischen A und
B einbezogen war. Folglich steht ihm ein
Anspruch aus §§ 280 I, 241 II (Schutzpflichtverletzung) gegen A zu. Dieser Anspruch verjährt nicht innerhalb der Frist des
§ 438, sondern unterliegt der regelmäßigen
Verjährungsfrist nach §§ 197, 199, da er
seine Grundlage nicht in einem Mangel der
Kaufsache hat (s. o. Fall 68 sowie PdW
SchuldR II, Fälle 142, 143).

2. Anspruch aus § 823 I
Da A ein objektiv gefährliches Produkt in
den Verkehr brachte, traf ihn eine War-
nungs- und Belehrungspflicht (Konkretisierung der Verkehrssicherungspflicht; vgl.
BGH NJW 1996, 2224, 2226). Wäre er
dieser Verhaltenspflicht nachgekommen,
so wäre der Unfall des M sicherlich vermieden worden. Damit stehen Tatbestandsmäßigkeit und zugleich Rechtswidrigkeit
der Handlung fest.

Beachte: Da der Verletzungserfolg nicht mehr im Rahmen des Handlungsablaufs lag, sondern nur die entfernte Folge des Handelns des A war, gilt insoweit nicht die Erfolgsunrechts-, sondern die Handlungsunrechtslehre; Näheres in PdW SchuldR II, Fall 229.

Schließlich handelte A auch schuldhaft, da er hätte erkennen können, dass es mangels Aufklärung bei Verwendung dieses Mittels zu einem Unfall kommen konnte. A haftet daher aus § 823 I; ferner aus § 823 II i. V. m. § 229 StGB. Diese Ansprüche unterliegen ebenfalls der Regelverjährung nach §§ 197, 199.

3. Anspruch aus § 1 I S. 1 ProdHaftG
Das Rostschutzmittel war fehlerhaft i. S. von § 3 I ProdHaftG, da es einen sog. **Instruktionsfehler** aufwies (vgl. Jauernig/*Teichmann*, § 823 Rn. 149). Da A Hersteller war, haftet er verschuldensunabhängig für die Körperschäden des M nach §§ 1 I S. 1, 8, und zwar zehn Jahre lang ab Inverkehrbringen des Produkts (§ 13 I S. 1 ProdHaftG).

90. Mitverschulden beim Vertrag mit Schutzwirkung für Dritte

Fall wie oben. Boll war aber von dritter Seite darauf hingewiesen worden, dass das Rostschutzmittel feuergefährlich sein könne. Er hatte diesem Hinweis aus Sorglosigkeit keine weitere Beachtung geschenkt, insbesondere nicht bei Alt nachgefragt. Muss sich Moser dieses Mitverschulden (§ 254) des Boll

Es ist zu unterscheiden:
1. Soweit es um den **Anspruch aus Vertrag mit Schutzwirkung für Dritte** geht, muss sich der geschädigte Dritte (M) nach ganz h. M. ein Mitverschulden des Vertragspartners des Schädigers (B) über §§ 254 II 2, 278 hinaus grundsätzlich auch dann anrechnen lassen, wenn dieser nicht gesetzlicher Vertreter oder Erfüllungsgehilfe des Dritten ist (vgl. BGHZ 33, 247; 127, 378, 384 f.; *BGH* NJW 1998, 1059, 1061; diffe-

auf seinen Ersatzanspruch gegen Alt anrechnen lassen?

renzierend MünchKomm/*Gottwald*, § 328 Rn. 126 ff.; a. A. *Neuner*, JZ 1999, 126, 130; *Looschelders*, SchuldR AT, Rn. 211 m. w. N.). Diese Begrenzung ergibt sich aus dem Rechtsgedanken des § 334 (s. dazu Fall 110) und dem Grundsatz von Treu und Glauben (*BGH* a. a. O.; zur Abdingbarkeit im Einzelfall s. aber Fall 93). 2. Soweit es um den **Deliktsanspruch** geht, scheidet eine Anrechnung des Mitverschuldens dagegen (die Fälle des § 846 ausgenommen) aus. Denn die Anwendung des Vertrags mit Schutzwirkung für Dritte darf nicht zu einer Schmälerung der sonstigen Rechtsposition des Dritten führen (*BGH* NJW 1985, 1077).

91. Vertragliche Garantiehaftung mit Wirkung für Dritte

Seit Jahren pflegte der Kegel-Club „Harmonie", bestehend aus acht Amtsrichtern, einmal wöchentlich zu kegeln. Da die Amtsrichter mit dem bisherigen Stammlokal nicht mehr zufrieden waren, suchten sie nach einem neuen Lokal. Zufällig erfuhren sie, dass der Gastwirt Huber im Keller seines Gasthofes eine Kegelbahn einbauen ließ. Sie sagten sich darauf als erste Gäste an. Die Bahnmiete bezahlten sie, wie immer, aus einer gemeinschaftlichen Kasse. Der dienstälteste Richter Furtner sollte die Bahn mit einem schwungvol-

1. Deliktsansprüche entfallen mangels eines Verschuldens des H.

2. Anspruch aus § 536 a I
a) Nach § 536 a I haftet der Vermieter wegen eines anfänglichen Mangels der Mietsache auch ohne Verschulden auf Schadensersatz wegen Nichterfüllung (**Garantiehaftung**, s. dazu PdW SchuldR II, Fall 108). Die von H an den Club vermietete Kegelbahn war mit einem Fehler (Bahnfeuchtigkeit) behaftet, der ihre Tauglichkeit zum vertragsmäßigen Gebrauch beeinträchtigte. Dieser Mangel lag bereits bei Vertragsabschluss vor. Den H trifft daher die Garantiehaftung aus § 536 a I, die sich nach h. M. (vgl. *BGH* NJW 2002, 673) auch auf Körperschäden erstreckt. Daraus ergibt sich, dass F von H Schadens-

len Wurf eröffnen. Dies misslang aber, weil Furtner auf der Anlaufbahn ausrutschte. Er zog sich dabei eine Beinverletzung zu. Es stellte sich heraus, dass die Bahn, bedingt durch die Kellerfeuchtigkeit, von einem Nässefilm überzogen gewesen war. Furtner begehrt von Huber Ersatz der Heilungskosten. Haftet Huber, wenn man einmal unterstellt, dass ihn kein Verschulden trifft?

ersatz wegen seiner Verletzung verlangen kann, wenn die Garantiehaftung auch ihm gegenüber bestand.

b) Die Garantiehaftung besteht in erster Linie gegenüber dem Mieter. Der Mietvertrag war hier freilich nicht mit jedem einzelnen Club-Mitglied geschlossen worden, die Kegelbahn war vielmehr an den Club als Ganzen vermietet worden. Bei dem Club dürfte es sich mangels körperschaftlicher Verfassung nicht um einen nichtrechtsfähigen Verein, sondern um eine Gesellschaft des bürgerlichen Rechts i. S. des § 705 handeln (*BGH* DB 1972, 577). Infolgedessen kam der Mietvertrag mit den Gesellschaftern in ihrer gesamthänderischen Verbundenheit bzw. der BGB-Gesellschaft als Träger von Rechten und Pflichten (BGHZ 146, 341) zustande. Die Rechte aus dem Mietvertrag standen demnach den einzelnen Mitgliedern des Clubs nicht persönlich, sondern zur gesamten Hand zu.

Gleichwohl gesteht die Rspr. mit Recht dem einzelnen Mitglied, das infolge eines Mangels der Mietsache einen Schaden erlitten hat, einen persönlichen Schadensersatzanspruch zu (*BGH* NJW 1965, 1757 zum nichtrechtsfähigen Verein; *BGH* DB 1972, 577 zur BGB-Gesellschaft). Aus Sinn und Zweck des Vertrages ergibt sich nämlich, dass jeder einzelne Veranstaltungsteilnehmer in seiner Person den Schutz vor körperlicher Beeinträchtigung genießen soll (Gedanke des Vertrages mit Schutzwirkung für Dritte).

H haftet daher dem F aus §§ 536 a I, 249 II auf Schadensersatz.

92. Abgrenzungsfragen beim Vertrag mit Schutzwirkung für Dritte

Der verwitwete Guntz hatte zwei Kinder, einen missratenen Sohn Adolf und eine herzensgute Tochter Dora, die ihn pflegte und versorgte. Er hatte ihr denn auch vor Zeugen versprochen, sie als Alleinerbin einzusetzen. Da er sich bei der Testamentserrichtung rechtlich beraten lassen wollte, rief er beim Rechtsanwalt Seitz an, teilte ihm sein Vorhaben mit und bat ihn, er möge bald zu ihm kommen, um ihm bei der Abfassung des Testaments behilflich zu sein. Seitz fragte zurück, um welche Vermögenswerte es sich denn handele und erfuhr, dass das Vermögen des Guntz aus einem Mietshaus und mehreren Beteiligungen an Handelsgesellschaften bestand. Darauf versprach er dem Guntz, alsbald zu erscheinen. Er hielt jedoch sein Versprechen aus Nachlässigkeit nicht ein, obwohl ihn Dora im Namen ihres Vaters wiederholt eindringlich aufgefordert hatte, endlich zu kommen, und auf den sich verschlechternden Gesundheitszustand ihres Vaters hingewiesen hatte. So geschah es, dass Guntz drei Wochen später einem Schwächeanfall erlag, ohne ein Tes-

1. Deliktische Ansprüche

Da die D nur einen (primären) Vermögensschaden erlitten hat, kommen lediglich die Tatbestände § 823 II und § 826 in Betracht. S verletzte aber weder ein Schutzgesetz, noch hatte er den Willen, die D zu schädigen.

2. Anspruch aus §§ 280 I, III, 283

a) Vertragsschluss

Zwischen S und D war kein Vertrag zustande gekommen. Vielmehr war nur zwischen S und G ein Geschäftsbesorgungsvertrag (§ 675) abgeschlossen worden. Grundlage eines vertraglichen Schadensersatzanspruches kann also nur dieser Vertrag sein. Dies setzt voraus, dass S eine (auch) gegenüber D bestehende Pflicht verletzt hat.

b) Tatbestand der Vertragsverletzung

Die von S geschuldete Leistung (Beratung des G bei der Testamentserrichtung) war durch den Tod des G unmöglich geworden (§ 275 I). Zu diesem Zeitpunkt hatte sich S im Schuldnerverzug (§ 286) befunden, da er seiner Pflicht zur unverzüglichen Beratung trotz Mahnung schuldhaft nicht nachgekommen war. Er hat daher gem. § 287 S. 2 die an sich durch Zufall eingetretene Unmöglichkeit der Leistung zu vertreten. Folglich ist der Tatbestand der §§ 280 I, III, 283, der die Verpflichtung zum Schadensersatz statt der Leistung nach sich zieht, erfüllt.

c) Person des Ersatzberechtigten

Der aus der Pflichtverletzung des S resultierende Schaden trat nicht bei G, sondern unmittelbar bei D ein. Die Schwierigkeit besteht nun darin, dass D nicht unmittelbar am Vertrag beteiligt ist.

tament errichtet zu haben. Dora wurde infolgedessen statt Alleinerbin nur Miterbin gemeinsam mit Adolf (§ 1924 IV). Sie verlangt jetzt von Seitz Schadensersatz wegen des ihr entgangenen Nachlassanteils abzüglich der ersparten Anwaltskosten. Zu Recht?

aa) Drittschadensliquidation: Man könnte erwägen, der D durch Anwendung der Grundsätze über die Drittschadensliquidation zu helfen. Indessen erfasst dieses Institut nur Fälle der **Schadensverlagerung**, Fälle also, in denen der Schaden **anstatt** beim Gläubiger bei einem Dritten eintritt, während hier der Schaden von vornherein nur beim Dritten eintreten konnte (vgl. auch *Medicus/Petersen*, BürgR Rn. 841, 847).

bb) Vertrag zu Gunsten Dritter: Teilweise wird angenommen, dass bei einer solchen Fallgestaltung ein Vertrag zu Gunsten Dritter (§ 328) vorliege, D also einen Anspruch auf Erbringung der vertraglichen Leistung und dementsprechend einen Ersatzanspruch bei schuldhafter Verletzung der Leistungspflicht habe (vgl. *W. Lorenz,* JZ 1966, 143). Dies dürfte indessen nicht dem Willen der Beteiligten entsprechen.

cc) Vertrag mit Schutzwirkung für Dritte: Die Rspr. (vgl. *BGH* NJW 1995, 51, 52; NJW 1995, 2551, 2552; dazu *W. Lorenz,* JZ 1995, 317) nimmt in derartigen Fällen einen Vertrag mit Schutzwirkung für Dritte an. In den Schutzbereich des Anwaltsvertrages können nach den ausdrücklichen Erklärungen oder dem schlüssigem Verhalten Schutzrechte Dritter entstehen, sofern die zu schützende Personengruppe objektiv abgrenzbar ist. Hier war für den S aus den Äußerungen des G klar erkennbar, dass G die Einsetzung der D als Alleinerbin sicherstellen wollte. Für ihn war auch erkennbar, dass der Schaden aus einer Pflichtverletzung (nur) der D drohte und dass G an einem eigenen Schadensersatzanspruch der D interessiert war. Die D war demnach in den Schutzbereich des Vertrages einbezogen.

Von den Fällen der Schutzpflichtverletzung unterscheidet sich der Fall zwar insoweit, dass im Grunde ein Fall der schuldhaften nachträglichen Unmöglichkeit der Leistung des S vorliegt. Jedoch ermöglicht es die Vertragsfreiheit, dem Dritten auch einen Ersatzanspruch aus einer Leistungsstörung zuzugestehen. – D hat daher einen eigenen vertraglichen Schadensersatzanspruch.

93. „Expertenhaftung"

E beauftragt den Immobiliensachverständigen S mit der Erstellung eines Wertgutachtens über sein Mietshaus. Als S bei der Begehung des Hauses den Dachstuhl inspizieren will, hindert ihn E an dessen Besichtigung, indem er behauptet, den Speicherschlüssel vergessen zu haben. Bewusst wahrheitswidrig behauptet er, der Dachstuhl sei vollkommen in Ordnung. S glaubt dies und beschreibt das Haus in seinem Gutachten als „mangelfrei", „nennenswerte Reparaturen seien zur Zeit nicht erforderlich". Den Verkehrswert schätzt er auf € 3,2 Mio. E verkauft daraufhin das Haus unter Vorlage des Gutachtens zu diesem Preis an K. Kurz darauf werden bei Renovierungsarbeiten auf dem Dachboden Feuchtigkeitsschäden festgestellt, die so schwerwiegend

1. Anspruch aus § 280 I i. V. m. Auskunftsvertrag
K war nicht Partei eines Auskunftsvertrages (Dienst- oder Werkvertrag, bei Unentgeltlichkeit Auftrag, s. BGH NJW 1999, 1540) mit S. Die von der früheren Rechtsprechung praktizierte Annahme eines konkludent abgeschlossenen Auskunftsvertrags zwischen dem Sachverständigen und dem Dritten wird von der h. M. heute zutreffend als Fiktion verworfen (s. *Schwab*, JuS 2002, 875 f. m. w. N.).
2. Anspruch aus §§ 280 I, 633 I i. V. m. den Grundsätzen des Vertrags mit Schutzwirkung für Dritte
Die neuere Rechtsprechung (s. zuletzt BGH NJW 2004, 3035) stützt – nicht ganz einheitlich – die Haftung des Experten hingegen auf einen Vertrag mit Schutzwirkung für Dritte: Der zwischen E und S geschlossene Werkvertrag über die Begutachtung des Hauses entfalte Schutzwirkung für solche Personen, die – wie K – bestimmungsgemäß mit dem Gutachten in Berührung kommen und auf dessen Inhalt vertrauen. Die Bejahung einer Schutzpflicht setze nicht voraus,

sind, dass die gesamte Dachkonstruktion abgebrochen und durch ein neues Dach ersetzt werden muss. Der tatsächliche Wert des Hauses beträgt deshalb lediglich € 2,5 Mio. K verlangt nunmehr von S Schadensersatz i. H. v. € 700 000,–. Zu Recht?

Fall nach: BGHZ 127, 378 = NJW 1995, 392

dass der Schutzpflichtige die Zahl oder den Namen der zu schützenden Personen kenne, es genüge vielmehr, dass dem Gutachter bekannt ist, dass sein Wertgutachten für einen (potentiellen) Käufer bestimmt ist. Auch die Gegenläufigkeit der Interessen des Vertragspartners (hier des E, der ja das unrichtige Gutachten bewusst mit verursacht hat, um gegenüber Kaufinteressenten einen falschen Eindruck vom Wert des Hauses zu ermitteln) und des Dritten (hier des K) stehe dem nicht entgegen. Zwar sei das Mitverschulden des E an der Unrichtigkeit des Wertgutachtens grundsätzlich nach dem Rechtsgedanken der §§ 242, 334 zu berücksichtigen (s. Fall 90), jedoch liege hier ein konkludenter vertraglicher Ausschluss dieses Einwands vor.

3. Anspruch aus §§ 280 I, 311 II Nr. 3, III, 241 II (c. i. c.)

Auch die Konstruktion eines Vertrags mit Schutzwirkung für Dritte wird in der jüngeren Literatur überwiegend verworfen. Richtigerweise fehlt es nämlich wegen der Gegenläufigkeit der Interessen gerade am **Einbeziehungsinteresse** des E zu Gunsten des K (s. etwa *Canaris*, ZHR 163 [1999] 206, 215; w. Nachweise bei *Schwab*, JuS 2002, 875, S. 876). Rechtsgrundlage der Haftung kann vielmehr nur ein **eigenständiges Schuldverhältnis** zwischen dem Sachverständigen und dem Dritten sein. Wenn und soweit der Sachverständige als öffentlich bestellter Sachverständiger oder eine in ähnlicher Weise auftretende Person (z. B. Wirtschaftsprüfer, Steuerberater etc.) besonderes Vertrauen Dritter für die eigene Kompetenz in Anspruch nimmt, und diese im Vertrauen auf seine Expertise einen Vertrag schließen, haftet er diesen daher im Rahmen der **Sachwalterhaftung** aus **culpa in contrahendo**, d. h. nach §§ 280 I, 311 II, III, 241 II (zu diesen s. o. Fall 82, s. auch BT-Drs. 14/6040, S. 163: § 311 III S. 2 soll der Rspr. aufzeigen, „dass diese Fälle auch auf diesem Wege zu lösen sind"; ebenso bereits BGHZ 145, 187). G haftet daher gegenüber K aus §§ 280 I, 311 II Nr. 3, III, 241 II wegen der schuldhaften Verletzung einer Schutzpflicht aus einem „ähnlichen rechtsgeschäftlichen Kontakt". Da K im Falle eines zutreffenden Wertgutachtens das Miethaus nur zu dem geringeren Verkehrswert von € 2,5 Mio. erworben hätte (zur **Vermutung aufklärungsrichtigen Verhaltens** s. Fall 76), kann er von G nach § 249 I die Preisdifferenz i. H. v. € 700 000,– verlangen. Da die Haftung auf einem eigenständigen gesetzlichen Schuldverhältnis zwischen G und K beruht, ist ein Mitverschulden des E insoweit von vorneherein irrelevant.

94. Einbeziehung Dritter in einen vertraglichen Haftungsausschluss

W, der einen Wachdienst betreibt, ist von der B-Bauträger GmbH mit der Bewachung einer Großbaustelle beauftragt. In dem Vertrag wurde vereinbart, dass W nur für Schäden, welche durch Vorsatz oder grobe Fahrlässigkeit seiner Angestellten in Ausübung ihres Dienstes entstehen, haftet. Von der Haftung ausgeschlossen wurden Schä-

1. Schadensersatzanspruch aus §§ 280 I, 241 II

Da zwischen der B-GmbH und D keine vertragliche Beziehung oder ein sonstiges Schuldverhältnis bestand, kommt eine Schadensersatzpflicht aus § 280 I schon mangels Schuldverhältnis nicht in Betracht. Weder kann zu Lasten des D aus dem Vertrag zwischen W und der B-GmbH eine Haftung hergeleitet werden, noch entfaltet der Arbeitsvertrag zwischen W und D Schutzwirkungen zu Gunsten der B-GmbH.

den, die bei der Bedienung und Bewachung von Maschinen und Heizungsvorrichtungen entstehen. Schäden an Leben, Körper oder Gesundheit waren von dem Haftungsausschluss ausdrücklich ausgenommen. Als eines Abends der bei W angestellte Wachmann D erscheint, wird er vom Polier der Baustelle angewiesen, gegen 22 Uhr das noch laufende Trocknergebläse im Keller des Rohbaus abzustellen. Aus Unachtsamkeit schaltet D das Gerät aber nicht vollständig ab, so dass dieses überhitzt und in Brand gerät. Nachdem W jede Haftung unter Hinweis auf den vereinbarten Haftungsausschluss von sich weist, verlangt die B-GmbH von D Ersatz des durch den Brand an Maschine und Rohbau entstandenen Schadens. Zu Recht?

Fall nach: *BGH* JZ 1962, 570)

2. Schadensersatzanspruch aus § 823 I

Die Voraussetzungen eines Schadensersatzanspruchs aus § 823 I sind an sich gegeben, weil D fahrlässig das Eigentum der B-GmbH beschädigt hat. Diese Haftung des D als Arbeitnehmer wird durch die Grundsätze der sog. Arbeitnehmerhaftung gegenüber außenstehenden Dritten wie B nicht berührt (*BGH* NJW 1994, 852). Der zwischen W und der B-GmbH vereinbarte Haftungsausschluss für Schäden, die bei der Bedienung und Bewachung von Maschinen und Heizungsvorrichtungen entstehen, betrifft zunächst nur die Haftung des W. Es ist allerdings anerkannt, dass auch ein Haftungsausschluss bzw. eine Haftungsmilderung unter den genannten Voraussetzungen (s. o. Fall 89) Schutzwirkungen zu Gunsten Dritter entfalten können. Dies ist hier der Fall: D kam mit der Hauptleistungspflicht des W bestimmungsgemäß in Berührung **(Leistungsnähe)**, W hatte aus dem Arbeitsverhältnis zu D auch ein schutzwürdiges Interesse an dessen Schutz **(Gläubigernähe)**, zumal D im Falle einer Haftung gegen ihn im Innenverhältnis einen arbeitsrechtlichen Freistellungsanspruch haben könnte (s. dazu *BGH* NJW 2004, 951; aus diesem Grund kann man den Haftungsausschluss zu Gunsten des D auch aus ergänzender Vertragsauslegung herleiten, da der Haftungsausschluss zwischen W und der B-GmbH sonst letztlich ineffektiv wäre). Schließlich war dies auch für die B-GmbH **erkennbar** und ist D **schutzbedürftig**. Da der Haftungsausschluss auch in Form von AGB wirksam ist (die Grenze des § 309 Nr. 7 ist gewahrt), haftet D damit nicht auf Schadensersatz gegenüber der B-GmbH.

6. Kapitel. Vertretenmüssen

I. Vertretenmüssen des Schuldners

95. Begriff und Bedeutung des Vertretenmüssens

1. Welche Bedeutung hat das Vertretenmüssen?
2. Was hat der Schuldner zu vertreten?
3. Was ist der Unterschied zwischen Vertretenmüssen und Verschulden?
4. Was bedeutet das Verschuldensprinzip?

1. Das **Vertretenmüssen** beschreibt den **Zurechnungsgrund** einer Leistungsstörung an den Schuldner. Hauptanwendungsfall der in §§ 276–278 enthaltenen Grundregeln über das Vertretenmüssen ist der **Pflichtverletzungstatbestand** des § 280 I: Erst Pflichtverletzung und Vertretenmüssen gemeinsam begründen die Verpflichtung zum Schadensersatz (s. Fall 33). Relevant ist das Vertretenmüssen aber u. a. auch in den §§ 275 II S. 2, 286 IV, 311 a II, 326 II, 536 a. Die §§ 276–278 sind damit **Zurechnungsnormen**, die im Zusammenhang mit anderen Normen zu prüfen sind (sog. „**Wirknormen**"), nicht aber Anspruchsgrundlagen.

2. Was der Schuldner zu vertreten hat, ergibt sich aus §§ 276–278 und diversen Sonderregelungen. Der Schuldner hat in der Regel **Vorsatz** und **Fahrlässigkeit** (s. § 276 II), d. h. **Verschulden**, zu vertreten. Im Zusammenhang mit dem Schadensersatz wegen Pflichtverletzung wird das Vertretenmüssen nach § 280 I S. 2 vermutet (anders im Bereich des Arbeitsrechts: § 619 a).

a) Haftungsmilderungen

Dieser Maßstab wird vom **Gesetz** gelegentlich gemildert. Diese Milderungen schließen teilweise die Haftung für einfache Fahrlässigkeit aus (s. etwa §§ 300 I, 521,

599, 680, 968) oder beschränken den Maßstab auf die Sorgfalt in eigenen Angelegenheiten (sog. „**diligentia quam in suis**", z. B. §§ 690, 708, 1359, 1664). Letzteres bedeutet keine generelle Freizeichnung von der Haftung für Fahrlässigkeit: Wer in eigenen Angelegenheiten sorgfältig ist, haftet dann auch für einfache Fahrlässigkeit. § 277 legt also nur die untere Grenze fest. Gesetzliche Haftungsmilderungen kommen typischerweise – aber nicht immer (s. etwa das Auftragsrecht – §§ 662 ff.) – bei unentgeltlichen Rechtsgeschäften vor. **Vertragliche** Haftungsmilderungen sind in den Grenzen der §§ 276 III, 307 ff., insb. § 309 Nr. 7 zulässig.

b) Haftungsverschärfungen
Haftungsverschiebungen sieht das **Gesetz** etwa in § 287 S. 2 (s. dazu Fall 48), aber auch in den Regeln über die Gefährdungshaftung (etwa § 7 StVG, § 1 ProdHaftG usw., s. dazu PdW SchuldR II, Fälle 258–265) vor. Haftungsverschärfungen aus **Vertrag** bzw. dem „**Inhalt des Schuldverhältnisses**" können sich aus der Übernahme einer **Garantie** oder – wie etwa im Falle von Gattungsschulden – aus der Übernahme eines **Beschaffungsrisikos** ergeben. Die Reichweite solcher Garantie- oder Risikoübernahmen ist eine häufig schwierige Frage (ggf. ergänzender) Vertragsauslegung (s. dazu PdW SchuldR II, Fälle 46–48). Für die finanzielle Leistungsfähigkeit (Geldmangel) haftet der Schuldner stets ohne Verschulden („Geld muss man haben"). Dies ergibt sich aus dem der gesamten Rechtsordnung zu Grunde liegenden Prinzip der unbeschränkten **Vermögenshaftung,** das durch die Existenz des Zwangsvollstreckungs- und Insolvenz-

rechts bestätigt wird, kann aber im Rahmen
von § 276 I auch aus dem „Inhalt des
Schuldverhältnisses" hergeleitet werden
(*Canaris*, JZ 2001, 499, 519).
   3. **Vertretenmüssen** ist damit ein mit Verschulden nicht gleichzusetzender Oberbe-
griff, da es – wie dargelegt – Vertretenmüssen auch ohne Verschulden geben kann.
   4. Das **Verschuldensprinzip** besagt, dass
der Schuldner für Leistungsstörungen
grundsätzlich nur auf Schadensersatz haftet, wenn er sie vorwerfbar, d. h. **vorsätzlich**
oder **fahrlässig** verursacht hat. Das BGB
geht vom **Verschuldensprinzip** aus, kennt
aber auch zahlreiche Fälle der Haftung ohne
Verschulden, s. etwa §§ 122, 536 a. Verschulden setzt zunächst Schuldfähigkeit
(§§ 276 I S. 2, 827, 828) sowie Rechtswidrigkeit des Verhaltens (s. Fall 27) voraus.
Anders als im Strafrecht ist der Sorgfaltsmaßstab im Rahmen der Fahrlässigkeit
(§ 276 II) aber **objektiv-abstrakt:** Für die
„im Verkehr erforderliche Sorgfalt" kommt
es nicht auf die individuellen Fähigkeiten
des Schuldners an. Abzustellen ist auf die
Fähigkeiten, Umsicht und Sorgfalt, die von
den Angehörigen der betreffenden Berufs-
gruppe bei der Erledigung des entsprechenden Geschäfts typischerweise verlangt
werden kann (*BGH* NJW 2000, 2812). Die
objektive Betrachtungsweise schließt eine
Berufung auf individuell mangelnde Kennt-
nisse und fehlende Erfahrungen aus (*BGH*
NJW 2003, 2022, 2024). Besondere Fähigkeiten des Schuldners können allerdings
berücksichtigt werden und den Sorgfaltsmaßstab **anheben** (*BGH* NJW 1987, 1479,
1480; 1994, 2232, 2233).

II. Haftung für den Erfüllungsgehilfen

96. Erfüllungsgehilfe und Verrichtungsgehilfe

Lankes stand im zweiten Jahr seiner Radio- und Fernsehelektronikerlehre, als ihn sein Meister Sperrer zur Witwe Gleim schickte, die ihr Fernsehgerät repariert haben wollte. Sperrer hatte ihm die Weisung erteilt, bei einfachen Mängeln die Reparatur selbst vorzunehmen, sonst aber das Gerät in die Werkstatt zu bringen. Lankes stellte nach einigen Handgriffen fest, dass der Fehler nicht einfach zu beheben war. Er wollte jedoch seinem Meister beweisen, dass er auch schon schwierigere Aufträge selbstständig durchführen könne, und setzte daher seine Bemühungen fort. Diese endeten damit, dass aus dem Gerät eine Stichflamme schoss. Das Gerät war jetzt endgültig zerstört. – Die Gleim möchte von Sperrer Ersatz für das Gerät. Dieser meint, er hafte nicht. Denn Lankes habe entgegen seinen Weisungen gehandelt. Auch könne man von einem Auszubildenden im zweiten Lehrjahr noch keine schwierigen Reparaturen erwarten, so dass es an einem Verschulden fehle. Im Übrigen habe Lankes noch

I. Anspruch aus §§ 280 I, 633 I

Zwischen S und G war ein Werkvertrag abgeschlossen worden. G kann gem. § 280 I Schadensersatz (neben der Leistung) für das Gerät verlangen, wenn eine Pflichtverletzung in Form eines Werkmangels vorliegt, den S zu vertreten hat.

1. Vorliegen eines Werkmangels

Die von S geschuldete Reparaturleistung war mangelhaft i. S. von § 633 I, weil sie nicht zu dem gewünschten Erfolg geführt hatte.

2. Vertretenmüssen des Werkmangels

S hat den Mangel dann zu vertreten, wenn ihm entweder eigenes Verschulden zur Last fällt (§ 276) oder er sich ein Verschulden des L zurechnen lassen muss (§ 278).

a) eigenes Verschulden des S?

Da S die schädigende Handlung nicht selbst vorgenommen hat, könnte eine von ihm persönlich verschuldete Vertragsverletzung höchstens in der Entsendung eines erst Auszubildenden erblickt werden. Dies dürfte jedoch – wie bei § 831 – zu verneinen sein, da S dem L genaue Weisungen erteilt hatte.

b) Zurechnung des Verhaltens des L

Der Schuldner hat nach § 278 S. 1 „ein Verschulden der Personen, deren er sich zur Erfüllung seiner Verbindlichkeit bedient, in gleichem Umfang zu vertreten wie eigenes Verschulden". (Grund für diese **Garantiehaftung für andere** ist die Erwägung, dass der Schuldner mit der Einschaltung eines Gehilfen seinen Geschäftskreis im eigenen Interesse erweitert und folglich das mit der Arbeitsteilung verbundene

nie zu Beanstandungen An-
lass gegeben, er habe ihn auch
regelmäßig überwacht. Wie
ist zu entscheiden?

Personalrisiko tragen soll; *BGH* NJW 1996,
452.). Voraussetzungen der Haftung für
„**Erfüllungsgehilfen**" sind demnach:
aa) Es muss (bereits vor der schädigenden
Handlung!) ein „**Schuldverhältnis**" bestehen. Dies muss nicht notwendig ein Vertrag
sein, ausreichend ist vielmehr jede rechtliche
Sonderverbindung, gleichgültig auf welcher
Rechtsgrundlage sie beruht (vgl. *BGH* NJW
1996, 464, 465). – Hier lag ein Werkvertrag
zwischen S und G vor.
bb) Der Schuldner muss sich eines anderen
„bei der Erfüllung bedienen". Dies bedeutet
nach ganz h. M. (vgl. nur BGHZ 100, 117,
122), dass der andere „**mit Willen des
Schuldners rein tatsächlich bei der Erfüllung einer diesem obliegenden Verbindlichkeit tätig geworden sein muss**".
Unerheblich ist dagegen die Art der Tätigkeit oder in welchem Rechtsverhältnis der
Gehilfe zum Schuldner steht (vgl. *BGH*
NJW 1996, 451) und ob er um seine
Gehilfeneigenschaft weiß (vgl. BGHZ 13,
113 f.). Anders als der Begriff des Verrich-
tungsgehilfen i. S. v. § 831 (s. dazu PdW
SchuldR II, Fall 247) setzt die Eigenschaft
als Erfüllungsgehilfe nicht Weisungsabhängigkeit voraus. Auch ein selbstständiger
Unternehmer kann damit Erfüllungsgehilfe
sein. – Da L sich auf Geheiß des S an die
(von S geschuldete) Reparatur machte, ist
auch diese Voraussetzung erfüllt. Dass sich
L über die Weisung des S hinwegsetzte, nur
einfache Reparaturen selbst auszuführen,
ist bedeutungslos, da seine Tätigkeit noch
den Charakter einer Erfüllungshandlung
trug (vgl. *BGH* NJW 1993, 1704, 1705).
cc) Es muss ein „**Verschulden**" des Gehilfen vorliegen. Aus der Anordnung des
§ 278, dass der Schuldner das Verschulden

des anderen „wie eigenes" zu vertreten hat, ist zu schließen, dass damit ein Verhalten gemeint ist, das sich **in der Person des Schuldners** als eine rechtswidrige und schuldhafte Pflichtverletzung darstellen würde. Dies bedeutet u. a., dass die Frage, ob eine bestimmte Handlungsweise fahrlässig war, nicht aus der Person des Gehilfen, sondern aus der des Schuldners zu beantworten ist (h. M., vgl. BGHZ 114, 263, 272; *Medicus/Lorenz* I, Rn. 392; a. A. *Looschelders,* SchuldR AT,, Rn. 548; *E. Lorenz,* FS 50 Jahre, BGH Bd. 1, 2000, I S. 329, 376; hat der Gehilfe freilich als Fachmann größere Fähigkeiten als der Schuldner, sind die Fähigkeiten des Gehilfen als Maßstab heranzuziehen, s. *BGH* a. a. O.). Hier kommt es infolgedessen nicht darauf an, ob dem L persönlich Fahrlässigkeit vorzuwerfen wäre – was angesichts seines jugendlichen Alters und seiner noch nicht abgeschlossenen Ausbildung zweifelhaft wäre. Entscheidend ist vielmehr, welche Sorgfaltsanforderungen an den Schuldner zu stellen waren. Dieser schuldete aber nach dem Vertrag normale Handwerksarbeit, nicht „Lehrlingsarbeit". Da nach Sachlage die berufsübliche Sorgfalt bei der Reparatur nicht eingehalten worden war, muss S sich das Verhalten des L zurechnen lassen. – S haftet demnach aus §§ 280 I, 633 I (die Haftung lässt sich parallel dazu auch auf §§ 280 I, 241 II stützen, s. dazu PdW SchuldR II, Fälle 142, 143).

II. Anspruch aus § 831 I S. 1

L war „**Verrichtungsgehilfe**" des S, da dieser ihn „**zu einer Verrichtung bestellt**", d. h. ihm eine Tätigkeit übertragen hatte, bei der er von den Weisungen des S abhängig blieb (vgl. BGHZ 45, 311; *BGH*

NJW 1980, 941). L hatte der G widerrechtlich einen Schaden zugefügt, nämlich ihr Eigentum verletzt. Dies geschah auch „in Ausführung der Verrichtung", da auch ein eigenmächtiges Abweichen von den Weisungen des Geschäftsherrn, wie hier, das Handeln noch nicht außerhalb des übertragenen Aufgabenbereiches stellt (vgl. BGHZ 49, 19). Gleichwohl haftet S nicht aus § 831 für den Schaden, da er sich durch den Nachweis sorgfältiger Auswahl und Überwachung des L nach § 831 I S. 2 exkulpieren kann.

Merke also: § 831 = Haftung für **eigenes** vermutetes Verschulden ohne Rücksicht auf ein Verschulden der Hilfsperson, aber **mit** Exkulpationsmöglichkeit; Weisungsabhängigkeit des Gehilfen erforderlich.

§ 278 = Haftung im Rahmen eines bestehenden Schuldverhältnisses für **fremdes** Verschulden **ohne** Exkulpationsmöglichkeit.

97. Handeln des Erfüllungsgehilfen „bei Erfüllung" und „bei Gelegenheit"

Wie Fall 96. Während der Reparaturarbeiten musste Frau Gleim zu Besorgungen außer Haus. Lankes nützte dies, um seine Arbeit gemütlicher zu gestalten. Er steckte sich nach dem Vorbild älterer Kollegen eine Zigarette an und legte zu seiner Unterhaltung eine CD aus der Sammlung der Gleim auf. Die Zigarettenasche ließ er achtlos fallen; ein von ihm unbemerkter glimmender Aschenrest brannte in den

1. Haftung aus §§ 280 I, 241 II i. V. mit § 278

Den S trafen aus dem Vertrag nicht nur Leistungspflichten, sondern nach § 241 II auch Schutzpflichten. Diese umfassen die Pflicht, das Eigentum der G nicht zu verletzen. Hätte S selbst die schädigenden Handlungen vorgenommen, so würde er ohne Zweifel aus §§ 280 I, 241 II haften. Eine andere Frage ist es, ob er auch ohne weiteres für solche Verhaltensweisen des L haftet.

a) § 278 bezieht sich sowohl auf das Verschulden bei der Erfüllung der Leistungspflichten als auch bei der Erfüllung von

Teppichboden ein Loch. Als er Frau Gleim zurückkommen hörte, wollte er noch schnell die CD aufräumen, wobei er jedoch in der Eile die Schublade des CD-Geräts abbrach. Als er das Haus der Gleim verlassen hatte, trat er aus Wut darüber, dass diese ihm kein Trinkgeld gegeben hatte, eine Beule in den Kotflügel des am Straßenrand geparkten Autos der Gleim. Haftet Sperrer auch für diese Schäden?

Schutzpflichten. Der Begriff der **Erfüllung einer Verbindlichkeit** erfasst auch die dem Schuldner nach § 241 II obliegenden Verhaltenspflichten (h. M., vgl. nur Palandt/*Grüneberg*, § 278 Rn. 18).

b) Str. ist jedoch, ob **jedes** Gehilfenverhalten, das in der Person des Schuldners eine Schutzpflichtverletzung darstellen würde, ausreicht, um seine Haftung zu begründen.

aa) Die h. M. (vgl. *BGH* NJW 1993, 1705) differenziert danach, ob das schuldhafte Verhalten „**bei Erfüllung**" oder nur „**bei Gelegenheit der Erfüllung**" erfolgte. Maßgebend soll sein, ob die Handlung in einem „unmittelbaren inneren Zusammenhang" mit den vom Schuldner übertragenen Aufgaben steht oder nicht. So soll der Handwerker z. B. nicht für einen von seinem Gehilfen begangenen Diebstahl haften. Folgt man dieser Ansicht, haftet S nicht für die Beschädigung des CD-Players und des Autos, weil diese in keinem sachlichen Zusammenhang mit der übertragenen Tätigkeit standen und nur „bei Gelegenheit" erfolgten. Hinsichtlich des Rauchens erscheint die Entscheidung zweifelhaft (vgl. hierzu RGZ 87, 276 – verneinend; *BGH* LM Nr. 39 zu § 278 – offen lassend). Es spricht aber viel dafür, die Haftung des S insoweit zu bejahen, da Rauchen während der Arbeit auch heute noch weithin üblich ist und man somit noch von einem arbeitsspezifischen Risiko sprechen kann.

bb) Die Gegenmeinung (Palandt/*Grüneberg*, § 278 Rn. 22; *Medicus/Lorenz* I, Rn. 391; *Looschelders,* SchuldR AT, Rn. 546; vgl. auch *BGH* VersR 1981, 732) lehnt diese Unterscheidung hingegen ab.

Der Gläubiger eröffne den Zugang zu seinen Rechtsgütern nur im Vertrauen auf die Existenz einer besonderen Schuldverbindung. Nur aus diesem Grunde erhalte der Gehilfe überhaupt die Gelegenheit, auf die Rechtsgüter des Gläubigers einzuwirken. Daher müsse der Schuldner haften, wenn dem Gehilfen die Schädigung durch die übertragene Tätigkeit erheblich erleichtert worden sei (Gedanke der **Risikoerhöhung**).

Dieser Ansicht ist zuzustimmen: Eröffnet nämlich der Schuldner dem Gehilfen Zugang zu den Rechtsgütern des Gläubigers, indem er ihn zur Erfüllung seiner Leistungspflicht einsetzt, ist dieser zugleich in die Pflicht des Schuldners eingesetzt, sonstige Rechtsgüter des Gläubigers, mit welchen er nur in seiner Eigenschaft als Erfüllungsgehilfe in Berührung kommen kann, nicht zu schädigen. Dies entspricht auch dem der Haftung aus §§ 280 I, 241 II zu Grunde liegenden Vertrauensgedanken. Der Gläubiger darf darauf vertrauen, dass das zur reibunglosen Durchführung eines Schuldverhältnisses notwendige Sorgfaltsverhalten auch von den Hilfspersonen des Schuldners erbracht wird. Damit haftet S für die Beschädigung des Teppichs und des CD-Players, nicht aber für jene des Autos, da der Zugang zu diesem nicht durch die übertragene Tätigkeit erfolgte.

2. Haftung aus § 831
Eine Haftung entfällt, da S sich exkulpieren kann.

Beachte: Auch bei § 831 differenziert die h. M. zwischen Handlungen „bei Verrichtung" und „bei Gelegenheit der Verrichtung", s. PdW SchuldR II, Fall 247.

98. Erfüllungsgehilfe und Substitut

Wie Fall 96, jedoch behält sich Sperrer beim Reparaturauftrag im Einverständnis mit der Witwe Gleim vor, den Reparaturauftrag wegen Überlastung an einen anderen Werkunternehmer zu übertragen. Sperrer überträgt den Auftrag dann dem als zuverlässig bekannten Danner, der aus Unachtsamkeit das Fernsehgerät der Gleim zerstört. Haftet Sperrer für den entstandenen Schaden?

1. Anspruch aus §§ 280 I, 633 I
Darf nach dem Vertragsinhalt der Schuldner die Ausführung der Verpflichtung einem Dritten überlassen (sog. **Substitution**), erschöpft sich seine Leistungspflicht in der Auswahl dieses Dritten. Da er dann nur die Auswahl, nicht aber die Tätigkeit selbst schuldet, handelt der Dritte bei der Ausführung der Verpflichtung nicht im Pflichtenkreis des Schuldners und ist damit nicht dessen Erfüllungsgehilfe i. S. v. § 278 I, sondern sog. Substitut. S hat für dessen Verschulden nicht einzustehen.
2. Anspruch aus § 280 I
Da S hier also nur die Auswahl eines Ausführenden schuldete, kommt als Pflichtverletzung lediglich die Auswahl einer ungeeigneten Person (sog. Auswahlverschulden) in Betracht (s. für das Auftragsrecht auch § 664 I S. 2). Da ein solches hier nicht vorliegt, haftet S auch aus diesem Aspekt nicht.

99. Verkäufer und Produzent

Bieser, stolzer Eigentümer eines Eigenheims, kauft im Baumarkt des Scholz Fliesen aus italienischer Produktion. Nachdem er die Fliesen verlegt hat, stellt er fest, dass diese auf Grund von Brennfehlern in der Herstellung, die Scholz nicht erkennen konnte, nicht über die notwendige Abriebfestigkeit verfügen und daher neu verlegt werden müssen. Kann Bieser von

1. Anspruch aus §§ 437 Nr. 3, 280 I, III, 281 wg. Verletzung der Nacherfüllungspflicht
B könnte, da S die Erfüllung jedes weiteren Anspruchs ernsthaft und endgültig verweigert hat (§ 281 II), Ersatz der Kosten für die Neuverlegung verlangen, wenn B diese nach § 439 I als Nacherfüllung geschuldet hätte. Der Nacherfüllungsanspruch des B beinhaltet aber, da sich S ursprünglich nur zur Lieferung, nicht aber zur Verlegung der Fliesen verpflichtet hatte, lediglich die Lieferung neuer Fliesen, nicht aber deren Verlegung (*BGH* NJW 2008, 2837).

Scholz, der nur bereit ist, neue Fliesen zu liefern, Ersatz der Kosten für deren Verlegung verlangen?

2. Anspruch aus §§ 437 Nr. 3, 280 I, 433 I S. 2 (Mangelfolgeschaden)

Der von B geltend gemachte Anspruch auf Schadensersatz (neben der Leistung) aus § 280 I setzt – auch im Falle eines Gattungskaufs – grundsätzlich Verschulden i. S. v. § 276, d. h. Vorsatz oder Fahrlässigkeit voraus (s. PdW SchuldR II Fall 48). Da die Mangelhaftigkeit für S nicht erkennbar war und er auch keine Garantie i. S. v. § 276 I gegeben hatte, liegt eigenes Vertretenmüssen nicht vor (zur Reichweite des Beschaffungsrisikos beim Gattungskauf s. PdW SchuldR II, Fall 48). S muss sich auch nicht das Verschulden des Herstellers nach § 278 zurechnen lassen. Da S nicht die Herstellung, sondern lediglich die Beschaffung der Fliesen schuldete, handelte der Produzent bei der Herstellung der Fliesen nicht im Pflichtenkreis des S, so dass dieser für dessen Verschulden bei der Produktion nicht einzustehen hat (h. M., s. *BGH* NJW 2008, 2837 Tz. 29; 2009, 2674 Tz. 19; Palandt/*Grüneberg*, § 278 Rn. 13 m. w. N.; a. A. MünchKomm/*Grundmann*, § 278 Rn. 31; *Peters*, ZGS 2010, 24).

100. Schuldfähigkeit des Erfüllungs-(Bewahrungs-)gehilfen

Die Witwe Sailer wohnte im ersten Stock des dem Vieting gehörenden Wohnhauses. Da ihre Tochter berufstätig war, nahm sie deren sechsjährigen Sohn Kaspar häufig zu sich. Als sie eines Tages von einer kleineren Besorgung zurückkehrte, musste sie feststellen, dass das Bad und der Flur

1. Anspruch aus §§ 280 I, 241 II i. V. m. § 278

Aus dem Mietvertrag war die S verpflichtet, beim Gebrauch der Mietsache die nötige Sorgfalt gegenüber dem Eigentum des Vermieters einzuhalten.

a) Hätte sie daher selbst den Wasserhahn offen gelassen, würde sie ohne weiteres aus §§ 280 I, 241 II haften.

b) Es kommt aber eine Haftung aus

überschwemmt waren. Kaspar hatte sich nämlich die Hände gewaschen und war dann zum Spielen in den Hof gegangen, ohne den Wasserhahn zuzudrehen. An der Decke der Erdgeschosswohnung zeigten sich bald darauf hässliche Wasserflecken. Die Malerarbeiten zur Beseitigung dieser Flecken kosteten den Vieting € 500,–. Kann er diesen Betrag von Frau Sailer ersetzt verlangen?

§§ 280 I, 241 II i. V. m. § 278 in Frage. Räumt der Mieter einem Dritten befugterweise den Mitgebrauch ein, so ist der Dritte als Erfüllungsgehilfe (oder besser: **Bewahrungsgehilfe**, *E. Schmidt*, AcP 170, 502) des Mieters im Hinblick auf die vertragliche Pflicht, den Vermieter vor vermeidbaren Schädigungen zu bewahren, anzusehen. Der Mieter muss sich daher das „Verschulden" des Dritten wie eigenes zurechnen lassen. – Fraglich ist nur, ob man von einem „Verschulden" des Gehilfen sprechen kann, wenn dieser **schuldunfähig** ist, wie hier bei K nach §§ 276 I S. 2, 828 I der Fall.

aa) Nach einer Ansicht (vgl. Palandt/*Grüneberg*, § 278 Rn. 27; *E. Lorenz*, FS 50 Jahre BGH, Bd. 1, 2000, S. 377; *OLG Düsseldorf* NJW-RR 1995, 1165, 1166) ist aus dem Wortlaut des § 278 zu schließen, dass der Gehilfe schuldfähig i. S. der §§ 827, 828 i. V. mit § 276 I S. 2 sein muss. Doch soll der Schuldner für einen verschuldensunfähigen Gehilfen in der Regel bereits nach § 276 wegen eines eigenen Überwachungs- bzw. Auswahlverschuldens haften.

bb) Andere (vgl. MünchKomm/*Grundmann*, § 278 Rn. 49 m. w. N.) wollen es genügen lassen, wenn das Verhalten des Gehilfen „**als Verhalten des Schuldners gedacht**" schuldhaft wäre. Bezüglich der Zurechnungsfähigkeit soll es daher allein auf die Person des Schuldners ankommen. Folgt man dieser Ansicht, haftet S für das „Verschulden" des K.

cc) Der ersten Ansicht ist aus dogmatischen Gründen Recht zu geben. S haftet nicht nach § 278 für das Verschulden des K.

2. Anspruch aus §§ 280 I, 241 II
S könnte aber dadurch, dass sie den K kurzfristig alleine ließ, selbst eine Schutz-

pflicht gegenüber V schuldhaft verletzt haben. Freilich ist eine ununterbrochene Beaufsichtigung Minderjähriger nicht durchführbar. In dem kurzfristigen Alleinlassen des K kann daher keine schuldhafte Verletzung einer Schutzpflicht gegenüber V gesehen werden.

3. Anspruch aus § 832

Da die S als Großmutter nicht kraft Gesetzes gegenüber dem minderjährigen K aufsichtspflichtig war, haftet sie für den von K angerichteten Schaden allenfalls aus § 832 II. Ob in der tatsächlichen Übernahme der Aufsicht über K ein Vertragsschluss i. S. dieser Vorschrift erblickt werden kann, ist zweifelhaft (vgl. hierzu *BGH* NJW 1968, 1874; 85, 678).

Da die S aber regelmäßig und für längere Zeit den K beaufsichtigte, könnte u. U. ein rechtlicher Bindungswille und damit ein Vertrag angenommen werden. Freilich ist eine ununterbrochene Beaufsichtigung praktisch nicht durchführbar und daher auch rechtlich nicht geboten. In dem kurzfristigen Alleinlassen des K kann daher auch keine schuldhafte Verletzung der Aufsichtspflicht gesehen werden (vgl. auch *BGH* NJW 1985, 678 f.). Die S kann sich daher jedenfalls nach § 832 I S. 2 exkulpieren.

7. Kapitel. Gattungsschuld

101. Abgrenzung der Gattungsschuld

Der Brauereibesitzer Bierling hatte mit dem Hopfenhändler Salzmann einen Vertrag über die Lieferung von 200 Sack Holledauer Hopfen zu einem bestimmten Preis geschlossen. Zwei Tage später teilte ihm Salzmann mit, dass über Nacht sein Lagerhaus abgebrannt sei und er sich daher neu mit Hopfen eindecken müsse. Da die Hopfenpreise inzwischen um 10% angezogen hätten, müsse er, wenn Bierling noch beliefert werden wolle, die Preissteigerung voll an ihn weitergeben. Bierling verlangt Lieferung zum vereinbarten Preis. Zu Recht?

B kann nach §§ 433 I S. 1, 320 Lieferung Zug-um-Zug gegen Zahlung des vereinbarten Preises verlangen, wenn die Vernichtung der Hopfenbestände bei S ohne Einfluss auf den Vertrag geblieben ist. Dies hängt vom Inhalt der Leistungspflicht des S ab.

1. Allgemeine Einteilung

a) Stückschuld

Wäre die zu liefernde Ware bei Vertragsschluss bereits **individuell** bestimmt gewesen (z. B. bei numerierten Säcken), so läge eine **Stückschuld** vor. Der zufällige Untergang dieser Ware hätte die Verpflichtung des B nach § 275 I beseitigt (nach § 326 I S. 1 wäre freilich auch sein Kaufpreisanspruch entfallen).

b) Vorratsschuld (Beschränkte Gattungsschuld)

Das gleiche würde gelten, wenn die zu liefernde Ware nicht individuell, sondern nur nach Gattungsmerkmalen (hier: „Holledauer Hopfen") bestimmt gewesen wäre, aber Lieferung nur aus einem näher bezeichneten, vorhandenen oder erwarteten Vorrat, etwa „aus den Lagerbeständen", geschuldet sein sollte. Denn bei dieser sog. **Vorratsschuld** erschöpft sich die Gattung im eigenen Vorrat. Mit dem Untergang des gesamten Vorrats wird dem Schuldner die Leistung unmöglich (§ 275 I).

c) Marktbezogene Gattungsschuld

Anders liegt es, wenn der Schuldgegenstand **nur** nach Gattungsmerkmalen bestimmt und der Schuldner damit verpflichtet ist, sich auf dem Markt einzudecken (sog. „echte" oder „**marktbezogene**" Gattungsschuld). Hier tritt keine Unmöglichkeit i. S. v. § 275 I ein, solange Gegenstände der geschuldeten Gattung auf dem Markt vorhanden sind. Der Schuldner hat sich vielmehr dann andere Ware auf dem Markt zu beschaffen (sog. **Beschaffungspflicht**). Ist er dazu aus finanziellen Gründen nicht in der Lage, so entschuldigt ihn dies nicht. Der Gläubiger kann dann nach §§ 280 I, III, 281 vorgehen. Grenze der Leistungspflicht ist dann allenfalls § 275 II, III.

2. Auslegung

Welcher Schuldtyp im Einzelfall vorliegt, ist durch Auslegung des Vertrages unter Berücksichtigung der näheren Umstände zu ermitteln. Hier war ersichtlich keine Stückschuld gewollt. Da S Händler und nicht Erzeuger war, weiter für B nicht erkenntlich war, woher S seinen Hopfen bezog, ist auch keine Vorratsschuld, sondern eine (echte) Gattungsschuld anzunehmen.

S war daher verpflichtet, sich Hopfen auf dem Markt zu verschaffen, um den Vertrag mit B zu erfüllen. Die Grenze des § 275 II war nicht überschritten, da zwischen dem Aufwand für S und dem Nutzen für B keinerlei Divergenz besteht (s. dazu Fall 18). Bei einem Ansteigen der Marktpreise um 10% kommt mangels Unzumutbarkeit auch der Einwand des Wegfalls der Geschäftsgrundlage (§ 313 I) nicht in Betracht. B kann daher Lieferung zum vereinbarten Preis verlangen.

102. „Wirtschaftliche Unmöglichkeit" und „Äquivalenzstörung" bei der Gattungsschuld

Wie wäre im vorigen Fall zu entscheiden gewesen, wenn sich der Marktpreis des Hopfens um 100% verteuert hätte?

1. Geht die Erschwerung der Beschaffung der Ware über das vom Schuldner übernommene Beschaffungsrisiko hinaus, wurde früher von „wirtschaftlicher Unmöglichkeit" gesprochen (vgl. RGZ 107, 156). Heute ist anerkannt, dass insoweit die elastischeren und mittlerweile in § 313 kodifizierten Regeln über das Fehlen bzw. den Wegfall der **Geschäftsgrundlage** (s. Fall 7) eingreifen (vgl. *BGH* NJW 1994, 515, 516). Danach gilt:

a) Dem Abschluss eines gegenseitigen Vertrages liegt regelmäßig die Vorstellung der Parteien zu Grunde, dass Leistung und Gegenleistung in einem angemessenen Verhältnis zueinander stehen. Eine Verschiebung des Gleichgewichts, sei es durch nachträgliche Erschwerung der Leistung des Schuldners, sei es durch Entwertung der Gegenleistung des Gläubigers, ist solange unbeachtlich, als sich die Veränderung im Rahmen des von den Parteien übernommenen Vertragsrisikos bewegt. Überschreitet die Veränderung den vertraglichen Risikorahmen, so liegt ein Fall des Wegfalls der Geschäftsgrundlage in Gestalt der „**Äquivalenzstörung**" vor.

b) Als **Rechtsfolge** gilt zunächst, dass vom betroffenen Vertragsteil nicht unveränderte Vertragserfüllung verlangt werden kann, sondern dass er einen Anspruch auf **Anpassung** des Vertrages an die veränderten Umstände hat. Bei Erschwerung der Sachleistungspflicht, wie hier, kann eine Anpassung durch Gewährung eines **Ausgleichsanspruchs** vorgenommen werden. Dies bedeutet, dass der Schuldner, wenn der

Gläubiger auf Leistung besteht, zum Ausgleich eine höhere Gegenleistung verlangen kann. Die Höhe des Ausgleichs hängt von den Umständen ab. Im Streitfall muss das Gericht entscheiden.

2. Daraus ergibt sich: Eine Preissteigerung von 100% überschreitet wohl das normale Beschaffungsrisiko. B kann daher Lieferung nur verlangen, wenn er sich zur Zahlung eines Ausgleichsbetrages bereit erklärt. Nimmt man z. B. an, dass nachträgliche Preissteigerungen bis zu 50% in den vertraglichen Risikobereich des S fallen, so erscheint es gerechtfertigt, den B mit den weiteren 50% zu belasten. Weigert sich B, den Ausgleich vorzunehmen, so kann S nach § 313 III vom Vertrag zurücktreten.

103. Konkretisierung und Annahmeverzug bei der Gattungsschuld

Ausgangsfall wie Fall 101. Es war jedoch vereinbart worden, dass B innerhalb von drei Tagen nach Aufforderung durch S den Hopfen von dessen Lagerhaus abholen sollte. Durch verschiedene Umstände war B gehindert, diese Frist einzuhalten. In der dem Fristablauf folgenden Nacht brannte das Lagerhaus des S samt den Hopfenbeständen ab. Eine Aussonderung der an B zu liefernden Säcke war nicht erfolgt. Kann B jetzt noch Lieferung beanspruchen?

Anspruchsgrundlage ist § 433 I S. 1. Da es sich um eine „marktbezogene" Gattungsschuld handelte, ist S infolge der Zerstörung seiner Vorräte nicht nach § 275 I von der Lieferpflicht befreit.

a) Hat freilich „der Schuldner das zur Leistung einer solchen Sache seinerseits Erforderliche getan", so beschränkt sich nach § 243 II das Schuldverhältnis auf diese Sache. Man bezeichnet diesen Vorgang als **Konkretisierung**, weil sich damit die Leistungspflicht auf die vom Schuldner zur Erfüllung bestimmten Stücke konkretisiert, d. h. nur noch diese geschuldet sind. In diesem Zeitpunkt wandelt sich also die Gattungsschuld in eine Stückschuld um, mit der Folge, dass der Schuldner beim Untergang dieser Stücke nach § 275 I von seiner Leistungspflicht befreit wird: Die

Leistungsgefahr (Sachgefahr) geht also auf den Gläubiger über. Bei der Frage, wann der Schuldner das „seinerseits Erforderliche" getan hat, ist nach der Modalität der Schuld zu unterscheiden:

aa) Bei der **Bringschuld** ist hierzu die Aussonderung und das tatsächliche Angebot am Wohnort des Gläubigers erforderlich,

bb) bei der **Schickschuld** die Aussonderung und Absendung an den Gläubiger,

cc) bei der **Holschuld** schließlich die Aussonderung und Bereitstellung der Sache und die Benachrichtigung bzw. Aufforderung des Gläubigers, die Sache abzuholen. Hier lag eine Holschuld vor. S hatte den B auch zur Abholung aufgefordert, jedoch nicht die an B zu liefernden Säcke ausgesondert und bereitgestellt. Es trat daher keine Konkretisierung nach § 243 II ein.

b) Allerdings könnte die Leistungsgefahr nach § 300 II auf B übergegangen sein. Nach dieser Vorschrift geht bei der Gattungsschuld die „Gefahr" mit dem Eintritt des Annahmeverzuges auf den Gläubiger über. Mit „Gefahr" ist nach h. M. die **Leistungs-** und nicht die **Gegenleistungsgefahr** gemeint, da Letztere in § 326 II geregelt ist. Hier geriet B durch die Abholungsaufforderung mit Ablauf der vereinbarten Frist gem. § 295 S. 2 in Annahmeverzug. Eine Aussonderung der zu liefernden Stücke war **hierzu** nicht erforderlich (vgl. etwa Palandt/*Grüneberg*, § 295 Rn. 3). Es genügte, dass S die Leistung soweit vorbereitet hatte (Lagerhaltung), dass er leisten konnte, sobald B zur Abholung erschien (vgl. RGZ 50, 255). An sich greift daher § 300 II ein. – Es ist jedoch folgendes zu bedenken: Gehen nur einzelne Stücke aus der Gattung, nicht die ganze Gattung unter, so kann sich die Frage des Gefahrübergangs nur erheben, wenn bereits feststand, dass gerade diese Stücke Gegenstand der Lieferung sein sollten. Dazu ist aber mindestens die Aussonderung der für die Lieferung bestimmten Stücke erforderlich (vgl. *BGH* WM 1975, 920; *Westheimer*, JuS 1993, 646, 647). Mangels Aussonderung (die hier gleichzeitig die Konkretisierung bewirkt hätte) trat daher auch kein Gefahrübergang nach § 300 II ein. S bleibt daher zur Leistung verpflichtet.

Beachte: § 300 II ist neben § 243 II nicht überflüssig, sondern in zwei Fallgruppen von Bedeutung: Einmal, wenn die Sache zwar ausgesondert wurde, aber dadurch keine Konkretisierung eintrat. Zum anderen, wenn ausnahmsweise trotz Konkretisierung kein Gefahrübergang eintrat, etwa auf Grund Parteiabrede oder bei § 270 I (s. *Medicus/Lorenz* I, Rn. 525).

104. Konkretisierung und „venire contra factum proprium"

Ausgangsfall wie Fall 101. Es war jedoch vereinbart worden, dass S den Hopfen am 25. 9. bei B anliefern sollte. Als der Fahrer F des S an diesem Tag mit den 200 Hopfensäcken bei der Brauerei des B vorfuhr, stellte er fest, dass dort wegen eines Betriebsausflugs niemand zur Empfangnahme der Ware anwesend war. Er fragte daher telefonisch bei S an, was er tun solle. S schickte ihn darauf, um das Beste aus der Situation zu machen, zur Brauerei D in der Nachbarstadt, an die er

B konnte nach § 326 V zurücktreten bzw. sich auf den Wegfall der Gegenleistungspflicht nach § 326 I S. 1 berufen (s. dazu Fall 24), wenn dem S die Leistung auf Grund eines von ihm zu vertretenden Umstands unmöglich geworden war (s. § 326 II S. 1 Alt. 2; §§ 326 V i. V. m. 323 VI). Dies wäre dann der Fall gewesen, wenn sich das Schuldverhältnis auf die an den D weiterveräußerten 200 Säcke beschränkt hätte, d. h. aus der Gattungs- eine Stückschuld geworden wäre.

a) Durch das Angebot der Ware am Wohnsitz des B war zunächst **Konkretisierung** (und zugleich **Annahmeverzug**) eingetreten, da S damit das seinerseits Erforderliche i. S. des § 243 II getan hatte.

ebenfalls Hopfen zu liefern hatte. D nahm die 200 Säcke ab. Dies kam dem B zu Ohren. Da mittlerweile die Hopfenpreise gefallen waren, trachtete er danach, vom Vertrag mit S loszukommen. Er schrieb daher an S, er trete vom Vertrag zurück, weil sich S durch die Weiterveräußerung die Leistung schuldhaft unmöglich gemacht habe. S erwiderte, er habe noch genug Hopfen auf Lager, um den B beliefern zu können. B müsse ihm nur mitteilen, wann er beliefert werden wolle. Wie ist zu entscheiden?

Zur Vertiefung: *Canaris* JuS 2007, 793.

b) Eine andere Frage ist es, ob die Konkretisierung unwiderruflich ist oder nicht (dazu eingehend *Medicus,* JuS 1966, 297).

aa) Eine vordringende Meinung (*Medicus,* a. a. O.; *Medicus/Petersen,* BürgR, Rn. 262; *Hager,* AcP 190 [1990] 332) gesteht dem Schuldner das Recht zu, bis zur Erbringung der Leistung die einseitig bewirkte Konkretisierung rückgängig zu machen, d. h. mit anderen Stücken erfüllen zu dürfen (anders **nach** Leistungserbringung; vgl. *BGH* NJW 1982, 873, vermittelnd *Canaris,* JuS 2007, 793: keine Bindung bis zum Übergang der Gegenleistungsgefahr). Denn § 243 II solle nur den Schuldner schützen. Der Gläubiger habe nie ein rechtlich schutzwürdiges Interesse daran, gerade die vom Schuldner zur Erfüllung bestimmten Stücke zu bekommen.

bb) Die wohl noch h. M. (vgl. *OLG Köln* NJW 1995, 3128; Palandt/*Grüneberg,* § 243 Rn. 7; MünchKomm/*Emmerich,* § 243 Rn. 33 ff. m. w. N.) nimmt zwar **grundsätzlich** eine Bindung des Schuldners an die eingetretene Konkretisierung an, weil der Schuldner nicht auf Kosten des Gläubigers soll spekulieren können, lässt aber im Einzelfall Ausnahmen nach § 242 zu. So dürfe sich der Gläubiger dann nicht auf § 243 II berufen, wenn er die angebotene Leistung zurückgewiesen habe (Gedanke des **venire contra factum proprium**). Das Gleiche muss wohl auch im Falle des Annahmeverzuges gelten, wenn der Schuldner **unverzüglich** die Lieferung anderer Stücke anbietet.

Beide Ansichten führen hier also zum gleichen Ergebnis. Da B sich somit nicht auf die Konkretisierung berufen darf, ist ihm sowohl der Rücktritt als auch die Berufung auf § 326 I S. 1 verwehrt.

105. Bindung an die Konkretisierung?

Ausgangsfall wie Fall 104. S soll den Hopfen so an B versenden, dass er bis spätestens am 25. 9. ankommt. S schickt bereits am 22. 9. den Fahrer F mit den 200 Hopfensäcken los, wovon er B telefonisch benachrichtigt. Als der Fahrer F bereits zur Brauerei des B unterwegs ist, meldet sich der Brauer D bei S. Dieser benötigt wegen eines plötzlichen Engpasses sofort eine Lieferung von 200 Säcken und ist bereit, dafür einen um € 1000,– erhöhten Preis zu bezahlen, wenn die Lieferung innerhalb der nächsten 2 Stunden erfolgt. S dirigiert daraufhin seinen Fahrer per Handy um, so dass dieser den für B vorgesehenen Hopfen nicht bei diesem, sondern bei D anliefert. Dies kam dem B zu Ohren. Als S den B am 23. 9. erneut die Lieferung von 200 Säcken Hopfen ankündigt, verweigert dieser Abnahme und Zahlung und verlangt überdies den von S bei D erzielten Mehrerlös von € 1000,– heraus. Zu Recht?

Ein Anspruch auf Herausgabe des von S durch den Verkauf an D erzielten Erlöses aus § 285 (rechtsgeschäftliches Surrogat, s. Fall 30) setzt voraus, dass S nach § 275 von der Leistungspflicht befreit war. Da sich die ursprüngliche Gattungsschuld im Wege der Konkretisierung zu einer Stückschuld gewandelt hatte, liegt eigentlich Unmöglichkeit i. S. v. § 275 I vor, so dass B nach § 285 einen Anspruch auf den von S erzielten Erlös hat. Er bleibt dann zwar nach § 326 III S. 1 zur Zahlung des Kaufpreises verpflichtet, kann jedoch insoweit die Aufrechnung erklären (§§ 387, 388), was er auch konkludent getan hat.

a) Nimmt man jedoch mit der im vorigen Fall dargelegten Mindermeinung an, dass S die Konkretisierung widerrufen konnte (schließlich musste er am 22. 9. ja noch nicht liefern), liegt, da dem S die Leistung aus der Gattung weiterhin möglich ist, keine Unmöglichkeit nach § 275 I vor, was einen Anspruch aus § 285 ausschließt.

b) Folgt man der h. M., kann in der Berufung des B auf die Konkretisierung kein Verstoß gegen Treu und Glauben (§ 242) gesehen werden. An der erfolgten Konkretisierung hat er nämlich spätestens dann ein schützenswertes Interesse, wenn ihm die Ware in einer Weise angedient ist, die es ihm ermöglicht, darüber im Wirtschaftsverkehr zu disponieren. Das ist insbesondere dann der Fall, wenn ihm die Aussonderung der Ware angezeigt wurde

(s. MünchKomm/*Emmerich*, §§ 243 Rn. 35 m. w. N.; ähnlich, aber mit anderem dogmatischen Ansatz *Canaris*, JuS 2007, 793). Der h. M. ist zu folgen, da allein sie die Interessen des Gläubigers wahrt und es durch die Anwendung von § 242 dennoch ermöglicht, die berechtigten Interessen des Schuldners zu wahren. Solche sind hier aber nicht ersichtlich. B kann daher nach erklärter Aufrechnung von S die Zahlung von € 1000,– aus § 285 verlangen.

106. Gleichbehandlung bei der Vorratsschuld

Biobauer Holzinger hat aus seiner diesjährigen Kartoffelernte von 20 t Biokartoffeln jeweils 10 t an die Kartoffelchiphersteller Artinger und Börner verkauft. Kurz vor der Lieferung kommt es nach einem Unwetter zu einem Brand in seiner Lagerhalle, bei welchem die Hälfte der Ernte zerstört wird. Artinger verlangt daraufhin Lieferung der verbliebenen 10 t an sich. Holzinger möchte hingegen lieber Börner beliefern, mit dem ihn eine längere Geschäftsbeziehung verbindet. Wer hat Recht?

Keiner von beiden. Bei der von H übernommenen Verpflichtung handelte es sich nicht um eine „marktbezogene" Gattungsschuld, sondern um eine beschränkte Gattungsschuld (Vorratsschuld), da er sich nur verpflichtet hatte, Kartoffeln aus seiner diesjährigen Ernte zu liefern. Da noch keine Konkretisierung eingetreten war, beschränkte sich die Schuld auch nicht auf bestimmte Exemplare. Wäre der ganze Vorrat untergegangen, wäre H nach § 275 I von der Lieferpflicht befreit. Geht wie hier nur ein Teil des Vorrats unter, reicht der verbleibende Rest aber nicht zur Befriedigung aller Gläubiger aus, sind deren Interessen in gleicher Weise schutzwürdig. Der Schuldner ist dann nach Treu und Glauben (§ 242) verpflichtet, seine Gläubiger gleich zu behandeln, d. h. er muss sie aus dem verbliebenen Vorrat anteilig befriedigen (ganz h. M. seit RGZ 85, 125; 100, 137; a. A. nur MünchKomm/*Emmerich*, § 243 Rn. 17 unter Hinweis auf § 20 II GWB). Im Übrigen wird er nach § 275 I frei. A kann daher Lieferung von 5 t Kartoffeln verlangen.

107. Gattungsschuld und Geldschuld

Unternehmer U schuldet der Bank B € 300 000,– aus Kreditvertrag.

a) Handelt es sich bei dieser Schuld um eine Gattungsschuld?

b) Auf Drängen der Bank verkauft U seinen letzten Besitz, nämlich sein Haus. Der Kaufpreis in Höhe von € 300 000,– wird ihm in bar ausgehändigt. Als er das Geld zur Bank bringen will, wird er überfallen und beraubt. Ist er von seiner Bankschuld frei geworden?

c) Die Bank klagt nunmehr gegen U auf Zahlung. Kann er im Prozess einwenden, er sei zahlungsunfähig und könne daher nicht verurteilt werden?

a) Eine **Geldschuld,** wie sie hier vorliegt, hat zum Inhalt, dass der Schuldner dem Gläubiger die Verfügungsmacht über den durch den Nennbetrag der Schuld ausgedrückten Vermögenswert zu verschaffen hat. Die Geldschuld ist daher eine **Wertverschaffungsschuld** und keine Sachschuld, damit auch **keine Gattungsschuld** (h. M.; Palandt/*Grüneberg,* § 245 Rn. 12; Jauernig/*Vollkommer,* §§ 244, 245 Rn. 6). Dies schließt es nicht aus, einzelne Vorschriften über die Gattungsschuld analog anzuwenden (z. B. § 300 II). Unmöglichkeit i. S. v. § 275 I ist bei Geldwertschulden nicht denkbar. Die Geld(wert)schuld ist abzugrenzen von der **Geldherausgabeschuld:** Wer etwa als Beauftragter zur Ausführung erhaltenes oder aus der Ausführung erlangtes Bargeld herauszugeben hat (§ 667) oder rechtsgrundlos übereignete Geldzeichen zurückzuerstatten hat (§ 812 I S. 1), schuldet die Übereignung dieser Geldscheine **(Stückschuld).** In diesen Fällen ist Unmöglichkeit nach § 275 I sowie eine Haftung nach §§ 280 I, III, 283 denkbar (*BGH* NJW 2006, 986; für die Verzinsung ist nach BGH NJW 2005, 3709 aber § 288 analog anzuwenden). Gleiches gilt, wenn bestimmte Münzen oder Scheine **als Sachen** (z. B. Sammlermünzen) Gegenstand des Vertrages sind (sog. **echte Geldsortenschuld,** zur „unechten" Geldsortenschuld s. § 245).

b) Eine Geldschuld ist grundsätzlich, sofern dem Schuldner keine andere Zahlungsart (z. B. Überweisung) gestattet ist, durch Übereignung entsprechender Geldzeichen zu erfüllen (*BGH* NJW 1999, 210). Nach der Auslegungsregel des § 270 I hat der Schuldner Geld im Zweifel auf seine Gefahr und seine Kosten dem Gläubiger an dessen Wohnsitz (bzw. gewerbliche Niederlassung, § 270 II) zu übermitteln. Die Geldschuld ist demnach eine **qualifizierte Schickschuld** (d. h. eine Schickschuld mit besonderer Gefahrtragungsregelung). Mit „**Gefahr**" i. S. des § 270 I ist die Verlustgefahr gemeint. U wurde deshalb nicht von seiner Zahlungspflicht gem. § 275 I befreit.

c) **Zahlungsunfähigkeit** des Schuldners ist kein Befreiungsgrund nach § 275 I. Dies folgt aus dem **Prinzip der unbeschränkten Vermögenshaftung** (s. o. Fall 95). Die Zahlungsunfähigkeit des U hindert daher nicht seine Verurteilung zur Zahlung. Der Schutz des Schuldners erfolgt im Rahmen der **Zwangsvollstreckung**: so ist z. B. Arbeitseinkommen bis zu einem bestimmten Betrag pfändungsfrei (§§ 850 ff. ZPO), bestimmte lebensnotwendige Sachen dürfen nicht gepfändet werden (§§ 822 ff. ZPO).

8. Kapitel. Vertrag zu Gunsten Dritter

108. Voraussetzungen des Vertrags zu Gunsten Dritter

Ganter gedachte seinem 22-jährigen Neffen Dieter zum endlich bestandenen Abitur einen gebrauchten Sportwagen zu schenken. Der Gebrauchtwagenhändler Schick offerierte ihm einen „Calibra GSI S. 16 V mit neuem Austauschmotor" zum Preis von € 15 000,–. Ganter war damit einverstanden und vereinbarte mit Schick, dass Dieter sich den Wagen selbst abholen dürfe und dass auch die Fahrzeugpapiere an ihn ausgehändigt werden sollten. Welche Vertragsgestaltung liegt hier vor?

Es sind drei Vertragsgestaltungen denkbar:

a) Der Schuldner soll nur das **Recht**, nicht aber die Pflicht haben, seine Leistung befreiend auch an den Dritten zu erbringen. Der Dritte hat dann nur die Funktion einer „**Zahlstelle**" (auch „**solutionis causa adjectus**" genannt). Vgl. hierzu § 362 II.

b) Der Gläubiger soll **berechtigt** sein, die Leistung an den Dritten zu fordern (sog. **unechter** oder **ermächtigender** Vertrag zu Gunsten Dritter).

c) Der Dritte soll allein oder neben dem Gläubiger (vgl. § 335) das Recht haben, die Leistung zu **fordern**. Nur dann liegt ein **echter** oder **berechtigender** Vertrag zu Gunsten Dritter i. S. des § 328 I vor. Da hier der Dritte eine Gläubigerstellung erwirbt, bezeichnet das Gesetz zur Verdeutlichung den Schuldner als **Versprechenden**, seinen Vertragspartner als **Versprechensempfänger**.

Welche Gestaltung im einzelnen Fall vorliegt, ist durch (ggf. ergänzende) Vertragsauslegung zu ermitteln. Das Gesetz hat für einige Sonderfälle (vgl. §§ 329, 330) Auslegungsregeln aufgestellt. Im Übrigen ist mangels einer ausdrücklichen vertraglichen Bestimmung „aus den Umständen, insbesondere aus dem Zwecke des Vertrages, zu entnehmen" (§ 328 II), ob der Dritte ein Recht auf die Leistung erwerben soll oder nicht. Wird der Vertrag vom Versprechensempfänger **erkennbar nur im Interesse des**

Dritten geschlossen, z. B. weil ihm eine Versorgung zugewandt oder sonst seine Lage verbessert werden soll, so ist dies ein wichtiges Indiz für das Vorliegen eines echten Vertrages zu Gunsten Dritter. Da hier G ersichtlich den Kaufvertrag ausschließlich im Interesse des D abschloss, ist die Vereinbarung, D solle sich selbst den Wagen abholen dürfen und auch die Papiere ausgehändigt bekommen, dahin auszulegen, dass dem D ein eigenes Forderungsrecht zugewandt werden sollte. Es liegt daher ein echter Vertrag zu Gunsten Dritter vor. Wenn S den Wagen an D übereignet, liegt Erfüllung gem. § 362 I (und nicht gem. § 362 II) vor.

109. Rechtsverhältnisse beim echten Vertrag zu Gunsten Dritter

1. Ist der (echte) Vertrag zu Gunsten Dritter ein eigenständiger Vertragstypus?
2. Welche Rechtsverhältnisse sind beim Vertrag zu Gunsten Dritter zu unterscheiden?

1. Nein. Der Vertrag zu Gunsten Dritter ist eine spezielle Ausgestaltung eines Vertragsverhältnisses, nicht aber ein eigener Vertragstypus (s. etwa MünchKomm/*Gottwald*, § 328 Rn. 4; RGZ 150, 129, 133: „atypische inhaltliche Gestaltung von Verträgen aller Art"). Grundsätzlich jeder schuldrechtliche Vertrag kann auch als Vertrag zu Gunsten Dritter ausgestaltet sein (nicht aber Verfügungsgeschäfte, s. etwa *BGH* NJW 2010, 64). Freilich gibt es bestimmte Vertragstypen, bei welchen dies in der Praxis besonders häufig geschieht, wie etwa bei Lebensversicherungsverträgen, Sparverträgen etc.
2. Zu unterscheiden sind 3 verschiedene Rechtsverhältnisse:
a) Das **Deckungsverhältnis**, d. h. der Vertrag zwischen dem **Versprechenden** (V) und dem **Versprechensempfänger** (VE),

aus dem der Anspruch des **Dritten** (D) resultiert. Trotz der unmittelbaren Berechtigung des D bleiben V und VE alleinige Parteien dieses Vertrages. Im Falle von Willensmängeln (§§ 116–124) bleibt etwa die Anfechtung des Vertrages nach §§ 119, 123 allein ihnen vorbehalten. Gem. § 335 kann trotz der unmittelbaren Berechtigung des D im Zweifel auch VE, der alleine Partei dieses Vertrages ist, Leistung (allerdings an D) verlangen. **Fehler** in diesem Rechtsverhältnis wirken sich unmittelbar auf das Bestehen des Anspruchs auch des D aus. Leistet V trotz Nichtbestehen des Anspruchs an D, hat V Ansprüche aus § 812 I S. 1 Alt. 1 (Leistungskondiktion) im Regelfall nur gegen VE (s. dazu sowie zu den Ausnahmen PdW SchuldR II, Fall 198 sowie S. *Lorenz*, JuS 2003, 840 ff.).

b) Das **Valutaverhältnis** (auch: **Austauschverhältnis**) zwischen dem VE und D. Aus diesem ergibt sich der Rechtsgrund der Zuwendung der Forderung an D, d. h. die Frage, **warum** VE dem D durch Vertrag mit V eine Forderung gegen diesen verschafft. Fehler (Nichtigkeit, Anfechtbarkeit) in diesem Rechtsverhältnis berühren das Entstehen des Anspruchs zwischen V und D nicht, können aber zu Bereicherungsansprüchen zwischen VE und D führen (s. dazu Fall 114).

c) Das **Vollzugsverhältnis** (auch: Zuwendungsverhältnis, direktes Leistungsverhältnis) zwischen V und D, d. h. der aus dem Deckungsverhältnis resultierende direkte Anspruch des D gegen V aus § 328 I i. V. m. der Anspruchsgrundlage aus dem jeweiligen Deckungsverhältnis (in Fall 108 also der Anspruch aus § 433 I). Er entsteht unmittelbar und ohne dessen Zutun in der

Person des D, der ihn aber gem. § 333 mit Rückwirkung zurückweisen kann (sog. **Aufdrängungsschutz**), was sich wiederum als Leistungsstörung auf das Deckungsverhältnis auswirken kann (s. Fall 113).

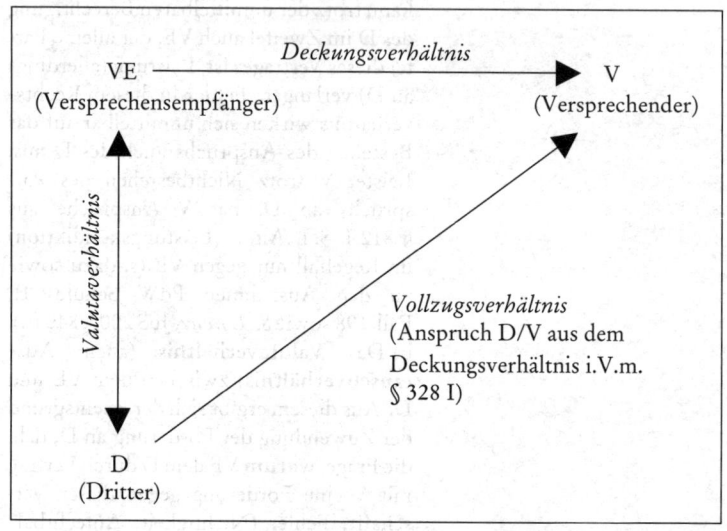

110. Einwendungen beim Vertrag zu Gunsten Dritter

Wie Fall 108. Als Dieter den Wagen abholen wollte, verweigerte Schick die Übergabe, weil ihm der Kaufpreis noch nicht bezahlt worden sei. Dieter meinte, dies gehe nicht ihn, sondern seinen Onkel Ganter an. Rechtslage?

Wäre zwischen G und S ein normaler Kaufvertrag ohne Einbeziehung des D geschlossen worden, so könnte S dem Erfüllungsanspruch des G die „Einrede des nicht erfüllten Vertrages" (§ 320) entgegenhalten. – Dass beim Vertrag zu Gunsten Dritter der Leistungsanspruch einem nicht am Vertrag beteiligten Dritten zusteht, ändert nichts daran, dass dieser Anspruch sich aus dem zwischen S und G geschlossenen Vertrag (dem sog. **De-**

ckungsverhältnis) ableitet. § 334 stellt insoweit klar, dass dem Versprechenden (S) die Einwendungen aus dem Vertrag mit dem Versprechensempfänger (G) auch gegenüber dem Dritten (D) zustehen (sog. Unterordnung des Forderungsrechts unter das Deckungsverhältnis). Da keine Anhaltspunkte dafür vorliegen, dass § 334 von den Vertragsparteien abbedungen wurde (dazu BGHZ 93, 271, 275 = JZ 1985, 575 m. Anm. *Gottwald*), kann S daher nach §§ 320, 334 die Übergabe des Wagens von der Bezahlung des Kaufpreises durch G abhängig machen.

111. Haftung des Dritten beim Vertrag zu Gunsten Dritter

Wie Fall 108. Infolge Krankheit konnte Dieter den Wagen trotz Aufforderung durch Schick längere Zeit nicht abholen. Dem Schick waren für die Aufbewahrung tägliche Unkosten in Höhe von € 10,– erwachsen. Kann er diese Beträge von Dieter oder von Ganter ersetzt verlangen?

1. Anspruch gegen D
a) aus §§ 280 I, II, 286 i. V. m. §§ 433 II, 328 I
Selbst wenn man annähme, dass beim Vertrag zu Gunsten Dritter den Dritten die Abnahmepflicht aus § 433 II trifft, wenn er das erworbene Recht nicht nach § 333 zurückweist (so *Lange*, NJW 1965, 657 ff.; MünchKomm/*Gottwald*, § 334 Rn. 8), so entfiele doch ein Schadensersatzanspruch jedenfalls mangels Vertretenmüssens des D (§ 280 I S. 2).

b) aus § 304
Nach § 304 kann der Schuldner im Falle des Annahmeverzuges vom Gläubiger Ersatz seiner Mehraufwendungen für die Aufbewahrung des geschuldeten Gegenstandes verlangen. D ist nun zwar Gläubiger der Leistung des S; gleichwohl ist problematisch, ob ihm aus seiner Gläubigerstellung auch Pflichten, wie hier aus § 304 i. V. mit §§ 293, 295 S. 1, erwachsen können oder ob

solche Pflichten ausschließlich den Versprechensempfänger G treffen.

Die h. M. (vgl. MünchKomm/*Gottwald*, § 328 Rn. 31, § 334 Rn. 7) bejaht zu Recht das Erstere. Mit einer Gläubigerstellung sind stets unlösbar gewisse Pflichten gegenüber dem Schuldner verbunden. Eine von allen „Begleitpflichten" isolierte Gläubigerstellung des Dritten anzunehmen, besteht kein Anlass, da der Dritte ja die Möglichkeit hat, das Recht zurückzuweisen (§ 333). Es können ihm also keine Pflichten gegen seinen Willen aufgebürdet werden. S kann daher von D Zahlung der Beträge verlangen, wenn dieser nicht das Forderungsrecht nach § 333 zurückweist.

2. *Anspruch gegen G*
Eine andere Frage ist es, ob neben D auch G haftet.

a) Eine Haftung aus § 304 wird trotz § 335 abzulehnen sein, da kein innerer Grund besteht, dem S **insoweit** einen zusätzlichen Schuldner zu verschaffen. Denn anders als bei der Abtretung kann dem Versprechenden der Dritte nicht gegen seinen Willen als Leistungsgläubiger vorgesetzt werden, so dass er nicht schutzbedürftig ist.

b) Dagegen kommt eine Haftung aus §§ 280 I, II, 286 grundsätzlich in Betracht. Indessen fehlt es hier an einem Schuldnerverzug des D, den G sich nach § 278 zurechnen lassen müsste.

112. Leistungsstörungen beim Vertrag zu Gunsten Dritter

Wie Fall 108. Der Wagen war nach Kaufpreiszahlung dem Dieter ausgehändigt worden. Da der Wagen keineswegs so

1. *Anspruch aus §§ 437 Nr. 1, 439, 328 I*
Da der Wagen nicht, wie zwischen G und S vereinbart, einen neuen Austauschmotor besaß, lag ein Sachmangel i. S. v. § 434 I S. 1

leistungsfähig war, wie Dieter es sich vorgestellt hatte, brachte er ihn zur Inspektion. Dort erfuhr er, dass der Wagen noch den alten Motor und nicht, wie angegeben, einen Austauschmotor besitze. Mit Austauschmotor hätte der Wagen einen Wert von € 16 000,– gehabt.

1. Kann Dieter von Schick den Einbau eines Austauschmotors verlangen?

2. Kann Dieter von Schick Schadensersatz i. H. v. € 16 000,– gegen Rückgabe des Wagens verlangen, wenn dieser nach einer von Dieter gesetzten Frist keinen Austauschmotor eingebaut hat?

3. Kann Ganter nach Ablauf dieser Frist vom Vertrag zurücktreten und den Kaufpreis zurückverlangen?

vor. S ist daher nach § 439 I zur Nacherfüllung verpflichtet. Problematisch ist nur, ob beim Vertrag zu Gunsten Dritter der Dritte Ansprüche wegen Leistungsstörungen geltend machen darf. Maßgebend hierfür ist zwar in erster Linie die durch Auslegung zu ermittelnde **Parteivereinbarung**. Doch lässt sich, wie auch hier, häufig ein bestimmter Parteiwille nicht feststellen. Unbestritten ist freilich, dass der Dritte alle Ansprüche geltend machen kann, die nicht auf das **Deckungsverhältnis** zwischen dem Versprechenden und dem Versprechensempfänger einwirken. Das gilt also für Schadensersatz wegen Verspätung der Leistung (§§ 280 I, II, 286), wegen Schutzpflichtverletzungen (§§ 280 I, 241 II) und wohl auch wegen Schadensersatz statt der Leistung im Falle nachträglicher Unmöglichkeit (§§ 280 I, III, 283). Für die grundsätzliche Anwendbarkeit dieser Regelungen zu Gunsten des Dritten spricht auch, dass diese – anders als etwa §§ 323, 326 – in ihrer Geltung nicht auf Ansprüche aus gegenseitigen Verträgen beschränkt sind, sondern lediglich eine Pflichtverletzung aus einem Schuldverhältnis voraussetzen, das ja zwischen D und S in Gestalt des **Vollzugsverhältnisses** besteht. Da der Nacherfüllungsanspruch aus § 439 I lediglich eine Modifikation des dem D nach § 328 I zustehenden Erfüllungsanspruchs aus § 433 I ist und seine Geltendmachung keine Auswirkungen auf das Deckungsverhältnis (Kaufvertrag zwischen S und G) hat, kann er auch von D geltend gemacht werden.

2. Anspruch aus §§ 437 Nr. 3, 280 I, III, 281
Die Voraussetzungen eines Schadensersatzanspruches statt der Leistung liegen an sich vor. Da der Sachmangel nicht unerheblich

ist, kann grundsätzlich auch Schadensersatz „statt der **ganzen** Leistung" verlangt werden (§ 281 I S. 3), s. dazu Fall 39. Fraglich ist allerdings, ob D dem S die nach § 281 erforderliche Nacherfüllungsfrist setzen und den Schadensersatz geltend machen konnte. An der Befugnis des S zur Nachfristsetzung bestehen nach dem oben Dargelegten keine Zweifel, weil weder die Fristsetzung noch der fruchtlose Fristablauf auf das Deckungsverhältnis einwirken (der Ablauf der Frist hat keinerlei Gestaltungswirkung, weil der Erfüllungsanspruch dadurch nicht berührt wird, s. Fall 56).

a) Die Geltendmachung von Schadensersatz statt der **ganzen** Leistung wirkt jedoch – ebenso wie ein Rücktritt nach § 323 – auf das Grundverhältnis ein, weil an dessen Stelle ein Rückabwicklungsverhältnis tritt (s. §§ 281 V, 346) bzw. in wirtschaftlicher Hinsicht eine Kombination von Rücktritt und Schadensersatz vorliegt. Nach h. M. kann dieser Anspruch vom Dritten deshalb nicht geltend gemacht werden, weil dieser trotz seiner Forderungsberechtigung nicht Vertragspartei ist (s. etwa Palandt/*Grüneberg*, § 328 Rn. 5 m. w. N., sehr str.). Folgt man dem, kann D nicht bzw. zumindest nicht ohne Mitwirkung des G Schadensersatz statt der ganzen Leistung geltend machen.

b) Nach einer im Vordringen begriffenen Ansicht kann der Dritte zwar den Rücktritt erklären, jedoch steht ein daraus resultierender Anspruch auf Rückerstattung der Gegenleistung dem Versprechensempfänger als Vertragspartei zu (so etwa Münch-Komm/*Gottwald*, § 335 Rn. 10; noch weitergehend *Looschelders*, SchuldR AT, Rn. 1059), weil die Rückabwicklung des

Vertrags mangels anderweitiger Absprache zwischen den Vertragsparteien stattzufinden hat. Gleiches gälte etwa für einen Anspruch auf Rückzahlung der bereits erbrachten Gegenleistung im Falle von Unmöglichkeit (§§ 326 IV, 346).

Würde also D den Rücktritt erklären, hätte nicht er, sondern G einen Anspruch auf Rückzahlung des Kaufpreises. Damit wäre auch nach dieser Ansicht ein Anspruch des D auf Schadensersatz statt der ganzen Leistung ausgeschlossen, weil dieser eine Kombination zwischen Rücktritt und „kleinem" Schadensersatz (Wertdifferenz) darstellt. D könnte damit lediglich den „kleinen" Schadensersatz i. H. v. € 1000,– geltend machen.

3. Anspruch aus §§ 437 Nr. 2, 323, 346 I

Eine hiervon zu unterscheidende Frage ist, ob G auf das Vollzugsverhältnis einwirkende Rechte ohne Mitwirkung des D ausüben kann, d. h. vom Vertrag zurücktreten kann. Nach h. M. setzt dies die Zustimmung des Dritten voraus, wenn die Begünstigung nach dem Inhalt des Vertrages unwiderrufbar war, s. RGZ 101, 275 f. Da hierfür vorliegend kein Anhaltspunkt besteht (s. § 328 II), kann G vom Vertrag zurücktreten und Zug-um-Zug gegen Rückgabe des Fahrzeugs (§§ 348, 320) Rückzahlung des Kaufpreises verlangen. Ob er die hierzu erforderliche Mitwirkung des D von diesem verlangen kann (Herausgabe des Wagens) ist wiederum eine Frage des Valutaverhältnisses zwischen G und D. Da insoweit eine wirksame Schenkung (§ 518 II) vorliegt, ist D zur Herausgabe nicht verpflichtet.

113. Zurückweisung des Rechts durch den Dritten

Wie Fall 108. Als Schick dem Dieter mitteilte, dass er sich bei ihm einen von Ganter gekauften „Calibra GSi" abholen könne, lehnte dieser das Angebot dankend ab, weil er soeben mit Mitteln aus einer unverhofften Erbschaft einen nagelneuen Alfa Romeo erworben habe. Schick eröffnete dies dem Ganter und meinte, Ganter müsse den Wagen auf jeden Fall bezahlen. Was er, Ganter, jetzt mit dem Wagen anfange, sei ihm gleichgültig. Ganter war der Ansicht, der Kaufvertrag sei durch die für beide Teile unerwartete Ablehnung des Dieter hinfällig geworden. Schick wisse sehr wohl, dass er, Ganter, in seinem Alter keinen Bedarf an einem Sportwagen habe. Wie ist zu entscheiden?

Anspruch gegen G aus § 433 II

G kann die nach § 433 II geschuldete Zahlung nur dann verweigern, wenn der Vertrag durch die Weigerung des D, das für ihn begründete Forderungsrecht anzunehmen, hinfällig wurde.

a) Nach § 333 gilt bei einer Zurückweisung des Rechts durch den Dritten „das Recht als nicht erworben". Die Vorschrift sagt jedoch nichts darüber aus, welche Rückwirkung dies auf das **Deckungsverhältnis** hat.

b) Zunächst ist zu versuchen, durch **Auslegung** zu ermitteln, was die Parteien für diesen Fall gewollt haben. Denkbar ist z. B., dass der Versprechensempfänger das Recht haben soll, einen anderen Dritten zu bezeichnen oder aber Leistung an sich zu fordern. Dies ist dann anzunehmen, wenn einerseits der Versprechensempfänger erkennbar ein Interesse am Fortbestand des Vertrages hat, andererseits es dem Versprechenden gleichgültig ist, an wen er seine Leistung erbringt. Hier verfolgte jedoch G ersichtlich nur den Zweck, den D persönlich zu begünstigen. Er besaß kein davon unabhängiges Interesse am Fortbestand des Vertrages.

c) Führt die Auslegung zu keinem Ergebnis, so sind die allgemeinen **Leistungsstörungsregelungen** (§§ 275, 323 ff.) anzuwenden (h. M.; vgl. Palandt/*Grüneberg*, § 333 Rn. 3).

aa) Was die Leistungspflicht gegenüber dem Dritten angeht, ist § 275 anzuwenden, da der Untergang des Rechts durch Zurückweisung der nachträglichen Leistungsunmöglichkeit gleichzustellen ist.

bb) Für die Gegenleistungspflicht des Versprechensempfängers gilt dementsprechend § 326. § 326 II dürfte dann anzuwenden sein, wenn der Versprechensempfänger wusste oder wissen konnte, dass der Dritte das Recht zurückweisen werde. Dies ist hier nicht der Fall. Es gilt daher § 326 I S. 1 mit der Folge, dass G den Wagen nicht bezahlen und abnehmen muss.

114. Vertrag zu Gunsten Dritter auf den Todesfall

Anna Weber hat bei der Sparkasse Grünwald ein Sparkonto auf den Namen ihres Enkels Adrian mit einem Guthaben von € 2000,– angelegt. Erst nach ihrem Tod soll die Sparkasse dem Adrian die Existenz des Kontos mitteilen und das Sparbuch aushändigen. Nach dem Tod der Anna Weber setzt die Sparkasse Adrian von den Weisungen der verstorbenen Anna W. in Kenntnis und händigt ihm das Sparbuch aus. Adrian ist darüber hocherfreut, nicht aber sein testamentarisch als Alleinerbe eingesetzter Onkel Oskar. Dieser verlangt von Adrian Herausgabe des Sparbuchs. Zu Recht?

Siehe zuletzt: *BGH* NJW 2004, 767; 2005, 980.

1. Anspruch aus § 985

Gem. § 952 II steht das Eigentum an einem Sparbuch dem Gläubiger des Sparguthabens zu (vgl. RGZ 106, 4). O kann daher von A die Herausgabe des Sparbuchs verlangen, wenn er Inhaber der Forderung gegen die Sparkasse geworden ist.

a) Erwerb mit Anlegung des Sparbuchs?

Mit der Einzahlung von Geld auf ein Sparkonto wird eine Darlehensforderung (§ 488) gegen die Bank begründet (BGHZ 64, 278, 284). Wem diese Forderung zusteht, hängt von der Vereinbarung der Vertragsparteien ab. Nach § 328 kann die Forderung auch einem Dritten zugewandt werden mit der Folge, dass der Dritte Gläubiger wird. Ob dies der Fall ist, ist mangels besonderer Bestimmung nach § 328 II aus den Umständen, insbesondere aus dem Zweck des Vertrages, zu entnehmen. **Für** den Willen der Vertragsparteien, die Forderung unmittelbar dem A zuzuwenden, spricht der Umstand, dass das Sparbuch auf den Namen des A angelegt wurde. **Dagegen** spricht jedoch entscheidend die Tatsache, dass A das Sparbuch noch nicht bekommen sollte. Daraus wird nämlich deutlich, dass sich die Anna W. die Verfügungsbefugnis über das Guthaben vorbehalten wollte (vgl. *BGH* NJW 2005, 980 m.w. N.). Zunächst war daher nicht A, sondern Anna W. Inhaberin der Forderung geworden.

b) Erwerb mit Todesfall

Allerdings kann nach § 331 I ein Vertrag zu Gunsten Dritter auch so ausgestaltet werden, dass der Dritte das Recht mit dem Tode des Versprechensempfängers erwirbt. Ein solcher **Vertrag zu Gunsten Dritter auf den Todesfall** ist im Zweifel anzunehmen, wenn jemand ein Sparbuch auf den Namen eines Dritten anlegt, es aber weiterhin in Besitz behält. Denn aus diesen Umständen kann der Wille gefolgert werden, das Sparguthaben, soweit am Lebensende noch vorhanden, dem Bezeichneten zuzuwenden und ihn insoweit vor den Erben zu bevorzugen (vgl. BGHZ 46, 198). Zwar muss dies (Vertrag!) auch vom Willen der Sparkasse umfasst sein. Aber daran werden zu Recht keine großen Anforderungen gestellt (Grund: Gem. § 808 wird die Sparkasse stets durch Leistung an den Inhaber frei; für sie ist es also von geringerer Bedeutung, wer unter welchen Voraussetzungen Inhaber des Guthabens wird). Daraus ergibt sich, dass A mit dem Tode der Anna W. Inhaber der Forderung und damit Eigentümer des Sparbuchs geworden ist. Insofern kommt es allein auf das **Deckungsverhältnis** an. O hat keinen Anspruch aus § 985.

2. Anspruch aus §§ 812 I S. 1 Alt. 1, 1922 I (Leistungskondiktion)

Eine davon zu unterscheidende Frage ist, ob A die Forderung (und damit das Sparbuch, § 952 II) auch behalten darf: O hat als Rechtsnachfolger der Anna W. (§ 1922 I) einen Anspruch auf Rückübertragung (Abtretung nach § 398) der Forderung, wenn die Zuwendung des Sparguthabens von Anna W. an A ohne Rechtsgrund erfolgt ist. Fraglich ist damit das Bestehen eines **Valutaverhältnisses**. Als solches kommt nur eine Schenkung in Betracht. Ein Schenkungsvertrag konnte zwischen Anna W. und A auch noch nach deren Tode zustande kommen: Die Sparkasse überbrachte als Bote ein Angebot (§ 145) der Anna W. auf Abschluss eines Schenkungsvertrages. Dieses Angebot war gem. § 130 II auch nach dem Tode der Anna W. wirksam und konnte gem. § 153 auch noch durch A angenommen werden. Diese Annahme konnte hier gem. § 151 S. 1 auch ohne Erklärung gegenüber dem Antragenden bzw. seinem Erben angenommen werden, was A getan hat. Damit kam zwischen O (als Rechtsnachfolger der Anna W., § 1922 I) und A ein Schenkungsversprechen zustande. Dieses bedurfte auch nicht der Form des § 2301 (Verfügung von Todes wegen): Die h. M. betrachtet nämlich gerade wegen der Existenz von § 331 Schenkungen dieser Art als Rechtsgeschäfte unter Lebenden und unterstellt sie damit nicht der Formvorschrift des § 2301, sondern § 518 (RGZ 83, 223; zuletzt *BGH* NJW 2004, 767). Das Schenkungsversprechen war hier zwar nach §§ 518 I, 125 S. 1 formnichtig, im Augenblick seines Zustandekommens aber zugleich nach § 518 II geheilt, da die versprochene Leistung (Erwerb des Sparguthaben) bereits mit dem Tod der Anna W. erworben wurde. Damit erfolgte die Zuwendung nicht rechtsgrundlos, O hat keinen Anspruch aus §§ 812 I S. 1 Alt. 1, 1922 I.

Die Gegenansicht (z. B. *Medicus/Petersen*, BürgR Rn. 396 ff.) wirft der h. M. eine Nichtbeachtung des § 2301 vor, wonach auf Schenkungsversprechen, die unter der Bedingung erteilt werden, dass der Beschenkte den Schenker überlebt, die Vorschriften über die Verfügung von Todes wegen anzuwenden sind, d. h. die Form des Erbvertrages bzw. Testaments, §§ 2276, 2247, einzuhalten ist. Sei die erbrechtliche Form nicht gewahrt, so könne die Zuwendung nur nach § 2301 II wirksam werden, d. h. durch **Vollzug** der Schenkung **zu Lebzeiten des Schenkers.** Dies sei hier nicht der Fall, da A die Forderung erst mit dem Tode der Anna W. erwerben sollte und diese sich zu ihren Lebzeiten nicht der Verfügungsmacht über das Guthaben begeben habe. – Da indessen § 331 ausdrücklich den Forderungserwerb des Dritten mit dem Tode des Versprechensempfängers zulässt, ist § 331 mit der h. M. als Sondervorschrift zu § 2301 anzusehen: Die Vorschrift würde praktisch leer laufen, wenn zwar ein Rechtserwerb erfolgen könnte, dieser aber nicht bestandskräftig wäre.

Anmerkung: Die einzige Möglichkeit des O, die „Konditionsfestigkeit", d. h. das „Behaltendürfen" der Zuwendung zu verhindern, wäre ein rechtzeitiger Widerruf der Willenserklärung der Anna W. gem. § 130 I S. 2 gewesen. Dies führt zu dem berüchtigten „Wettlauf" zwischen den Erben des Versprechenden und dem Boten des Erblassers: Überbringt Letzterer die Willenserklärung des Erblassers zuerst, kommt (Annahme nach § 151 S. 1!) ein unmittelbar geheilter Schenkungsvertrag zustande, der Dritte erwirbt damit mit Rechtsgrund. Verhindern die Erben dies durch rechtzeitigen Widerruf, fehlt es am Rechtsgrund und der Dritte ist nach § 812 Abs. 1 S. 1 Alt. 1 herausgabepflichtig (s. dazu auch *BGH* NJW 1995, 953).

9. Kapitel. Sicherung des Leistungsvollzugs durch Einrede

115. Zurückbehaltungsrecht bei verjährter Forderung

G bestellte am 20. 12. 2009 bei S, mit dem ihn eine langjährige Lieferbeziehung verband, einen Posten Schuhe zum Preis von € 2300,–. S bestätigte den Auftrag am 23. 12. 2009. G zahlte noch vor Lieferung den Kaufpreis, um einen größeren Skonto zu erlangen. Anlässlich einer Revision am 8. 1. 2010 stellte S fest, dass ihm G aus einer früheren Lieferung noch € 1200,– schuldete, diese Forderung allerdings mit Ablauf des 31. 12. 2009 verjährt war. Prompt berief sich G gegenüber einer Zahlungsaufforderung des S auf Verjährung. S erwiderte ihm, so lange er nicht bezahle, werde er ihm auch nicht die Schuhe liefern. G besteht auf Lieferung. Zu Recht?

Da G den Kaufpreis bereits bezahlt hatte, kann S die nach § 433 I S. 1 geschuldete Leistung nur verweigern, wenn ihm ein Leistungsverweigerungsrecht zusteht. Gem. § 273 I kann der Schuldner mit seiner Leistung zurückhalten, wenn ihm „aus demselben rechtlichen Verhältnis", dem seine Verpflichtung entspringt, ein fälliger Anspruch gegen den Gläubiger zusteht. Da § 273 nur eine Ausprägung des allgemeinen Grundsatzes von Treu und Glauben darstellt, wird dieses Merkmal weit ausgelegt. Es genügt für diese sog. **Konnexität** ein **„innerlich zusammengehöriges einheitliches Lebensverhältnis"**, d. h. ein „innerer natürlicher und wirtschaftlicher Zusammenhang", der es als Verstoß gegen Treu und Glauben erscheinen lässt, wenn der eine Anspruch ohne Rücksicht auf den anderen geltend gemacht und durchgesetzt werden könnte (s. *BGH* NJW 2004, 3484 m. w. N.). Konnexität ist daher in der Regel gegeben, wenn, wie hier, die beiderseitigen Ansprüche aus einer dauernden Geschäftsverbindung herrühren (vgl. aber BGHZ 54, 250). – Die Besonderheit des Falles liegt jedoch darin, dass die dem S zustehende Forderung schon verjährt war, als S sein Zurückbehaltungsrecht geltend machte, G daher seinerseits gem. § 214 I zur Leistungsverweigerung berechtigt war. Auch in diesem Fall besteht jedoch gem. § 215 noch ein Zurückbehaltungsrecht, wenn, wie hier, die Forderung zum Zeitpunkt des Entstehens der Gegenforderung noch nicht verjährt war. S kann daher seine Lieferung davon abhängig machen, dass ihm G die Altschuld bezahlt.

116. Leistungsverweigerungsrecht wegen eines Mängelbeseitigungsanspruchs

Die Siedlungsgesellschaft S hatte den Bauunternehmer U mit der Errichtung von zwölf Reihenhäusern beauftragt. Nach Fertigstellung und Abnahme wurden an den Häusern verschiedene schwerwiegende Mängel entdeckt, deren Beseitigung nach Schätzung eines Sachverständigen einen Aufwand von € 150 000,– erforderte. Die S erklärte daraufhin gegenüber U, sie halte mit der Zahlung des restlichen Werklohns von € 450 000,– solange zurück, bis U die Mängel beseitigt habe. U meint, die S könne allenfalls einen Betrag von € 150 000,– zurückbehalten. Wer ist im Recht?

Der Vergütungsanspruch des U aus § 631 I war mit Abnahme der Häuser gem. § 641 I S. 1 fällig geworden. Da die Voraussetzungen der Minderung des Werklohns (§§ 634 Nr. 3, 638 I, 323, s. dazu PdW SchuldR II, Fall 140) mangels Fristsetzung nicht vorliegen, kann die S die restliche Zahlung nur verweigern, wenn ihr ein Leistungsverweigerungsrecht zusteht.

a) Gemäß § 320 I kann bei einem gegenseitigen Vertrag der Schuldner die ihm obliegende Leistung bis zur Bewirkung der Gegenleistung verweigern. Die der S obliegende Leistung besteht in der Zahlung des Werklohnes, die ihr gebührende Gegenleistung in der Herstellung des Werkes. Die Herstellungspflicht des Unternehmers wird in § 633 I dahin präzisiert, dass er das Werk frei von Sachmängeln herzustellen hat. Ist das Werk nicht von dieser Beschaffenheit, so kann der Besteller Nacherfüllung verlangen (§§ 634 a Nr. 1, 635). Bei diesem Anspruch handelt es sich noch um die Fortsetzung des Erfüllungsanspruchs. Die Abnahme des Werkes (§ 640) ändert hieran nichts (BGHZ 96, 111). Zahlungspflicht und Mängelbeseitigungsanspruch stehen demnach im sog. **Gegenseitigkeitsverhältnis,** wie es § 320 I erfordert (vgl. auch *BGH* NJW 1979, 650, 651). Bei einer

Teilleistung darf nach § 320 II die Gegenleistung allerdings insoweit nicht verweigert werden, als dies nach den Umständen, insbesondere wegen verhältnismäßiger Geringfügigkeit des rückständigen Teiles, gegen Treu und Glauben verstoßen würde. Diese Vorschrift besagt aber nicht, dass das Leistungsverweigerungsrecht auf einen dem noch ausstehenden Teil der geschuldeten Gegenleistung entsprechenden Teil beschränkt wäre (dasselbe gilt für das Zurückbehaltungsrecht aus § 273, s. *BGH* NJW 2004, 3483). Zu berücksichtigen ist auch das Interesse, durch Zurückhaltung eines Mehrbetrags Druck auf den anderen Teil zur vollständigen Erfüllung auszuüben (sog. **„Druckzuschlag"**).

b) Für das Werkvertragsrecht ist dieses Problem nunmehr durch § 641 III **speziell** geregelt. Danach ist ein „Druckzuschlag" mindestens in Höhe des Doppelten der Mängelbeseitigungskosten statthaft. S kann daher von dem restlichen Werklohn nur einen Betrag von € 300 000,- zurückbehalten. Es ist also keiner der Beteiligten im Recht.

117. Leistungsverweigerungsrecht trotz Abtretung des Anspruchs auf die Gegenleistung

Wie Fall 116. Die S hatte die Reihenhäuser bereits vor deren Fertigstellung an Interessenten verkauft und in den Kaufverträgen alle ihr gegen U zustehende Mängelansprüche abgetreten. Kann die S auch in diesem Falle die Zahlung des restlichen Werklohn-

Die Vorausabtretung von Mängelansprüchen gegen Dritte ist zulässig (BGHZ 95, 250, 252; 96, 146, 147 f.; erfolgt sie in AGB unter Ausschaltung der eigenen Mängelhaftung, gilt § 309 Nr. 8 b) aa). Der Nacherfüllungsanspruch aus § 635 steht daher nicht mehr der S, sondern den Käufern zu. Es fragt sich, ob die S auch in diesem Falle noch die Zahlung bis zur Mängelbeseiti-

nes von der Beseitigung der Mängel abhängig machen?

gung verweigern kann, obwohl sie selbst die Nachbesserung nicht mehr verlangen kann (außer bei Rückabtretung dieses Anspruchs oder bei Ermächtigung zur Geltendmachung dieses Anspruchs seitens der Käufer). Die Rspr. (vgl. BGHZ 55, 354) bejaht dies, da es ungereimt wäre, wenn der Bauunternehmer volle Zahlung trotz mangelhafter Leistung verlangen könnte, bloß weil der Besteller seine Mängelansprüche abgetreten habe. Dem ist beizupflichten aus folgender Erwägung: Der Schuldner soll durch die Abtretung grundsätzlich nicht schlechter, aber auch nicht besser gestellt werden, als er vorher stand. Gem. § 404 bleibt ihm die Einrede des nicht erfüllten Vertrages nach § 320 auch nach Abtretung erhalten; dann ist es nur folgerichtig, wenn auch dem Altgläubiger diese Einrede erhalten bleibt (vgl. auch RGZ 88, 254). – S kann daher auch in diesem Falle € 300 000,– zurückbehalten.

10. Kapitel. Vertragsstrafe

118. Verwirkung der Vertragsstrafe

Metz hatte den Bauunternehmer Uhl mit dem Bau eines Einfamilienhauses beauftragt. Da Metz rasch einziehen wollte, um sich weitere Mietkosten zu ersparen, wurde in den Vertrag folgende Klausel aufgenommen: „Der Bauunternehmer garantiert die Fertigstellung bis zum 2. 9. 2010. Bei Überschreitung dieses Termins ist für jeden Werktag eine Konventionalstrafe von € 100,– zu entrichten." Infolge Erkrankung mehrerer Arbeiter verzögerte sich die Fertigstellung um eine Woche. Metz machte daraufhin eine Vertragsstrafenforderung für fünf Werktage in Höhe von € 500,– geltend. Uhl entgegnete, er habe die Vertragsstrafe nicht verwirkt, da er die Verzögerung nicht zu vertreten habe. Wer hat Recht?

Anspruch aus § 339 S. 1

Die Vertragsstrafe dient normalerweise dem Zweck, den Schuldner vor Vertragsverletzungen abzuschrecken und ihn zur Erfüllung seiner Verbindlichkeit anzuhalten, d. h. Druck auf ihn auszuüben. Gleichzeitig erleichtert sie dem Gläubiger auch die Schadloshaltung (h. M., vgl. BGHZ 105, 24, 27). Damit liegt hier eine Vertragsstrafenvereinbarung vor. M kann Zahlung der € 500,– aber nur verlangen, wenn U die Vertragsstrafe verwirkt hat.

Dies setzt nach § 339 S. 1 voraus, dass U mit der Erfüllung seiner Herstellungspflicht in **Verzug** geraten ist. Dies setzt gem. § 286 IV Vertretenmüssen voraussetzt. Zwar liegt weder Vorsatz noch Fahrlässigkeit vor, weil U für die Erkrankung der Arbeitnehmer nichts konnte, jedoch liegt Vertretenmüssen nach § 276 auch im Falle einer Garantieübernahme vor. – Eine solche ist hier gegeben: die Vertragsstrafe sollte die **unbedingte** Einhaltung des Fertigstellungstermins sanktionieren. Da es demnach nur auf die objektive Leistungsverzögerung ankommt, ist M im Recht.

119. Vertragsstrafe und pauschalierter Schadensersatz

Der Gebrauchtwarenhändler Gern hatte dem Hell einen LKW für € 65 000,– ange-

1. Anspruch aus §§ 339 S. 1, 340 II

H kann gegenüber dem Anspruch des G nicht Wegfall der Geschäftsgrundlage

boten. Hell schloss den Vertrag ab, nachdem Gern mit dem Preis bis auf € 50 000,– heruntergegangen war. In den AGB hieß es: „Kommt der Käufer nach Anzeige der Bereitstellung mit Abnahme und Zahlung in Verzug, so ist der Verkäufer nach Setzung einer angemessenen Nachfrist berechtigt … unbeschadet der Möglichkeit, einen höheren Schaden geltend zu machen, 20% des Verkaufspreises als entgangenen Gewinn ohne Nachweis zu fordern." Da Hell wider Erwarten von seiner Bank keinen Kredit bekam, wollte er vom Vertrag Abstand nehmen. Gern forderte jedoch, dass Hell den bereitgestellten LKW binnen zwei Wochen abnehme und bezahle. Nach Ablauf dieser Frist setzte Gern ihm eine Nachfrist von wiederum zwei Wochen und verklagte ihn danach auf Zahlung von € 10 000,– unter Hinweis auf seine AGB. Hell wandte ein, infolge des Scheiterns der Finanzierung sei die Geschäftsgrundlage des Kaufvertrages entfallen. Jedenfalls könne Gern höchstens € 5000,– verlangen, weil Ankaufspreis und tatsächliche Unkosten des Gern sich auf € 45 000,– belaufen hätten, dem Gern also nur

(§ 313) einwenden, da die Aufbringung des Kaufpreises grundsätzlich in den Risikobereich des Käufers fällt. Läge in der Klausel eine Vertragsstrafenvereinbarung, so hätte H die Strafe verwirkt, da er mit Abnahme und Zahlung in Verzug geraten war (§ 286, Geldmangel ist stets zu vertreten, s. dazu Fall 95). Da G des Weiteren gem. §§ 280 I, III, 281 zur Forderung von Schadensersatz statt der Leistung berechtigt wäre, könnte er gem. § 340 II die verwirkte Strafe als Mindestbetrag des Schadens verlangen (die Formulierung „Schadensersatz wegen Nichterfüllung" ist – als allerdings unschädliches – Redaktionsversehen im Zuge der Schuldrechtsmodernisierung stehen geblieben. Sie entspricht zumindest im vorliegenden Zusammenhang dem Schadensersatz statt der Leistung). Freilich käme dann auch eine Herabsetzung der Strafe nach § 343 I in Betracht. – Indessen wurde durch die Klausel nicht primär bezweckt, die Erfüllung der Käuferpflichten zu sichern und auf den Schuldner Druck auszuüben. Denn dem G kann es ersichtlich nicht so sehr auf die effektive Durchführung des Vertrages als auf den Gewinn an, wie auch der Wortlaut nahe legt. Ein Strafversprechen ist daher nicht anzunehmen (maßgebend ist der primäre Zweck, vgl. *BGH* NJW 1992, 2625 m. w. N.), § 343 I ist nicht (auch nicht analog, *BGH* a. a. O., str.,) anwendbar.

2. Anspruch aus §§ 280 I, III, 281
Da die Voraussetzungen der §§ 280 I, III, 281 erfüllt sind, kann G Schadensersatz statt der Leistung verlangen. Dazu zählt der entgangene Gewinn. Grundsätzlich ist der Schaden konkret zu berechnen (vgl. aber § 252). Jedoch ist es zulässig, durch Verein-

€ 5000,– Gewinn entgangen seien. Sei aber die genannte Klausel als Vertragsstrafeversprechen zu qualifizieren, so beantrage er wegen deren übermäßiger Höhe Herabsetzung gem. § 343 I. – Wie ist zu entscheiden?

barung (§ 311 I) die Höhe des Schadens zu **pauschalieren,** um einen als bestehend vorausgesetzten Schadensersatzanspruch vereinfacht durchzusetzen (Fall der abstrakten Schadensberechnung). Soweit dies, wie hier, durch AGB geschieht, darf allerdings der Pauschalsatz gem. § 309 Nr. 5 lit. a den „nach dem gewöhnlichen Lauf der Dinge zu erwartenden Schaden" nicht übersteigen, d. h., er muss in etwa den branchenüblichen Gewinnspannen entsprechen. Dies ist hier der Fall. – Jedoch kann H einwenden, der entgangene Gewinn sei in Wahrheit wesentlich niedriger. Dieser Nachweis kann ihm nicht durch AGB abgeschnitten werden (§§ 310 I S. 2, 309 Nr. 5 lit. b).

120. Das selbstständige Strafversprechen

Feil hatte den Makler Murr beauftragt, einen Käufer für sein Hausgrundstück zu finden. Im Maklervertrag hieß es unter anderem, dass der Auftraggeber zur Zahlung einer Vertragsstrafe von € 5000,– verpflichtet sei, falls er das Grundstück nicht an einen zugeführten kaufbereiten Interessenten verkaufe. Dieser Fall trat ein, Murr verlangte daher Zahlung der € 5000,–. Zu Recht?

1. Anspruch aus § 339 S. 1
§ 339 behandelt nur das Strafversprechen, das zur Sicherung der Erfüllung einer **Verbindlichkeit** abgegeben wurde (sog. **unselbstständiges** Strafversprechen). Dem Vertrag zwischen F und M kann aber nicht entnommen werden, dass F **verpflichtet** sein sollte, das Grundstück an einen zugeführten Interessenten zu verkaufen. § 339 greift daher nicht ein.
2. Anspruch aus § 311 I (selbstständiges Strafversprechen)
Die Zahlung einer Geldsumme als Strafe kann jedoch auch für den Fall versprochen werden, dass eine bestimmte Handlung (hier Verkauf) nicht vorgenommen wird, ohne dass zugleich eine vertragliche Pflicht zu ihrer Vornahme besteht (sog. **selbstständiges** Strafversprechen). Da ein solches

nach § 311 I mögliches (und von § 343 II vorausgesetztes) Strafversprechen mittelbar einen Zwang ausübt, die Handlung vorzunehmen, kann es aber nicht uneingeschränkt zulässig sein: Wo die vertragliche Verpflichtung zur Vornahme der Handlung unwirksam wäre, muss auch das selbstständige Strafversprechen unwirksam sein, weil andernfalls zwingende gesetzliche Vorschriften leicht umgangen werden könnten. Positivrechtlich ergibt sich dies aus einer entsprechenden Anwendung des § 344. – Zu den zwingenden gesetzlichen Vorschriften zählen auch die Formvorschriften, z. B. § 311 b I. Eine vertragliche Verpflichtung des F, sein Grundstück an einen Interessenten zu verkaufen, hätte der Form des § 311 b I bedurft. Da das Strafversprechen die Entschließungsfreiheit des F zwar nicht aufhob, aber doch empfindlich beeinträchtigte, ist der Schutzzweck des § 311 b I (in erster Linie Schutz vor Übereilung) auch hier gegeben (vgl. *BGH* NJW 1971, 557). Das Strafversprechen hätte also zu seiner Wirksamkeit der Form des § 311 b I bedurft. Mangels Einhaltung dieser Form ist es gem. § 125 S. 1 unwirksam. F muss daher nicht bezahlen (zu Vertragsstrafeversprechen in AGB vgl. § 309 Nr. 6).

11. Kapitel. Rücktritt und Widerruf

I. Rücktritt

121. System und Bedeutung der §§ 346 ff.

1. Die §§ 346 ff. regeln nicht die Voraussetzungen, sondern die Modalitäten der **Ausübung** und die **Folgen** eines sich aus anderen Normen ergebenden Rücktritts- oder Widerrufsrechts.

2. Die praktische Bedeutung der §§ 346 ff. ist enorm. Die Regelungen über das Rücktrittsrecht gelten sowohl für **vertragliche** als auch für **gesetzliche** Rücktrittsrechte (s. § 346 I: „Hat sich eine Vertragspartei vertraglich den Rücktritt vorbehalten oder steht ihr ein gesetzliches Rücktrittsrecht zu "). Auch die Folgen der Ausübung eines Widerrufsrechts folgen nach § 357 I grundsätzlich den §§ 346 ff. Das Gesetz räumt an zahlreichen Stellen gesetzliche Rücktritts- und Widerrufsrechte ein (zum Rücktritt s. insbesondere §§ 323, 326 V, zu den Widerrufsrechten s. etwa §§ 312 ff., 485, 495). Die praktische Bedeutung wird weiter dadurch gesteigert, dass zahlreiche Normen für die Rückabwicklung empfangener Leistungen auf die §§ 346 ff. verweisen (so etwa §§ 281 V, 326 IV, 439 IV, 441 IV, 628 I, 635 IV, 638 IV). Die §§ 346 ff. sind damit – neben dem Bereicherungsrecht – die zentralen Rückabwicklungsvorschriften des Schuldrechts.

3. Rücktritts- und Widerrufsrechte sind **Gestaltungsrechte,** d. h. einseitige Rechtsgeschäfte, die durch eine empfangsbedürf-

tige Willenserklärung vorgenommen werden (§§ 349, 357, 355).

4. Ein Rücktritts- oder Widerrufsrecht selbst kann (anders als Ansprüche *aus* einem wirksam erklärten Rücktritt oder Widerruf, s. *BGH* NJW 2007, 674!) als Gestaltungsrecht nicht verjähren, da nach § 194 I nur Ansprüche der Verjährung unterliegen. Sie können freilich verfristen (s. etwa § 355). Der praktische Unterschied besteht darin, dass eine Verfristung von Amts wegen zu beachten ist, während die Verjährung dem Schuldner lediglich eine Einrede eröffnet (§ 214 I), d. h. vom Schuldner geltend gemacht werden muss. Allerdings hat der Gesetzgeber die Wirksamkeit der Ausübung eines Rücktrittsrecht wegen nicht oder nicht vertragsgemäßer Leistung in § 218 I von einer nur auf Einrede hin zu beachtenden Verfristung abhängig gemacht (s. §§ 438 IV, 634 a IV und PdW SchuldR II, Fälle 50, 141).

122. Rücktritt und Nutzungs- bzw. Verwendungsersatz

Kober hat beim Gebrauchtwagenhändler Vogelsang zum Preis von € 10 000,– einen gebrauchten BMW 323 i erworben. Da Kober den vollen Kaufpreis nicht sofort aufbringen kann, zahlt er zunächst nur € 5000,–. Den restlichen Kaufpreis stundet ihm Vogelsang für 2 Monate und behält sich das Eigentum bis zur vollständigen Zahlung

1. Ansprüche des V gegen K
a) Anspruch auf Herausgabe aus § 985
V kann, da die aufschiebende Bedingung der Eigentumsübertragung (§§ 449 I, 929, 158 I) endgültig ausgefallen ist, nach (wirksam) erfolgten Rücktritt (Rücktrittsrecht aus § 323 I) den Wagen auf Grund seines Eigentums nach § 985 herausverlangen, da K infolge des Rücktritts vom Kaufvertrag auch kein Besitzrecht i. S. v. § 986 I mehr hat (s. auch § 449 II sowie PdW SchuldR II Fall 82).

des Kaufpreises vor. Als Kober nach 2 Monaten nicht zahlen kann und eine ihm von Vogelsang gesetzte Zahlungsfrist fruchtlos verstrichen ist, tritt Vogelsang vom Kaufvertrag zurück. Kober hatte zwischenzeitlich das Fahrzeug der turnusgemäßen Werkstattinspektion unterzogen sowie verschleißbedingte Schäden am Getriebe reparieren lassen. Aus ästhetischen Gründen hatte er den Wagen überdies mit einer Metallic-Lackierung versehen lassen. Weiter hatte er einen Ga-ragenstellplatz angemietet und Kosten für Benzin aufgewendet. Zur Herausgabe des Wagens ist er nur gegen Rückzahlung des Kaufpreises, den Vogelsang überdies zu verzinsen habe, sowie gegen Ersatz sämtlicher Kosten bereit.

Welche Ansprüche haben Vogelsang und Kober infolge des Rücktritts gegeneinander?

b) Anspruch auf Herausgabe aus § 323 I, 346 I

Die Rücktrittsvoraussetzungen nach § 323 liegen vor, V hat den Rücktritt auch wirksam erklärt (§ 349). Nach § 346 I kann V ebenfalls Herausgabe (Besitzübertragung) des Wagens verlangen.

c) Anspruch auf Nutzungsersatz aus §§ 323 I, 346 I Alt. 2 i. V. m. § 100, 346 II Nr. 1

Nach § 346 I Alt. 2 hat V einen Anspruch auf Ersatz der (tatsächlich) gezogenen Nutzungen. Nach § 100 gehören zu den Nutzungen auch die Gebrauchsvorteile. Da diese nicht *in natura* herausgegeben werden können, ist insoweit gem. § 346 II Nr. 1 Wertersatz zu leisten. Dieser berechnet sich grundsätzlich nach der zeitanteiligen linearen Wertminderung (bei Kfz wird gem. § 287 ZPO in der Regel 0,4–1% des Anschaffungspreises pro gefahrene 1000 km angesetzt, s. Palandt/*Grüneberg*, § 346 Rn. 10).

2. Ansprüche des K gegen V

a) Anspruch auf Rückzahlung des Kaufpreises aus §§ 323, 346 I

K kann nach § 346 I Rückzahlung des bereits gezahlten Kaufpreisanteils von € 5000,– verlangen.

b) Anspruch auf Zinsen aus §§ 323, 346 I Alt. 2

K hat gegen V einen Anspruch auf Herausgabe von Zinsen als Nutzungen i. S. v. § 100 nur, sofern V tatsächlich Zinsen erwirtschaftet bzw. sich Schuldzinsen anderweitig erspart hat (BGHZ 138, 160). Ein Anspruch auf nicht gezogene Nutzungen kann sich nur aus § 347 I ergeben, wobei V nach § 347 I S. 2 privilegiert haftet.

c) Anspruch auf Ersatz der Inspektions- und Reparaturkosten aus § 347 II S. 1

Nach § 347 II S. 1 sind dem Rückgewährschuldner **notwendige Verwendungen** zu ersetzen. **Verwendungen** sind Vermögensaufwendungen (auch der Einsatz eigener Arbeitskraft), die der Sache zugute kommen. **Notwendig** sind Verwendungen, die zur Erhaltung oder ordnungsgemäßen Bewirtschaftung der Sache objektiv erforderlich sind, die also der Besitzer dem Eigentümer – der sie sonst hätte machen müssen – erspart hat und die nicht nur den Sonderzwecken des Besitzers dienen (*BGH* NJW-RR 1996, 336, 337). Anders als nach § 994 I S. 2 sind auch die **gewöhnlichen Erhaltungskosten** zu ersetzen (der Rechtsgedanke des § 994 I S. 2 trifft nicht zu, da der Rückgewährschuldner nach § 346 I die damit ermöglichten Nutzungen herausgeben oder vergüten muss, s. BT-Drs. 14/6040, S. 197). Damit stellen sowohl die Kosten der Inspektion als auch die Reparaturkosten **notwendige Verwendungen** dar, deren Ersatz K verlangen kann.

d) Anspruch auf Ersatz der Kosten für die Lackierung

Die Metallic-Lackierung des Wagens ist hingegen keine notwendige Verwendung, weil sie zur Erhaltung des Wagens nicht erforderlich war. Die Kosten sind daher lediglich als „**andere Aufwendung**" i. S. v. § 347 II S. 2 ersetzbar. Das setzt voraus, dass die Lackierung zu einer Wertsteigerung geführt hat und V hierdurch bereichert ist (§ 818 I, III). Dabei stellt sich insbesondere das Problem der **aufgedrängten Bereicherung:** Ob eine Verwendung den Wert der zurück zu gewährenden Sache wirklich steigert, ist nicht objektiv, sondern subjektiv aus der Warte des Rückgewährgläubigers zu beurteilen. Wenn und soweit V als professioneller Autoverkäufer hier die Wertsteigerung durch anderweitigen Verkauf des Wagens realisieren kann, ist eine solche Bereicherung zu bejahen, K kann Vergütung der Wertsteigerung verlangen.

e) Anspruch auf Ersatz der Mietkosten für die Garage und der Benzinkosten
Nicht unter den Begriff der notwendigen Verwendungen fallen hingegen die Kosten, die den Gebrauch der Sache ermöglichen, da sie nicht deren Erhaltung, Wiederherstellung oder Verbesserung dienen. Die Benzinkosten stellen damit keine notwendige Verwendung dar. Die Kosten für die Anmietung einer Garage sind nur dann ersatzfähig, wenn das Abstellen des Wagens im Freien zu einer Wertminderung geführt hätte (str., wie hier Staudinger/*Kaiser*, § 347 Rn. 29). Da dies hier nicht der Fall war, sind auch diese Kosten nicht als notwendige Verwendungen ersatzfähig. Da V durch diese Aufwendungen nicht bereichert ist, sind sie auch nicht als „andere Aufwendungen" nach § 347 II S. 2 ersatzfähig.
3. Verhältnis der Ansprüche zueinander
Nach §§ 348, 320 sind die gegenseitigen Ansprüche Zug-um-Zug zu erfüllen.

123. Wertersatz wegen Zerstörung

Wie Fall 122, jedoch wird das Auto, das einen Wert von € 8000,– hatte, nach einer Woche bei einem von K oder

1. Ausgangsfall:
a) Ansprüche des V gegen K auf Herausgabe
Solche bestehen nicht, da der Wagen nicht mehr existiert (§ 275 I).

nicht verschuldeten Unfall vollständig zerstört.

1. Welche Ansprüche hat Vogelsang gegen Kober?

2. Wie ist zu entscheiden, wenn der tatsächliche Wert des Wagens € 11 000,– betrug?

b) Anspruch auf Wertersatz aus §§ 323 I, 346 I, II S. 1 Nr. 3

Nach § 346 I Nr. 3 kann V Wertersatz verlangen. Auf Vertretenmüssen des K kommt es dabei nicht an. Der Rücktrittsschuldner trägt also grundsätzlich (d. h. vorbehaltlich einer hier nicht gegebenen Privilegierung nach § 346 III) die Gefahr des zufälligen Untergangs der erhaltenen Leistung. Für die Höhe des Wertersatzes ist nach § 346 II S. 2 eine im Vertrag festgelegte Gegenleistung „zu Grunde zu legen". Bleibt der Wert des zurück zu gewährenden Gegenstandes hinter dem Kaufpreis zurück, ist nach zutr. Ansicht dennoch Wertersatz i. H. des Kaufpreises zu leisten. Eine Kürzung des Wertersatzanspruchs um den Gewinnanteil kommt nur in Betracht, wenn der Rücktritt wegen eines Sachmangels erfolgt und damit das von den Parteien vertraglich festgelegte Wertgefüge gestört ist (Stellungnahme des Bundesrats z. Regierungsentwurf BT-Drs. 14/6857, S. 22), u. U. auch im Falle eines verbraucherschützenden Widerrufsrechts (s. dazu unten Fall 138 sowie PdW SchuldR II, Fall 94). Im Übrigen lässt das Gesetz, wie sich auch aus einem Umkehrschluss aus § 346 II S. 2 Halbs. 2 ergibt, keinen Spielraum, die Regelung nur als widerlegbare Vermutung der Äquivalenz von Leistung und Gegenleistung anzusehen: Da die Störung nämlich nicht die „privatautonom ausgehandelte Entgeltabrede" der Parteien, sondern allein die Rückabwicklung betrifft (BT-Drs. 14/6040, S. 196), soll es bei der Maßgeblichkeit der Gegenleistung verbleiben. V kann daher Wertersatz i. H. v. € 10 000,– verlangen.

c) Anspruch aus § 823 I

Ein Anspruch des V aus § 823 I wegen Verletzung seines (vorbehaltenen) Eigentums kommt nicht in Betracht, da K den Unfall weder vorsätzlich noch fahrlässig herbeigeführt hat.

2. Fallvariante:

Übersteigt der Wert des zerstörten Gegenstands den vereinbarten Kaufpreis, so ist nach dem Wortlaut der Regelung Wertersatz ebenfalls nur i. H. des Kaufpreises, hier also i. H. v. € 10 000,– zu leisten. Nach einer in der Literatur vertretenen Ansicht ist jedoch in diesem Fall § 346 II S. 2 teleologisch zu reduzieren, weil das durch den Vertrag festgelegte **subjektive Äquivalenzverhältnis** durch die Nichtzahlung des Kaufpreises seine Grundlage verloren habe (*Canaris*, FS Wiedemann, 2002, S. 3, 23), m. a. W. dem K der Gewinn aus dem Geschäft nur gebühren soll, wenn er selbst vertragstreu ist. Folgt man dem, hat K Wertersatz i. H. v. € 11 000,– zu leisten.

124. Wiederbeschaffungspflicht und Wertersatz wegen Veräußerung

Ausgangsfall wie Fall 122, jedoch hatte Kober den Wagen, der einen objektiven Marktwert von € 10 000,– hat, bereits für € 12 000,– an den gutgläubigen Düchs weiterveräußert. Dieser ist bereit, dem Kober den Wagen gegen Zahlung von € 13 000,– zurückzugeben. Vogelsang verlangt daraufhin von Kober Rückerstattung des Wagens. Kober meint, er müsse lediglich Wertersatz i. H. des

1. Ausgangsfall

a) Anspruch auf Herausgabe aus § 985

Ein Anspruch aus § 985 scheidet aus, weil Vogelsang wegen des gutl. Eigentumserwerbs des D vom nichtberechtigten K (§§ 929, 931) nicht mehr Eigentümer, jedenfalls aber K nicht mehr unmittelbarer Besitzer des Wagens ist.

b) Anspruch aus § 346 I

Hat der Rücktrittschuldner den zurück zu gewährenden Gegenstand veräußert oder belastet, so sieht § 346 II Nr. 2 eine Wertersatzpflicht vor. Nach h. M. entfällt jedoch die (primäre) Pflicht zur Rückgewähr aus

Kaufpreises (€ 10 000,–) leisten.

1. Kann Vogelsang von Kober (Zug-um-Zug gegen Rückzahlung des bereits bezahlten Teils des Kaufpreises) Rückgewähr des Wagens verlangen?

2. Welche Ansprüche hat Vogelsang, wenn Düchs nicht zur Herausgabe des Wagens bereit ist?

Siehe dazu: BGHZ 178, 182 = JuS 2009, 83 m. Anm. *Faust.*

§ 346 I nicht unmittelbar durch die Veräußerung oder Belastung. Solange sich der Rücktrittsschuldner den Gegenstand zum Zwecke der Rückgewähr beschaffen bzw. eine Belastung beseitigen kann, bleibe er hierzu nach § 346 I verpflichtet. Er werde erst dann befreit, wenn ein Befreiungstatbestand des § 275 vorliegt (BGHZ 178, 182; aus der Literatur s. nur *Canaris*, Schuldrechtsmodernisierung, 2002, S. XXXVII; MünchKomm/*Gaier*, § 346 Rn., 42; *Schwab*, JuS 2002, 630, 632 m. w. N.). Nach einer Mindermeinung (Staudinger/*Kaiser*, § 346 Rn. 153; Erman/*Bezzenberger*, § 346 Rn. 7; *Benicke*, ZGS 2002, 369, 371) führt hingegen die Veräußerung unabhängig von der Möglichkeit einer Wiederbeschaffung zu einer Wertersatzpflicht anstelle der Rückgewährpflicht, jedoch könne sich der Schuldner nach § 242 durch Rückgewähr befreien, wenn er dies wolle. Dem ist zuzustimmen, weil § 346 II Nr. 2 – anders als andere Normen des allgemeinen Schuldrechts – nicht auf § 275 Bezug nimmt, sondern sich allein auf die „Veräußerung" bezieht (vgl. hiergegen aber *BGH* a.a.O.). Insbesondere aber müsste sonst im Falle der Beschädigung der Sache auch ein Anspruch auf Reparatur bejaht werden, was sich mit dem Privilegierungstatbestand des § 346 III Nr. 3 nicht vereinbaren ließe (s. dazu Fall 125). V kann daher nicht aus § 346 I Rückgewähr des Wagens verlangen.

Folgt man der h. M., besteht hingegen ein solcher Anspruch (Zug-um-Zug gegen Rückzahlung des bereits bezahlten Kaufpreisanteils, §§ 348, 320): Dem K ist der Rückerwerb möglich, da D hierzu bereit und auch die Zumutbarkeitsgrenze des

§ 275 II noch nicht überschritten ist (zwar liegt der Aufwand des K mit € 3000,– nicht unerheblich über dem Wert der Sache und damit dem Leistungsinteresse des V, jedoch ist auch zu berücksichtigen, dass das Leistungshindernis von K zu vertreten ist, § 275 II S. 2).

c) Anspruch aus §§ 280 I, 241 II bzw. §§ 823 I, 249 I

K hat durch die Weiterveräußerung des Wagens die Nebenpflicht aus § 241 II, das Fahrzeug nicht zu veräußern, solange es im Eigentum des V steht, sowie das Eigentum des V vorsätzlich verletzt. Er haftet damit sowohl aus § 280 I als auch aus § 823 I auf Schadensersatz. Gem. § 249 I (Grundsatz der Naturalrestitution) kann V damit Wiederbeschaffung und Rückgabe des Wagens verlangen. Wenn man also mit der Mm. eine Pflicht zum Rückerwerb im Rahmen von § 346 I verneint, kann sich eine solche als Inhalt eines Schadensersatzanspruchs i. V. m. § 249 I ergeben, was freilich Vertretenmüssen voraussetzt.

2. Fallabwandlung

a) Anspruch aus § 985

Ein Anspruch des V gegen K aus § 985 besteht wie im Ausgangsfall nicht.

b) Anspruch aus § 346 I auf Rückgewähr

Da D nicht herausgabebereit ist, ist ein Anspruch auf Rückgewähr in natura auch nach h. M. gem. § 275 I ausgeschlossen.

c) Anspruch auf Wertersatz aus § 346 II S. 1 Nr. 2, S. 2

V hat einen Anspruch auf Wertersatz i. H. des vereinbarten Kaufpreises von € 10 000.

d) Anspruch auf Schadensersatz aus §§ 280 I, 241 II bzw. §§ 823 I, 249 I, 251 I

Wie im Ausgangsfall besteht auch ein Schadensersatzanspruch des V. Gem.

§ 251 I ist er auf Schadensersatz in Geld i. H. des objektiven Wertes des Wagens (€ 10 000,–) gerichtet.

e) Anspruch auf Erlösherausgabe aus § 285

§ 285 ist auch auf Rückgewähransprüche aus § 346 I anwendbar (BT-Drs. 14/6040, S. 194). Da nach h. M. auch der Veräußerungserlös unter das **stellvertretende commodum** des § 285 fällt (s. Fall 30), kann V Herausgabe des von K erzielten Erlöses i. H. v. € 12 000,– verlangen, wenn dessen Herausgabepflicht nach § 275 I ausgeschlossen ist. Folgt man der h. M., ist dies der Fall. Geht man hingegen davon aus, dass die Herausgabepflicht bereits durch die Wertersatzpflicht nach § 346 II Nr. 2 ausgeschlossen ist, ist § 285 analog anzuwenden (Staudinger/*Kaiser*, § 346 Rn. 215).

f) Anspruch auf Erlösherausgabe aus § 816 I S. 1

Da V jedoch z. Zt. der nach §§ 929, 931 wirksamen Veräußerung durch K an D noch Eigentümer war, kann er von K Herausgabe des durch die Verfügung Erlangten verlangen. Nach h. M. geht dieser Anspruch auf den gesamten erzielten Erlös i. H. v. € 12 000,– (s. PdW SchuldR II, Fall 209).

125. Wertersatz wegen Beschädigung

Ausgangsfall wie Fall 122, jedoch wird der Wagen bei dem (von Kober nicht verschuldeten) Unfall lediglich an der Stoßstange beschädigt, was seinen Wert um € 500,– mindert. Eine Reparatur durch Auswechslung der Stoßstange ist aber möglich

1. Anspruch aus §§ 280 I, 241 II, 249 II

Zwar kann man aus dem Kaufvertrag und der darin enthaltenen Sicherungsabrede über den Eigentumsvorbehalt eine Nebenpflicht des K herleiten, den Wagen nicht zu beschädigen, solange er ihn nicht bezahlt hat und er deshalb noch im Eigentum des V steht (§§ 929, 449 I, 158 I). K hat jedoch die Beschädigung

(Kosten: € 800,–). Vogelsang fordert Kober auf, ihm den Wagen repariert zurückzugeben. Kober lehnt dies kategorisch ab. Für den Unfall könne er nichts, bei der Teilnahme am Straßenverkehr seien Schäden dieser Art im Übrigen üblich. Vogelsang verlangt daraufhin Ersatz der Reparaturkosten, hilfsweise Ersatz der Wertminderung. Zu Recht?

nicht zu vertreten, so dass die Vermutung des § 280 I S. 2 widerlegt ist.

2. Anspruch aus §§ 280 I, III, 281

Ein Anspruch auf Ersatz der Reparaturkosten kann Gegenstand eines Anspruchs auf Schadensersatz statt der Leistung sein, wenn K zur Reparatur verpflichtet gewesen wäre. Ebenso wie im Fall der Veräußerung/Belastung (s. Fall 124) besteht im Falle der Verschlechterung kein Anspruch auf Herausgabe im ursprünglichen Zustand nach § 346 I. Vielmehr tritt unabhängig davon, ob die Beschädigung behebbar ist, an deren Stelle eine Wertersatzpflicht nach § 346 II Nr. 3, sofern es sich nicht um Folgen der bestimmungsgemäßen Ingebrauchnahme handelt (s. § 346 II Nr. 3 Halbs. 2). Gerade diese Ausnahmeregelung sowie insbesondere auch der Befreiungstatbestand des § 346 III Nr. 3 (s. dazu Fall 131), sprechen für diese Lösung, weil sie sonst weitgehend leer laufen würden (*Medicus/Lorenz* I, Rn. 565; a. A. *Canaris*, Schuldrechtsmodernisierung 2002, S. XXXVII). Dem folgt (nur) für den Fall der Beschädigung auch BGHZ 178, 182 mit dem Argument, dass eine Beseitigungspflicht einem verschuldensunabhängigen Schadensersatzanspruch gleichkäme (s. § 249 I). Da K somit nicht zur Reparatur verpflichtet war, liegt in deren Unterlassen keine Pflichtverletzung.

3. Anspruch aus § 823 I

Ein Anspruch des V aus § 823 I wegen Verletzung seines (vorbehaltenen) Eigentums kommt nicht in Betracht, da K den Unfall weder vorsätzlich noch fahrlässig herbeigeführt hat.

4. Anspruch auf Ersatz der Wertminderung aus §§ 323, 346 II Nr. 3

V kann Ersatz der Wertminderung i. H. v. € 500,– verlangen, sofern es sich dabei nicht um eine „durch die bestimmungsgemäße Ingebrauchnahme entstandene Verschlechterung" handelt und kein Ausschlusstatbestand des § 346 III vorliegt. Nach zutr. Ansicht stellen **Beschädigungen** des zurück zu gewährenden Gegenstandes bei seinem bestimmungsgemäßen Gebrauch keine „durch die bestimmungsgemäße Ingebrauchnahme entstandene Verschlechterung" dar, selbst wenn sie – wie hier – typische Folge des Gebrauchs sind. Die Vorschrift will nur eine Doppelberücksichtigung des Gebrauchs der Sache vermeiden, indem dem Rücktrittschuldner zugleich der Nutzungsersatz (§ 346 I Alt. 2) und der durch die Nutzung erfolgte Wertverzehr der Sache (gebrauchsbedingter Verschleiß) auferlegt wird. Das trifft auf Schäden nicht zu (str.; wie hier Staudinger/*Kaiser*, § 346 Rn. 146 m. w. N.). Da auch der Privilegierungstatbestand des § 346 III Nr. 3 nicht erfüllt ist (keine Verschlechterung beim Rücktrittsberechtigten), schuldet K Wertersatz i. H. v. € 500,–.

126. Wegfall der Wertersatzpflicht bei Verarbeitung

Künast, ein Hersteller von Bio-Kindernahrung kauft zur Herstellung von Babynahrung vom Zwischenhändler Vischler 2 t „ungespritzte Bio-Karotten" zum Preis von € 1500,–. Erst nach der Verarbeitung erfährt Künast,

1. Anspruch auf Rückzahlung des Kaufpreises aus §§ 437 Nr. 2, 434 I, 323, 346 I

a) Anspruchsbegründung

Die Voraussetzungen eines Rücktrittsrechts wegen eines Sachmangels liegen vor (s. dazu im Einzelnen PdW SchuldR II, Fälle 18 ff.). K kann daher nach § 346 I Rückzahlung des Kaufpreises verlangen.

dass es sich – was auch Vischler nicht wissen konnte – um mit (zulässigen) Schädlingsbekämpfungsmitteln behandelte konventionelle Ware handelte, die üblicherweise zu einem Preis von € 1000,– gehandelt wird. Die hergestellte Kindernahrung ist damit nicht mehr als „Bio-Nahrung", sondern nur als Normalware verkäuflich. Da Vischler wegen des Endes der Erntesaison keine unbehandelten Karotten mehr liefern kann, erklärt Künast den Rücktritt vom Vertrag und verlangt den Kaufpreis zurück. Vischler verlangt im Gegenzug Wertersatz für die gelieferten Karotten. Künast hält dem entgegen, dass die mit den Karotten hergestellte Ware für ihn wertlos sei, da er seinen Ruf als Hersteller von Bio-Nahrung nicht durch den Verkauf von Kindernahrung aus konventionellem Anbau zerstören wolle. Welche Ansprüche haben Künast und Vischler gegeneinander?

b) Einrede des V aus §§ 348, 320
Fraglich ist, ob dem V infolge des Rücktritts des K ebenfalls Ansprüche zustehen, die er dem Rückzahlungsanspruch des K einredeweise entgegenhalten kann.
aa) Wertersatzanspruch: An sich ist K nach § 346 II Nr. 2 wegen Verarbeitung des empfangenen Gegenstandes zum Wertersatz verpflichtet. Bei der Höhe des Wertersatz ist die vereinbarte Gegenleistung zu Grunde zulegen. Nach h. M. ist dabei beim Rücktritt wegen Mangelhaftigkeit des Gegenstandes die Höhe des Wertersatzes analog § 441 III nach Minderungsgrundsätzen zu berechnen (Staudinger/*Kaiser*, § 346 Rn. 156 m. w. N.), was hier zu einem Wertersatz i. H. v. € 500,– führt (s. dazu PdW SchuldR II, Fall 41). Der Wertersatzanspruch entfällt aber nach § 346 III Nr. 1, wenn sich – wie hier – der zum Rücktritt berechtigende Mangel erst nach der Verarbeitung gezeigt hat. Dabei kommt es allein auf die Kenntnis des Rücktrittsberechtigten, nicht aber auf die Erkennbarkeit des Mangels an. Selbst grobfahrlässige Unkenntnis würde also K nicht schaden (h. M., s. Palandt/*Grüneberg*, § 346 Rn. 11). Damit besteht kein Anspruch auf Wertersatz.
bb) Herausgabe der verbliebenen Bereicherung: Nach § 346 III S. 2 ist aber eine durch Ausschluss des Wertersatzes beim Schuldner verbliebene Bereicherung herauszugeben. Darin ist eine Rechtsfolgenverweisung auf das Bereicherungsrecht, d. h. auf die §§ 818 ff. zu sehen. K schuldet nach § 818 II zwar nicht Herausgabe des hergestellten Produkts, weil sich darin ja auch der Wert der Weiterverarbeitung widerspiegelt, sondern den anteiligen Wert der hergestellten Babynahrung. Nach den Grund-

sätzen der **aufgedrängten Bereicherung** (s. Fall 122) ist er aber auch insofern nicht bereichert (§ 818 III), weil die Ware für ihn subjektiv wertlos ist. K hat daher auch keinen Wertersatz zu leisten.

127. Wegfall der Wertersatzpflicht bei Verbrauch

Wie Fall 126, jedoch wird die Babynahrung im Einzelhandel als „Bio-Karottenbrei aus ökologischem Anbau" veräußert. Kunz kauft beim Einzelhändler Hinz 10 Gläschen dieses Bio-Karottenbreis zum Preis von je € 3,–, mit denen er sein Kind füttert. Als nachträglich durch Presseberichte bekannt wird, dass es sich nicht um ein Bio-Produkt, sondern um konventionelle Ware im Wert von je € 1,50 handelt, verlangt er von Hinz 10 neue Gläschen mit Bio-Karottenbrei. Dieser ist dazu nur bereit, wenn ihm Kunz den Wert der verbrauchten Gläschen ersetzt. Dazu ist Kunz, der sein Kind aus Prinzip ausschließlich mit Produkten aus ökologischem Anbau ernährt, nicht bereit.
1. Wie ist die Rechtslage?
2. Wie wäre zu entscheiden, wenn Kunz die Babynahrung noch nicht verbraucht, aber nach dem Bekanntwerden der Umstände weggeworfen hätte?

1. Ausgangsfall
Anspruch des K aus §§ 437 Nr. 1, 439 I
a) Anspruch auf Nacherfüllung
Da der Karottenbrei nicht die vereinbarte bzw. durch Etikettierung ausgewiesene Beschaffenheit aufwies, lag ein Sachmangel i. S. v. § 434 I S. 2, 3 vor. K hat daher nach § 439 I einen Anspruch auf Nacherfüllung in Form der Neulieferung.
b) Einreden des H
aa) aus §§ 439 IV, 346 II Nr. 2, 348, 320:
Gem. § 439 IV hat K jedoch einen Anspruch auf Rückgewähr der mangelhaften Ware nach §§ 346 ff. Da die Gläschen verbraucht sind, hat K an sich gem. § 346 II Nr. 2 Wertersatz i. H. v. € 15,– zu leisten. Nach h. M. ist aber der Privilegierungstatbestand des § 346 III Nr. 1 im Falle des Verbrauchs analog anzuwenden (s. Staudinger/*Kaiser,* § 346 Rn. 167 m. w. N.). Da K erst nach dem Verbrauch der Sache von dem Sachmangel Kenntnis erlangt hat, ist eine Wertersatzpflicht daher ausgeschlossen.
bb) aus §§ 439 IV, 346 III S. 2, 818, 348, 320: K hat jedoch eine verbliebene Bereicherung herauszugeben. Diese könnte hier allenfalls in den ersparten Aufwendungen für konventionelle Babynahrung bestehen. Da K aber eine solche nicht verwendet hätte, liegt keine Bereicherung in Form

ersparter Aufwendungen vor. Sofern man es – was angesichts des primären Bereicherungsgegenstandes wohl nicht zutreffend wäre – als verbliebene Bereicherung ansehen wollte, dass K sich Aufwendungen für die Ernährung des Kindes erspart hat, weil er es nach dem Verzehr der gelieferten Nahrung nicht noch einmal mit Bio-Produkten füttern musste (und konnte!), so ist diese Bereicherung jedenfalls als „aufgedrängte Bereicherung" unbeachtlich. H hat daher keine Einrede gegen den Rückzahlungsanspruch des K.

2. Fallvariante

Wenn K die Nahrung vernichtet hat, ist er gem. § 346 II Nr. 3 zum Wertersatz verpflichtet. Diese Wertersatzpflicht ist nicht nach § 346 III Nr. 3 ausgeschlossen, da K vorsätzlich gehandelt hat (s. § 277).

128. Wegfall der Wertersatzpflicht bei Verantwortlichkeit des Rücktrittsgegners

Knauer hatte von Völler zum Preis von € 4000,– dessen gebrauchten VW Golf erworben. Bereits bei den ersten Fahrten mit dem Wagen zeigten sich Anzeichen für einen Defekt der Bremsen, die der in solchen Dingen stets etwas unaufmerksame Knauer aber nicht erkannte. Nach zwei Wochen kommt es schließlich auf Grund eines Totalversagens der Bremsen zu einem Verkehrsunfall, bei welchem der Wagen vollständig zerstört wird. Knauer verlangt

1. Anspruch des K auf Rückzahlung des Kaufpreises

K kann gem. §§ 437 Nr. 2, 326 V i. V. m. 323, 346 I Rückzahlung des Kaufpreises verlangen, weil z. Zt. des Gefahrübergangs ein nunmehr nach Zerstörung des Wagens unbehebbarer Sachmangel vorlag (s. dazu im Einzelnen PdW SchuldR II, Fälle 18 ff.).

2. Anspruch des V auf Wertersatz

Fraglich ist, ob V einen Anspruch auf Wertersatz für den zerstörten Wagen hat, den er dem Rückzahlungsanspruch des K gem. §§ 348, 320 einredeweise entgegenhalten kann.

Nach § 346 II Nr. 3 ist K an sich zum Wertersatz verpflichtet. Nach § 346 III

daraufhin Rückzahlung des Kaufpreises, Völler ist hierzu nur gegen Wertersatz für den zerstörten Wagen bereit. Wer hat Recht?

Nr. 2 entfällt die Pflicht zum Wertersatz, soweit der (Rücktritts-)Gläubiger (hier: V) die Verschlechterung oder den Untergang zu vertreten hat oder dieser bei ihm gleichfalls eingetreten wäre. Mit „Vertretenmüssen" ist dabei nicht der Sorgfaltsmaßstab des § 276, sondern jede Verantwortlichkeit des Gläubigers gemeint. Es kommt also darauf an, ob die Ursache für den Untergang aus der **Sphäre** des Rückgewährgläubigers stammt (Staudinger/*Kaiser*, § 346 Rn. 170). Damit ist insbesondere der Fall das Untergangs auf Grund des zum Rücktritt berechtigenden Sachmangels erfasst (Palandt/*Grüneberg*, § 346 Rn. 12). Da die Wertersatzpflicht jedoch nur wegfällt, „**soweit**" die Verantwortlichkeit des Gläubigers reicht, ist eine Mitverantwortung des Rückgewährschuldners (hier: des K) ebenfalls zu berücksichtigen (ohne dass es hierfür einer analogen Anwendung von § 254 bedarf). Für den gesetzlich zum Rücktritt Berechtigten ist dabei aber der Maßstab des § 346 III Nr. 3 (Beschränkung auf die eigenübliche Sorgfalt) zu beachten. Da K diese hier gewahrt hat und die Grenze grober Fahrlässigkeit nicht erreicht wurde (§ 277), haftet er nicht auf Wertersatz.

129. Wegfall der Wertersatzpflicht beim gesetzlichen Rücktrittsrecht

1. Wie Fall 128, jedoch ist der Unfall nicht auf die mangelhaften Bremsen des Wagens zurückzuführen, sondern durch einen unbekannten Dritten verursacht worden. Knauer verlangt Rückzahlung des Kaufpreises. Völler ist hierzu nur gegen Wert-

1. Ausgangsfall
a) Anspruch des K auf Rückzahlung des Kaufpreises
K kann gem. §§ 437 Nr. 2, 326 V i. V. m. 323, 346 I Rückzahlung des Kaufpreises verlangen (s. Fall 128).

b) Anspruch des V auf Wertersatz
Nach § 346 II Nr. 3 ist K an sich zum Wertersatz verpflichtet. Nach § 346 III

ersatz für den zerstörten Wagen bereit. Wer hat Recht?
2. Wie ist zu entscheiden, wenn der Unfall durch einen fahrlässigen Fahrfehler des auch in eigenen Dingen immer etwas unaufmerksamen Knauer verursacht wurde?

Nr. 3 entfällt die Pflicht zum Wertersatz aber im Falle eines **gesetzlichen** Rücktrittsrechts, wenn der Untergang oder die Verschlechterung **beim Berechtigten** eingetreten ist und dieser die Sorgfalt in eigenen Angelegenheiten gewahrt hat. Damit trägt der Rückgewährgläubiger u. a. die Gefahr des zufälligen Untergangs des Rücktrittsgegenstandes. V hat daher keinen Wertersatzanspruch gegen K aus § 346 II Nr. 3.

(**Ratio** für dieses „Zurückspringen der Sachgefahr" beim **zufälligen** Untergang ist die bei gesetzlichen Rücktrittsrechten i. d. R. vorliegende **objektive Verantwortlichkeit** des Rücktrittsgegners für den Rücktrittsgrund, wie etwa die Lieferung einer mangelhaften Sache. Daher ist die Regelung im Rahmen einer tel. Reduktion nicht anwendbar, wenn – wie im Fall des § 313 III – das ges. Rücktrittsrecht nicht auf eine Pflichtverletzung des Rücktrittsgegners zurückgeht, s. *Canaris*, Schuldrechtsmodernisierung, S. XLV, str.).

2. Fallvariante (Fahrlässigkeit des K)
a) Anspruch des K auf Rückzahlung des Kaufpreises
Das Rücktrittsrecht des K ist nach §§ 437 Nr. 2, 326 V, 323 VI ausgeschlossen, wenn er den Rücktrittsgrund allein oder weit überwiegend zu verantworten hat. Rücktrittsgrund ist im Falle eines unbehebbaren Mangels nicht alleine der Mangel selbst, sondern die Unmöglichkeit seiner Behebung (Rücktritt wegen „qualitativer Unmöglichkeit" nach §§ 326 V, 323, s. Fall 13 sowie PdW SchuldR II, Fall 10). Diese hat K hier zu verantworten, da die Unbehebbarkeit des Mangels erst durch die auf Grund seiner Fahrlässigkeit erfolgte Zer-

störung des Wagens eingetreten ist. Damit wäre bereits das Rücktrittsrecht ausgeschlossen, so dass sich die Frage eines Wertersatzanspruchs des V gar nicht stellt (sehr str., vgl. Palandt/*Grüneberg*, § 323 Rn. 29 m.w. N.).

Fraglich ist allerdings, was K i. S. v. § 323 VI zu „verantworten" hat. Wäre der Mangel nämlich bereits vor der Zerstörung des Wagens unbehebbar gewesen, wäre nicht nur das Rücktrittsrecht des K gegeben, sondern K wäre – da er die eigenübliche Sorgfalt gewahrt und nicht grobfahrlässig gehandelt hat (§ 277) – gem. § 346 III Nr. 3 auch von der Wertersatzpflicht befreit. Zur Vermeidung von Wertungswidersprüchen ist damit die Haftungsmilderung des § 346 III Nr. 3 auf die eigenübliche Sorgfalt auf den Rücktrittsausschluss nach § 323 VI zu übertragen. K kann daher trotz der Zerstörung des Wagens gem. §§ 437 Nr. 2, 326 V, 323, 346 I Rückzahlung des Kaufpreises verlangen.

b) Anspruch des V auf Wertersatz

Nach § 346 III Nr. 3 ist die Wertersatzpflicht aus § 346 II Nr. 3 nicht nur beim zufälligen Untergang des Rücktrittsgegenstands, sondern auch dann ausgeschlossen, wenn der Rücktrittsschuldner die eigenübliche Sorgfalt gewahrt hat. Der Rücktrittsgegner trägt damit nicht nur die Gefahr des zufälligen Untergangs, sondern auch diejenige des fahrlässigen Verhaltens des Rücktrittsberechtigten, solange dies dessen eigenüblicher Sorgfalt entspricht (s. § 277). Da K hier die Sorgfalt in eigenen Angelegenheiten gewahrt hatte, ist ein Wertersatzanspruch des V nach § 346 III Nr. 3 ausgeschlossen.

Anmerkung: Ratio für diese **Haftungsmilde-rung** ist der Schutz des Rücktrittsberechtigten, der in Unkenntnis der sich aus einem zukünftigen Rücktritt ergebenden Rückgewährpflicht von der Endgültigkeit des Erwerbs ausgehen darf und deshalb mit dem Gegenstand nicht sorgfältiger umgehen muss, als er dies mit eigenen Gegenständen gewöhnlich tut.

130. Privilegierung und Verwendungsersatz

Kann Knauer in Fall 129 auch Erstattung der Kosten für eine zwischenzeitlich durchgeführte Reparatur des Schiebedachs verlangen?

Anspruch auf Verwendungsersatz aus § 347 II S. 1
Die Reparaturkosten stellen notwendige Verwendungen i. S. v. § 347 II S. 1 dar (s. Fall 122). Sie sind jedoch nur ersatzfähig, wenn der Rückgewährschuldner (hier: K) den Gegenstand zurückgibt, Wertersatz leistet oder seine Wertersatzpflicht nach § 346 III Nr. 1, 2 ausgeschlossen ist. Da K hier keinen Wertersatz geleistet hat und seine Wertersatzpflicht nicht nach § 346 III Nr. 1, 2, sondern nach § 346 III Nr. 3 ausgeschlossen ist, hat er keinen Anspruch auf Verwendungsersatz. (**Ratio** der Regelung ist, den mit dem Zufallsrisiko belasteten Rücktrittsgegner nicht auch noch mit Verwendungskosten zu belasten, die ihm nicht mehr zugute kommen können.)

131. Grenzen der Privilegierung

1. Wie Fall 129, jedoch entdeckt Knauer den Mangel der Bremsen und fordert Völler unter Fristsetzung zur Reparatur auf. Nach fruchtlosem Ablauf dieser Frist erklärt Knauer gegenüber Völler den Rücktritt vom Vertrag.

1. Ausgangsfall (Untergang nach Rücktritt)
a) Anspruch auf Rückzahlung des Kaufpreises aus §§ 437 Nr. 2, 323 I, 346 I
Da K dem V eine Frist zur Nacherfüllung gesetzt hat, lagen die Rücktrittsvoraussetzungen z. Zt. der Rücktrittserklärung vor. Die Zerstörung des zurück zu gewähr-

Anschließend wird der Wagen bei einem Unfall, der
a) durch einen fahrlässigen Fahrfehler des auch in eigenen Dingen immer etwas unaufmerksamen Knauer
b) durch einen unbekannten Dritten verursacht wurde, vollständig zerstört.

2. Ist Fallvar. 1 b) anders zu beurteilen, wenn Völler und Knauer im Kaufvertrag ein unmittelbares Rücktrittsrecht des Käufers im Falle von Sachmängeln vereinbart hätten und Knauer dieses Rücktrittsrecht ausgeübt hätte?

3. Wie Ausgangsfall, jedoch erklärt Knauer erst nach der Zerstörung des Wagens den Rücktritt vom Vertrag. Welche Ansprüche haben Völler und Knauer gegeneinander wenn der Unfall
a) durch einen fahrlässigen Fahrfehler des auch in eigenen Dingen immer etwas unaufmerksamen Knauer
b) durch einen unbekannten Dritten verursacht wurde?

enden Gegenstands **nach** Wirksamwerden des Rücktritts ist auf den bereits entstandenen Rückzahlungsanspruch ohne Einfluss. K kann daher Rückzahlung des Kaufpreises verlangen.

b) Wertersatzanspruch des V

Ein Wertersatzanspruch des V aus § 346 II Nr. 3 ist gem. § 346 III Nr. 3 ausgeschlossen.

c) Schadensersatzanspruch aus §§ 346 IV, 346 I, 280 I, III, 283

Mit Ausübung des Rücktrittsrechts ist ein Rückgewährschuldverhältnis zwischen K und V entstanden, auf Grund dessen K nach § 346 I zur Rückübereignung des Wagens verpflichtet war. Dieses Schuldverhältnis kann Gegenstand einer Pflichtverletzung i. S. v. § 280 I sein, was § 346 IV bestätigt (die Regelung hat damit nur deklaratorische Bedeutung). Die Nichterbringung dieser Leistung stellt (trotz des nachträglichen Wegfalls der Leistungspflicht nach § 275 I, s. Fall 58) eine Pflichtverletzung dar, die K nach §§ 280 I, III, 283 zum Schadensersatz statt der Leistung i. H. des Wertes des Wagens verpflichtet, wenn – was nach § 280 I S. 2 vermutet wird – er die Gründe, die zur Unmöglichkeit der Leistung (Zerstörung des Wagens) führten, zu vertreten hat. Die Haftungsmilderung des § 346 III Nr. 3 gilt hierfür weder direkt noch analog, da sie den Schutz des seine (zukünftige) Rückgabepflicht nicht kennenden Rücktrittsberechtigten bezweckt. Damit haftet K auf Schadensersatz, wenn er die Zerstörung des Wagens fahrlässig herbeigeführt hat (a), nicht aber bei Unfallverursachung durch einen Dritten (b). Eine Haftung für zufälligen Untergang kommt hier nur unter den Voraussetzungen des

§ 287 S. 2 in Betracht (s. dazu Fall 48).
Diese liegen aber nicht vor, da sich K
mangels Mahnung nicht in Verzug (§ 286)
mit der Rückwähr befand.

2. Fallvariante (vertragliches Rücktrittsrecht)

Die Fallgestaltung unterscheidet sich vom
Ausgangsfall dadurch, dass K hier nicht ein
gesetzliches, sondern ein **vertragliches**
Rücktrittsrecht ausgeübt hat. Damit greift
die Privilegierung des § 346 III Nr. 3 nach
ihrem Wortlaut nicht ein, so dass K an sich
gem. § 346 II Nr. 3 zum Wertersatz verpflichtet wäre. § 346 III Nr. 3 ist jedoch
nach zutr. Ansicht auf vertragliche Rücktrittsrechte dann entsprechend anzuwenden, wenn diese – wie hier – an eine
Pflichtverletzung des Rücktrittsgegners
anknüpfen und damit gesetzliche Rücktrittsrechte zu Gunsten des Rücktrittsberechtigten modifizieren (Staudinger/*Kaiser*, § 346 Rn. 186 m. w. N.). K schuldet
daher ebenfalls keinen Wertersatz.

3. Fallvariante (Untergang zwischen Kenntnis und Ausübung des Rücktrittsrechts)

a) Anspruch des K auf Rückzahlung des Kaufpreises

K kann gem. §§ 437 Nr. 2, 326 V i. V.
m. 323, 346 I Rückzahlung des Kaufpreises
verlangen. Da das Rücktrittsrecht des K mit
Ablauf der Nacherfüllungsfrist entstanden
war (§§ 437 Nr. 2, 323 I), kann die erst
danach erfolgte Zerstörung des Wagens
(anders als in Fallvar. 2 a, wo z. Zt. der
Zerstörung noch kein Rücktrittsrecht bestand!) **a priori** keinen Rücktrittsausschlussgrund nach §§ 326 V, 323 VI darstellen.

b) Wertersatzanspruch des V

Ein Wertersatzanspruch des V aus § 346 II
Nr. 3 ist gem. § 346 III Nr. 3 ausgeschlossen, da K die Sorgfalt in eigenen Angelegenheiten gewahrt und nicht grob fahrlässig gehandelt hat (s. § 277). Die in der
Literatur vorgeschlagene, auf eine teleolo-
gische Reduktion gestützte Nichtanwendung von § 346 III Nr. 3 ab dem Zeitpunkt
der Kenntnis des Rücktrittsberechtigten
von den Rücktrittsvoraussetzungen (s.
etwa *Schwab*, JuS 2002, 630, 635) ist
abzulehnen, da sie auch im Falle des
zufälligen Untergangs (b) gelten würde,
was der diesbezüglichen **ratio** der Regelung
(objektive Verantwortlichkeit des Rücktrittsgegners für den Rücktrittsgrund) wi-
dersprechen würde (s. *Medicus/Lorenz* I,
Rn. 573). Gegen sie spricht auch die Existenz der sonst unnötigen Regelung des
§ 357 III S. 3 (s. dazu Fall 138). Eine auf
die Nichtanwendung der Haftungsmilderung auf die eigenübliche Sorgfalt begrenz-
te tel. Reduktion im Falle der Kenntnis vom
Rücktrittsgrund (so *Looschelders*, SchuldR
AT, Rn. 850 m. w. N.) ist wegen der sogleich (s. unter d) zu erörternden Schadensersatzpflicht aus §§ 280 I, 241 II unnötig
(so auch Staudinger/*Kaiser*, § 346 Rn. 188).

*c) Schadensersatzanspruch aus §§ 346 IV,
346 I, 280 I, III, 283*

Ein Anspruch des V auf Schadensersatz
statt der Leistung wegen einer Verletzung
der Rückgewährpflicht aus § 346 I kommt
nicht in Betracht: Ein solcher Anspruch
bestand nämlich z. Zt. der Zerstörung des
Wagens nicht, da das Rücktrittsrecht noch
nicht ausgeübt war.

d) Schadensersatzanspruch aus §§ 280 I, 241 II

Die h. M. bejaht allerdings ab dem Zeitpunkt, in welchem der Rücktrittsberechtigte **positive Kenntnis** von den Rücktrittsvoraussetzungen hat, eine **vertragliche Nebenpflicht** i. S. v. § 241 II zum sorgfältigen Umgang mit dem (zukünftigen) Rücktrittsgegenstand (*Canaris,* Schuldrechtmodernisierung, S. XLVI; Staudinger/*Kaiser,* § 346 Rn. 196 m. w. N.; teilweise wird eine solche Nebenpflicht auch schon bei fahrlässiger bzw. grobfahrlässiger Unkenntnis der Rücktrittsvoraussetzungen bejaht, dagegen zutr. Staudinger/*Kaiser,* a. a. O. Rn. 197 m. w. N.). Für diese Pflichtverletzung gilt die Haftungsbegrenzung des § 346 III Nr. 3 auf die eigenübliche Sorgfalt nicht, d. h. der Rücktrittsberechtigte haftet bereits ab Kenntnis vom Rücktrittsgrund für jede Fahrlässigkeit. V kann daher gem. §§ 280 I, 241 II, 249 Schadensersatz i. H. des Wertes des Wagens verlangen, wenn K den Unfall fahrlässig verursacht hat (a), nicht jedoch bei fehlendem Verschulden des K (b).

Merke also: Der große Meinungsstreit um die Privilegierung des § 346 III Nr. 3 ist praktisch nur von Bedeutung, wenn der Rücktrittsberechtigte den Rücktrittsgegenstand zwischen Kenntnis/Kennenmüssen der Rücktrittsvoraussetzungen und der Erklärung des Rücktritts fahrlässig beschädigt bzw. zerstört, in eigenen Angelegenheiten aber ebenfalls fahrlässig ist. Sowohl die Phase vor Kenntnis/Kennenmüssen des Rücktrittsrechts (Privilegierung nach § 346 III Nr. 3 bzgl. des Wertersatzes, keine Haftung wg. Pflichtverletzung) als auch die Phase nach Ausübung des Rücktrittsrechts (Haftung für jede Fahrlässigkeit nach §§ 346 IV, 346 I, 280 I, III, 283) sind vollkommen unstr.

132. Rückabwicklung bei Leistung an Erfüllungs statt

Katz hatte beim VW-Händler Vogel zum Preis von € 18 000,– einen neuen VW Golf erworben. Im Anrechnungswert von € 3000,– durfte er dabei sein altes Fahrzeug in Zahlung geben, was auch geschah. In Höhe des verbliebenen Kaufpreises war ihm eine Zahlungsfrist von einem Monat eingeräumt. Als Katz nicht fristgerecht bezahlte, trat Vogel nach § 323 I vom Kaufvertrag zurück. Katz, der kein Interesse an seinem alten Fahrzeug hat, möchte den Neuwagen nur gegen Rückzahlung des Anrechnungswerts von € 3000,– zurückgeben.

1. Kann Katz Rückzahlung von € 3000,– verlangen?
2. Wie ist zu entscheiden, wenn Vogel das in Zahlung gegebene Fahrzeug mittlerweile für € 2500,– weiterverkauft hat?
3. Wie ist zu entscheiden, wenn Vogel das Fahrzeug für € 3500,– weiterverkauft hat?

1. Anspruch aus §§ 323 I, 346 I

Durch die Vereinbarung einer Inzahlunggabe des Fahrzeugs erhält der Käufer die Befugnis, die Kaufpreisforderung in Höhe des Erlöses oder in Höhe eines vereinbarten Anrechnungswertes durch die Hingabe des betreffenden Gegenstandes als **Leistung an Erfüllungs statt** zu begleichen (§ 364 I), sog. **Ersetzungsbefugnis.** Denkbar ist auch eine sog. **Agenturlösung** (Agenturvertrag mit Stundungs- und Verrechnungsabrede, s. u. Fall 146, zu deren prakt. Bedeutung im Zusammenhang mit § 475 s. PdW SchuldR II, Fall 66, 67). Im Falle des Rücktritts sind nach § 346 I primär die **tatsächlich erbrachten** Leistungen zurückzugewähren, denn § 346 bezweckt die Wiederherstellung des früheren Zustandes. Damit hat K nach § 346 I lediglich Anspruch auf Rückübereignung bzw. Rückgabe seines gebrauchten Pkw, nicht aber einen Anspruch auf Zahlung des Anrechnungswertes (*BGH NJW* 2008, 2028 m.w.N.).

2. Anspruch auf Wertersatz aus § 346 II Nr. 2

Wenn V den Wagen bereits weiterveräußert hat, ergibt sich aus der (ergänzenden) Auslegung der Verrechnungsabrede der Parteien (§§ 133, 157) zunächst, dass V abweichend von allgemeinen Grundsätzen (s. Fall 124) jedenfalls nicht zur Wiederbeschaffung des Wagens verpflichtet ist. Gem. § 346 II Nr. 2 ist er vielmehr zum Wertersatz verpflichtet. Maßgebend ist dabei analog § 346 II S. 2 der zu Grunde gelegte Anrechnungswert i. H. v. € 3000,–. Der Mindererlös ist also bei Vereinbarung einer festen Anrechnungshöhe von V zu tragen (s. auch *BGH* NJW 1980, 2190, 2192).

3. a) Anspruch auf Wertersatz aus § 346 II Nr. 2

Gleiches gilt, wenn V den Wagen für € 3500,– weiterveräußert hat. K hat lediglich einen Anspruch auf Wertersatz i. H. des vereinbarten Anrechnungswertes (s. *BGH* a. a. O.).

b) Anspruch aus § 285

K hat, wenn V den Wagen wegen der Weiterveräußerung nicht herausgeben kann, einen Anspruch auf Erlösherausgabe aus bzw. analog § 285 i. H. v. € 3500,– (s. dazu Fall 124). Durch die Vereinbarung eines festen Anrechnungswertes ist aber auch dieser Anspruch durch die Verrechnungsabrede der Parteien vertraglich ausgeschlossen (Staudinger/*Kaiser*, § 346 Rn. 76).

133. Rücktritt und Schadensersatz

Der Fuhrunternehmer U hatte von T 10 000 l Dieselöl für seine Fahrzeuge bezogen. Bei der Abfüllung waren durch grobe Nachlässigkeit der ansonst zuverlässigen Arbeiter des T schädliche Stoffe in das Öl gelangt. In der Folge traten bei den Fahrzeugen des U Motorschäden auf. U verlangte zunächst Neulieferung innerhalb von 2 Wochen. Als T dem nicht nachkam, erklärte U den Rücktritt vom Vertrag und verlangte Rückzahlung des Kaufpreises, was

1. Anspruch aus §§ 823 I, 831

Da die Schäden nicht durch T selbst, sondern durch seine Arbeiter verursacht wurden, besteht ein deliktischer Anspruch gegen T allenfalls aus § 831. Die Haftung entfällt jedoch, weil T sich nach § 831 I S. 2 exkulpieren kann.

2. Anspruch aus §§ 280 I, 433 I S. 2 i. V. m. § 278

Auf Grund des Kaufvertrages war T gem. § 433 I S. 2 verpflichtet, mangelfreies Öl zu liefern. Die Verunreinigung beim Abfüllen stellt zumindest einen nach § 434 II S. 1 dem Sachmangel gleichstehenden Montagefehler dar (s. dazu PdW SchuldR II, Fall 23). Da T bei der Erfüllung des Ver-

auch geschah. Nach Beseitigung der Schäden begehrte U auch Ersatz der ihm entstandenen Reparaturkosten in Höhe von € 5200,–. T lehnte eine Ersatzpflicht ab, weil er (was zutraf) seine Leute gut ausgesucht und regelmäßig überwacht habe. Wie ist zu entscheiden?

trages Hilfspersonen heranzog, muss er sich deren Verschulden gem. § 278 wie eigenes zurechnen lassen. Er haftet daher aus §§ 280 I, 433 I S. 2 auf Schadensersatz (neben der Leistung), und zwar gem. § 249 II auf Ersatz der Reparaturkosten (**„Mangelfolgeschaden"**). Dieser Anspruch ist auch nicht dadurch entfallen, dass K den Rücktritt erklärt hat. Zwar gestaltet der Rücktritt das Vertragsverhältnis inhaltlich um, indem es dann nicht mehr auf **Erfüllung**, sondern auf **Rückabwicklung** ausgerichtet ist. Für den Inhalt des Schuldverhältnisses gelten jetzt die (dispositiven) Normen der §§ 346 ff. Noch nicht erfüllte Leistungspflichten erlöschen, empfangene Leistungen sind zurückzugewähren, so dass eine Pflicht aus § 433 I S. 2 eigentlich gar nicht mehr besteht. Dies wirkt sich jedoch nach § 325 auf bereits entstandene Schadensersatzansprüche nicht aus.

U kann daher trotz des Rücktritts Ersatz der Reparaturkosten verlangen.

134. Geltendmachung des Verzugsschadens trotz Rücktritt

Im Druckereibetrieb des Klein war eine Druckpresse ausgefallen. Klein bestellte sofort eine Ersatzpresse bei Voss, die vereinbarungsgemäß bis zum 1. 3. geliefert werden sollte. Als Voss bis zum 8. 3. noch nicht geliefert hatte, setzte ihm Klein eine Nachfrist bis zum 16. 3. Nach fruchtlosem Fristablauf trat Klein vom Vertrag zurück. Sein Verdienstausfall betrug

Anspruch aus §§ 280 I, II, 286, 252
Da V mit seiner Lieferpflicht aus § 433 I mit Ablauf des 1. 3. gem. § 286 II Nr. 1, IV in Schuldnerverzug geraten war, kann K gem. §§ 280 I, II, 286, 252 grundsätzlich den entgangenen Gewinn als Verzugsschaden geltend machen. Eine andere Frage ist es, ob diese Ersatzpflicht wieder entfallen ist, weil K nach § 323 vom Vertrag zurückgetreten ist. Wie sich der Rücktritt auf den Anspruch auf Ersatz des Verzugsschadens auswirkt, war vor der Schuldrechtsreform 2002 höchst strittig: Der *BGH* (BGHZ 88,

an jedem Tag, an dem ihm die Maschine nicht zur Verfügung stand, € 500,–. Kann er den entgangenen Gewinn für die Zeit vom 2.3. bis 16.3. trotz seines Rücktritts noch ersetzt verlangen?

46) stand zunächst auf dem Standpunkt, dass die Geltendmachung des bereits entstandenen Verzugsschadens vom Rücktritt unberührt bleibt, näherte sich aber später unter Hinweis auf die Nutzungsersatzpflicht des Zurücktretenden der gegenteiligen Ansicht an (*BGH* NJW 1998, 3268). Aus § 325 ergibt sich nunmehr, dass die Ersatzfähigkeit des bis zur Erklärung des Rücktritts entstandenen Verzögerungsschaden von diesem unberührt bleibt (MünchKomm/*Ernst*, § 325 Rn. 2). K kann daher Ersatz des entgangenen Gewinns verlangen (s. auch Fall 35).

135. Leistungsort für die Rückgewährpflichten

Katz aus Regensburg hatte bei Vogel in München einen gebrauchten Porsche gekauft, wobei ihm eine Zahlungsfrist von zwei Monaten eingeräumt worden war. In der Nacht vor dem Zahlungstermin wurde bei Katz eingebrochen und sein gesamtes Geld gestohlen. Da er auch nach Fristsetzung dem Zahlungsverlangen des Vogel nicht nachkam, trat dieser nach § 323 I vom Kaufvertrag zurück und verlangte von Katz, dass er den Wagen nach München zurückbringe. Der verbitterte Katz schrieb zurück, Vogel möge sich den Wagen selbst abholen, wenn er ihn wiederhaben wolle. Darauf ließ Vogel den Wagen

1. Anspruch aus §§ 662, 670
Der Auftrag setzt voraus, dass sich jemand verpflichtet, für einen anderen ein Geschäft unentgeltlich zu besorgen (§ 662). Mit seiner Aufforderung wollte K nicht eine rechtliche Bindung des V erreichen. Denn einmal sah K den Rücktransport nicht als „sein Geschäft" an, zum anderen stellte er es dem V frei, ob er den Wagen abholen wolle oder nicht. Ansprüche aus Auftrag entfallen daher.

2. Anspruch aus §§ 683, 670
Mit der Abholung des Wagens führte V ein Geschäft des K, wenn K zum Rücktransport verpflichtet war. Aus § 346 I ergibt sich allerdings nicht unmittelbar, an welchem Ort die Rückgewähr stattfinden hat. Nach § 269 I kommt es folglich in Abwesenheit einer (konkludenten) Vereinbarung der Parteien darauf an, ob der Leistungsort sich aus den Umständen, insbesondere aus der Natur des Schuldver-

durch einen Angestellten unter einem Kostenaufwand von € 60,– nach München zurückbringen. Muss Katz für diese Kosten aufkommen?

Zur Vertiefung: *Köhler*, FS Heinrichs, 1998, 367, 375 ff.

hältnisses, ergibt. Nach h. M. ist Erfüllungsort (bzw. innerhalb derselben politischen Gemeinde „Leistungsstelle") für die Rückgewährpflichten aus § 346 I bei **gesetzlichen** Rücktrittsrechten der Ort, an dem sich der zurück zu gewährende Gegenstand vertragsgemäß befindet (BGHZ 87, 104 ff.), bei **vertraglichen** Rücktrittsrechten der ursprüngliche Erfüllungsort der Leistungspflichten, sofern sich der Vereinbarung keine nach § 269 I vorrangige vertragliche Regelung entnehmen lässt (s. Staudinger/*Kaiser*, § 346 Rn. 79 ff. m. w. N., sehr str.). Andere sehen als Erfüllungsort stets den ursprünglichen Leistungsort an (so etwa *Köhler*, FS Heinrichs, 1998, 367, 375 ff.), modifizieren aber jeweils die Frage der Transportkosten auf Grund spezifischer Erwägungen des jeweiligen Rücktrittsrechts. Wiederum andere wollen nach der Verantwortung für den Rücktrittsgrund differenzieren. Sofern das Rücktrittsrecht auf einer Pflichtverletzung des Rücktrittsgegners beruhe, sei Erfüllungsort der Wohn- bzw. Geschäftssitz des Rücktrittsberechtigten. Teilweise wird dieses Ergebnis auch auf einen vermuteten Parteiwillen gestützt (Staudinger/*Kaiser*, § 346 Rn. 48). Insbesondere auf Grund der Tatsache, dass das neue Schuldrecht Schadensersatzansprüche vom Rücktritt unberührt lässt (§ 325) und Pflichtverletzungen nur im Falle von Vertretenmüssen zum Schadensersatz verpflichten, sollte die Frage der Pflichtverletzung als Rücktrittsgrund bei der Bestimmung des Erfüllungsorts außen vor bleiben, sondern allein im Rahmen eines vom Vertretenmüssen abhängigen Schadensersatzanspruchs Beachtung finden. Auch ein Rückgriff auf den vermuteten Parteiwillen hat in der Regel fiktiven Charakter. Daher ist der h. M. zu folgen. Für sie spricht auch die ausdrückliche Anordnung einer (qualifizierten) Schickschuld im Falle der Ausübung eines verbraucherschützenden Widerrufsrechts in § 357 II (s. Fall 138).

K war daher nicht aus §§ 323, 346 I zum Rücktransport nach München verpflichtet. Damit lag kein fremdes Geschäft vor. Der bloße Wille, ein fremdes Geschäft, zu führen, das tatsächlich keines ist („irrtümliche Fremdgeschäftsführung") ist unbeachtlich. V hat keinen Anspruch aus §§ 683, 670.

3. Anspruch aus §§ 280 I, III, 283

Die Voraussetzungen eines Anspruchs des V gegen K auf Schadensersatz statt der Leistung liegen vor. K hat die Nichtleistung auch zu vertreten, da er für Geldmangel nach § 276 I verschuldensunabhängig einzustehen hat (s. Fall 95). Gem. § 249 I hat K den V daher so zu stellen, wie er bei Zahlung des Kaufpreises stünde. Da in diesem Fall die Kosten für den Rücktransport nicht angefallen wären, hat K diese nach § 251 I zu ersetzen.

136. Rücknahmepflicht?

Der Futtermittelhändler Künast kauft beim Futtermittelgroßhändler Vitiç 200 t Futtergetreide zum Preis von € 7000,–. Das Getreide ist, was sich erst später auf Grund von Presseberichten herausstellt, auf Grund fehlerhafter Lagerung beim Hersteller mit

1. Anspruch des K auf Rückzahlung des Kaufpreises aus §§ 437 Nr. 2, 323 I, 346 I

Die Voraussetzungen eines Rücktrittsrechts liegen vor, da das gelieferte Getreide mangelhaft i. S. v. § 434 I war und die dem V gesetzte angemessene Nacherfüllungsfrist fruchtlos verstrichen ist. In der Geltendmachung des Anspruchs auf Kaufpreisrückzahlung liegt eine konkludente

dem Pflanzenschutzmittel Nitrofen verunreinigt und daher nicht verwendbar. Für Vitiç war dies ohne aufwändige lebensmittelchemische Untersuchungen nicht erkennbar. Als Künast durch die Presse von dem Sachverhalt erfährt, verlangt er von Vitiç unter Fristsetzung Entfernung des gelieferten Getreides aus seiner Lagerhalle sowie erneute Lieferung. Nach fruchtlosem Ablauf der Frist lässt Künast das verseuchte Getreide entsorgen. Er verlangt von Vitiç Rückzahlung des Kaufpreises, Ersatz der Entsorgungskosten (€ 2000,–) sowie Ersatz der Kosten für die notwendige Reinigung seiner Lagerhalle (€ 200,–). Zu Recht?

Rücktrittserklärung (§ 349). K kann daher Rückzahlung des Kaufpreises verlangen.

2. Anspruch auf Ersatz der Entsorgungskosten aus § 304

V hatte seinerseits gegen K einen Anspruch auf Rückübereignung des gelieferten verseuchten Getreides. Erfüllungsort bzw. Leistungsstelle für diese Verpflichtung des K war dessen Lagerhalle (s. Fall 135). Da K die von ihm geschuldete Leistung durch die Aufforderung zur Abholung ordnungsgemäß angeboten hatte, befand sich V im Gläubigerverzug (§§ 293, 294, s. Fall 84). Nach § 304 Alt. 2 kann K deshalb aber nicht die Kosten der Entfernung, sondern allenfalls hier nicht geltend gemachte weitere Lagerungskosten ersetzt verlangen.

3. Anspruch auf Ersatz der Entsorgungskosten aus §§ 280 I, III, 281

Nach h. M. korrespondiert jedoch zumindest dann mit dem Anspruch des Rücktrittsgegners auf Rückgabe der erbrachten Leistung eine echte Rechtspflicht zu deren Rücknahme, wenn der Schuldner der Sache (hier also K) ein **besonderes Interesse** an der Rücknahme hat, das durch die Rechtsfolgen des Gläubigerverzugs (Möglichkeit von Hinterlegung, Versteigerung bzw. Selbsthilfeverkauf nach §§ 372 ff., Recht zur Besitzaufgabe und Ersatz der Mehraufwendungen nach §§ 303, 304) nicht hinreichend befriedigt wird (BGHZ 87, 104). Grundlage hierfür ist § 242. Nach einer noch weitergehenden Ansicht besteht im Falle der Lieferung einer mangelhaften Sache in analoger Anwendung des Abnahmeanspruchs aus § 433 II eine generelle Rücknahmepflicht (vgl. zum Ganzen Staudinger/*Kaiser,* § 346 Rn. 88 ff.). Da hier jedenfalls ein solches besonderes Interesse des K bestand, war V zur Rücknahme verpflichtet. Da er diese Pflicht verletzt hat und auch eine von K gesetzte Frist verstrichen ist, hat V gem. §§ 280 I, III, 281 im Wege des Schadensersatzes statt der Leistung die Entsorgungskosten zu ersetzen, sofern er die Vermutung des Vertretenmüssens (der Verletzung der Rücknahmepflicht) nach § 280 I S. 2 nicht widerlegen kann. Da hier Vorsatz oder – geht man von einem Rechtsirrtum bzgl. der Rücknahmepflicht aus – zumindest Fahrlässigkeit vorliegt (§ 276 I), wird dieser Beweis nicht gelingen.

4. Anspruch des K auf Ersatz der Reinigungskosten aus §§ 280 I, 433 I S. 2

Die Reinigungskosten der Lagerhalle sind, weil die Reinigung nicht mehr als Bestandteil einer Rücknahmepflicht definiert werden kann, nicht im Wege des Schadensersatzes statt der Leistung im Hinblick auf eine Verletzung der Rücknahmepflicht ersetzbar. Sie sind vielmehr Folge der Verletzung der Pflicht zur Lieferung einer mangelfreien Sache (Mangelfolgeschaden) und als solcher als **Schadensersatz neben der Leistung** zu ersetzen, wenn V **diese** Pflichtverletzung zu vertreten hat. Insoweit kann V aber die Vermutung des Vertretenmüssens aus § 280 I S. 2 widerlegen, weil er den Mangel nicht kannte und den Verkäufer, der nicht zugleich Hersteller der Sache ist, i. d. R. keine Untersuchungspflichten treffen. K hat daher keinen Anspruch auf Ersatz der Reinigungskosten.

II. Widerruf und Rückgabe

137. Systematik der verbraucherschützenden Widerrufsrechte

1. Welche verbraucherschützenden Widerrufs- und Rückgaberechte kennt das BGB?

2. Gibt es solche Widerrufsrechte auch außerhalb des BGB?

3. Welchen Zweck verfolgen die jeweiligen Regelungskomplexe im BGB und welche Mittel verwenden sie dafür?

4. Was ist bei der Auslegung der entsprechenden Vorschriften zu beachten?

5. Was regeln die §§ 355 ff.?

6. Was ist der Unterschied zwischen einem Widerrufs- und einem Rückgaberecht?

7. Was regelt die BGB-Informationspflichtenverordnung?

1. Verbraucherschützende Widerrufs- und Rückgaberechte im BGB

Das BGB gewährt verbraucherschützende Widerrufs- und teilweise auch Rückgaberechte

a) bei sog. „Haustürgeschäften" (§ 312), s. dazu PdW SchuldR II, Fall 94,

b) bei Fernabsatzverträgen (§§ 312 b, d),

c) bei Teilzeit-Wohnrechteverträgen („time sharing", § 485),

d) bei Verbraucherdarlehensverträgen (§§ 491, 495), ähnlichen Finanzierungshilfen (§ 499) sowie Ratenlieferungsverträgen (§ 505), s. dazu PdW SchuldR II, Fälle 86–93.

2. Regelungen außerhalb des BGB

Mit dem Schuldrechtsmodernisierungsgesetz 2002 hat der Gesetzgeber die oben genannten, bis dahin in Sondergesetzen geregelten Widerrufsrechte (HWiG, FernabsatzG, VerbrKrG, TzWRG) in das BGB integriert. Dennoch bestehen auch außerhalb des BGB noch praktisch relevante Widerrufsrechte, die aber nicht sämtlich auf das Verhältnis Unternehmer/Verbraucher beschränkt sind. Es sind dies neben Vorschriften aus dem Kapitalanlagerecht (§ 126 InvestmentG) das Widerrufsrecht nach § 4 Fernunterrichtsschutzgesetz (FernUSG) für Fernunterrichtsverträge, sowie nach § 8 IV 48 c VVG für Versicherungsverträge mit einer längerem Laufzeit als einem Jahr bzw. für im Fernabsatz geschlossene Versicherungsverträge.

3. a) Zweck der Regelungen

Die Regelungen verfolgen sämtlich den Zweck, Verbraucher (§ 13) gegenüber Unternehmern (§ 14) vor den spezifischen Gefahren entweder der Vertriebsform, d. h. der Vertragsanbahnungsmethode (so die §§ 312 ff.) oder aber des jeweiligen Vertragsgegenstandes (so die §§ 485, 491 ff.) zu schützen. Entsprechend dem jeweiligen Schutzzweck sind die Widerrufsrechte im Allgemeinen Teil des Schuldrechts (so die vertragsanbahnungsbezogenen Widerrufsrechte in §§ 312, 312 c bei „Haustürgeschäften" und Fernabsatzverträgen) oder im Besonderen Teil des Schuldrechts (so die übrigen Widerrufsrechte) gesetzlich verankert.

b) Schutzmechanismen

Der Schutz des Verbrauchers erfolgt durch **Information** sowie durch Widerrufsrechte. Insbesondere bei den vertragsgegenstandsbezogenen Widerrufsrechten soll die Privatautonomie des Verbrauchers durch ausreichende Information über Inhalt und Folgen des Vertrags gewahrt werden. Dazu stellt das Gesetz bestimmte Belehrungs- und Informationspflichten auf, die je nach Vertragsgegenstand und Vertriebsmethode unterschiedlich ausgestaltet sind. Überdies soll auch dem informierten Verbraucher auch nach Vertragsschluss eine Überlegungsfrist eingeräumt werden. Bei den vertriebsbedingten Widerrufsrechten soll die Privatautonomie der Verbraucher vor „Überrumpelung" (so § 312) bzw. vor den Gefahren geschützt werden, die sich daraus ergeben, dass der Verbraucher den Vertragsgegenstand vor Vertragsabschluss nicht ausreichend beurteilen kann (so die §§ 312 b ff.).

4. Auslegung

Bei der Auslegung der Widerrufsregelung
ist zu beachten, dass sie – bis auf die
Widerrufsrechte im Bereich der Verbrau-
cherdarlehensverträge und gleichgestellter
Finanzierungshilfen (oben 1. d) – auf entsprechende Regelungen in EG-Richtlinien
(Haustürwiderrufsrichtlinie, Fernabsatz-
richtlinien, time-sharing-Richtlinie) zu-
rückgehen. Sie stehen daher unter dem
Gebot **richtlinienkonformer Auslegung**
(s. dazu *Köhler,* AT, § 3 Rn. 40).

5. Regelungsgehalt der §§ 355 ff.

Die §§ 355 ff. regeln nicht die Voraussetzungen, sondern die **Ausübung** (Modalitäten, Frist) und die **Folgen** (Unwirksamkeit
der Willenserklärung, Rückabwicklung)
eines Widerrufs- und Rückgaberechts,
wenn eine Rechtsnorm ausdrücklich ein
Widerrufsrecht nach § 355 einräumt. Neben den genannten im BGB geregelten
Widerrufsrechten enthält auch § 4 Fern-
USG eine solche Verweisung.

Für die **Rückabwicklung** verweist § 357 I
auf die Rücktrittsregelungen der §§ 346 ff.,
sieht aber im Vergleich zu einem gesetzlichen Rücktrittsrecht einige bedeutende
Modifikationen hauptsächlich zu Lasten
des Verbrauchers vor (s. § 357 III sowie
Fall 139). §§ 358, 359 regeln das Spezial-
problem des **Einwendungs-** und **Wider-
rufsdurchgriffs** bei **finanzierten Verträgen** (s. dazu PdW SchuldR II, Fälle 88–91).

6. Widerrufs- und Rückgaberecht

Das Rückgaberecht nach § 356 ist eine
Sonderform des Widerrufsrechts, bei welcher die Widerrufserklärung durch Rücksendung der Sache oder durch Rücknahmeverlangen ersetzt wird. Die Rücksendung
ist also nichts anderes als eine besondere

Form der konkludenten Widerrufserklärung, jedoch beginnt die Rückgabefrist
anders als die Widerrufsfrist erst mit Erhalt
der Sache (§ 356 II). Das Rückgaberecht
kann beim Vertragsschluss auf Grund eines
Verkaufsprospekts anstelle des Widerrufsrechts gewährt werden, wenn es das Gesetz
ausdrücklich zulässt (s. etwa §§ 312 I S. 2,
312 d I S. 2). Für die Rechtsfolgen gilt
ebenfalls § 357.

7. BGB-Informationspflichtenverordnung

Zur Information des Verbrauchers über den
Vertrag, sein Zustandekommen und das
Widerrufsrecht stellt das Gesetz bestimmte
vorvertragliche und nachvertragliche Informationspflichten auf, die je nach Vertragstypus unterschiedlich ausgestaltet
sind. Diese werden z. T. durch Verweis auf
die BGB-InfoVO einzeln ausgestaltet
(§§ 312 c I Nr. 1, 312 e Nr. 2, 482 II). Weiter
enthält § 14 i. V. m. Anl. 2, 3 BGB-InfoVO
Muster der gesetzlich vorgeschriebenen
Belehrung über das Widerrufs- und Rückgaberecht, deren Verwendung nach § 14 I,
II BGB-InfoVO den Anforderungen der
§§ 355, 356 in jedem Fall genügen soll. Dies
soll angesichts der gravierenden Folgen
einer fehlerhaften Belehrung (keine Verfristung des Widerrufsrechts, § 355 III S. 3)
Rechtssicherheit für die Anbieterseite
schaffen (s. *Masuch*, NJW 2002, 2931).

Zweck dieser Verweisungstechnik ist u. a.
eine beschleunigte Reaktionsmöglichkeit
auf neue technische Entwicklungen und
Marketingkonzepte, da der Normgeber
im Verordnungswege schneller reagieren
kann, als durch eine Gesetzesänderung
(BT-Drs. 14/6040, S. 274).

138. Widerruf beim Fernabsatzvertrag und Rückabwicklung nach Widerruf

Beim Surfen im Internet entdeckte die Jurastudentin Bärbel S. die Homepage des P, der esoterische Literatur zum Kauf anbot. Weitere Angaben als die Adresse des P, die vorrätigen Titel, den Kaufpreis und den Hinweis, dass die Lieferung gegen Nachnahme erfolge, enthielt die Webseite nicht. Da S gerade vor dem Examen stand, bestellte sie per E-Mail den Titel „Mit Schamanen zum Erfolg" zum Preis von € 40,– (Einkaufspreis des P: € 30,–). Die Existenz eines Widerrufsrechtes bei Fernabsatzgeschäften war ihr auf Grund eines Repetitorbesuchs bekannt. P bestätigte die Bestellung ebenfalls per E-Mail und lieferte das Buch gegen Nachnahme aus. Die Lektüre war für S unbefriedigend. Zu allem Unglück schüttete die auch sonst immer etwas nachlässige S aus leichtem Versehen ein Glas Rotwein über das Buch. Drei Wochen nach Lieferung schickte sie daher das Buch an P zurück und forderte im Begleitschreiben unter Hinweis auf ihr Widerrufsrecht Rückzahlung des Kaufpreises. P weigerte sich zu zahlen, da das Buch durch

1. Ausgangsfall

a) Anspruch der S gegen P auf Rückzahlung des Kaufpreises aus § 312 d i. V. m. §§ 312 I, 357 I S. 1, 346 I

Zwischen S und P ist zunächst ein Kaufvertrag zustande gekommen. S könnte den Kaufpreis aber nach § 357 I S. 1 i. V. m. § 346 I zurückverlangen, wenn sie ihre Willenserklärung (Kaufangebot) wirksam gem. § 355 widerrufen hat. Denn der Widerruf bewirkt trotz der missverständlichen Formulierung („nicht mehr gebunden") die **Unwirksamkeit** der auf den Vertragsschluss gerichteten Willenserklärung des Verbrauchers (Angebot oder Annahme). Es kommt somit darauf an, ob ihr ein Widerrufsrecht i. S. des § 355 zustand und ob sie es wirksam ausgeübt hat.

aa) Bestehen eines Widerrufsrechts: Hier kommt ein Widerrufsrecht nach § 312 c in Betracht. Dazu muss ein **Fernabsatzvertrag** i. S. des § 312 b I vorliegen. Dies setzt voraus, dass der Vertrag über die Lieferung von Waren unter ausschließlicher Verwendung von Fernabsatzkommunikationsmitteln geschlossen wird. Darunter fällt nach § 312 b II auch E-Mail. Des Weiteren müssen der Verkäufer ein Unternehmer und der Käufer ein Verbraucher sein. P ist Unternehmer, da er bei Abschluss des Rechtsgeschäfts in Ausübung seiner gewerblichen Tätigkeit handelt (§ 14 I); S ist Verbraucher, da der Abschluss des Rechtsgeschäfts einem privaten Zweck dient (§ 13). Schließlich muss der Vertragsschluss „im Rahmen eines für den Fernabsatz organisierten Vertriebs- oder Dienstleis-

die Rotweinflecken völlig unverkäuflich sei. Er rechne daher mit einem Wertersatzanspruch in Höhe des Kaufpreises auf.

1. Wer hat Recht?

2. Wie ist zu entscheiden, wenn das Buch keine Rotweinflecken erlitten hat, aber typische Gebrauchsspuren aufweist und P es nunmehr nur noch antiquarisch verkaufen kann?

3. P vertreibt antiquarische Bücher auch im Rahmen von „Internetauktionen" bei „ebay". Dabei bietet er das jeweilige Buch demjenigen an, der am Schluss des Bieterzeitraums das höchste Gebot abgegeben hat. Hat S ein Widerrufsrecht, wenn sie das höchste Gebot abgegeben hat?

tungssystems" erfolgt sein, was nach der negativen Formulierung in § 312 b I letzter Hs. („ es sein denn ") vermutet wird. Da P einen Internet-Handel betreibt, handelt es sich um ein solches Vertriebssystem. Weiter darf weder ein genereller Ausschlusstatbestand der Fernabsatzvorschriften (§ 312 b III) oder aber des Widerrufsrechts (§ 312 d IV) vorliegen. Beides ist hier nicht der Fall.

bb) Wirksame Ausübung des Widerrufsrechts: (1) Vorliegen einer Widerrufserklärung (§§ 357 I, 349): In der Rücksendung des Buches verbunden mit dem Rückzahlungsverlangen kann eine Widerrufserklärung erblickt werden.

(2) Einhaltung der Form: Da § 312 d I auf § 355 verweist, gilt für die Ausübung des Widerrufsrechts § 355 I S. 2. Der Widerruf muss danach zwar keine Begründung enthalten, hat aber in Textform (§ 126 b) oder durch Rücksendung der Sache erfolgen. Hier liegt nicht nur ein (konkludenter) Widerruf durch Rücksendung, sondern sogar ein schriftlicher Widerruf vor. Die Form ist daher gewahrt.

(3) Einhaltung der Frist: Der Widerruf muss grundsätzlich innerhalb von zwei Wochen erfolgen (§ 355 I S. 2). Da S das Buch erst drei Wochen nach Erhalt zurückgesandt hat, wäre an eine Fristüberschreitung zu denken. Entscheidend ist jedoch, ab wann die Zweiwochenfrist zu laufen begann. Nach § 355 II S. 1 beginnt die Frist an sich erst mit dem Zeitpunkt, in welchem dem Verbraucher eine Belehrung über sein Widerrufsrecht in Textform zur Verfügung gestellt worden ist. Dies gilt auch, wenn er das Widerrufsrecht tatsächlich kannte. Abweichend davon bestimmt § 312 d II, dass die Widerrufsfrist nicht vor Erfüllung der

Informationspflichten gemäß § 312 c II
und bei der Lieferung von Waren nicht
vor dem Tag ihres Eingangs beim Empfänger beginnt. Hier hatte P seine Informationspflichten nach § 312 c II i. V. m. § 1
BGB-InfoVO nicht erfüllt, weil S jedenfalls
nicht über das Bestehen eines Widerrufsrechts belehrt worden war. Die Frist hatte
daher noch nicht begonnen.

cc) Kein Erlöschen des Widerrufsrechts: Ein
Erlöschen des Widerrufsrechts unabhängig
vom Fristbeginn nach § 355 III S. 1 ist bei
Belehrungsfehlern nach § 355 III S. 3 ausgeschlossen.

Der S steht daher der Rückzahlungsanspruch zu.

b) Aufrechnung mit einem Wertersatzan-
spruch

aa) Aus § 989 bzw. § 823 I: Ansprüche aus
§ 989 bzw. § 823 I (die hier ohnehin nicht
gegeben wären, da S im Zeitpunkt der
Beschädigung des Buchs Eigentümer war)
sind von vorneherein ausgeschlossen, da
nach § 357 IV die § 357 i. V. m. §§ 346 ff.
Ansprüche des Unternehmers gegen den
Verbraucher **abschließend** regeln.

bb) Aus §§ 357 I, 346 II Nr. 3: Nach dieser
Vorschrift hat der Verbraucher dem Unternehmer die Wertminderung oder den Wert
zu ersetzen, wenn der empfangene Gegenstand sich **verschlechtert** hat. Allerdings
wäre diese Wertersatzpflicht hier gem.
§§ 357 I, 346 III Nr. 3 ausgeschlossen, da
S die Sorgfalt in eigenen Angelegenheiten
gewahrt hat. § 357 III S. 3 schließt aber die
Anwendung des § 346 III Nr. 3 aus, wenn
der Verbraucher über sein Widerrufsrecht
ordnungsgemäß belehrt war oder hiervon
anderweitig Kenntnis hatte. Da Letzteres
hier der Fall war, hat S nach §§ 357 I, 346 II

Nr. 3 Wertersatz zu leisten. Bei dessen Höhe ist gem. §§ 357 I, 346 II S. 2 der Kaufpreis „zu Grunde zu legen". Nach einer Ansicht ist damit der Wertersatz **nicht** um den Gewinnanteil des Unternehmers zu kürzen, so dass S hier Wertersatz in Höhe des ihr zurückzuerstattenden Kaufpreises von € 40,– leisten müsste, letztlich also nichts bekommt (so Bamberger/Roth/*Grothe*, § 346 Rn. 23). Hierfür spricht insbesondere, dass (nur) für den Fall des Gebrauchsvorteils eines Darlehens in § 346 I S. 2 Halbs. 2 eine Sonderregelung getroffen wurde. Nach der Gegenansicht, die sich insbesondere auf die Rechtslage vor In-Kraft-Treten des Schuldrechtsmodernisierungsgesetzes beruft (§ 361 a II S. 4 a. F.), ist im Rahmen einer teleologischen Reduktion von § 346 II S. 2 im Hinblick auf den (vorgeblichen) Zweck des Widerrufsrechts, sich von einem ungünstigen Geschäft lösen zu können, nicht der Preis, sondern der wahre Wert zu Grunde zulegen (s. Palandt/*Grüneberg*, § 357 Rn. 15; eingehend *Arnold/Dötsch*, NJW 2003, 187). Diese Ansicht ist jedoch abzulehnen: Gegen sie spricht zunächst eindeutig die Sonderregelung in § 346 I S. 2 Halbs. 2. Der Zweck des Widerrufsrechts, eine Möglichkeit zu schaffen, sich vom Vertrag loszusagen, präjudiziert nicht die Frage der Verantwortlichkeit des Verbrauchers für den Untergang des Gegenstandes, die ihn überdies nur trifft, wenn er vom Widerrufsrecht Kenntnis hatte. S hat daher Wertersatz i. H. v. € 40,– zu leisten. Ihr Zahlungsanspruch ist nach § 389 durch Aufrechnung erloschen.

2. Fallvariante

Ein Wertersatzanspruch des P wäre hier nach §§ 357 I, 346 II Nr. 3 Halbs. 2 an sich ausgeschlossen, weil es sich um eine durch die **bestimmungsgemäße Ingebrauchnahme** entstandene Verschlechterung handelt. Abweichend hiervon hat jedoch der Verbraucher nach § 357 III S. 1, 2 bei Ausübung eines verbraucherschützenden Widerrufsrecht auch für die durch bestimmungsgemäßen Gebrauch entstandene Verschlechterung Ersatz zu leisten, wenn er hierauf sowie auf eine Möglichkeit, eine solche Verschlechterung zu vermeiden, spätestens bei Vertragsschluss in Textform hingewiesen wurde und die Verschlechterung nicht ausschließlich auf die Prüfung der Sache zurückzuführen ist. P hätte S also darauf hinweisen müssen, dass sie das Buch zwar zur Prüfung des Inhalts und der Fehlerfreiheit aus der Verpackung nehmen und auch durchblättern kann, dass indessen eine darüber hinausgehende Nutzung, die dazu führt, dass er das Buch nicht mehr als „neu" verkaufen kann, zu einem von ihr zu tragenden Wertverlust führen könne (s. BT-Drs. 14/6040, S. 200). Da ein solcher Hinweis hier nicht erteilt wurde, bleibt es bei der Regelung in § 346 II Nr. 3 Halbs. 2. S muss keinen Wertersatz leisten, sondern lediglich nach §§ 357 I, 346 I, 357 II das Buch auf Kosten und Gefahr des P zurücksenden, sog. **„qualifizierte"** (weil mit besonderer Kostenregelung ergänzte) **Schickschuld.**

Beachte: § 357 II S. 3 enthält keine gesetzliche Kostentragungspflicht des Verbrauchers bei einem Warenwert bis € 40,–, sondern eröffnet lediglich die Möglichkeit zu einer entsprechenden vertraglichen Regelung zu Lasten des Verbrauchers, die hier aber nicht getroffen wurde.

3. Fallvariante

Nach § 312 d IV Nr. 5 ist das Widerrufsrecht beim Vertragsschluss im Wege der Versteigerung i. S. v. § 156 ausgeschlossen. Bei den sog. „Internetauktionen" der hier vorliegenden Art handelt es sich jedoch nicht um Versteigerungen im Rechtssinne, sondern um Verkauf zum Höchstgebot: Der Vertrag kommt nicht erst durch Zuschlag, sondern bereits mit dem (höchsten) Gebot zustande (*BGH* NJW 2002, 363). Angesichts des Schutzzwecks des Widerrufsrechts nach § 312 d kommt auch eine analoge Anwendung des Ausschlusstatbestands nicht in Betracht (*BGH* NJW 2005, 53). S hätte daher ein Widerrufsrecht nach § 312 d.

139. Widerrufsfolgen und Rücktrittsfolgen

1. Wird der Verbraucher bei Ausübung eines Widerrufsrechts im Vergleich zu einem Rücktrittsrecht besser oder schlechter gestellt?
2. Was ist der Grund der unterschiedlichen Regelung?

1. Aus Fall 139 ergibt sich, dass § 357 den Verbraucher bei Ausübung eines Widerrufsrechts im Vergleich zum gesetzlichen Rücktrittsrecht schlechter stellt, da er einer strengeren Wertersatzpflicht unterliegt (§ 357 III).
2. Der Grund dieser Privilegierung des Unternehmers besteht darin, dass verbraucherschützende Widerrufsrechte anders als fast alle gesetzlichen Rücktrittsrechte (s. aber § 313 III), nicht auf eine (objektive) **Pflichtverletzung** des Unternehmers zurückzuführen sind. Dessen Interessen sind daher höher zu bewerten als im Falle eines gesetzlichen Rücktrittsrechts. Daher ist es nicht angemessen, den Unternehmer die Gefahr des zufälligen Untergangs bzw. der

Verschlechterung tragen zu lassen, sofern der Verbraucher sein Widerrufsrecht kennt oder zumindest ordnungsgemäß darüber belehrt wurde und es daher kennen muss. Gleiches gilt für die Haftungsmilderung auf die Sorgfalt in eigenen Angelegenheiten, da der Verbraucher unter dieser Voraussetzung nicht mit einem dauerhaften Erwerb rechnen darf (s. zu diesen Regelungszwecken Fall 129).

140. Rückgaberecht beim Versandhandelsgeschäft

Frühpensionist H studierte den Katalog des Versandhandelunternehmens V und entdeckte darin ein Trekkingbike für € 450,–.
Er bestellte es mittels Fax und es wurde ihm alsbald gegen Rechnung ausgeliefert. Daraufhin unternahm er eine Radtour durch den Schweizer Jura. Diese war aber so anstrengend, dass er sich schwor, niemals mehr ein Rad zu besteigen. Beim nochmaligen Blättern im Katalog fand er einen Hinweis, in dem den Kunden bestimmte Verbraucherinformationen entsprechend den gesetzlichen Vorschriften gegeben wurden und ihnen das Recht eingeräumt wurde, die Kaufsache innerhalb von zwei Wochen nach Erhalt zurückzugeben.
Er stellte erfreut fest, dass die Zweiwochenfrist erst um

1. Anspruch des V gegen H auf Zahlung des Kaufpreises gem. § 433 II
Dazu müsste ein wirksamer Kaufvertrag abgeschlossen worden sein und die Zahlungspflicht dürfte nicht untergegangen sein.

a) Wirksamer Vertragsschluss
Das Angebot zum Abschluss eines Kaufvertrages war hier nicht von V ausgegangen, da die Angaben in einem Katalog lediglich als **invitatio ad offerendum** zu verstehen sind. Vielmehr stellte erst die Bestellung des H ein Angebot dar. Dieses Angebot ist von V dadurch angenommen worden, dass die bestellte Ware abgeschickt wurde (§ 151 S. 1). Ein wirksamer Vertragsschluss lag daher vor.

b) Erlöschen der Zahlungspflicht
Der Kaufpreisanspruch könnte jedoch durch das Rücknahmeverlangen des H wieder erloschen sein. Dazu muss die rechtliche Bedeutung des Rücknahmeverlangens geklärt werden. Es könnte darin eine Rücktrittserklärung i. S. des § 349 zu sehen sein. Jedoch stand dem H weder ein vertraglich vereinbartes noch ein gesetz-

Mitternacht ablaufen würde und schickte zwei Minuten zuvor noch eine E-Mail an V ab, in der er V zur Rücknahme des Fahrrads aufforderte.

1. Kann V von H noch Zahlung des Kaufpreises verlangen?

2. Kann H von V Rücknahme des Trekkingbike verlangen?

liches Rücktrittsrecht zu. Allerdings hatte V seinen Kunden im Katalog ein zweiwöchiges Rückgaberecht eingeräumt. Der zwischen H und V geschlossene Vertrag stellt einen Fernabsatzvertrag i. S. von § 312 b I dar (vgl. auch Fall 138). Das für solche Verträge zwingend geltende Widerrufsrecht (§ 312 c i. V. m. § 355) kann nach § 355 II S. 2 bei Verträgen über Warenlieferungen durch ein Rückgaberecht nach § 356 ersetzt werden. Dem H stand daher ein Rückgaberecht anstelle des Widerrufsrechts zu.

aa) Wirksame Ausübung des Rückgaberechts: Nach § 356 II S. 1 kann das Rückgaberecht nur durch Rücksendung der Sache (Kosten: § 357 II) oder, wenn diese nicht als Paket versandt werden kann, durch Rücknahmeverlangen ausgeübt werden. Da das Trekkingbike als sperriges Gut nicht als Paket versandt werden kann, konnte H sein Rückgaberecht durch ein Rücknahmeverlangen ausüben. Daran schließt sich die Frage an, ob dies form- und fristgerecht geschehen ist.

(1) Form: Hier hatte H das Rücknahmeverlangen per E-Mail mitgeteilt. Nach § 356 II i. V. m. § 355 I S. 2 muss das Rücknahmeverlangen in Textform (§ 126 b) erfolgen. Die Übersendung einer Erklärung mittels E-Mail genügt diesen Anforderungen, wenn diese E-Mail zugegangen ist, d. h. vom Empfänger abgerufen werden kann. Die Form des Rückgabeverlangens ist daher gewahrt.

(2) Frist: Die Frist zur Ausübung des Rückgaberechts beträgt zwei Wochen, beginnt jedoch nicht vor Erhalt der Sache (§ 356 II S. 1). Zur Wahrung der Frist genügt die rechtzeitige Absendung der Mitteilung

(§ 356 II S. 1 i. V. mit § 355 I S. 2 Hs. 2).
Da die Frist erst um Mitternacht ablief
(§ 188 II), die E-Mail aber schon vorher
abgesandt worden war, war das Rücknahmeverlangen auch fristgerecht. Darauf,
wann die E-Mail bei V eintrifft, d. h. abgerufen werden kann und wann sie gelesen
wird, kommt es nicht an.

bb) Rechtsfolgen: Die Ausübung des Rückgaberechts in Gestalt des Rücknahmeverlangens beseitigt ebenso wie ein Widerruf
die Willenserklärung des Verbrauchers und
damit den von ihm geschlossenen Vertrag.
Daraus folgt hier das Erlöschen des Zahlungsanspruchs.

**2. Anspruch des H gegen V auf Rücknahme
des Trekkingbike aus §§ 357 I, 346 I**
Für die weiteren Rechtsfolgen gilt ebenfalls
§ 357 mit dem (teilweise modifizierten)
Verweis auf die §§ 346 ff. Damit hat V
gem. §§ 357 I, 346 I gegen H einen Anspruch auf Rückgewähr des Rads. Da dieses
nicht durch Paket versandt werden kann,
handelt es sich hierbei nicht gem. § 357 II
um eine (qualifizierte) Schickschuld, sondern um eine **Holschuld.** Dieser hat H
daher durch Bereitstellung der Sache zur
Rücknahme durch V genügt. Die Frage
einer mit dem Rückgewähranspruch des V
korrespondierenden **Rücknahmepflicht**
ergibt sich noch nicht aus dem Wortlaut
von § 356 II („Rücknahmeverlangen"),
sondern ist ebenso zu beantworten, wie
nach allgemeinem Rücktrittsrecht. Dort ist
anerkannt, dass eine Pflicht zur Rücknahme einer Leistung jedenfalls dann besteht, wenn der Rücktrittsberechtigte ein
schutzwürdiges Interesse an der Rücknahme hat (s. Fall 136). Da dies hier zu bejahen
ist, kann H Abholung verlangen.

12. Kapitel. Erfüllung

141. Die Rechtsnatur der Erfüllung

A schuldete dem tödlich verunglückten B noch € 300,– aus Kaufvertrag. Er zahlte diesen Betrag an den Alleinerben des B, den minderjährigen M. M verprasste das Geld mit Freunden. Der Vormund V des M hatte davon nichts gewusst. Er möchte wissen, ob A nochmals bezahlen muss.

Zur Vertiefung: *Lorenz*, JuS 2009, 109.

V kann namens des M von A gem. §§ 433 II, 1922, 1793 nochmals Zahlung verlangen, wenn die Kaufpreisschuld nicht durch die Zahlung an M erloschen ist. Gemäß § 362 I erlischt das Schuldverhältnis (d. h. der Anspruch), wenn die geschuldete Leistung an den Gläubiger bewirkt wird. F war zwar als Erbe gem. § 1922 Gläubiger der Forderung geworden, er war aber nicht voll geschäftsfähig. Im Ergebnis ist es h. M. (vgl. nur *Medicus/Lorenz* I, Rn. 266), dass bei Leistungen an einen nicht voll geschäftsfähigen Gläubiger die Erfüllungswirkung nur dann eintritt, wenn der gesetzliche Vertreter zustimmt oder wenn der Leistungsgegenstand an ihn abgeliefert wird. Str. ist nur die rechtliche Begründung (vgl. näher *Medicus/Lorenz* I, Rn. 276; MünchKomm/*Wenzel*, § 362 Rn. 5 ff.; jeweils m. w. N.).

a) Nach der *Vertragstheorie* ist zur Erfüllung i. S. des § 362 I neben der realen Leistungsbewirkung noch ein besonderer *Erfüllungsvertrag* oder eine vertragsähnliche Einigung darüber erforderlich, dass durch das Bewirken der Leistung die Schuld erfüllt werden soll. Dies zumindest bei Leistungen rechtsgeschäftlicher Art. – Da der Minderjährige durch den Abschluss des Erfüllungsvertrages (der Einigung) bei Annahme der Leistung seinen Anspruch verlöre, also einen rechtlichen Nachteil erlitte, sei der Vertrag nach § 107 schwe-

bend unwirksam und bedürfe der Genehmigung des gesetzlichen Vertreters (§ 108).
Daher trete auch die Erfüllungswirkung
nicht ein.

b) Nach der vorherrschenden *Theorie der
realen Leistungsbewirkung* (vgl. *BGH*
NJW 1992, 2698; Palandt/*Grüneberg,*
§ 362 Rn. 5) kommt es dagegen für die
Erfüllung nur darauf an, dass die erbrachte
Leistung in jeder Weise der geschuldeten
entspricht. Sie fordert allerdings, dass der
Gläubiger zur Annahme der Leistung
befugt sein muss. Diese sog. *Empfangszuständigkeit* sei nach den Grundsätzen über
die Verfügungsbefugnis zu beurteilen. Da
der Minderjährige ohne Zustimmung des
gesetzlichen Vertreters nicht wirksam über
die Forderung verfügen könne (§ 107), sei
er ohne diese Zustimmung auch nicht zum
Empfang der geschuldeten Leistung befugt.

c) Verschiedentlich wird darüber hinaus
noch eine auf Tilgung gerichtete *Zweckbestimmung* des Leistenden verlangt:
Theorie der finalen Leistungsbewirkung;
z. B. *Gernhuber,* Die Erfüllung und ihre
Surrogate, 2. Aufl., 1994, S. 110; ablehnend
BGH NJW 2007, 3489 Tz. 17: Zuordnungs-
möglichkeit ausreichend)

Da V von der Zahlung an den M nichts
wusste und auch keine Genehmigung erfolgte, kann er nach allen Ansichten nochmals Zahlung von A verlangen.

Eine andere Frage ist es, ob A den an M
gezahlten Betrag nach Bereicherungsrecht
zurückfordern kann (§§ 812 I S. 1 1. Alt.,
818 III, 819 I; Problem der Bösgläubigkeit
des Minderjährigen; dazu vgl. PdW 3,
Fall 217).

142. Rechtsmangel der Leistung an Erfüllungs statt

Grau bedrängte den Seidl, er möge ihm endlich die geliehenen € 1500,– zurückzahlen. Da Seidl über kein Bargeld verfügte, fragte er den Grau, ob er statt des Geldes mit einem neuwertigen Farbfernsehgerät zufrieden sei. Grau war damit einverstanden und ließ sich das Gerät, das einen Wert von € 1600,– hatte, aushändigen. Später ergab sich, dass das Gerät irreparabel beschädigt war (was Seidl bekannt war). Er verlangte jetzt von Seidl Schadensersatz in Höhe von € 1600,– gegen Rückgabe des defekten Geräts. Seidl meinte, mehr als € 1500,– könne Grau nicht verlangen. Wer ist im Recht?

Anspruch aus §§ 311 a II, 437 Nr. 3, 365

Der Schuldner wird gem. § 364 I von seiner Verbindlichkeit auch dann befreit, wenn er eine andere als die geschuldete Leistung anbietet und der Gläubiger sie „an Erfüllungs statt" annimmt. Die Rechtsnatur dieser Vereinbarung ist str. Nach einer Meinung handelt es sich hierbei um eine vertragliche Abänderung der Leistungspflicht (Palandt/*Grüneberg*, § 364 Rn. 2). Nach anderer Ansicht (BGHZ 46, 342) liegt ein Austauschvertrag des Inhalts vor, dass der Gläubiger gegen die Hingabe der Ersatzleistung auf seine ursprüngliche Forderung verzichtet (Verpflichtungsgeschäft, das gleichzeitig durch entsprechende Verfügungen erfüllt wird). Nach der wohl überwiegenden Auffassung (vgl. Jauernig/*Stürner*, §§ 364, 365 Rn. 1) handelt es sich dagegen um einen *Erfüllungsvertrag* des Inhalts, dass die hingegebene Leistung als Erfüllung der Schuld gelten solle. Die praktischen Unterschiede dieser Auffassungen sind indessen gering. – Hier waren sich G und S einig, dass S durch Hingabe des Fernsehgeräts von seiner Schuld befreit werden sollte. Es liegt daher eine Leistung an Erfüllungs statt vor. Für den Fall, dass die an Erfüllungs statt hingegebene Sache Rechts- oder Sachmängel aufweist, ordnet § 365 an, dass der Schuldner wie ein Verkäufer Gewähr zu leisten habe. Da das Gerät hier einen unbehebbaren Sachmangel aufwies, haftet S gem. §§ 365, 437 Nr. 3, 311 a II auf Schadensersatz statt der Leistung. Die h.M. bezieht diesen Anspruch auf die *ursprüngliche* Schuld (hier in Höhe von € 1500,–). Der Anspruch ist dann an sich zwar auf Wiederbegründung der alten Schuld gem. § 249 I gerichtet (vgl. nur *Medicus/Lorenz* I, Rn. 289), jedoch wird aus Gründen der Prozessökonomie eine unmittelbare Klage auf Erfüllung der noch zu begründenden Schuld für zulässig erachtet (vgl. *BGH* NJW 1967, 553). S kann daher nur € 1500,–, nicht aber € 1 600,– verlangen. Nach a.A. (s. Staudinger/*Olzen* § 365 Rn. 16, 25 m.w.N.) ist Bezugspunkt des Schadensersatzes statt der Leistung hingegen allein der an Erfüllungs statt geleistete Gegenstand selbst. § 365 zeige gerade, dass die Leistungspflicht nicht nur in Bezug auf die Primärleistung, sondern auch in Bezug auf sekundäre Leistungspflichten (Schadensersatzpflichten) ausgetauscht sei. Folgt man dieser Ansicht, kann S Schadensersatz i.H.v. € 1 600,– verlangen.

143. Leistung an Erfüllungs statt und Sicherheitsleistung

Fall wie oben. Seidl war jedoch zur Zahlung des Schadensersatzes außerstande. Da die ursprüngliche Darlehensforderung durch eine Bürgschaft des Beil gesichert war, möchte Grau jetzt den Bürgen in Anspruch nehmen. Ist dies noch möglich?

Anspruch aus § 765 I
Durch die Annahme des Fernsehgeräts an Erfüllungs statt erlosch zunächst gem. § 364 I die Darlehensforderung und gem. § 767 I die akzessorische Bürgschaftsverpflichtung (vgl. MünchKomm/*Wenzel*, § 364 Rn. 5). B haftet daher nur, wenn die Vereinbarung über die Leistung an Erfüllungs statt in der Weise rückgängig gemacht werden kann, dass die alte Darlehensforderung wiederauflebt. Da das von S hingegebene Gerät mit einem Sachmangel i. S. des § 434 I behaftet war, konnte G gem. § 437 Nr. 3 entweder Schadensersatz verlangen oder nach § 437 Nr. 2 von der Vereinbarung zurücktreten.

a) Nach einer Ansicht (vgl. *Larenz* I, § 18 IV) kann der Gläubiger im Falle des Rücktritts nach §§ 365, 437 Nr. 2 ohne weiteres auf die ursprüngliche Forderung zurückgreifen, da diese infolge des Rücktritts als nicht erfüllt anzusehen sei. Dies hätte dann zur Folge, dass auch die Bürgschaft als nicht erloschen angesehen werden müsste. – Diese Auffassung ist aber dogmatisch unbefriedigend, weil sie genötigt ist, den an sich nur für Verpflichtungsgeschäfte passenden Rücktritt die Wirkung einer Anfechtung der Abrede der Leistung an Erfüllungs statt zu verleihen.

b) Nach ganz h. M. (vgl. MünchKomm/ *Wenzel*, § 365 Rn. 3) führt indessen der Rücktritt nur dazu, dass gem. § 346 die beiderseits erbrachten Leistungen zurückzugewähren sind, S also nur verpflichtet wird, die alte Forderung, so wie sie bestand (also auch mit den Sicherheiten) wiederherzustellen. (Allerdings soll im *Prozess* der Gläubiger unmittelbar auf Leistung klagen können; BGHZ 46, 338). S wäre bei einem Rücktritt des G daher zwar gehalten, die Darlehensforderung neu zu begründen und dafür einen Bürgen beizubringen. Weigerte sich aber B, erneut die Bürgschaft zu übernehmen, so könnte G nicht gegen ihn vorgehen.

c) Jedoch kann sich im Einzelfall durch Auslegung der Sicherungsabrede (Bürgschaft) ergeben, dass die Sicherheit auch für den Anspruch aus § 365 haften soll (vgl. MünchKomm/*Wenzel*, § 365 Rn. 3). Dann könnte G gegen B aus der Bürgschaft vorgehen.

144. Leistung erfüllungshalber

Da A eine fällige Forderung des B über € 2000,– nicht begleichen konnte, einigten sich beide dahin, dass B eine antike Standuhr des A, deren Schätzwert etwa € 2000,– betrug, verwerten und sich aus dem Erlös befriedigen sollte.

a) B veräußerte die Uhr an seinen Bekannten C zu einem „Freundschaftspreis" von € 800,–, verrechnete diesen Betrag auf die Forderung und verlangte von A Zahlung der restlichen € 1200,–. Zu Recht?

b) B veräußerte die Uhr an C für € 2300,–. Muss er die überschießenden € 300,– an den A herausgeben?

Die Auslegung der Vereinbarung ergibt hier, dass die Hingabe der Uhr nicht an Erfüllungs statt (§ 364 I) erfolgen, vielmehr B nur eine *zusätzliche Befriedigungsmöglichkeit* für seine Forderung erlangen sollte. Bei dieser Hingabe *erfüllungshalber* wird die Forderung erst und nur in dem Umfang getilgt, in dem der Gläubiger aus der Verwertung des Gegenstandes Befriedigung erlangt. Die Vereinbarung der Leistung erfüllungshalber begründet nach h. M. (RGZ 160, 1) ein Rechtsverhältnis *eigener Art* zwischen den Parteien, dessen Inhalt durch Auslegung unter Berücksichtigung der Interessenlage zu ermitteln und im Übrigen durch entsprechende Anwendung des Auftragsrechts (§§ 662 ff.) zu ergänzen ist. Insbesondere trifft den Gläubiger die Pflicht, zunächst mit verkehrsüblicher Sorgfalt zu versuchen, aus dem hingegebenen Gegenstand Befriedigung zu erreichen (BGHZ 96, 182, 195). Erst wenn dies nicht möglich ist (oder nicht zur vollen Befriedigung geführt hat), darf der Gläubiger wieder auf die alte Forderung zurückgreifen und Zahlung (Zug-um-Zug gegen Rückgabe des Gegenstandes, soweit nicht verwertet) verlangen (vgl. BGHZ 116, 282). Daraus folgt für die beiden Fälle:

a) In Höhe der eingenommenen € 800,– ist die Forderung erloschen. Gegen die dem B verbliebene Restforderung von € 1200,– hat aber A einen aufrechenbaren Gegenanspruch aus § 280 I. Denn B hat bei der Verwertung der Uhr nicht die verkehrsübliche Sorgfalt walten lassen. Die Höhe des Gegenanspruchs hängt davon ab, welcher Erlös bei ordnungsgemäßer Verwertung zu erzielen gewesen wäre.

b) Da der Erlös den Forderungsbetrag um € 300,– übersteigt, kann A Herausgabe des Überschusses gem. § 667 analog verlangen.

145. Neuwagenkauf mit Vermittlungsauftrag für Gebrauchtwagenverkauf

Kauz hatte bei Vogel einen Neuwagen zum Preis von € 20 000,– bestellt. Gleichzeitig war vereinbart worden, dass Vogel den Gebrauchtwagen des Kauz zu einem auf den Neuwagenpreis anzurechnenden Preis von € 8000,– im Namen und für Rechnung des Kauz verkaufen und Vogel den etwaigen Mehrerlös als Provision bekommen sollte (sog. Vermittlungsauftrag).
1. Was bezweckt und was bedeutet diese Vertragsgestaltung?
Der Neuwagen wurde an Kauz gegen Zahlung von € 12 000,– und Übergabe des Gebrauchtwagens ausgeliefert. Da der Neuwagen einen anfänglichen unbehebbaren Mangel besaß, den Vogel aber weder kannte noch kennen musste, erklärte Kauz kurz darauf den Rücktritt und verlangte Schadensersatz.

1. Zweck und Inhalt eines Gebrauchtwagen-Vermittlungsauftrages
Die früher übliche feste Inzahlunggabe eines Gebrauchtwagens durch Übereignung an den Händler unter gleichzeitiger Anrechnung des dafür angesetzten Preises auf den Kaufpreis (vgl. BGHZ 89, 126, 128: Vereinbarung einer Ersetzungsbefugnis mit Wirkung einer Leistung an Erfüllungs statt) wurde später aus steuerlichen Gründen nicht mehr gewählt. Denn bei der Weiterveräußerung durch den Händler fiel die Umsatzsteuer an, was notwendig den Ankaufspreis für den Gebrauchtwagen drücken musste. Daher versuchte man das wirtschaftlich gewollte Ergebnis der Inzahlunggabe durch einen sog. Vermittlungsauftrag oder Agenturvertrag, wie er hier zwischen V und K vereinbart wurde, zu erreichen. Dabei ist im Zweifel folgendes als vereinbart anzusehen: (1) Der Händler stundet den Restkaufpreis für den Neuwagen bis zum erfolgreichen Weiterverkauf des Gebrauchtwagens. (2) Er verzichtet gleichzeitig auf eine vorzeitige einseitige Beendigung des Vermittlungsauftrages. (3) Er verrechnet den eingehenden Veräußerungserlös in Höhe des vereinbarten Preises auf den Restkaufpreis. (4) Er übernimmt

2. Welche Ansprüche hat Kauz gegen Vogel, wenn dieser den Gebrauchtwagen noch nicht weiterveräußert hat?

Zur Vertiefung: *Binder,* NJW 2003, 394.

das Risiko eines Verkaufs unter dem anzurechnenden Preis (vgl. *BGH* NJW 1978, 1482; NJW 1980, 2190). Dies führt bei der Weiterveräußerung des Wagens durch den Händler an einen Verbraucher wegen § 475 I S. 2 zur Anwendung der Vorschriften über den Verbrauchsgüterkauf (vgl. *BGH* NJW 2005, 1039).

Nachdem § 25 a UStG seit dem 1. 7. 1990 nur noch die Preisdifferenz der Umsatzsteuer unterwirft, sind die steuerlichen Gründe für diese Gestaltung entfallen. Eine Rückkehr zur Praxis der Ersetzungsbefugnis ist daher denkbar (vgl. Jauernig/ *Stürner,* § 365 Rn. 2; vgl. auch *BGH* NJW 2003, 398 zur Inzahlungnahme beim Leasingvertrag).

2. Ansprüche des K gegen V
a) Auf Grund des Rücktritts gem. §§ 346 I, 326 I S. 2, 326 V, 437 Nr. 2
K kann aufgrund des Rücktritts vom Kaufvertrag die von ihm gezahlten € 12 000,– zurückverlangen, nicht dagegen auch den Betrag von € 8000,–, der als anzurechnender Preis für den von V zu verkaufenden Gebrauchtwagen angesetzt war. Denn da der Wagen noch nicht verkauft worden ist, ist dem V auch noch kein entsprechender Wert zugeflossen (vgl. *BGH* NJW 1980, 2190, 2191). K kann auf Grund des Rücktritts auch nicht den Gebrauchtwagen zurückverlangen. Denn dieser Wagen wurde nicht in Erfüllung des Kaufvertrages, sondern im Rahmen des Vermittlungsauftrages übergeben.

b) Schadensersatz gem. §§ 311 a II, 437 Nr. 3
Bei anfänglichen unbehebbaren Mängeln hat der Käufer gegen den Verkäufer grundsätzlich einen Anspruch auf Schadensersatz

gem. § 311a II, 437 Nr. 3. Dieses Recht wird gem. § 325 durch den Rücktritt nicht ausgeschlossen. Danach kann K von V neben den geleisteten € 12 000,– auch Zahlung des Anrechnungsbetrages in Höhe von € 8 000,– verlangen (Jauernig/ *Stürner*, § 365 Rn. 3). Der Anspruch ist jedoch gem. § 311a II S. 2 ausgeschlossen, wenn der Verkäufer den Mangel bei Vertragsschluss nicht kannte und seine Unkenntnis auch nicht zu vertreten hatte. Im vorliegenden Fall besteht der Anspruch daher nicht.

c) Auf Grund der Beendigung des Vermittlungsauftrages gem. §§ 675, 667 bzw. §§ 346 I, 313 III S. 1

Der Vermittlungsauftrag stellt einen entgeltlichen Geschäftsbesorgungsvertrag i. S. des § 675 dar. Da er durch die Stundungs- und Verrechnungsabrede eng mit dem Kaufvertrag verknüpft ist, wird er mit Wegfall des Kaufvertrages ebenfalls hinfällig, sei es durch ausdrückliche Kündigung durch den Händler aus wichtigem Grund (§ 671 II), sei es infolge Wegfalls der Geschäftsgrundlage gem. § 313 I (vgl. *BGH* a. a. O.). Infolge der Beendigung des Geschäftsbesorgungsvertrages ist dann auch nach §§ 675, 667 bzw. nach §§ 346 I, 313 III S. 1 der Gebrauchtwagen als das zur Ausführung des Auftrags Erhaltene herauszugeben.

Im Ergebnis kann also K Zahlung von € 12 000,– und Herausgabe des Gebrauchtwagens verlangen.

146. Tilgungsreihenfolge bei Irrtum über Schuldenumfang

Siber war mit seinen Mietzahlungen im Rückstand. Außerdem hatte ihm seine Vermieterin Laub mehrfach Geld geliehen, das er trotz Mahnung noch nicht zurückgezahlt hatte. Da er ausziehen wollte, gedachte er, sämtliche Schulden zu begleichen. Er errechnete € 450,– rückständige Miete und € 250,– Darlehen, erbat sich diese Summe bei einem Freund und übergab sie bei seinem Auszug der Laub mit dem Bemerken, dass nun alles seine Richtigkeit habe. Diese wies ihm nach, dass sie ihm in Wahrheit € 400,– geliehen hatte. Da Siber den Restbetrag von € 150,– nicht bezahlen konnte, behielt die Laub einige Möbelstücke des Siber „als Pfand" zurück. Siber erklärte, wenn der gezahlte Betrag nicht zur Tilgung aller Schulden ausreiche, wolle er in erster Linie die Mietforderungen getilgt wissen. – Ist das Vorgehen der Laub gerechtfertigt?

Zur Vertiefung *Avenarius,* AcP 203 (2003), 511.

Gemäß § 562 b I S. 2 darf der Vermieter Sachen des Mieters bei dessen Auszug in Besitz nehmen, soweit sie seinem Vermieterpfandrecht unterliegen. Ein Pfandrecht an Sachen des Mieters besteht gem. § 562 I aber nur für Forderungen aus dem Mietverhältnis, nicht für sonstige Forderungen. Das Vorgehen der L war also nur dann gerechtfertigt, wenn ihre Mietforderungen noch nicht vollständig getilgt waren. Dies hängt davon ab, wie die gezahlten € 700,– auf die einzelnen Schulden zu verrechnen waren. Grundsätzlich steht das Bestimmungsrecht dem Schuldner zu (§ 366 I; zur ratio legis vgl. *BGH* NJW 2008, 2842 Tz. 22); nur wenn er von dieser Möglichkeit keinen Gebrauch macht, greift ergänzend § 366 II ein, der eine bestimmte Tilgungsreihenfolge aufstellt. – Hier bezweckte S erkennbar die Tilgung *aller* Schulden. Diese Zweckbestimmung ging ins Leere, weil die Zahlung dafür nicht ausreichte. Da es somit an einer geeigneten Zweckbestimmung fehlte, wäre an die Anwendung des § 366 II zu denken. Danach würde, da alle Forderungen fällig waren, zunächst die Darlehensforderung getilgt, da diese der L geringere Sicherheit bot als die durch das Vermieterpfandrecht gesicherten Mietforderungen.

a) Die Rspr. (*BGH* NJW 1972, 34; NJW 1978, 1524; *OLG Düsseldorf* NJW-RR 2001, 1595; a. A. *Avenarius,* AcP 203 (2003), 511) will § 366 II in einem solchen Fall aber dann nicht anwenden, „wenn die gesetzliche Tilgungsreihenfolge dem zu vermutenden vernünftigen Willen des Schuldners ganz offensichtlich widerspricht und dieser Wille für den Gläubiger von vornherein ohne weiteres erkennbar ist". Vielmehr würden die Schulden getilgt, die er ohne den Irrtum bei der Leistung bestimmt hätte. Denn da § 366 II ohnehin nur dem vermuteten, vernünftigen Willen der Parteien Rechnung tragen wolle, müsse diese Regelung zurücktreten, wenn im einzelnen Fall ein anderer Wille zu vermuten sei. – Da S ohne den Irrtum zunächst die Mietforderungen getilgt hätte und für die L zu erkennen war, dass S zahlte, um ungehindert ausziehen zu können, war demnach die Zahlung zunächst auf die Mietforderungen zu verrechnen. Dies hatte zur Folge, dass das Vermieterpfandrecht erlosch, die L somit nicht berechtigt war, Sachen des S zurückzubehalten.

b) Dem ist im Ergebnis, nicht aber in der Begründung zuzustimmen. § 366 II ist hier schon aus einem anderen Grund nicht anwendbar. Die Vorschrift geht davon aus, dass der Schuldner eine Zweckbestimmung *unterlässt*. Dem steht es nicht gleich, wenn der Schuldner irrig eine ungeeignete, weil von falschen Voraussetzungen ausgehende Zweckbestimmung trifft. Ihm muss in diesem Fall zugestanden werden, die Zweckbestimmung unverzüglich nach Kenntniserlangung (Gedanke des § 121) *nachzuholen*. (Auch *BGH* NJW 2008, 985 Tz. 14 geht von der Möglichkeit einer nachträglichen Tilgungsbestimmung aus). Das Interesse des Gläubigers, Gewissheit darüber zu haben, welche Forderung durch die Zahlung getilgt wurde, wird nicht verletzt, kann er doch den Schwebezustand dadurch beseitigen, dass er den Schuldner über die wahre Sachlage aufklärt. – Da S die Zweckbestimmung sofort nachholte und auf die Mietforderungen bezog, ist das Vorgehen der L nicht gerechtfertigt.

147. Tilgungsreihenfolge bei Forderungen mehrerer Gläubiger

S schuldete dem G aus Kaufvertrag vom 1. 4. 2006 € 2000,– und aus Kaufvertrag vom 5. 5. 2006 € 3000,–. Letztere Forderung trat G erfüllungshalber an D ab. Bevor dem S die Abtretung mitgeteilt wurde, zahlte dieser einen Betrag von € 2500,– als Abschlag an G, ohne zu bestimmen, wie der Betrag auf die beiden Forderungen zu verteilen sei. D möchte die Zahlung auf seine Forderung verrechnet wissen und verlangt von G Herausgabe der € 2500,–. G möchte lediglich € 500,– abgeben. Wie ist zu entscheiden?

Anspruch aus § 816 II

Gemäß § 407 I muss der Neugläubiger (D) eine Zahlung, die der Schuldner (S) in Unkenntnis der Abtretung an den bisherigen Gläubiger (G) leistet, gegen sich gelten lassen. Er kann aber gem. § 816 II vom bisherigen Gläubiger Herausgabe des Erlangten verlangen. D kann also in dem Umfang Herausgabe des von G erlangten Betrages verlangen, in dem die Zahlung des S auf die ihm abgetretene Forderung zu verrechnen war. Da S bei der Zahlung nicht bestimmte, wie der Betrag auf die beiden Forderungen zu verteilen war, muss nach objektiven Verteilungskriterien Ausschau gehalten werden.

§ 366 II ist hier nicht unmittelbar anwendbar, da er voraussetzt, dass *einem* Gläubiger mehrere Forderungen gegen einen Schuldner zustehen. Nach h. M. (vgl. *BGH* NJW 1991, 2630) ist jedoch diese Vorschrift analog anwenden, wenn die Forderungen zwar verschiedenen Gläubigern zustehen, aber dem Schuldner gegenüber, wie hier, nur eine Person als Gläubiger auftritt. Demgemäß war die Zahlung des S zunächst auf die Forderung des G, weil älter, zu verrechnen. D kann nur den überschießenden Betrag von € 500,– herausverlangen. – Das Ergebnis mag hart erscheinen, weil der zufällige Umstand des Alters beider Forderungen über den Interessenkonflikt beider Gläubiger entscheidet. Jedoch haben es die Gläubiger in der Hand,

durch Mitteilung der Abtretung eine solche
Situation zu vermeiden. In krassen Fällen
wird man zudem an eine nachträgliche
Tilgungsbestimmung durch den Schuldner
denken können (vgl. MünchKomm/*Wenzel*, § 366 Rn. 3).

13. Kapitel. Aufrechnung

148. Die Funktion der Aufrechnung

Welche Funktion hat die Aufrechnung (§§ 387 ff.)?

Zur Vertiefung: *Lorenz*, JuS 2008, 951.

Schulden zwei Personen einander gleichartige Gegenstände, insbesondere Geld, so wäre es umständlich, wenn jeder den vollen Betrag an den anderen leisten müsste. Das BGB lässt es daher unter bestimmten Voraussetzungen zu, dass durch einseitige Aufrechnungserklärung eines Teils beide Forderungen, soweit sie sich decken, zum Erlöschen gebracht werden. Der Aufrechnende kann sich auf diese Weise von seiner Schuld befreien *(Befreiungsfunktion)*, ohne real erfüllen zu müssen. Zum anderen kann er für seine eigene Forderung Befriedigung erlangen (*Befriedigungs-* oder *Tilgungsfunktion*). Dies ist gerade dann von Bedeutung, wenn vom Gegner reale Erfüllung nicht mehr zu erwarten ist, etwa weil er in Zahlungsschwierigkeiten oder gar in Konkurs geraten ist. Die Möglichkeit der Aufrechnung besteht nämlich auch in der Insolvenz des Aufrechnungsgegners (§§ 94 ff. InsO). Insoweit spricht man auch von der *Sicherungsfunktion* der Aufrechnung.

149. Voraussetzungen der Aufrechnung; Aufrechnungsvertrag

A hatte bei B einen Anzug bestellt, der € 350,– kosten sollte. Noch vor Fertigstellung des Anzugs kamen A und B beim Kartenspiel zu-

Die Aufrechnung durch *einseitige Erklärung* setzt voraus, dass eine *Aufrechnungslage* besteht. Dazu gehören (§ 387):
(1) Gegenseitigkeit der Forderungen: Jede Partei muss zugleich Schuldner und Gläu-

sammen. B verlor dauernd, am Schluss schuldete er dem A € 250,–.

1. Kann B mit seiner Werklohnforderung gegen die Spielschuld aufrechnen?

2. Kann umgekehrt A aufrechnen?

3. Kann die Aufrechnung wenigstens im beiderseitigen Einvernehmen durchgeführt werden?

biger der anderen sein (wichtige Ausnahme: § 406).

(2) Gleichartigkeit der Forderungen: Beide Forderungen müssen auf den gleichen Gegenstand (regelmäßig Geld) gerichtet sein.

(3) Bestehen und Durchsetzbarkeit der Gegenforderung: Die Forderung, *mit* der aufgerechnet wird, muss entstanden, fällig und klagbar sein, darf auch nicht durch Einreden entkräftbar (§ 390) sein.

(4) Bestehen und Erfüllbarkeit der Hauptforderung: Die Forderung, *gegen* die aufgerechnet wird, muss lediglich entstanden und erfüllbar (vgl. § 271) sein.

Dies bedeutet:

1. B kann nicht aufrechnen, da seine Werklohnforderung gegen A gem. § 641 I noch nicht fällig ist.

2. A kann nicht aufrechnen, da seine aus Spiel stammende Forderung nicht klagbar ist (§ 762 I).

3. Die Aufrechnung kann jedoch nicht nur einseitig, sondern auch durch Vertrag (sog. *Aufrechnungsvertrag*) erfolgen. In diesem Fall brauchen die den Gegner schützenden Voraussetzungen der einseitigen Aufrechnung nicht vorzuliegen (allg. M., vgl. Jauernig/*Stürner*, § 387 Rn. 15). Sind sich daher A und B über die Verrechnung beider Forderungen einig, ist es unerheblich, dass die eine Forderung nicht klagbar, die andere nicht fällig ist.

150. Vertraglicher Aufrechnungsausschluss

H bot dem vor dem Examen stehenden Referendar L einen neuwertigen Palandt für € 60,– an. Da L nur einen

Anspruch aus §§ 280 I, II, 286

Da sich B zum Geldwechseln, also zum Abschluss eines Tauschvertrages (§ 480), bereit erklärte, schuldete sie L € 100,– in

Hunderteuroschein zur Hand hatte, H aber nicht herausgeben konnte, bat er seine Zimmerwirtin B, sie möge ihm wechseln. Diese nahm den Schein, brachte aber nur einen Zwanzigeuroschein zurück mit dem Bemerken, jetzt habe sie endlich ihren rückständigen Mietzins bekommen. Sie ließ sich auch nicht durch den Hinweis des L abbringen, ihm entgehe ein günstiges Geschäft. Da der Kauf deshalb nicht zustande kam, musste L einen Palandt in der Buchhandlung kaufen. Die Differenz zwischen Kaufpreis und € 60,– verlangte er von der Zimmerwirtin ersetzt. Zu Recht?

Wechselgeld. Da sie auch auf eine Mahnung des L hin nicht mehr als € 20,– zurückgab, kam sie mit der Zahlung der € 80,– in Verzug, es sei denn, dass sie wirksam aufgerechnet hatte. Hier ist schon zweifelhaft, ob die beiderseitigen Forderungen *gleichartig* sind. Denn die Forderung des L ging nicht auf Zahlung einer bestimmten Summe, sondern auf Übereignung von Geldscheinen bzw. Geldstücken (vgl. MünchKomm/*Schlüter*, § 387 Rn. 30; *BGH* NJW 1978, 1807, 1808 zum Auftrag). Bejaht man gleichwohl Gleichartigkeit, sind die Voraussetzungen der Aufrechnung an sich erfüllt. Sie ist auch nicht nach den §§ 390 ff. ausgeschlossen. Die Aufrechnung könnte jedoch vertraglich ausgeschlossen sein, was gem. § 311 I (vgl. auch § 391 II) grundsätzlich zulässig ist (vgl. *BGH* NJW 1981, 761, 762 zu den Grenzen der Zulässigkeit des vertraglichen Aufrechnungsausschlusses). L und R haben zwar den Aufrechnungsausschluss nicht ausdrücklich vereinbart, er ergibt sich aber stillschweigend aus der Natur des Rechtsverhältnisses (vgl. auch *BGH* NJW 1978, 1807, 1808): Sinn und Zweck des Geldwechselns bestehen darin, dass andere Geldstücke oder Scheine zurückgegeben werden. Da die R folglich zur Aufrechnung nicht berechtigt und ihr Rechtsirrtum hierüber vermeidbar war (§ 286 IV!), kam sie in Schuldnerverzug. Daher hat sie gem. § 251 I den Schaden zu ersetzen, den L aus der nicht rechtzeitigen Rückgabe der € 80,– erlitt. L ist daher im Recht.

151. Rückwirkung der Aufrechnung

Grau hatte dem Seiß Waren für € 15 000,– geliefert und den Kaufpreis für ein Jahr gestundet. Seiß hatte sich dafür verpflichtet, die Kaufpreisschuld mit 8% zu verzinsen. Nachdem er ein halbes Jahr lang die Zinsen bezahlt hatte, wurde ein Testament aufgefunden, aus dem hervorging, dass Seiß als Alleinerbe des vor zwei Jahren verstorbenen Ebner eingesetzt war. Dem Ebner hatte eine fällige Forderung in Höhe von € 16 000,– gegen Grau zugestanden, mit der Seiß nunmehr gegen die Kaufpreisforderung aufrechnete. Kann Seiß auch die gezahlten Zinsen zurückverlangen?

Anspruch aus § 812 I S. 2 1. Alt.

Da zur Zeit der Zinszahlung die Kaufpreisforderung bestand, lag zunächst ein rechtlicher Grund für die von S erbrachte Leistung vor. S kann die Zinsen daher nur dann zurückfordern, wenn der rechtliche Grund nachträglich wegfiel (§ 812 I S. 2 1. Alt.). Dies hängt davon ab, zu welchem Zeitpunkt die Kaufpreisforderung durch Aufrechnung erloschen ist. Gem. § 389 wirkt die Aufrechnung auf den Zeitpunkt zurück, in dem erstmals die Aufrechnung möglich war. Objektiv gesehen hätte S als Erbe des E im Zeitpunkt des Entstehens der Kaufpreisforderung gegen diese aufrechnen können (die entgeltliche Stundungsvereinbarung nahm der Kaufpreisforderung zwar die Fälligkeit, nicht aber die Erfüllbarkeit); dass er subjektiv von dieser Möglichkeit noch nichts wusste, ist unerheblich. Die Aufrechnung bewirkt also, dass die Forderung rückwirkend zu diesem Zeitpunkt erlischt und damit der Rechtsgrund für die Zinszahlung rückwirkend entfällt. S kann also die Zinsen zurückverlangen (vgl. *BGH* NJW-RR 1991, 569).

152. Zahlung in Unkenntnis der Aufrechnungsmöglichkeit

Fall wie oben. Seiß hatte aber bereits den Kaufpreis bezahlt, als er davon erfuhr, dass er den Ebner beerbt hatte. Kann er jetzt Kaufpreis *und* Zinsen mit der Begründung zurückverlangen, er habe in unverschuldeter Unkenntnis seiner

Anspruch aus § 813 I S. 1

Da S zwecks Erfüllung einer bestehenden Verbindlichkeit geleistet hatte, kann sich ein Rückforderungsanspruch allenfalls aus § 813 I 1 ergeben. Die Aufrechnungsmöglichkeit stellt indessen keine dauernde Einrede i. S. dieser Vorschrift dar. Auch eine analoge Anwendung ist ausgeschlossen

Aufrechnungsmöglichkeit
gezahlt?

(vgl. RGZ 120, 280; Jauernig/*Stadler*, § 813 Rn. 4). Denn Erfüllung und Aufrechnung als Erfüllungssurrogat stehen selbstständig und gleichberechtigt nebeneinander. Macht der Schuldner von einer dieser Möglichkeiten Gebrauch, so muss es im Interesse der Rechtssicherheit dabei sein Bewenden haben. S kann daher weder den Kaufpreis noch – im Unterschied zum vorigen Fall – die Zinsen zurückfordern.

153. Einschränkung der Rückwirkung der Aufrechnung

G hatte dem S ein jederzeit rückzahlbares Darlehen i. H. von € 10 000,– mit einer Laufzeit von vier Jahren gewährt. Zur Sicherheit hatte S ihm Aktien übereignet. G veräußerte kurz darauf diese Aktien aus Spekulationsgründen an der Börse zum Kurswert von € 7200,–. Als S davon erfuhr, setzte er dem G eine Frist zur Wiederbeschaffung gleicher Aktien und erklärte, andernfalls verlange er den Wert der Aktien ersetzt. G ließ die Frist verstreichen. Die Aktien stiegen danach stark im Wert, ihre Wiederbeschaffung würde € 10 500,– kosten. S erklärte daraufhin, er rechne mit dem Schadensersatzanspruch aus der unberechtigten Veräußerung gegen die Darlehensforderung auf und verlangte Zahlung des überschießenden

Der Umfang des Rückzahlungsanspruchs des G aus § 488 I S. 2 hängt davon ab, in welcher Höhe eine Tilgung durch die Aufrechnung eingetreten ist.

a) Stehen sich, wie hier, eine Darlehensforderung und eine Schadensersatzforderung (§§ 823 II, 266 StGB i. V. m. § 250) gegenüber, soll nach einer Ansicht (Palandt/*Grüneberg*, § 387 Rn. 9) *Gleichartigkeit* erst im Zeitpunkt der Aufrechnungserklärung eintreten. Denn eine Schadensersatzforderung sei keine *Geldsummenschuld*, sondern eine *Geldwertschuld*, deren Höhe nicht von vornherein feststehe, vielmehr von anderen Faktoren bestimmt werde (vgl. dazu Palandt/*Grüneberg*, § 245 Rn. 15 f.). Da der Schuldner mit der Möglichkeit rechnen müsse, dass die Höhe der Schuld anwachse, dürfe er, wenn ihm gleichzeitig eine Geldsummenforderung zustehe, nicht davon ausgehen, er schulde im Grunde nichts mehr. Erst durch die Aufrechnung werde die Geldwertschuld betragsmäßig fixiert. Daher komme eine Rückwirkung der Aufrechnung nicht in Betracht. – Demnach ist S im Recht.

Betrages von € 500,–. Der schlaue G erwiderte, die Aufrechnung wirke gem. § 389 auf den Zeitpunkt zurück, in dem sich Schadensersatzanspruch und Darlehensforderung erstmals aufrechenbar gegenübertraten. Der auf Geld gerichtete Schadensersatzanspruch sei mit Fristablauf entstanden, habe sich aber entsprechend dem damaligen Wert der Aktien nur auf € 7200,– belaufen. Folglich sei auch die Darlehensforderung nur in dieser Höhe getilgt worden. Er habe daher von S noch € 2800,– zu fordern. – Wer ist im Recht?

b) Die Rspr. (BGHZ 27, 123) geht dagegen davon aus, Geldsummen- und Geldwertschuld seien von Anfang an gleichartig. Da die Aufrechnung nach § 389 zurückwirkt, wäre an sich G im Recht. – Jedoch ist zu erwägen, ob nicht von der *ratio legis* her eine Einschränkung der Rückwirkung vorzunehmen ist. § 389 beruht auf der Erwägung, dass der Schuldner, der aufrechnen kann, sich *wirtschaftlich* nicht mehr als Schuldner zu fühlen braucht. Der Schuldner soll nicht gezwungen werden, sofort aufzurechnen, um ein späteres Anwachsen der Forderung (z. B. Zinsen) zu verhindern. Diese ratio trifft aber nicht auf den Schuldner zu, dem die Aufrechnung (z. B. gem. § 393) untersagt ist. Dieser kann sich nicht dagegen wehren, dass die gegen ihn gerichtete Forderung anwächst und der Gläubiger reale Erfüllung der angewachsenen Forderung verlangt. Würde man auch in einem solchen Fall die Aufrechnung nur mit Rückwirkung zulassen, würde der Gläubiger in der Regel von der Aufrechnung absehen, da sie ihn wirtschaftlich viel schlechter stellte, als wenn er sich für reale Erfüllung beider Forderungen entschiede. Der beiderseitige Leistungsaustausch wäre aber sehr umständlich und wenig interessengerecht. Die Rspr. (*BGH* a. a. O.) nimmt daher zu Gunsten des Aufrechnungsbefugten an, dass in einem solchen Fall entgegen § 389 der Zeitpunkt der Aufrechnungs*erklärung* maßgebend für den Umfang des Erlöschens der beiden Forderungen sei. – Ein solcher Fall liegt hier vor. Die Forderung des S gegen G resultierte nämlich aus einer vorsätzlich unerlaubten Handlung des G (Treubruch), folglich war gem. § 393 zwar S, aber nicht G zur Aufrechnung befugt. Im Zeitpunkt der Aufrechnungserklärung betrug der Schaden des S € 10 500,–, da dieser Betrag zur Wiederbeschaffung der Aktien notwendig war. Durch die Aufrechnung des S wurde daher die Forderung des G in vollem Umfang gelöscht, S kann darüber hinaus noch Zahlung von € 500,– verlangen.

154. Aufrechnung bei Ansprüchen aus vorsätzlicher unerlaubter Handlung

Gram hatte den Schäferhund des Benns vergiftet, da ihn dessen nächtliches Bellen störte. Als Benn von ihm den Wert des Hundes in Höhe von € 350,– ersetzt verlangte, weigerte er sich zu bezahlen. Aus Rache warf Benn daraufhin bei Gram einige Fensterscheiben ein. Gram ließ die Fenster erneuern und übersandte dem Benn die Glaserrechnung, die sich ebenfalls auf € 350,– belief. Benn schrieb zurück, nunmehr sei man quitt. Gram besteht auf Zahlung. Zu Recht?

Der Anspruch des G aus § 823 I sowie § 823 II i. V. mit § 303 StGB ist erloschen, wenn B wirksam aufgerechnet hat. Aufrechnungserklärung und Aufrechnungslage sind gegeben. Jedoch schließt § 393 die Aufrechnung *gegen* eine Forderung aus vorsätzlicher unerlaubter Handlung aus. – Die Besonderheit des Falles liegt nun darin, dass sowohl die Forderung des G, wie die des B aus einer vorsätzlich unerlaubten Handlung des anderen herrühren. Nach einer Auffassung soll in einem solchen Fall entgegen dem Wortlaut des § 393 die Aufrechnung stets zulässig sein, weil kein Grund bestehe, einen Teil besonders zu schützen (vgl. z.B. *OLG Düsseldorf* OLGR 2000, 124; Jauernig/*Stürner*, § 393 Rn. 1). Diese Auffassung ist aber mit dem klaren Wortlaut des § 393 unvereinbar (*BGH* NJW 2009, 3508 m.w.N.) Nach einer anderen Auffassung soll die Aufrechnung jedoch dann zulässig sein, wenn die gegenseitigen Ansprüche auf einem einheitlichen Lebensverhältnis, wie z.B. einer Prügelei, herrühren (vgl. z.B. *Deutsch* NJW 1981, 735). Gegen diese Auffassung spricht jedoch, dass sie zu einer nicht hinnehmbaren Rechtsunsicherheit führen würde, weil dann in jedem Einzelfall geprüft werden müsste, ob ein einheitlicher Lebensvorgang vorliegt (*BGH* NJW 2009, 3508). Erst recht nicht kann das Aufrechnungsverbot eingreifen, wenn sich die vorsätzliche unerlaubte Handlung des Aufrechnenden als Akt der *Privatvollstreckung* (z. B. Gläubiger stiehlt dem Schuldner den geschuldeten Betrag und erklärt die Aufrechnung) oder als Akt der „*Privatrache*", wie hier, darstellt (vgl. *Deutsch,* NJW 1981, 735). § 393 will gerade solche Handlungsweisen unterbinden (vgl. *Medicus/Lorenz* I, Rn. 273; Palandt/*Grüneberg,* § 393 Rn. 1). – B konnte daher nicht wirksam aufrechnen.

14. Kapitel. Erlass

155. Einseitiger Verzicht, Erlassvertrag und pactum de non petendo

A wollte ein Grundstück des B erwerben. Da B ihn darauf hinwies, dass dem C ein schuldrechtliches Vorkaufsrecht zustehe, bot A dem C € 10 000,–, wenn er auf die Ausübung des Vorkaufsrechts verzichte. C ging darauf ein. Hierauf schloss A einen notariellen Kaufvertrag mit B. Mittlerweile hatte es sich C jedoch anders überlegt und machte gegenüber B sein Vorkaufsrecht geltend. B widersprach unter Hinweis auf den gegenüber A erklärten Verzicht. – Muss B das Grundstück an C übereignen?

Dem Anspruch des C auf Übereignung gem. §§ 433 I, 464 II könnte der zwischen A und C vereinbarte Verzicht entgegenstehen.

a) Erlöschen des Vorkaufsrechts?

Das Vorkaufsrecht könnte durch den gegenüber A erklärten Verzicht erloschen sein.

aa) Fasst man das Vorkaufsrecht als vertraglich begründetes *Gestaltungsrecht* auf (so Palandt/*Weidenkaff,* Vorb. v. § 463 Rn. 1), so genügt zu seinem Erlöschen der *einseitige* Verzicht. Denn der Verzicht auf Einreden und Gestaltungsrechte ist einseitig möglich (vgl. Palandt/*Grüneberg,* § 397 Rn. 1). Dieser Verzicht muss jedoch gegenüber dem Verpflichteten (B) erklärt werden und dies war hier nicht geschehen.

bb) Sieht man dagegen mit der noch h. M. (vgl. MünchKomm/*Westermann,* § 463 Rn. 7 m. w. N) im Vorkaufsrecht einen *doppelt bedingten* (Eintritt des Vorkaufsfalles und Ausübung des Vorkaufsrechts) *Anspruch* auf Übereignung, so ist ein Verzicht hierauf nur vertraglich, nämlich durch *Erlassvertrag* gem. § 397 I, möglich (vgl. *BGH* BB 1966, 636). Der Erlassvertrag kann aber nur zwischen Gläubiger (C) und Schuldner (B) des Anspruchs, nicht zwischen Gläubiger und einem anderen (A) zu Gunsten des Schuldners geschlossen werden (*BGH* NJW 2010, 64). Denn der Erlass enthält eine Verfügung über die Forderung,

Verfügungsverträge zu Gunsten Dritter sind aber nach h. M. (vgl. *BGH* NJW 1993, 2517; Palandt/*Grüneberg*, Einf v § 328 Rn. 9; a. A. MünchKomm/*Gottwald*, § 328 Rn. 190) nicht zulässig. – Da hier eine Vereinbarung nur zwischen A und C getroffen worden war, führte dies nicht zum Erlöschen des Vorkaufsrechts nach § 397 I.

b) Einrede gegen den Übereignungsanspruch

Allerdings kann die Vereinbarung zwischen A und C dahin ausgelegt (§ 157) bzw. umgedeutet (§ 140) werden, dass C sich gegenüber A verpflichtete, sein Vorkaufsrecht nicht geltend zu machen (sog. *pactum de non petendo*), was gem. § 311 I zulässig ist. Da es sich insoweit um einen Verpflichtungsvertrag handelt, ist auch § 328 anwendbar: dem Dritten (B) kann das Recht zugewendet werden, die Leistung (hier: Unterlassen der Geltendmachung, vgl. § 241 I) zu fordern (*BGH* NJW 2010, 64). Der Dritte kann dieses Recht dann einredeweise der Ausübung des Vorkaufsrechts entgegensetzen (vgl. BGHZ 37, 147, 152). – Letztere Gestaltung ist hier anzunehmen, da eine dem Erlass gleiche Wirkung nur dann erzielt werden konnte, wenn B befugt war, die Einrede aus dem pactum de non petendo zu erheben. Da B die Einrede geltend gemacht hat, ist er nicht zur Übereignung verpflichtet.

Beachte: Nähme man keine Drittberechtigung an, könnte C Übereignung fordern, würde sich aber dem A gegenüber schadensersatzpflichtig machen.

15. Kapitel. Forderungsabtretung

156. Vorausabtretung zu Sicherungszwecken

Der Bauunternehmer A hatte bei der Bank B einen Kredit über € 500 000,– aufgenommen. Nachdem ihm die Bank mitgeteilt hatte, dass ihr die bisherigen Sicherheiten nicht mehr genügten, übersandte er an die Bank ein Schriftstück, in dem er erklärte, er trete die Kaufpreisforderung aus einem künftigen Verkauf seines Doppelhausgrundstücks in Neustadt zur Sicherheit an die Bank ab. Ist diese Abtretung gültig?

Zur Vertiefung: *Armbrüster/ Ahcin,* JuS 2002, 450; *Lorenz,* JuS 2009, 891.

1. Rechtsnatur der Abtretung

Die Übertragung *(Abtretung, Zession)* einer Forderung setzt einen *Vertrag* zwischen dem bisherigen Gläubiger *(Abtretender, Zedent)* und dem neuen Gläubiger *(Abtretungsempfänger, Zessionar)* voraus (§ 398 S. 1). Eine einseitige Abtretungserklärung des bisherigen Gläubigers, wie sie hier in dem Schreiben des A vorliegt, reicht also nicht aus. Jedoch ist hier aufseiten der B eine Annahme des Abtretungsangebots gem. § 151 S. 1 anzunehmen, so dass dem Vertragserfordernis der Abtretung genügt ist.

2. Form der Abtretung

Die Abtretung einer Forderung ist vom Gesetz an keine Form gebunden, also formlos gültig. Dies gilt auch dann, wenn zur Begründung der Forderung die Einhaltung einer bestimmten Form erforderlich ist (vgl. BGHZ 89, 46). Es ist also unerheblich, dass der Kaufvertrag, aus dem die Kaufpreisforderung resultiert, zu seiner Wirksamkeit der notariellen Beurkundung gem. § 311 b I bedarf.

3. Zulässigkeit der Vorausabtretung

Auch künftige, also noch nicht entstandene Forderungen können grundsätzlich abgetreten werden. Denn der Forderungsübergang (§ 398 S. 2) gehört nicht zum Abschlusstatbestand der Abtretung, sondern ist nur deren Wirkung. Vielfach wird auch auf § 185 II 1 hingewiesen, wonach eine Verfügung, wie sie die Abtretung darstellt, wirksam wird, wenn der Verfügende später den Gegenstand (Forderung) erwirbt (vgl. BGHZ 30, 240; 32, 369). Freilich ist zur Wirksamkeit einer solchen *Vorausabtretung* erforderlich, dass die von ihr erfasste Forderung *bestimmt* oder zumindest *bestimmbar* ist. Sie muss also so gekennzeichnet sein, dass sie spätestens im Zeitpunkt ihres Entstehens nach Gegenstand und Umfang individualisierbar ist (vgl. hierzu *BGH NJW* 1995, 1668, 1669; 2000, 276, 277). Dies gebieten die Prinzipien der Rechtssicherheit und Rechtsklarheit (vgl. BGHZ 7, 365; *Medicus/Lorenz* I, Rn. 756). – Die Bestimmbarkeit einer Kaufpreisforderung ist gewährleistet, wenn das Kaufobjekt, wie hier, bestimmt ist (vgl. *Medicus/Lorenz*, a. a. O.).

4. Zulässigkeit der Sicherungsabtretung
Ebenso wie bei der Sicherungsübereignung ist heute auch die Zulässigkeit der Sicherungsabtretung (und zwar auch in Gestalt der Vorausabtretung) anerkannt (vgl. zur Wirksamkeit einer Globalzession *Gottwald*, Sachenrecht – Prüfe dein Wissen, 14. Aufl., 2005, Fall 189). Sie hat gegenüber der Verpfändung einer Forderung (vgl. §§ 1274, 1280) den Vorteil, dass sie dem Schuldner nicht mitgeteilt werden muss (zu Einzelheiten vgl. Jauernig/*Stürner*, § 398 Rn. 14 ff.) Die Abtretung ist demnach gültig.

157. Schuldnerverzug nach Sicherungsabtretung

Fall wie zuvor. A verkauft das Grundstück für € 200 000,– an den K. K kommt jedoch mit der Zahlung des Kaufpreises in Verzug.

1. Ist eine Forderung abgetreten worden und kommt der Schuldner erst danach in Verzug, so steht der Anspruch aus §§ 280 I, II, 286 allein dem neuen Gläubiger zu (*BGH* NJW 1995, 1282, 1283).

1. Steht der Anspruch auf Verzugszinsen dem A oder der B zu?

2. Gesetzt den Fall, dass A den Bankkredit mit 7% verzinsen muss, die B aber ihr Geld nunmehr zu 9% ausleihen kann: In welcher Höhe muss K Verzugszinsen zahlen?

2. Grundsätzlich berechnet sich der Verzugsschaden aus der Person des Neugläubigers (= Zessionars). Das würde hier bedeuten, dass B nach §§ 280 I, II, 286, 288 IV 9% Verzugszinsen verlangen könnte, weil sie das Geld zu diesem Zinssatz hätte ausleihen können. Die Besonderheit liegt hier aber darin, dass die Forderung zu Sicherungszwecken abgetreten worden war. Solange der Kreditschuldner A seinen Verpflichtungen aus dem Kreditvertrag nachkommt, besteht für die Bank kein Bedürfnis, auf die Sicherheit zuzugreifen, und sie erleidet aus dem Verzug keinen Schaden. Den Schaden aus dem Zahlungsverzug trägt allein der A. Denn er hätte bei rechtzeitiger Zahlung des K seine Kreditverbindlichkeit bei B entsprechend reduzieren und damit die Zahlung von Kreditzinsen vermeiden können. Bei der Sicherungsabtretung ist daher – jedenfalls solange kein Bedürfnis zur Verwertung der Sicherheit besteht – die Situation gegeben, dass der Zessionar anspruchsberechtigt ist, aber keinen Schaden erleidet, und umgekehrt, dass der Zedent zwar einen Schaden erleidet, aber keinen Anspruch besitzt. Diese Situation ist typisch für die Fälle der *Drittschadensliquidation* (vgl. Fälle 203, 204). Die Rspr. (*BGH* NJW 1995, 1282, 1283) wendet daher auch hier die Grundsätze der Durchschnittsliquidation an. Das bedeutet, dass B den Schaden des K liquidieren darf. Nach der Gegenmeinung (*Junker*, AcP 195 [1995], 1; Palandt/*Grüneberg*, § 398 Rn. 18 a) ist diese Argumentation nicht zwingend, da durchaus auch beim Sicherungsnehmer (Bank) ein Schaden entstehen könne. Da sich aber die Rechtslage des Schuldners durch die Abtretung nicht

verschlechtern dürfe, sei der Ersatzanspruch des Zessionars auf die Höhe des Schadens zu beschränken, der hypothetisch dem Zedenten entstanden wäre.

Beide Ansichten führen hier zum gleichen Ergebnis: K muss zwar Verzugszinsen bezahlen, aber nur in Höhe von 7%.

Beachte: Ist die Sicherungsabtretung dem Schuldner nicht mitgeteilt, sog. *stille Zession,* kann der Zedent die Forderung einziehen und Zahlung an sich verlangen; *BGH* NJW 1999, 2110. Das gilt dann auch für die Ausübung vertraglicher Gestaltungsrechte, wie die Setzung einer Nachfrist nach §§ 281, 323 (vgl. *BGH* NJW 2002, 1568), sowie die Geltendmachung des Verzugsschadens.

158. Abtretung eines Befreiungsanspruchs

A hatte für die Dauer seines Urlaubes sein Reitpferd gegen Entgelt beim Bauern B untergebracht. Da das Pferd erkrankte, holte B den Tierarzt T herbei. Dieser kurierte das Pferd und sandte dem B nach einer Woche eine Rechnung über € 150,–. B schrieb zurück, es handle sich, was er vorher nicht erwähnt habe, um das Pferd des A. Letztlich müsse daher auch A für die Tierarztkosten aufkommen. Er bitte daher den T, er möge den Rechnungsbetrag von A einfordern und trete ihm zu diesem Zweck vorsorglich seine Ansprüche gegen A ab. T war damit einverstanden. Er forderte den A nach des-

1. Anspruch aus Dienst- (bzw. Werk-)vertrag
Ein Vertrag zwischen T und A wäre nur dann zustande gekommen, wenn B im Namen des A gehandelt und A dem B entweder Vollmacht erteilt oder den Vertragsschluss nachträglich genehmigt hätte. Hier handelte B aber erkennbar im eigenen Namen, weil er bei Vertragsschluss nicht erwähnte, dass es sich um ein fremdes Pferd handelte. Dass er innerlich vielleicht nicht den Willen hatte, selbst aus dem Vertrag verpflichtet zu werden, ist nach § 164 II unbeachtlich. Es ist auch kein Geschäft *für den, den es angeht* anzunehmen, da kein Bargeschäft des täglichen Lebens vorlag (vgl. *Köhler,* AT, § 11 Rn. 21).
2. Anspruch aus GoA (§§ 670, 683 S. 1, 677)
Die Tätigkeit des T erfolgte zwar objektiv im Interesse des A. T wollte aber nicht ein Geschäft des A führen, sondern ausschließlich den mit B geschlossenen Dienst- (bzw.

sen Rückkehr unter Darstellung des Sachverhalts auf, die € 150,– zu bezahlen. Muss A zahlen?

Werk-)vertrag erfüllen. Es fehlte daher jedenfalls am Fremdgeschäftsführungswillen des T.

3. Anspruch aus abgetretenem Recht

a) Bestehen eines Anspruchs des B gegen A

Bei dem zwischen A und B geschlossenen Vertrag handelt es sich um einen Verwahrungsvertrag (§ 688). Gemäß § 693 kann der Verwahrer vom Hinterleger Ersatz verlangen, wenn er zum Zwecke der Aufbewahrung Aufwendungen macht, die er den Umständen nach für erforderlich halten durfte (vgl. auch §§ 683, 670). Dass bei Erkrankung eines in Verwahrung genommenen Pferdes die Zuziehung eines Tierarztes erforderlich ist, kann ohne weiteres bejaht werden. Zwar hat B, da er die Rechnung des T noch nicht bezahlt hatte, noch keine unmittelbaren Aufwendungen gemacht. Er ist aber eine Verbindlichkeit gegenüber T eingegangen. § 257 S. 1 stellt für solche Fälle klar, dass der „Geschäftsführer" Befreiung von seiner Verbindlichkeit verlangen kann (sog. *Befreiungs-* oder *Freistellungsanspruch*). B hatte also einen Aufwendungsersatzanspruch in Gestalt eines Anspruchs gegen A, von seiner Verbindlichkeit befreit zu werden. Diesen Anspruch hat B an T abgetreten.

b) Zulässigkeit der Abtretung

Ob diese Abtretung zulässig ist, ist eine andere Frage. Beim Befreiungsanspruch handelt es sich um einen *höchstpersönlichen* Anspruch. Nach § 399 1. Alt. ist daher eine Abtretung an sich nicht möglich. Es wird jedoch allgemein für den Fall eine Ausnahme gemacht, dass die Abtretung gerade an den Gläubiger jener Verbindlichkeit erfolgt, von welcher der Zedent Befreiung beanspruchen kann (vgl. Palandt/*Grüne-*

berg, § 399 Rn. 4; *BGH* WM 2010, 72). Der Befreiungsanspruch wandelt sich dabei in einen Anspruch auf die dem Gläubiger (T) geschuldete Leistung (hier: Geld) um (BGHZ 41, 203, 205; *BGH* WM 2010, 72). Dem Schuldner (A) geschieht hierdurch kein Unrecht, weil sich die von ihm zu erbringende Leistung (hier: Zahlung von € 150,–) inhaltlich nicht ändert. A muss daher bezahlen.

159. Wirkung eines vertraglichen Abtretungsausschlusses

Die Gemeinde H hatte mit dem im Handelsregister eingetragenen Bauunternehmer U einen Vertrag über eine Schulhauserweiterung zum Festpreis von € 200 000,– geschlossen. In den Vertrag war formularmäßig die Klausel aufgenommen worden, dass eine Abtretung der Baulohnforderung ausgeschlossen sei. U hatte aber schon vorher Baumaterial im Werte von € 100 000,– beim Lieferanten L unter Eigentumsvorbehalt bezogen. In den Geschäftsbedingungen dieses Kaufvertrages hieß es, dass bei einem Einbau des Materials in fremden Grundbesitz die dem Käufer erwachsende Baulohnforderung in Höhe des Wertes der Vorbehaltsware als im Voraus abgetreten gelte. Außerdem sollte der Käufer zum Einbau nur

1. Prioritätsgrundsatz bei der Abtretung
U hatte seine Baulohnforderung (§ 631 I) zweimal abgetreten. Einmal im Wege der Vorausabtretung (s. o. Fall 156) an L, allerdings nur in Höhe des Wertes des eingebauten Materials (zulässig, da hinreichend bestimmbar; vgl. *BGH* NJW 1981, 816, 817). Zum anderen an die Bank Tritt der Gläubiger ein und dieselbe Forderung mehrfach ab, so gilt der Grundsatz der *Priorität* (vgl. BGHZ 30, 151), d. h. die zeitlich frühere Abtretung hat Vorrang. Demnach hätte L die Forderung in Höhe von € 100 000,–, B nur die verbleibende Forderung in Höhe von ebenfalls € 100 000,– erworben. Dies jedoch nur dann, soweit die Forderung überhaupt abgetreten werden konnte.

2. Vertraglicher Abtretungsausschluss
Vom Grundsatz der Abtretbarkeit einer Forderung gibt es zahlreiche Ausnahmen (vgl. Palandt/*Grüneberg,* § 399 Rn. 2). So kann nach § 399 2. Alt. eine Forderung nicht abgetreten werden, wenn die Abtretung durch Vereinbarung mit dem Schuldner ausgeschlossen ist. Dieser Ab-

dann berechtigt sein, wenn die Forderungen daraus auf den Lieferanten übergingen. U verbaute das bei L gekaufte Material im Zuge der Bauausführung. Er nahm dann auch noch bei der Bank B einen Kredit in Höhe von € 150 000,– auf. Zur Sicherung dieses Kredits trat er seine Baulohnforderung gegen H an die Bank ab. In der Abtretungsurkunde versicherte er, dass die Forderung nicht anderweitig abgetreten sei. Wem steht jetzt die Baulohnforderung zu?

Fallabwandlung: Wie ist die Rechtslage, wenn U den gleichen Vertrag nicht mit der Gemeinde H, sondern mit dem Verbraucher V abgeschlossen hat?

tretungsausschluss kann vor, bei oder nach Forderungsentstehung (auch stillschweigend) vereinbart werden (vgl. Palandt/ *Grüneberg*, § 399 Rn. 8). – Eine andere Frage ist es, ob ein solcher Abtretungsausschluss wirksam vereinbart werden konnte. Zwar liegt darin idR weder ein Verstoß gegen § 138 noch gegen § 307 I (BGHZ 112, 390), es ist jedoch die Vorschrift des § 354 a HGB zu beachten (dazu *Petersen*, Jura 2005, 680). Demnach ist die Abtretung einer Geldforderung trotz Abtretungsausschluss gleichwohl wirksam, wenn das Rechtsgeschäft, das die Forderung begründet hat, für beide Teile ein Handelsgeschäft (§ 343 I HGB) ist oder wenn der Schuldner eine juristische Person des öffentlichen Rechts oder ein öffentlich-rechtliches Sondervermögen ist. Die Norm bezweckt, den Refinanzierungsspielraum mittelständischer Unternehmen gegenüber den in Einkaufsbedingungen v. a. von Großunternehmen und der öffentlichen Hand enthaltenen Abtretungsverboten abzusichern (vgl. *Baumbach/Hopt*, § 354 a Rn. 1). Da der Vertrag über die Schulhauserweiterung für U ein Handelsgeschäft i. S. des § 343 I HGB darstellt und H juristische Person des öffentlichen Rechts ist, war die Abtretung daher trotz des vereinbarten Abtretungsverbots wirksam. L und B sind zu den entsprechenden Anteilen Forderungsinhaber geworden.

Fallabwandlung

Da V weder Kaufmann noch juristische Person des öffentlichen Rechts ist, greift § 354 a HGB nicht. Der Abtretungsausschluss verstößt auch nicht gegen § 138 oder § 307 I, da dies nur unter besonderen Umständen in Betracht kommt (*BGH* genaue Fundstelle). Die Abtretung ist daher nicht nur relativ, wie früher vielfach in Analogie zu § 135 angenommen wurde, sondern absolut unwirksam (vgl. *BGH NJW* 1997, 2747, 2748). Denn § 399 enthält kein gesetzliches Veräußerungsverbot i. S. des § 135, sondern erkennt lediglich an, dass die Vereinbarung des Abtretungsausschlusses die gewollte Wirkung hat. Der Abtretungsausschluss bewirkt, dass die Forderung von vornherein als unveräußerliches Recht entsteht, oder wandelt sie nachträglich in ein solches um. Daran ändert auch eine zeitlich dem Abtretungsausschluss vorausgehende Vorausabtretung nichts, sofern nur das Abtretungsverbot schon bei Entstehen der Forderung vorlag (BGHZ 77, 276). Die Forderung steht also nach wie vor dem U zu.

160. Aufhebung eines vertraglichen Abtretungsausschlusses

Fall wie oben in der Fallabwandlung. Obwohl V an U Abschlagszahlungen in Höhe von € 100 000,– leistete, traten bei U Zahlungsschwierigkeiten ein. Die Bank zeigte daher dem V die an sie erfolgte Abtretung an. Dieser stimmte der Abtretung zu. Wenig später teilte auch L dem V die an ihn erfolgte Vorausabtretung in Höhe von € 100 000,– mit. Der V genehmigte auch diese Abtretung und teilte dies der Bank mit, wobei sie bemerkte, dass der Abtretung an L

L kann Zahlung von € 100 000,– nur verlangen, wenn er infolge der Genehmigung der Vorausabtretung die Baulohnforderung in dieser Höhe erworben hat.

a) Es ist anerkannt, dass eine gegen ein Abtretungsverbot verstoßende Abtretung zwar absolut, aber nicht endgültig, sondern nur *schwebend* unwirksam ist. Strittig ist nur, wie die Wirksamkeit herbeigeführt werden kann.

aa) Nach h. M. (vgl. Palandt/*Grüneberg*, § 399 Rn. 11) ist dazu ein *Abänderungsvertrag* zwischen Schuldner und Altgläubiger erforderlich, sind aber an die Willenserklärung des Gläubigers keine allzu großen Anforderungen zu stellen (Mitteilung der Abtretung an Schuldner soll genügen).

der zeitliche Vorrang zukam. Die Bank widersprach und verlangte, da mittlerweile die restliche Baulohnforderung fällig geworden war, Zahlung von € 100 000,– an sich. L verlangte seinerseits von V Zahlung von € 100 000,–. An wen muss V jetzt zahlen?

bb) Die Gegenmeinung (*Medicus/Lorenz* I, Rn. 761) lässt dagegen eine *einseitige Zustimmung* des Schuldners (§ 185 analog) genügen. Dem dürfte zuzustimmen sein, da die Wiederherstellung der Abtretbarkeit nur die Interessen des Schuldners berührt. Da hier V die Zustimmung zur Abtretung an L erteilt hatte, ist die Vorausabtretung an sich wirksam geworden.

b) Es ist jedoch zu bedenken, dass V vorher bereits die Zession an die Bank genehmigt hatte. Ein *Widerruf* dieser Genehmigung, wie er in der Mitteilung der zweiten Genehmigung an die Bank erblickt werden könnte, ist rechtlich nicht zulässig. (Grund: Die Genehmigung ist dazu da, einen rechtlichen Schwebezustand endgültig zu beseitigen).

Es liegen daher zwei einander widersprechende Genehmigungen vor. Nimmt man an, dass die Genehmigung einer Zession nur ex nunc wirkt (so *BGH* NJW 1990, 109), so führte die erste Genehmigung die Wirksamkeit der Zession an B herbei. Die zweite Genehmigung ging dann ins Leere. Geht man dagegen davon aus, dass die Genehmigung auf den Zeitpunkt der Abtretung zurückwirkt (so *Medicus/Lorenz I*, Rn. 761 in Anwendung des § 184 I), würde an sich die Vorausabtretung als die zeitlich frühere Abtretung wirksam werden, die Zweitabtretung nur in Höhe der noch verbliebenen Forderung. Wer jedoch § 184 I anwendet, muss folgerichtig auch § 184 II anwenden (MünchKomm/*Roth*, § 399 Rn. 37), wonach zeitlich frühere Verfügungen von der Rückwirkung der Genehmigung unberührt bleiben. Da die erste Genehmigung als eine solche frühere Verfügung zu erachten ist, bedeutet dies, dass

die Bank die Forderung endgültig erworben hatte.
L kann daher, da nicht Gläubiger geworden, von V keine Zahlung verlangen.

Anmerkung: Zum gleichen Ergebnis gelangt man, wenn man statt der Genehmigung einen Abänderungsvertrag für erforderlich hält, BGHZ 70, 299, 303.

161. Übergang von Sicherungsrechten bei der Forderungsabtretung

Der Kaufmann Scholz hatte bei der Privatbank Paulsen einen Kredit in Höhe von € 100 000,– aufgenommen, der nach zwei Jahren zurückzuzahlen war. Zur Sicherung des Darlehens hatte Scholz der Bank Waren im Werte von € 50 000,– übereignet. Sein Bruder Bertram hatte sich selbstschuldnerisch verbürgt. Außerdem hatte der Schwiegervater des Scholz, Voigt, auf ausdrückliches Ersuchen der Bank hin noch eine Schuldbeitrittserklärung unterschrieben. Nach einem Jahr trat Paulsen auf Grund von Liquiditätsschwierigkeiten die Forderung gegen Scholz an die Hypo-Bank ab. Am Fälligkeitstage war Scholz zur Rückzahlung nicht imstande. Kann die Hypobank jetzt
1. gegen Bertram vorgehen?
2. gegen Voigt vorgehen?
3. auf das Sicherungsgut zugreifen?

1. Anspruch gegen B aus §§ 765, 401 i. V. mit §§ 488 I S. 2, 398

Mit der Abtretung der Darlehensforderung (Hauptforderung) ging gem. § 401 I auch die Bürgschaftsforderung auf H über. H kann daher aus der Bürgschaft gegen B vorgehen.

2. Anspruch gegen V aus §§ 311 I (Schuldbeitritt), 401 analog

H kann von V Zahlung beanspruchen, wenn die dem P zustehenden Rechte aus dem Schuldbeitritt auf ihn übergegangen sind. Beim Schuldbeitritt (oder Schuldmitübernahme) handelt es sich um eine nach § 311 I zulässige, nicht formbedürftige vertragliche Mitübernahme der Schuld eines anderen als eigene mit der Folge der gesamtschuldnerischen Haftung (vgl. Fall 169 und PdW 3 Fall 174). In § 401 I ist der Schuldbeitritt nicht erwähnt. Die Aufzählung der automatisch übergehenden Sicherungsrechte in § 401 I ist jedoch nicht abschließend, sondern nur beispielhaft, wie sich aus der Entstehungsgeschichte ergibt (dargestellt in *BGH* NJW 1972, 437). Erfasst werden sollen grundsätzlich alle unselbstständigen Nebenrechte, die der Sicherung und Verstärkung der Hauptschuld dienen. Soweit der Schuldbeitritt, wie hier, der Sicherung der Hauptschuld dient, entspricht er wirtschaftlich der selbstschuldnerischen Bürgschaft. Es bestehen daher keine Bedenken, § 401 I analog anzuwenden (*BGH* NJW 2000, 575). H kann folglich gegen V vorgehen.

3. *Zugriff auf das Sicherungsgut*
H darf die sicherungsübereigneten Waren nur dann verwerten (zu den Einzelheiten der Verwertung vgl. *Jauernig*, § 930 Rn. 37), wenn das Sicherungseigentum auf ihn übergegangen ist.

a) Ein automatischer Übergang des Sicherungseigentums auf den Neugläubiger nach § 401 I scheidet aus, da es sich hier um ein nichtakzessorisches Recht handelt (das Gleiche gilt für Sicherungsabtretung, Sicherungsgrundschuld, Eigentumsvorbehalt und Garantievertrag, letzteres str.). Die Akzessorietät kann auch nicht durch Parteivereinbarung begründet werden (vgl. *Jauernig*, NJW 1982, 268; a. A. wohl *BGH* NJW 1982, 275).

b) Jedoch kann sich aus dem der Abtretung zu Grunde liegenden Vertrag die Nebenpflicht zur Übertragung selbstständiger Sicherungsrechte ergeben (vgl. *Medicus/ Lorenz* I, Rn. 765). Im Zweifel ist eine solche Übertragungspflicht entsprechend dem Rechtsgedanken des § 401 anzunehmen (vgl. *BGH* NJW-RR 1995, 589; krit. *Medicus/Lorenz*, a. a. O.). Freilich besteht zwischen Sicherungsgeber und Sicherungsnehmer ein persönliches Treueverhältnis, so dass die Weiterübertragung des Sicherungsguts an sich der Zustimmung des Sicherungsgebers bedarf. Hier ist str., ob die Zustimmung des Sicherungsgebers ohne weiteres zu vermuten oder nur auf

Grund besonderer Umstände anzunehmen ist (vgl. dazu *BGH* MDR 1967, 486). Sachgerechter dürfte die erstere Ansicht sein. Wünscht der Sicherungsgeber, dass eine Weiterübertragung des Sicherungsguts ausgeschlossen sein soll, so muss er dies im Interesse seines Gläubigers von vornherein erklären, damit dieser sich darauf einrichten kann. Da hier eine Erklärung des S, dass das Sicherungseigentum nicht weiterübertragen werden dürfe, nicht erfolgt war, ist P in der Lage und verpflichtet, das Sicherungseigentum auf H zu übertragen. Ist dies geschehen, kann H zur Verwertung schreiten.

162. Einwendungen des Schuldners gegenüber dem Zessionar

Der Gebrauchtwagenhändler Geyer hatte an den Studenten Siep einen vier Jahre alten VW, zahlbar in sechs Monatsraten à € 250,–, verkauft und die Kaufpreisforderung zur Sicherheit an die ihm kreditgewährende Bank Beiß Dringt er damit durch?

Anspruch der B gegen S aus §§ 433 II, 398 B hat die Kaufpreisforderung durch (Sicherungs-)Abtretung erworben. Der Schuldner kann jedoch nach § 404 dem neuen Gläubiger die Einwendungen entgegenhalten, die z. Zt. der Abtretung gegen den bisherigen Gläubiger begründet waren. Zweck dieser Vorschrift ist es, zu verhindern, dass der Schuldner durch die Abtretung, die ja gegen seinen Willen erfolgen kann, schlechter gestellt wird als zuvor. Dementsprechend wird angenommen, dass der Schuldner dem Neugläubiger auch solche Einwendungen entgegenhalten kann, die zwar erst *nach* der Abtretung *voll* zur Entstehung kamen, deren *Entstehungsgrund* aber bereits zurzeit der Abtretung gegeben war (allg. M., etwa *BGH* NJW-RR 2004, 1135 (zu § 320); 2004, 1347 (zur Kündigung)). – Der Schuldner kann also z. B. die rechtsvernichtende Einwendung der Anfechtung (§ 142 I) oder des Rücktritts auch dann dem Neugläubiger gegenüber vorbringen, wenn er die Anfechtung oder den Rücktritt erst nach der Abtretung erklärt hat, weil der Anfechtungsgrund (§§ 119, 123) bereits vorher gegeben war bzw. die Rücktrittsmöglichkeit (z. B. §§ 437 Nr. 2, 326 V, 323) bereits im Schuldverhältnis angelegt war.

Das Problem besteht hier allerdings darin, dass der eigentliche Anfechtungsgegner G (vgl. § 143 II) nicht greifbar ist und ihm daher die Anfechtungserklärung auch nicht zugehen kann. Solange aber die Anfechtung nicht wirksam erklärt ist, ist die Einwendung noch nicht entstanden. Die Lösung des Problems ist umstritten:

a) Nach einer Ansicht (z. B. Palandt/*Grüneberg,* § 404 Rn. 4) hat der Schuldner eine *Einrede der Anfechtbarkeit,* gestützt auf den Rechtsgedanken des § 770 I.

b) Richtigerweise ist dem Schuldner aber ein Vorgehen nach § 132 II zuzumuten (*Köhler,* JZ 1986, 517; Jauernig/*Stürner,* § 404 Rn. 4). Hat er die öffentliche Zustellung in die Wege geleitet, kann er dem Neugläubiger bereits den Einwand des § 242 *(dolo agit qui petit quod statim redditurus est)* entgegenhalten.

163. Aufrechnung nach Abtretung

Der Getreidegroßhändler Güldenstern hatte mit dem Mühlenbesitzer Salzmann am 24. 4. und am 19. 5. Kaufverträge über die Lieferung von amerikanischem Weizen ab-

1. Wirksamkeit der Aufrechnung

a) Zu den Voraussetzungen einer wirksamen Aufrechnung vgl. Fall 149. Hier fehlte es im Zeitpunkt der Aufrechnungserklärung lediglich an der *Gegenseitigkeit* der Forderungen. Denn Schuldner der Scha-

geschlossen. Die Bezahlung sollte jeweils zwei Monate nach Empfang des Getreides erfolgen. Güldenstern lieferte das aus dem ersten Vertrag geschuldete Getreide am 3. 5. an. Er trat die Kaufpreisforderung am 10. 6. an den Dreifuß ab und teilte dies am gleichen Tag dem Salzmann mit. Da zu diesem Zeitpunkt die zweite Getreidelieferung noch immer nicht erfolgt war, mahnte Salzmann den Güldenstern und setzte ihm bald darauf eine Nachfrist bis zum 6. 7. Güldenstern hielt auch diese Frist nicht ein, da ihm infolge unglücklicher Spekulationen das Geld zur Beschaffung des Weizens fehlte. Am 7. 7. teilte Salzmann dem Güldenstern mit, dass er nunmehr Schadensersatz statt der Leistung verlange. Als Dreifuß am 8. 7. den Salzmann zur Bezahlung der abgetretenen Kaufpreisforderung aufforderte, rechnete dieser mit der ihm gegen den Güldenstern erwachsenen Schadensersatzforderung auf.
Ist die Aufrechnung wirksam? – Kann Salzmann wenigstens ein Zurückbehaltungsrecht geltend machen?

Zur Vertiefung: *Schwarz*, AcP 203 (2003), 241.

densersatzforderung, mit der S aufrechnete, war nicht D, sondern G.

b) Von dem Erfordernis der Gegenseitigkeit schafft § 406 jedoch eine wichtige *Ausnahme*. Diese Vorschrift will (ebenso wie § 404) verhindern, dass sich die Rechtsstellung des Schuldners infolge der Abtretung verschlechtert. Sie will dem Schuldner eine im Zeitpunkt der Abtretung bestehende Aussicht auf spätere Aufrechnung erhalten. Dementsprechend gestattet § 406 dem Schuldner (S), eine ihm gegen den bisherigen Gläubiger (G) zustehende Forderung auch dem neuen Gläubiger (D) gegenüber aufzurechnen, es sei denn, dass er beim Erwerb der Forderung von der Abtretung Kenntnis hatte (wobei die Kenntnis einer Vorausabtretung der Kenntnis der Abtretung gleichgestellt wird, *BGH* NJW 2002, 2865) oder dass die Forderung erst nach der Erlangung der Kenntnis und später als die abgetretene Forderung fällig geworden ist (vgl. *BGH* NJW 1996, 1056, 1057).

c) Die Besonderheit des Falles liegt nun darin, dass S im Zeitpunkt der Abtretung (10. 6.) zwar bereits einen fälligen Anspruch gegen den Altgläubiger besaß, dieser Anspruch aber nicht auf Geld, sondern auf Getreide ging und sich allenfalls zu einem späteren Zeitpunkt nach §§ 280 I, III, 281 I in einen Geldanspruch verwandeln konnte. Es fehlte daher im Zeitpunkt der Abtretung an der *Gleichartigkeit* der geschuldeten Leistungen. Dagegen lag im Zeitpunkt der Aufrechnungserklärung (8. 7.) Gleichartigkeit vor, da sich der Lieferungsanspruch mittlerweile in einen Schadensersatz- und damit einen Geldanspruch verwandelt hatte.

Es erhebt sich daher die Frage, wie das Tatbestandsmerkmal der Gleichartigkeit im Rahmen des § 406 zu behandeln ist. § 406 regelt die Frage selbst nicht. Im Wesentlichen besteht jedoch Einigkeit darüber, dass im Zeitpunkt der Kenntniserlangung von der Abtretung noch keine Gleichartigkeit vorzuliegen braucht, es vielmehr genügt, wenn die *rechtliche Grundlage* für die Gegenforderung (hier: Kaufvertrag vom 19. 5.) bereits bestand (BGHZ 58, 327, 329). Es schadet daher nicht, dass der Schadensersatzanspruch erst nach Abtretung und Kenntniserlangung voll zur Entstehung gelangt ist. Fraglich ist dagegen, bis zu welchem Zeitpunkt die Gleichartigkeit der Gegenforderung eingetreten sein muss, damit der Schuldner aufrechnen kann. Der Zweck des § 406 (s. o.) gebietet, dass der nach dieser Vorschrift entscheidende Zeitpunkt *auch für die Gleichartigkeit* maßgeblich ist (*BGH* NJW 1972, 1193; 1990, 2544, 2545). – Hier hatte sich der Erfüllungsanspruch gem. § 281 IV in einen Geldanspruch nach § 281 I verwandelt, als S dem G am 7. 7. mitteilte, dass er nun Schadensersatz verlange. Die Fälligkeit der Hauptforderung war aber bereits am 3. 7. (= 2 Monate nach Lieferung) eingetreten. Nach § 406 2. Alt. analog war daher S nicht mehr zur Aufrechnung berechtigt.

2. *Bestehen eines Zurückbehaltungsrechts*
Ein Zurückbehaltungsrecht (ZbR) nach §§ 273, 404 würde voraussetzen, dass beide Ansprüche „aus dem selben rechtlichen Verhältnis" stammten. Von einem „inneren natürlichen und wirtschaftlichen Zusammenhang" (vgl. *BGH* NJW 1991, 2645, 2646), wie er für die Konnexität der An-

sprüche ausreichen würde, könnte man allenfalls dann sprechen, wenn die beiden Kaufverträge sich als Teil einer *dauernden Geschäftsverbindung* darstellten, und selbst daraus folgt noch nicht notwendig die Anwendbarkeit des § 273 (vgl. BGHZ 54, 250). Diese Voraussetzung war aber hier nicht gegeben. Außerdem war die Gegenforderung (Schadensersatzforderung), auf die sich das ZbR stützte, im Zeitpunkt der Abtretung nicht fällig und wurde erst später als die Hauptforderung fällig (insoweit analoge Anwendung des § 406 auf das ZbR; BGHZ 64, 126). – S kann daher auch kein ZbR geltend machen.

164. Aufrechnung bei unwirksamem Abtretungsauschluss

Kaufmann B stellt Dachsysteme für Automobile her. Dazu bezog er von L, der ebenfalls im Handelsregister eingetragen ist, Bauteile. Nach den AGB des B durfte L die Forderungen gegen B nur nach dessen schriftlicher Zustimmung an einen Dritten abtreten. Anfang April 2006 trat L dennoch ohne Zustimmung des B eine Kaufpreisforderung gegen diesen in Höhe von € 5000,– an K ab. Darüber unterrichtete K den B Mitte April 2006. Kurz darauf erbrachte B seinerseits Leistungen an L, wodurch ihm Aufwendungen in Höhe von ebenfalls € 5000,– entstanden. Als K jetzt von B

Anspruch des K gegen B aus §§ 433 II, 398

K kann von B die € 5000,– verlangen, wenn L ihm die Forderung wirksam abgetreten hat und sie nicht durch die Aufrechnung erloschen ist.

a) Die Abtretung könnte gem. § 399 2. Alt. absolut unwirsam sein, da sie entgegen den AGB des B ohne dessen schriftliche Zustimmung erfolgte. Nach allgemeiner Ansicht steht ein solcher Zustimmungsvorbehalt einem vertraglichen Abtretungsausschluss gleich (vgl. Palandt/*Grüneberg,* § 399 Rn. 8). Die Abtretung war aber gem. § 354 a S. 1 HGB gleichwohl wirksam, da es sich für beide Parteien um ein Handelsgeschäft handelte (vgl. Fall 159). Auch bei § 354 a HGB ist ein Zustimmungsvorbehalt einem Abtretungsausschluss gleichzustellen (vgl. *Baumbach/Hopt,* § 354 a Rn. 1). K ist damit zunächst Inhaber der Forderung geworden.

Zahlung der € 5000,– verlangt, wendet dieser ein, die Abtretung sei unwirksam, da sie ohne seine Zustimmung erfolgte. Hilfsweise rechnet er mit der ihm gegen L zustehenden Forderung auf. K wendet ein, die Aufrechnung sei unwirksam, da B beim Erwerb der Forderung von der Abtretung Kenntnis gehabt habe. Wie ist die Rechtslage?

b) Die Forderung könnte jedoch durch die Aufrechnung des B gem. § 389 i. V. mit § 354 a S. 2 HGB wieder erloschen sein.

aa) Gemäß § 354 a S. 2 HGB kann der Schuldner trotz Wirksamkeit der Abtretung mit befreiender Wirkung an den bisherigen Gläubiger leisten. Die Vorschrift soll das Interesse des Forderungsschuldners, sich nicht auf wechselnde Gläubiger einzustellen sowie Verrechnungen und Zahlungsvereinbarungen mit dem alten Gläubiger vornehmen zu können, uneingeschränkt gewährleisten (vgl. BT-Drs. 12/7912, S. 25). Leistung im Sinne des § 354 a S. 2 HGB ist neben anderen Erfüllungssurrogaten insbesondere auch die Aufrechnung (*Baumbach/Hopt*, § 354 a Rn. 2). Diese kann der Schuldner nicht nur dem bisherigen Gläubiger, sondern auch – wie hier – dem neuen Gläubiger gegenüber erklären (*BGH* NJW-RR 2005, 624, 626; a.A. *K. Schmidt*, in: Münchener Kommentar, 2. Aufl., 2009, § 354 a Rn. 20).

bb) Die Aufrechnung könnte aber gem. § 406 Hs. 2 1. Alt. ausgeschlossen sein, da B beim Erwerb der Forderung von der Abtretung Kenntnis hatte. § 406 findet jedoch im Fall des § 354 a HGB keine Anwendung (*BGH* NJW-RR 2005, 624). Nach dem Schutzzweck des § 354 a S. 2 HGB soll dem Schuldner eine über § 406 und § 407 hinausgehende Erfüllungs- bzw. Aufrechnungsmöglichkeit erhalten bleiben. B konnte daher mit seiner Forderung gegenüber K aufrechnen. Die Forderung des K ist damit gem. § 389 erloschen.

165. Aufrechnungsschutz bei sicherungszedierten Forderungen

S hatte für H Werkleistungen erbracht und den ihm zustehenden Werklohnanspruch sicherungshalber an Z abgetreten. Von der geltend gemachten Werklohnforderung bezahlte H nach Offenlegung der Sicherungsabtretung zunächst nur einen Teilbetrag an Z. Irrtümlich zahlte H den gleichen Betrag jedoch auch an S. Den ihm zustehenden Bereicherungsanspruch aus der Doppelzahlung gegen S trat H an K ab. Nach Bekanntgabe dieser Abtretung an S erhielt dieser von Z die von H bislang noch nicht beglichene Restwerklohnforderung rückabgetreten. Kann S die Restwerklohnforderung gegen den Bereicherungsanspruch des K aufrechnen, obwohl inzwischen der Sicherungsfall eingetreten ist?

Zur Vertiefung: *Kesseler*, NJW 2003, 2211.

Die Wirksamkeit der Aufrechnung scheitert nicht an der fehlenden Gegenseitigkeit der Forderungen, da dem S insofern der erweiterte Schuldnerschutz des § 406 zugute komme (dazu oben Fall 163). Die Rückabtretung der sicherungshalber abgetretenen Forderung könnte jedoch einen „Erwerb der Forderung" im Sinne des § 406 2. Hs. darstellen mit der Folge, dass wegen der Kenntnis des S von der Abtretung eine Aufrechnungsmöglichkeit gem. § 406 2. Hs. entfällt. Zweck des § 406 ist es, den Schuldnerschutz gegenüber § 404 zu erweitern, indem dem Schuldner nicht nur die Rechtslage zum Zeitpunkt der Abtretung erhalten, sondern ihm auch ermöglicht wird, sich auf Umstände zu berufen, die später eingetreten sind und die ihm ohne die Abtretung das Recht zur Aufrechnung gegenüber dem früheren Gläubiger gegeben hätten (BGHZ 19, 156 f.; 58, 329). § 406 2. Hs. schließt die Aufrechnung mit solchen Forderungen aus, die erst in Kenntnis des Schuldners von der Abtretung erworben worden sind oder die nach Kenntnis und später als die abgetretene Forderung fällig geworden sind. Dies soll verhindern, dass der Schuldner in Kenntnis der Abtretung eine Forderung erwirbt, um aufrechnen zu können. Diesem Zweck entsprechend ist eine einschränkende Beurteilung des Erwerbs der Forderung i. S. des § 406 Hs. 2 geboten, wenn die Gegenforderung lediglich in Abwicklung einer Sicherungsabrede nach Erfüllung des Sicherungszweckes an den Sicherungsgeber zurück übertragen wird. Die Forderung gehört nämlich zwar nicht rechtlich, wohl aber wirtschaftlich auch nach der Sicherungsabtretung zum Vermögen des Sicherungsgebers. Bei dem Rückerwerb der Forderung liegt daher keiner der die Einschränkung des § 406 2. Hs. rechtfertigenden Fälle vor (*BGH* NJW 2003, 1182). – Eine andere Beurteilung ist auch nicht deshalb gerechtfertigt, weil die Sicherungsabtretung offen gelegt und inzwischen der Sicherungsfall eingetreten ist. Dies führt nämlich nicht dazu, dass die treuhänderische Bindung des Sicherungsnehmers in seiner Rechtsbeziehung zum Sicherungsgeber entfällt und die wirtschaftliche Verbundenheit der Forderung mit dem Vermögen des Sicherungsgebers gänzlich beseitigt wird (*BGH* a. a. O.). S kann daher die Restwerklohnforderung gegen den Bereicherungsanspruch auch gegenüber K aufrechnen.

166. Leistung an den Altgläubiger

A hatte seinem Geschäftsfreund S ein auf drei Monate befristetes Darlehen über € 5000,– gewährt. Da er bald darauf selbst in Geldschwierigkeiten geriet, trat er die Forderung gegen Zahlung von € 4500,– an den N ab. Am Fälligkeitstag begab er sich zu S und forderte Rückzahlung des Darlehens, ohne etwas von der Abtretung zu erwähnen. Der gutgläubige S zahlte an ihn. Wenig später erschien N bei S, legte die Abtretungsurkunde vor und

1. Anspruch des € gegen S aus §§ 488 I S. 2, 398

Da mit der Abtretung die Forderung auf N übergegangen war, hatte S an einen nichtberechtigten Dritten geleistet. Gemäß § 362 II würde S daher nur dann von seiner Schuld befreit, wenn der neue Gläubiger N die Zahlung genehmigte (§ 185 II). Da die Abtretung jedoch ohne Zustimmung und Wissen des Schuldners erfolgen kann, muss der Schuldner, der gutgläubig an den alten Gläubiger leistet, geschützt werden. § 407 I ordnet daher an, dass der neue Gläubiger eine Leistung, die der Schuldner nach der Abtretung an den Altgläubiger bewirkt, gegen sich gelten lassen muss,

verlangte ebenfalls Zahlung.
1. Ist S zur nochmaligen Zahlung verpflichtet?
2. Kann S, wenn er, um unliebsames Aufsehen zu vermeiden, auch an N bezahlt, die an A geleisteten € 5000,– zurückfordern?

Fallabwandlung

A hat in einem gegen S geführten Prozess einen Titel über die Forderung erlangt. Noch vor Rechtshängigkeit der Klage hatte er die Forderung jedoch an N abgetreten, ohne dass S davon wusste. Nach Rechtskraft des Urteils will A gleichwohl aus dem Titel vollstrecken. Inzwischen hat N jedoch dem S die Abtretung angezeigt und verlangt ebenfalls Zahlung. Wie muss S vorgehen, um einer doppelten Inanspruchnahme zu entgehen?

Zur Vertiefung: *Brand/Fett,* JuS 2002, 637.

sofern der Schuldner von der Abtretung keine Kenntnis hatte (vgl. *BGH* NJW-RR 2004, 1145). – S braucht also nicht noch einmal zu zahlen.

2. Anspruch des S gegen A aus § 812 I 1 1. Alt.

S kann das an A Geleistete nach § 812 I 1 1. Alt. zurückfordern, wenn die Leistung „ohne rechtlichen Grund" erfolgte. Da A nicht mehr berechtigt war, die Leistung zu fordern, könnte höchstens § 407 I einen Rechtsgrund abgeben. Die ganz h. M. (vgl. BGHZ 145, 352, 357) nimmt an, dass § 407 I nur den Schuldner schützen wolle. Der Schuldner könne sich zwar auf diese Vorschrift berufen, müsse es aber nicht. Er habe insoweit ein Wahlrecht. – Demnach kann S bei A kondizieren, wenn er sich nicht vorher gegenüber N auf § 407 I berufen hat.

Fallabwandlung

1. § 407 I

Da S inzwischen von der Abtretung Kenntnis erlangt hat, kann er sich gegenüber N nicht auf § 407 I berufen, wenn er trotz der Abtretung noch an A leistet.

2. § 407 II

Gem. § 407 II muss der neue Gläubiger ein rechtskräftiges Urteil, das in einem nach der Abtretung zwischen dem Schuldner und dem bisherigen Gläubiger anhängig gewordenen Rechsstreit über die Forderung ergangen ist, gegen sich gelten lassen, es sei denn, dass der Schuldner die Abtretung bei dem Eintritt der Rechtshängigkeit gekannt hat. Bei Rechtshängigkeit nach Abtretung erweitert § 407 II damit die Rechtskrafterstreckung nach § 325 ZPO zugunsten des gutgläubigen Schuldners (vgl. BGHZ 52, 152 ff.). Nach h. M. (vgl. Soergel/*Zeiss,*

§ 407 Rn. 8) schützt die Vorschrift den Schuldner aber nicht, wenn er an den obsiegenden Zedenten leistet. Denn das rechtskräftige Urteil des Vorprozesses bindet den neuen Gläubiger nur in dem Umfang, in dem es nach § 322 ZPO den bisherigen Gläubiger und den Schuldner als Parteien des Vorprozesses bindet (BGHZ 35, 165, 168). Da im Vorprozess dem Kläger A die Forderung *zugesprochen* wurde, hilft dem S auch die Berufung auf § 407 II nicht weiter.

3. Vollstreckungsabwehrklage gem. § 767 ZPO

Möglicherweise kann S Vollstreckungsabwehrklage nach § 767 ZPO gegen A erheben. Allerdings wäre sein Einwand, die Forderung sei an N abgetreten worden, gem. § 767 II ZPO präkludiert, da die Abtretung bereits vor Schluss der mündlichen Verhandlung erfolgte und es insofern nicht darauf ankommt, ob die Partei die entsprechenden Tatsachen kannte oder hätte erkennen können (BGHZ 100, 225; 131, 88). Nach früher h. M. (RGZ 84, 292; *K. Schmidt*, in: Münchner Kommentar zur ZPO, 3. Aufl., 2007, § 767 Rn. 77) wurde jedoch die Tatsache, dass S auf Grund seiner Kenntnis von der Abtretung nicht mehr nach § 407 I BGB schuldbefreiend an A zahlen konnte, als Einwendung i. S. des § 767 II angesehen. Diese Ansicht widerspricht jedoch dem Wortlaut und Inhalt des § 767 ZPO. § 407 I begründet nämlich für den Schuldner eine Einwendung gegenüber dem *neuen* Gläubiger, also dem Zessionar. Auf die Rechtsbeziehung zum Abtretenden hat die Vorschrift keinen Einfluss. Eine analoge Anwendung des § 767 II ZPO käme nur in Betracht, wenn eine mit dem

Sinn und Zweck der §§ 404 ff. nicht zu vereinbarende Rechtsschutzlücke beim Schuldner bestünde. Dem ist jedoch nicht so, da der Schuldner die Möglichkeit hat zu hinterlegen (BGHZ 145, 356; a. A. *Foerste*, JZ 2001, 467). Eine Vollstreckungsabwehrklage des S hätte somit keinen Erfolg.

4. Erfüllung durch Hinterlegung gem. §§ 372 S. 2, 378, 362 I

Weist der Titelgläubiger nicht nach, dass ihm eine Einziehungsermächtigung erteilt wurde und erhält der Schuldner auf entsprechende Anforderung auch keine inhaltlich übereinstimmenden Erklärungen des alten und des neuen Gläubigers, an wen er leisten soll, besitzt er nicht die notwendige Gewissheit über die Person des Gläubigers. Der Schuldner hat dann die Möglichkeit, seine Verbindlichkeit im Wege der Hinterlegung gem. §§ 372 S. 2, 378 zu erfüllen (*BGH* a. a. O.). S kann also bei einer dazu bestimmten öffentlichen Stelle die € 5000,– hinterlegen und wird dadurch gegenüber beiden Gläubigern von seiner Verbindlichkeit befreit.

167. Ausgleichsansprüche bei befreiender Leistung an den Altgläubiger

Fall wie oben im Ausgangsfall. Da S unter Berufung auf seine Leistung an A gegenüber N die Zahlung verweigerte, begab sich N zu A und verlangte Herausgabe des erlangten Betrages. Auf welche Normen kann dieses Verlangen gestützt werden?

I. Vertragliche Ansprüche
1. Aus § 280 I
Aus dem der Abtretung zu Grunde liegenden Kausalgeschäft, hier Kaufvertrag, traf den A die Pflicht, alles zu unterlassen, was den Leistungserfolg nachträglich wieder gefährden könnte. Gegen diese sog. *Leistungstreuepflicht* verstieß A schuldhaft, als er nachträglich die abgetretene Forderung für eigene Rechnung einzog (vgl. RGZ 111,

298). Er haftet daher aus § 280 I i. V. mit § 249 I auf Schadensersatz, d. h. er muss den eingezogenen Betrag herausgeben.

2. Aus § 285
Ob der Herausgabeanspruch auch auf § 285 gestützt werden kann (so die h. M., vgl. MünchKomm/*Roth*, § 407 Rn. 13) ist zw., da A seine Leistung (Abtretung) bereits bewirkt hatte, die spätere unberechtigte Einziehung daher im eigentlichen Sinn keine Unmöglichkeit begründen kann. Es ist aber Analogie möglich.

II. Anspruch aus §§ 667, 681 S. 2, 687 II
Die Einziehung einer Forderung ist das „Geschäft" des Gläubigers. Wer daher wissentlich eine fremde Forderung einzieht, ohne dazu berechtigt zu sein, ist nach §§ 667, 681 S. 2, 687 II zur Herausgabe des Erlangten bzw. nach §§ 678, 687 II zum Schadensersatz verpflichtet.

III. Bereicherungsrechtliche Ansprüche
1. Aus § 816 II
Da S an den Nichtberechtigten A eine Leistung bewirkte, die dem Berechtigten N gegenüber nach § 407 I wirksam war, ist A nach § 816 II dem N zur Herausgabe des Geleisteten verpflichtet.

2. Aus § 812 I 1 2. Alt.
Ob neben § 816 II noch die allgemeine Eingriffskondiktion nach § 812 I 1 2. Alt. gegeben ist und aus diesem Grunde § 816 II sogar überflüssig ist, ist str. (vgl. Jauernig/*Stadler*, § 816 Rn. 1). Jedenfalls würde auch die Eingriffskondiktion zum gleichen Ergebnis führen.

IV. Deliktische Ansprüche
1. Aus § 823 I
Eine Ansicht (*Larenz/Canaris*, § 76 II 4 g) erblickt in der sog. „*Empfangszuständigkeit*" des Gläubigers einer Forderung ein

„sonstiges Recht" i. S. des § 823 I, so dass in der unberechtigten Einziehung einer fremden Forderung sogar eine unerlaubte Handlung gesehen werden kann, die zum Schadensersatz in Form der Herausgabe des Erlangten (§ 249 S. 1) verpflichtet (a. A. etwa *Medicus/Petersen*, BürgR, Rn. 610).

2. Aus § 826

Unter Umständen kann sogar der Tatbestand der sittenwidrigen Schädigung nach § 826 vorliegen (Einzelfall!).

168. Die Einziehungsermächtigung

L hatte dem V Ware auf Kredit verkauft und sich die Forderung aus einem Weiterverkauf der Ware durch V zur Sicherheit abtreten lassen. Da die Zession dem Abnehmer des V möglichst nicht bekannt werden sollte, vereinbarten L und V, V solle berechtigt sein, die Forderung im eigenen Namen einzuziehen. Der Käufer K zahlte den Kaufpreis an V. Als er später durch Zufall von der Abtretung erfuhr, verlangte er von V den Betrag zurück. Er besaß nämlich eine Gegenforderung gegen L, mit der er aufrechnen wollte, da L zwischenzeitlich in Insolvenz gefallen war. Muss V zurückzahlen?

K kann von V gem. § 812 I S. 1 1. Alt kondizieren, wenn für die Leistung an V kein rechtlicher Grund bestand. Da V wegen der (gültigen) Vorausabtretung nicht mehr Gläubiger der Forderung war, könnte der Rechtsgrund fehlen (§ 407 I stünde der Kondiktion nicht entgegen, da der Schuldner sich auf diese Vorschrift zwar berufen kann, aber nicht muss; vgl. Fall 166). Sofern jedoch die Abrede zwischen L und V, dass V zur Einziehung der Forderung im eigenen Namen berechtigt sein solle, wirksam ist, ist auch ein Rechtsgrund für die Leistung an V gegeben. Die Zulässigkeit einer solchen Einziehungsermächtigung war lange Zeit umstritten. Der Sache nach handelt es sich um die Überlassung des Forderungsrechts zur Ausübung, durch die der Ermächtigte zum Empfang der Leistung zuständig wird (vgl. Jauernig/*Stürner*, § 398 Rn. 26 ff.). Ob dafür eine *gesetzliche* Grundlage besteht, ist zw.; die Heranziehung des § 185 (vgl. BGHZ 70, 393) überzeugt nicht, da die Einziehung einer Forderung nicht als Verfügung zu qualifizieren ist. Indessen ist die

Einziehungsermächtigung seit langem von der Rspr. anerkannt, so dass heute, wenn nicht schon Gewohnheitsrecht, so doch richterliche Rechtsfortbildung vorliegt. – Die Kondiktion gegen V ist daher ausgeschlossen.

Beachte: Zur *prozessualen* Geltendmachung der fremden Forderung im eigenen Namen, sog. *gewillkürte Prozessstandschaft,* fordert die Rspr. (vgl. *BGH* NJW 1989, 1933; 1995, 3186, 3187) ein eigenes schutzwürdiges Interesse des Ermächtigten. – Die Einziehungsermächtigung ist frei widerruflich (der Schuldner wird durch § 409 analog geschützt); sie lässt auch das Recht des Gläubigers, über die Forderung zu verfügen und sie einzuziehen, unberührt.

16. Kapitel. Schuldübernahme und Vertragsübernahme

169. Erfüllungsübernahme, Schuldmitübernahme, Schuldübernahme

Sachs wollte seine Brotfabrik an den Daiber verkaufen. Man einigte sich auf einen Kaufpreis von € 400 000,–. Sachs hatte allerdings Verbindlichkeiten gegenüber seinem Mehllieferanten Gruber in Höhe von € 65 000,–. Er wollte daher, dass Daiber diese Verbindlichkeiten unter Anrechnung auf den Kaufpreis übernehme. Welche rechtlichen Möglichkeiten stehen für eine solche Übernahme zur Verfügung?

1. Schuldmitübernahme (§ 311 I)

Im Wege des Vertrags zu Gunsten Dritter (§ 328 I) oder unmittelbar durch Vertrag zwischen Übernehmer und Gläubiger kann ein Recht des Gläubigers, auch vom Versprechenden Erfüllung der Schuld verlangen zu können, begründet werden. Dem Gläubiger stehen dann zwei Schuldner, die ihm gesamtschuldnerisch haften, zur Verfügung. Man spricht hier von einer Schuldmitübernahme oder *kumulativen* Schuldübernahme oder einem Schuldbeitritt.

2. Erfüllungsübernahme (§§ 329, 415 III)

Verpflichtet sich eine Partei der anderen gegenüber, deren Gläubiger zu befriedigen, ohne dass sie die Schuld anstelle des alten Schuldners übernimmt, so ist nach § 329 darin im Zweifel keine Schuldmitübernahme zu erblicken. Man bezeichnet einen solchen Vertrag (unechter Vertrag zug. Dritter) als Erfüllungsübernahme. Der Schuldner ist in diesem Falle nach wie vor allein der Inanspruchnahme durch den Gläubiger ausgesetzt. Er kann lediglich von seinem Vertragspartner verlangen, dass dieser ihn durch Befriedigung des Gläubigers vor der Inanspruchnahme bewahrt.

3. Schuldübernahme (§§ 414–418)

Schließlich ist es auch möglich, die Schuld eines anderen mit *befreiender* Wirkung für diesen zu übernehmen. Da der Gläubiger dann anstelle des alten Schuldners einen neuen bekommt, ist seine Mitwirkung erforderlich. Das Gesetz stellt zwei Vertragstypen bereit:

a) Vertrag zwischen Übernehmer und Gläubiger (§ 414)

Der alte Schuldner wird in diesem Fall ohne seine Mitwirkung aus seiner Schuld entlassen. Der Fall ist der Drittleistung ohne Einwilligung des Schuldners (§ 267 I 2) vergleichbar. Der Schuldner kann daher die Befreiung nicht nach § 333 analog zurückweisen (Palandt/*Grüneberg*, § 414 Rn. 1; str.).

b) Vertrag zwischen Übernehmer und Schuldner unter Mitteilung an und Genehmigung durch den Gläubiger (§ 415)

Über die Rechtsnatur dieses Vorgangs herrscht in der Literatur Streit: Nach der früher vertretenen sog. *Angebotstheorie* (z. B. *Heck*, § 73) steckt in der Mitteilung ein Vertragsangebot, das durch die Genehmigung angenommen wird, ist also der Gläubiger als Vertragspartner anzusehen. Nach der heute herrschenden *Verfügungstheorie* (z. B. MünchKomm/*Möschel*, § 415 Rn. 1; Palandt/*Grüneberg*, § 415 Rn. 1) enthält der Vertrag zwischen Übernehmer und Schuldner eine Verpflichtung (die des Übernehmers) und eine Verfügung (über die Forderung gegen den alten Schuldner) zugleich. Diese Verfügung werde von beiden als Nichtberechtigten getroffen und bedürfe daher konsequenterweise der Genehmigung (§ 185).

170. Anfechtung der Schuldübernahme

Fall wie zuvor. Daiber hatte mit Sachs einen Schuldübernahmevertrag geschlossen und dies dem Gruber mitgeteilt. Dieser zeigte sich einverstanden. Bald darauf entdeckte Daiber, dass Sachs ihn über wesentliche Eigenschaften der Brotfabrik arglistig getäuscht hatte. Er focht daher sowohl den Kaufvertrag wie die damit zusammenhängende Schuldübernahme gegenüber Sachs an und teilte dies auch dem Gruber mit. Dieser wollte die Anfechtung nicht gelten lassen, weil die arglistige Täuschung allein eine Angelegenheit zwischen Daiber und Sachs sei. Wer ist im Recht?

Ob der vom Schuldner arglistig getäuschte Übernehmer einen nach § 415 geschlossenen und vom Gläubiger genehmigten Schuldübernahmevertrag anfechten kann, ist heftig umstritten. Kern des Problems ist die Frage, wer schutzwürdiger ist: der getäuschte Übernehmer oder der auf die Wirksamkeit der Schuldübernahme vertrauende Gläubiger.

a) Die h. M. (BGHZ 31, 321, 327 f.; Münch-Komm/*Möschel*, § 417 Rn. 17; Palandt/*Grüneberg*, § 417 Rn. 3) lässt die Anfechtung grundsätzlich zu. Da bei der Schuldübernahme nach § 415 nicht der Gläubiger, sondern der Schuldner Erklärungsgegner sei, sei dementsprechend auch nur der Schuldner Anfechtungsgegner (§ 143 II). § 123 II 2 komme hier nicht in Betracht. Denn diese Vorschrift setze – wie § 123 II 1 – voraus, dass ein nicht am Vertrag beteiligter Dritter die Täuschung verübt habe, während hier der Schuldner vom Übernehmer, also vom Erklärungsgegner getäuscht worden sei. Auch § 417 II beweise, dass der Gläubiger keinen uneingeschränkten Vertrauensschutz genieße. Schließlich reiche die Mitteilung an den Gläubiger nicht aus, um eine Haftung nach Rechtsscheingesichtspunkten zu begründen. – Allerdings könne im Einzelfall die Berufung auf die erfolgte Anfechtung gegen § 242 verstoßen, nämlich dann, wenn der Gläubiger im Vertrauen auf die Schuldübernahme es unterlassen habe, gegen den Schuldner vorzugehen und der Übernehmer dies wusste (Gedanke der Verwirkung). Auch könne u. U. die Mitteilung an den Gläubiger und dessen Genehmigung als selbstständiger Übernahmevertrag nach § 414 aufgefasst werden (§ 140!), dessen Anfechtung nur nach § 123 II 1 zulässig sei.

b) Die Gegenansicht (*Esser/Schmidt*, I 2, § 37 II 1 b; *Grigoleit/Herresthal*, Jura 2002, 400) will dagegen zutreffend die Anfechtung davon abhängig machen, ob der Gläubiger die Täuschung kannte oder kennen musste. Sie begründet dies damit, dass im Falle der Schuldübernahme nach § 414 die Anfechtung nur bei Bösgläubigkeit des Gläubigers (§ 123 II S. 1) möglich sei. Nichts anderes könne im Falle des § 415 gelten, denn beide Wege der Schuldübernahme seien gleichwertig und dürften daher nicht zu unterschiedlichen Ergebnissen führen. Str. ist nur die konstruktive Einordnung dieses Ergebnisses. Einige schlagen eine Analogie zu § 123 II S. 2 vor, andere (*Canaris*, Die Vertrauenshaftung, 1971 S. 127 f.) führen den Gedanken des *Vertrauensschutzes* und die darauf beruhende Lehre vom *Einwendungsausschluss kraft Rechtsscheins* (Mitteilung begründet Rechtsschein) ins Feld.

Da G hier gutgläubig war, kann sich demnach D ihm gegenüber nicht auf die Anfechtung berufen.

171. Die Vertragsübernahme

A hat mit der Bausparkasse B einen Bausparvertrag abgeschlossen und zwei Jahre lang Raten eingezahlt. Dann erbt er unverhofft ein Haus, so dass er nicht mehr auf den Sparvertrag angewiesen ist. Er möchte jetzt wissen, ob er den Sparvertrag „verkaufen" kann.

Gegenstand eines Kaufvertrages können nach den §§ 433, 453 Sachen, Rechte und „sonstige Gegenstände" sein. Da ein Bausparvertrag einen wirtschaftlichen Vermögenswert darstellt, kann er Kaufgegenstand sein, wenn er übertragbar ist. Dies ist dann der Fall, wenn es rechtlich zulässig ist, dass ein Dritter anstelle des ursprünglichen Vertragspartners in den Vertrag eintritt.

Zur Vertiefung: *Wagemann,*
AcP 205 (2005), 547)

Nach wohl allg. M. (vgl. BGHZ 95, 88, 94;
BGH WM 1996, 128; Palandt/*Grüneberg,*
§ 398 Rn. 38) ist eine solche *Vertragsüber-nahme* auf Grund der Vertragsfreiheit zu-lässig (vgl. auch § 309 Nr. 10 und die Fälle der *gesetzlichen* Vertragsübernahme, wie z. B. §§ 566, 613 a). Sie kann entweder durch *dreiseitigen Vertrag* zwischen den alten Vertragsparteien und dem Übernehmer oder durch Vertrag zwischen Übernehmer und ausscheidendem Vertragspartner mit Genehmigung des verbleibenden Vertragspartners erfolgen (zu Einzelfragen vgl. *Wagner,* JuS 1997, 690).
Der Verkauf des Sparvertrages, genauer: der Rechtsstellung des Sparers, ist daher rechtlich möglich. Zur Erfüllung bedarf es der Vertragsübernahme, die wiederum die Mitwirkung des Vertragsgegners (Bausparkasse) voraussetzt.

Beachte: in gleicher Weise wie eine Vertragsübernahme ist auch ein *Vertragsbeitritt* möglich.

172. Widerruf und Anfechtung der Vertragsübernahme

Student Schluck pachtet nach erfolglosem Jurastudium die Sportgaststätte TSV Steppach und schließt gleichzeitig mit der Hasen-Brauerei einen Bierlieferungsvertrag auf zehn Jahre mit einer jährlichen Mindestabnahmeverpflichtung im Wert von € 4 000,–. Ein Jahr darauf gelingt Schluck eine günstige Heirat, und er braucht nicht mehr berufstätig zu sein. Er kann den bereits als Gastwirt

1. Möglichkeit des Widerrufs?
D kann sich vom Bierlieferungsvertrag lösen, wenn ihm auf Grund der Vertragsübernahme ein originäres Widerrufsrecht zusteht oder wenn ein dem S zustehendes Widerrufsrecht hinsichtlich des Bierlieferungsvertrags durch die Vertragsübernahme auf ihn übergegangen ist.
a) Originäres Widerrufsrecht des D?
Der zwischen S und H geschlossene Bierlieferungsvertrag stellt einen Ratenlieferungsvertrag i. S. des § 505 I S. 1 Nr. 3 (ab 11.6.2010: § 510 I S. 1 Nr. 3) dar, weil er eine „Verpflichtung zum wiederkehrenden Be-

tätigen Doll dazu bewegen, an seiner Stelle den Pachtvertrag und den Bierlieferungsvertrag fortzuführen. Sowohl der TSV Steppach als auch die Hasen-Brauerei stimmen der Vertragsübernahme zu. Doll stellt nach kurzer Zeit fest, dass die Sportgaststätte nicht die erwarteten Umsätze bringt.
1. Kann er sich vom Bierlieferungsvertrag lösen, wenn weder er noch Schluck über ein etwaiges Widerrufsrecht belehrt worden sind?
2. Kann er sich vom Pachtvertrag lösen, wenn er herausfindet, dass ihn Schluck arglistig über die bisherigen Umsätze der Sportgaststätte getäuscht hat?

zug von Sachen zum Gegenstand hat" (vgl. BGHZ 129, 371). In diesen Vertrag ist D eingetreten. Aus seiner Sicht verhält es sich nicht anders, als hätte er den Vertrag selbst geschlossen (vgl. BGHZ 109, 314, 317; 129, 371, 378). Ihm steht daher ein Widerrufsrecht nach den § 505 I S. 1 Nr. 3 (§ 510 I S. 1 Nr. 3 n.F.) i. V. mit § 355 zu, wenn H Unternehmer und er Verbraucher ist. H als Brauerei ist zwar Unternehmer i. S. des § 14 I. D ist zwar nicht Verbraucher könnte aber als „Existenzgründer" i. S. des § 507 (ab 11.6.2010: § 512) einem Verbraucher gleichgestellt sein. Nach § 507 (§ 512 n.F.) gelten nämlich die Vorschriften der §§ 491 bis 506 (§§ 491 bis 511 n.F.) auch für u. a. Ratenlieferungsverträge, die natürliche Personen „für die Aufnahme einer gewerblichen oder selbstständigen beruflichen Tätigkeit" schließen. Dies ist bei D jedoch nicht der Fall. Denn er war bereits vor der Vertragsübernahme als Gastwirt tätig. Dem D steht daher kein originäres Widerrufsrecht zu.

b) Übergang des Widerrufsrechts des S auf D?

Dem S stand ein Widerrufsrecht nach §§ 505 I S. 1 Nr. 3, 507 (510 I S. 1 Nr. 2, 512 n.F.), 355 zu, da er den Bierlieferungsvertrag für die Aufnahme einer gewerblichen Tätigkeit geschlossen hatte und das (dem Barzahlungspreis entsprechende) Mindestauftragsvolumen (hier: 10 x € 4 000,–) den Betrag von € 75 000,– nicht überstieg (vgl. dazu MünchKomm/*Habersack*, § 507 Rn. 10). Dieses Recht war auch nicht durch Zeitablauf erloschen, weil keine Belehrung über das Widerrufsrecht erfolgt war (§ 355 III S. 3). Durch die Vertragsübernahme blieb der Inhalt des Vertrages unberührt, es wurde lediglich eine Vertragspartei ausgetauscht. Daher ging die vorher von S innegehabte Rechtsstellung als Ganzes auf den D über. Dazu gehört auch das Widerrufsrecht. Problematisch ist lediglich, ob das Widerrufsrecht auch dann auf den Vertragsübernehmer übergeht, wenn er – wie hier – selbst weder Verbraucher noch Existenzgründer ist und daher nicht in den Schutzbereich der §§ 505, 507 (§§ 510, 512 n.F.) fällt. Nach der Rspr. (*BGH* NJW 1996, 2094, 2095 zur insoweit vergleichbaren Rechtslage nach den früheren § 1 c AbzG) ist dies aber unerheblich. Denn das Widerrufsrecht sei kein „höchstpersönliches Recht", so dass das Abtretungsverbot des § 399 nicht eingreife. Auch spiele die mangelnde Schutzbedürftigkeit des Übernehmers keine Rolle, da die Schutzbedürftigkeit zwar Voraussetzung für das Entstehen des Widerrufsrecht, nicht aber für sein Fortbestehen sei. Daher sei es z. B. auch unerheblich, wenn beim Vertragsschließenden später die Verbrauchereigenschaft wegfalle. – Demnach ist das Widerrufsrecht des S auf D übergegangen. Da hier weder gegenüber S noch gegenüber D eine Widerrufsbelehrung erfolgt war, kann D immer noch das auf ihn übergegangene Widerrufsrecht ausüben.

2. Möglichkeit der Anfechtung?

D kann seine Vertragsübernahmeerklärung hinsichtlich des Pachtvertrages nach § 123 I anfechten, da er von S zur Abgabe dieser Erklärung durch arglistige Täuschung bestimmt worden ist. Das Problem ist aber, wem gegenüber die Anfechtung zu erklären ist. Anfechtungsgegner ist bei einem Vertrag der *andere Teil* (§ 143 II). Bei der Vertragsübernahme stehen dem

Anfechtenden zwei Personen gegenüber, deren Rechtsstellung durch die rückwirkende Beseitigung (§ 142 I) des Übernahmevertrags berührt wird: der ausscheidende Vertragspartner (hier S) und der verbleibende Vertragspartner (hier TSV). Die Rechtsstellung beider wird durch die rückwirkende Beseitigung der Vertragsübernahme berührt. Daher ist die Anfechtung beiden gegenüber zu erklären, und zwar gleichgültig, ob die Vertragsübernahme durch mehrseitigen Vertrag oder durch zweiseitigen Vertrag mit Zustimmung des Dritten vollzogen wurde (BGHZ 96, 302, 308 ff.; vgl. auch BGHZ 137, 255). Nach einer Mindermeinung (*Dörner*, NJW 1986, 2916) soll Anfechtungsgegner dagegen nur der ausscheidende Vertragspartner („Vertragszedent") sein; die verbleibende Vertragspartei, die von der Anfechtung nichts wisse, genieße Schutz durch eine analoge Anwendung des § 409: Die Vertragsübernahme bleibe ihr gegenüber so lange wirksam, bis Vertragszedent und Vertragsübernehmer durch gemeinsame Erklärung nach § 409 II analog ihre Anzeige (von der Vertragsübernahme) wieder rückgängig machen. – Gegen diese Meinung spricht indessen, dass sie für den Anfechtenden die Rechtsdurchsetzung unnötig erschwert, weil er auf die Mitwirkung des Vertragszedenten angewiesen ist.

17. Kapitel. Gesamtschuld und Regress

173. Teilschuld und Gesamtschuld

Die Studenten A, B und C mieteten gemeinsam eine Dreizimmerwohnung bei D für monatlich € 900,–. Als D zum ersten Mal den Mietzins kassieren wollte, traf er nur den C an. Er verlangte von ihm den vollen Betrag. C hingegen weigerte sich, mehr als € 300,– zu bezahlen, weil nur dies sein Anteil sei und er nicht Lust habe, für die anderen mitzubezahlen. Wer ist im Recht?

Anspruch gegen C aus §§ 535 II, 421
D kann von C Zahlung des gesamten Mietzinses verlangen, wenn A, B und C Gesamtschuldner i. S. des § 421 sind. Dagegen könnte er nur € 300,– verlangen, wenn A, B und C nur Teilschuldner i. S. des § 420 wären. Der geschuldete Mietzins ist eine teilbare Leistung, daher wäre nach der Auslegungsregel des § 420 im Zweifel jeder Schuldner nur zu einem gleichen Anteil verpflichtet. Für den Fall aber, dass sich mehrere durch *Vertrag* zu einer teilbaren Leistung verpflichten, bestimmt § 427, dass sie im Zweifel als Gesamtschuldner haften. Diese Auslegungsregel geht als die speziellere der des § 420 vor. Mangels besonderer Anhaltspunkte ist daher davon auszugehen, dass A, B und C als Gesamtschuldner haften. Gem. § 421 S. 1 kann D den Mietzins nach seinem Belieben von jedem der Schuldner, also auch von C, ganz fordern. (C kann aber bei A und B Regress nehmen; § 426.)

174. Aufrechnung durch einen Gesamtschuldner

Fall wie oben. D trifft alle drei Mieter an. A, der eine Forderung in Höhe von € 1000,– aus einem Autounfall gegen D hat, rechnet mit dieser Forderung gegen die Miet-

Anspruch gegen B und C aus §§ 535 II, 421
D kann Zahlung nur verlangen, soweit seine Forderung nicht durch Aufrechnung erloschen ist (§ 389). Die Aufrechnung erfordert Gegenseitigkeit der Forderungen

zinsforderung auf. D meint, A könne zwar aufrechnen, wenn er von ihm Zahlung verlange. Er wolle aber diesmal Zahlung nur von B und C. – Müssen B und C bezahlen?

(§ 387), sie bewirkt daher nur das Erlöschen der Forderung des D gegen den aufrechnenden A. Da aber der Gläubiger mehrerer Gesamtschuldner die Leistung zwar von jedem, insgesamt aber nur einmal fordern kann, ordnet § 422 I 1 an, dass die Erfüllung durch einen Gesamtschuldner auch die übrigen Schuldner befreit. Gem. § 422 I 2 tritt diese sog. *Gesamtwirkung* auch bei Erfüllungssurrogaten, wie der Aufrechnung, ein. Dabei ist unerheblich, ob der Gläubiger den aufrechnenden oder die anderen Gesamtschuldner in Anspruch nimmt. D kann daher nicht mehr Zahlung verlangen.

175. Begründung und Merkmale der Gesamtschuld

E hatte den Architekten A mit der Planung eines Hauses und der Bauaufsicht, den Bauunternehmer B mit der Bauausführung beauftragt. Infolge schuldhaft schlechter Bauausführung durch die Leute des B wies das Bauwerk bei Abnahme verschiedene Mängel auf.
A hätte dies bei gehöriger Aufsicht verhindern können, er hatte sich jedoch nicht ausreichend um den Bau gekümmert. E möchte wissen, welche Ansprüche ihm deshalb gegen A und B zustehen und ob sie ihm als Gesamtschuldner haften.

1. Ansprüche gegen A und B
Gegen B hat E einen Anspruch aus §§ 634 Nr. 1, 635 I auf Mängelbeseitigung. Gegen A hat E einen Anspruch auf Schadensersatz statt der Leistung aus §§ 634 Nr. 4, 280 I, III, 283, da A seine Werkleistung (Aufsicht) nur mangelhaft erbrachte und eine Beseitigung dieses Mangels durch Nachbesserung nicht möglich ist. Der Schaden besteht im Minderwert des Gebäudes.
2. Vorliegen einer Gesamtschuld
Dies setzt voraus, dass A und B „eine Leistung in der Weise schulden, dass jeder die ganze Leistung zu bewirken verpflichtet, der Gläubiger sie aber nur einmal zu fordern berechtigt ist" (§ 421).
a) Identität der Leistung?
Nach dem *Wortlaut* des § 421 („eine Leistung") müssten die Inhalte der Leistungspflichten von A und B identisch sein. Dies ist hier nicht der Fall, da A Mängelbe-

Zur Vertiefung: *Preißer,* JuS 1987, 208, 289, 628, 710, 797, 961; *Stamm,* NJW 2003, 2940).

seitigung und B Schadensersatz schuldet. Die Rspr. (BGHZ 43, 233; 51, 278) hat aber dieses Erfordernis aufgelockert und auch die Lehre verlangt nur noch *Identität des Leistungsinteresses* (Palandt/*Grüneberg,* § 421 Rn. 5), um zur leichteren Anwendbarkeit der §§ 421 ff. zu gelangen. Diese Identität ist hier gegeben, da das Interesse des E an der Schadensbeseitigung sowohl durch Mängelbeseitigung als auch durch Schadensersatz befriedigt werden kann.

b) Inhaltliche Verbundenheit der Leistungspflichten?

Die weitere Voraussetzung des § 421, dass jeder Schuldner die *ganze* Leistung zu erbringen verpflichtet, der Gläubiger sie aber nur einmal zu fordern berechtigt ist (da dann sein Leistungsinteresse befriedigt ist), ist hier erfüllt.

aa) Die h. M. (BGHZ 137, 76, 82; *BGH* NJW 2004, 2892; *Medicus/Lorenz* I, Rn. 844; Palandt/*Grüneberg,* § 421 Rn. 6) sieht § 421 aber nicht als abschließende Definition der Gesamtschuld an, verlangt vielmehr, dass die mehreren Verbindlichkeiten in einer bestimmten Weise miteinander verbunden sind. Sie erblickt das *typische* Merkmal der Gesamtschuld in der *„Gleichstufigkeit"* der Verbindlichkeiten. Dies soll besagen, dass jeder Verpflichtete *prinzipiell* einen Beitrag zur Tilgung leisten müsse, keiner von vornherein der Alleinverpflichtete sein dürfe. Daraus rechtfertige sich die Anwendung der §§ 423, 424, 426. Nur bei Gleichstufigkeit ließe sich sagen, der Leistende tilge mit seiner Leistung, vorbehaltlich des Ausgleichs nach § 426, zugleich die Schuld der anderen *(wechselseitige Tilgungswirkung).* – Wann Gleichstufigkeit im Einzelfall vorliege, müsse bei rechtsgeschäftlichen Verbindlichkeiten durch Auslegung (vgl. § 427), bei gesetzlichen ggf. durch Analogie zu gesetzlichen Gesamtschuldtatbeständen (z. B. § 840) ermittelt werden.

bb) In der Literatur finden sich Stimmen, die auch das Erfordernis der Gleichstufigkeit als entbehrlich ansehen und Gesamtschuldregeln wegen der Flexibilität der Regressregelung (§ 426) immer dann anwenden wollen, wenn keine Spezialregelung (z. B. §§ 255, 774) vorliegt (vgl. Staudinger/*Noack*, § 421 Rn. 14 ff.). In der Tat werden die Sachprobleme eher durch eine funktionale Analyse des Anwendungsbereichs von Spezialnormen als durch Deduktionen aus Begriff oder Typus der Gesamtschuld zu lösen sein.

cc) Der Meinungsstreit ist hier allerdings bedeutungslos, da nach jeder Ansicht Gesamtschuld vorliegt: Das Erfordernis der „Gleichstufigkeit" ist erfüllt, da beide Verpflichtungen auf mangelhafter Vertragserfüllung beruhen (gleicher Unrechtsgehalt) und im Übrigen eine Analogie zu § 840 möglich ist. Denn diese Vorschrift bezieht sich auch auf den Fall, dass mehrere unabhängig voneinander einen Schaden verursacht haben (Nebentäterschaft). Dass sich die Verpflichtung von A und B nicht aus Delikt, sondern aus Vertrag ergibt, rechtfertigt wertungsmäßig keinen Unterschied.

176. Ausgleich zwischen Gesamtschuldnern

Fall wie zuvor. Da B sich seiner Mängelbeseitigungspflicht mit allerlei Ausflüchten zu entziehen suchte,

1. a) Gesamtschuldunabhängige Ausgleichsansprüche
Fehlt es, wie hier, an vertraglichen Beziehungen zwischen den Schuldnern, die den

wandte sich E über 4 Jahre nach der Abnahme an A und verlangte von ihm Zahlung wegen des Minderwerts des Gebäudes.

1. Welche Ansprüche hat A gegen B?

2. A zahlt schließlich an E. Als er den B zwei Monate später in Regress nehmen will, sind bereits fünf Jahre und ein Monat seit der Abnahme des Bauwerks vergangen. B beruft sich auf Verjährung, schließlich habe A schon kurz nach der Abnahme gewusst, dass beide für den Mangel verantwortlich seien. Zu Recht?

Ausgleich regeln, so sind nach einer verbreiteten Meinung (vgl. *BGH* NJW 1963, 2067; Palandt/*Grüneberg*, § 426 Rn. 8 a. E.) auch beim Bestehen einer Gesamtschuld die allgemeinen Regresstatbestände (vor allem *Geschäftsführung ohne Auftrag*, §§ 683, 670 und *Rückgriffs*kondiktion, § 812 I 1 2. Alt.) anwendbar. Ob dafür ein Bedürfnis besteht, ist zweifelhaft, da bei Vorliegen einer Gesamtschuld automatisch ein gesetzliches Ausgleichsschuldverhältnis begründet wird. Jedenfalls aber darf ein Regress nicht weiter gehen als nach § 426 I zulässig, da sonst derjenige im Vorteil wäre, der die Schuld als erster bezahlt.

b) Anspruch aus § 426 I S. 1

A hat gegen B einen Ausgleichsanspruch aus § 426 I 1. Dieser entsteht unmittelbar mit Entstehen des Gesamtschuldverhältnisses. Solange ein Gesamtschuldner noch nicht an den Gläubiger geleistet hat, ist der Anspruch auf Befreiung von der Verbindlichkeit bzw. Mitwirkung an der Erfüllung gerichtet (§ 257, s. Fall 158). Der Ausgleich erfolgt zu gleichen Anteilen, „soweit nicht ein anderes bestimmt ist". Eine andere Bestimmung kann sich aus Vertrag, aus Gesetz, aus dem Sinn und Zweck eines zwischen den Gesamtschuldnern bestehenden Rechtsverhältnisses oder aus der „Natur der Sache" ergeben (vgl. *BGH* NJW 2008, 849 Tz. 6). Sind mehrere für einen Schaden verantwortlich, so ist die Ausgleichsquote in entsprechender Anwendung des § 254 zu bestimmen (allg. M., vgl. Palandt/*Grüneberg*, § 426 Rn. 10). Es kommt daher darauf an, inwieweit der Schaden vorwiegend von dem einen oder dem anderen verursacht wurde. Im Verhältnis von A und B zueinander ist wohl B als alleiniger Verursacher anzusehen (vgl. BGHZ 43, 231). A kann daher in vollem Umfang Befreiung von der Verbindlichkeit, d.h. Zahlung an E verlangen. Unbeachtlich ist insoweit, dass B im Verhältnis zu E etwas anderes, nämlich Mängelbeseitigung, schuldete (BGHZ 43, 234).

c) Anspruch aus § 426 II S. 1

Ein vom Anspruch aus § 426 I unabhängiger Anspruch des A aus übergegangenem Recht des E gegen B kommt (noch) nicht in Betracht, da A gegenüber B noch keine Leistung erbracht hat.

2. a) Anspruch aus § 426 I

Da A durch seine Leistung auch den B von seiner Verpflichtung befreite (§ 422 I), steht ihm grundsätzlich nach § 426 I S. 1 ein auf Zahlung gerichteter Ausgleichsanspruch (in voller Höhe) gegen B zu. Dem Anspruch steht jedoch die Einrede der Verjährung entgegen (§ 214 I): Der Ausgleichsanspruch unter Gesamtschuldnern unterliegt unabhängig von seiner Ausprägung als Befreiungs-, Mitwirkungs- oder Zahlungsanspruch einheitlich der Regelverjährung nach § 195 (drei Jahre). Der Beginn der regelmäßigen Verjährungsfrist bestimmt sich nach § 199. Auch soweit er auf Zahlung gerichtet ist, ist der Ausgleichsanspruch mit der Begründung der Gesamtschuld im Sinne des § 199 I Nr. 1 entstanden. Für die nach § 199 I Nr. 2 erforderliche Kenntnis (oder grob fahrlässige Unkenntnis) aller Umstände, die einen Ausgleichsanspruch nach § 426 I BGB begründen, ist es erforderlich, dass der Ausgleichsberechtigte Kenntnis (oder grob fahrlässige Unkenntnis) von den Umständen hat, die einen Anspruch des Gläubigers gegen den Ausgleichsverpflichteten begründen, von denjenigen, die einen Anspruch des Gläubigers gegen ihn selbst begründen, sowie von denjenigen, die das Gesamtschuldverhältnis begründen, und schließlich von den Umständen, die im Innenverhältnis eine Ausgleichspflicht begründen (*BGH* NJW 2010, 60). Da diese Voraussetzungen hier erfüllt waren, begann die Verjährung mit dem Schluss des Jahres der Abnahme und war somit hier bereits eingetreten. B kann daher die Zahlung nach § 214 I verweigern.

b) Anspruch aus § 426 II S. 1

Da A von B Ausgleich verlangen kann, müsste an sich gem. § 426 II S. 1 der Anspruch des Gläubigers (E) „gegen die übrigen Schuldner", hier B, auf ihn übergehen. Auf diese cessio legis finden jedoch gem. § 412 die §§ 399 ff. entsprechende Anwendung. Da die Forderung des E gegen B auf Nachbesserung ging, eine Leistung dieses Inhalts aber an A nicht möglich ist, ist gem. § 399 1. Alt. der Forderungsübergang ausgeschlossen.

177. Ausgleich bei Erfüllung von Gesellschaftsverbindlichkeiten

A und B betreiben gemeinschaftlich eine Arztpraxis in der Rechtsform einer Gesellschaft des bürgerlichen Rechts. Die Gesellschaft schuldet dem G aus Kaufvertrag € 10 000,–. Da G auf Zahlung drängt, die Gesellschaft aber über keine flüssigen Mittel verfügt, zahlt A den Betrag aus seinem Privat-

1. Anspruch gegen die Gesellschaft aus §§ 713, 670

A war zur Begleichung der Gesellschaftsverbindlichkeit im Innenverhältnis berechtigt, da im Außenverhältnis (§ 128 S. 1 HGB analog) dazu verpflichtet. Ihm steht daher nach §§ 713, 670 ein Aufwendungsersatzanspruch in Höhe von € 10 000,– gegen die Gesellschaft zu, d. h. er kann Ausgleich aus dem Gesellschaftsvermögen verlangen.

vermögen. Kann er von der Gesellschaft oder seinem Mitgesellschafter B Ausgleich verlangen?

2. Anspruch gegen den Mitgesellschafter B

a) Aus §§ 713, 670 i. V. m. § 128 HGB analog

Für Sozialverbindlichkeiten haften während des Bestehens der Gesellschaft die Mitgesellschafter nicht gem. § 128 HGB analog, da dies wirtschaftlich einer nicht bestehenden Nachschusspflicht (vgl. § 707) gleichkäme (vgl. Palandt/*Sprau* § 714 Rn. 21).

b) Aus § 426 I

§ 426 I S. 1 begründet ein gesetzliches Ausgleichsschuldverhältnis zwischen den Gesamtschuldnern, hier A und B (§ 128 S. 1 HGB analog), wonach diese einander zu gleichen Anteilen verpflichtet sind, wenn nichts anderes bestimmt ist. Eine solche andere Bestimmung ergibt sich aus dem Gesellschaftsvertrag (§ 705): Danach sind Gesellschaftsverbindlichkeiten in erster Linie von der Gesellschaft zu begleichen. Daraus folgt, dass der zahlende Gesellschafter bei seinem Mitgesellschafter nur dann nach § 426 I Rückgriff nehmen kann, wenn die Gesellschaft keine frei verfügbaren Mittel zur Begleichung der Gesellschaftsschuld hat (BGHZ 103, 76; vgl. auch *BGH* NJW 1981, 1095). Da hier die Gesellschaft derzeit über keine flüssigen Mittel verfügt, kann A sogleich von B anteiligen Ausgleich, d. h. Zahlung von € 5000,– verlangen.

c) Aus § 426 II

Soweit ein Gesamtschuldner nach dem jeweiligen Innenverhältnis und/oder nach § 426 I S. 1 Ausgleich verlangen kann, lässt § 426 II in diesem Umfang die Forderung des Gläubigers auf ihn übergehen (*cessio legis*). Dies ist wichtig im Hinblick auf eventuelle Sicherungsrechte (§§ 412, 401). – A kann daher auch nach §§ 433 II, 426 II S. 1 von B Zahlung von € 5000,– verlangen.

178. Erlass gegenüber einem Gesamtschuldner

Fall wie oben Nr. 173. A befreite eines Tages den D aus einer Verlegenheit. Aus Dankbarkeit sagte D zu ihm, er erlasse ihm für diesen Monat die Miete. A nickte hocherfreut. Am Monatsende verlangte D zwar nicht von A, wohl aber von B und C Zahlung der € 900,–. Diese wendeten ein, sie müssten lediglich € 600,– bezahlen, da A ja umsonst wohnen dürfe. Zu Recht?

Anspruch gegen B und C aus §§ 535 II, 421 S. 1

Die Höhe der Forderung gegen B und C hängt davon ab, wie sich der zwischen D und A geschlossene Erlassvertrag (§ 397 I) auf das Gesamtschuldverhältnis auswirkt. Denkbar sind folgende Möglichkeiten (vgl. Palandt/*Grüneberg*, § 423 Rn. 2 ff.):

1. Erlass mit Gesamtwirkung

Dieser ist in § 423 geregelt und führt dazu, dass auch die übrigen Gesamtschuldner frei werden. Voraussetzung ist jedoch, dass die Vertragschließenden das *ganze* Schuldverhältnis aufheben wollen.

2. Erlass mit Einzelwirkung

In diesem Falle wird nur der begünstigte Gesamtschuldner frei, während die anderen noch in voller Höhe in Anspruch genommen werden können. Sie können aber vom befreiten Gesamtschuldner im Innenverhältnis Ausgleich nach § 426 verlangen (*BGH* NJW 2003, 2980). Der Vorteil des Erlasses beschränkt sich dann darauf, dass eine unmittelbare Inanspruchnahme des Begünstigten durch den Gläubiger entfällt. (Der Sache nach handelt es sich hierbei um ein höchstpersönlich wirkendes pactum de non petendo).

3. Erlass mit beschränkter Gesamtwirkung

Dem Erlass kann auch die Wirkung beigegeben werden, dass der eine Schuldner ganz, die übrigen aber in dem Umfang befreit werden, den dieser im Innenverhältnis zu tragen hätte.

Was im Einzelfall gewollt ist, ist durch Auslegung zu ermitteln. Hier ist wohl die letztere Gestaltung anzunehmen, da D zum Ausdruck bringen wollte, A solle mietfrei wohnen, dieser Vorteil aber entfiele, wenn A über § 426 letztlich doch seinen Anteil erbringen müsste. D kann daher von B und C nur € 600,– verlangen.

179. Gesamtschuld und Haftungsfreistellung

Der Autofahrer F nahm unterwegs den Anhalter A mit, nicht ohne sich zuvor eine individuell formulierte Erklärung unterschreiben zu lassen, in der A auf alle etwaigen Schadensersatzansprüche aus einem Unfall von vornherein verzichtete. Tatsächlich kam es später zu einem Zusammenstoß mit einem anderen Wagen, wobei A gegen die Windschutzscheibe geschleudert und erheblich verletzt wurde. Beide Fahrzeuglenker, F und B, traf am Unfall gleich hohes Verschulden. Da F sich gegenüber A auf den Haftungsausschluss berief, verlangte A von B vollen Schadenersatz. Zu Recht?

Zur Vertiefung: *Stamm*, Die Bewältigung der „gestörten Gesamtschuld", NJW 2004, 811.

Anspruch aus § 823 I bzw. §§ 7, 18 StVG
Ohne den (nach § 311 I zulässigen) Haftungsausschluss würden B und F ohne weiteres gem. § 840 I als Gesamtschuldner für den Schaden des A haften. A könnte daher nach § 823 (bzw. §§ 7, 18 StVG) i. V. m. §§ 840 I, 421 von B vollen Schadensersatz verlangen. B könnte anschließend gem. §§ 426 I, 254 und § 426 II bei F Rückgriff nehmen. – Bei Vereinbarung eines Haftungsausschlusses ist dieses Ausgleichsverhältnis jedoch „gestört". Zur Lösung des Konflikts bieten sich folgende Möglichkeiten an:

a) B haftet voll, kann aber bei F Regress nehmen (vgl. *BGH* NJW 1989, 2387; *BGH* NJW-RR 2004, 1243; MünchKomm/*Bydlinski*, § 426 Rn. 55). Diese Ansicht will dem Haftungsausschluss lediglich interne Wirkung zwischen den Beteiligten beimessen: A könne zwar nicht den F in Anspruch nehmen, wohl aber könne B bei F Rückgriff nehmen. Denn im Verhältnis zu B sei eine Gesamtschuld von F und B anzunehmen. – Daran ist misslich, dass dann für F der Haftungsausschluss wertlos ist, wenn er gemeinsam mit einem anderen für einen Unfall verantwortlich ist (allenfalls wäre an einen zweiten Rückgriff F gegen A zu denken, wenn F von B im Regress genommen wird, vgl. BGHZ 12, 216).

b) Die h. L. (vgl. die Nachweise bei Bamberger/Roth/*Gehrlein* § 426 Rn. 12) vertritt daher die Ansicht, dass der Zweitschädiger (B) von vornherein nur in der Höhe hafte, in der er im Innenverhältnis zum Erstschädiger (F) den Schaden tragen müsste. Die dogmatische Begründung dieses zweifellos interessegerechten Ergebnisses ist nicht leicht. Da B an sich voll haftete, kann die Beschränkung seiner Haftung eigentlich nur aus der Abrede zwischen F und A hergeleitet werden. Dies ist aber nur möglich, wenn man den Haftungsausschluss zugleich als echten Vertrag zu Gunsten Dritter (B) dergestalt auffasst, dass B berechtigt sein soll, die Zahlung zu verweigern, soweit sie über seinen Verantwortungsbeitrag hinausgeht (pactum de non petendo zugunsten Dritter).

Im Ergebnis braucht daher B nur halben Schadensersatz zu leisten.

180. Schadensabwicklung nach § 255

In der Galerie der Stadt S fand eine Ausstellung von Gemälden des verstorbenen Malers G statt, zu der der Sammler W ein Stück aus seinem Privatbesitz als Leihgabe zur Verfügung gestellt hatte. Gerade dieses Werk wurde von einem unbekannten Täter entwendet. Der Diebstahl war durch Nachlässigkeit eines Galeriedieners ermöglicht worden. W verlangt darauf von S den Wert des Gemäldes ersetzt. S möchte wissen, ob sie zum Schadensersatz verpflichtet

1. Anspruch des W gegen S auf Schadensersatz aus §§ 280 I, 241 II

Aus dem Leihvertrag war S dem W gegenüber zur sorgfältigen Aufbewahrung verpflichtet (§ 241 II). S muss sich die Nachlässigkeit des Galeriedieners nach § 278 wie eigenes Verschulden zurechnen lassen. Sie haftet daher aus § 280 I auf Schadensersatz. Da Naturalherstellung nicht möglich ist, muss S nach § 251 I Geldersatz leisten.

2. Schicksal des Eigentums
a) Anwendbarkeit der Gesamtschuldregeln?

Da die Verpflichtungen des Diebes (D) und der Stadt S demselben Leistungsinteresse dienen, wäre die Anwendung des § 426 II

ist und ob sie bei Schadensersatzleistung das Eigentum
am Gemälde beanspruchen
könnte.

(gesetzlicher Übergang des Anspruchs aus § 985 gegen D auf S) zu erwägen. Indessen besteht hier die Besonderheit, dass S auf Wertersatz, der Dieb aber auf Herausgabe haftet. Für diesen Fall ist in § 255 eine Sonderregelung getroffen (vgl. Palandt/*Grüneberg*, § 255 Rn. 2).

b) Anspruch der S auf Eigentumsübertragung?

Nach § 255 kann derjenige, der für den Verlust einer Sache Schadenersatz zu leisten hat, die Ersatzleistung davon abhängig machen (§ 273!), dass ihm der Ersatzberechtigte die Ansprüche abtritt, die ihm „auf Grund des Eigentums an der Sache ...gegen Dritte zustehen". Hierbei ist an die Ansprüche aus §§ 861, 985, 1007 sowie aus §§ 816 I, 823 I, 990, 989 zu denken (str.). Ein Anspruch auf Eigentumsübertragung könnte sich allenfalls aus der Pflicht ergeben, den Anspruch aus § 985 abzutreten.

aa) Teilweise wird vertreten (vgl. Staudinger/*Selb*, § 255 Rn. 14; MünchKomm/*Oetker*, § 255 Rn. 18), dass auch nach Abtretung des Herausgabeanspruchs aus § 985 das Eigentum beim Ersatzberechtigten verbleibe. – Dem ist entgegenzuhalten, dass der Anspruch aus § 985 im Grunde nicht abtretbar ist, sondern lediglich dem Eigentum folgt (vgl. nur *Jauernig*, § 931 Rn. 10).

bb) Richtigerweise ist daher anzunehmen, dass mit der Abtretung des Anspruchs aus § 985 gleichzeitig das Eigentum nach § 931 übergeht und in der Abtretung zugleich die Einigung liegt (vgl. *OLG Köln* NJW-RR 2004, 1391; Palandt/*Grüneberg*, § 255 Rn. 9). – Daran ist zwar misslich, dass der Geschädigte ein Interesse daran haben kann, das Eigentum an der Sache zu behalten (vgl. MünchKomm/*Oetker* a.a.O.). Für diesen Fall muss man ihm dann ein Wahlrecht zubilligen, gerichtet auf Rückgewähr der Ersatzleistung gegen Rückübereignung der Sache (Palandt/*Grüneberg*, a. a. O.).

181. Rückforderung der Ersatzleistung im Falle des § 255

Fall wie oben. Die Stadt S hatte Geldersatz an W geleistet, ohne sich dessen Ansprüche gegen den Dieb abtreten zu lassen. Kurz darauf wurde der Dieb ermittelt und W erhielt das Gemälde von der Polizei zurück. Die Stadt S verlangte jetzt von W Rückerstattung der € 10 000,–. W war dazu nicht in der Lage, weil er von dem Betrag andere Kunstgegenstände gekauft hatte. Er erklärte sich lediglich dazu bereit, der S das wieder aufgefundene Gemälde zu überlassen. Muss sich die S darauf einlassen?

Anspruch auf Rückerstattung der Ersatzleistung

a) Nach § 812 I S. 2 2. Alt.

Diese Anspruchsgrundlage *(condictio causa data causa non secuta)* setzt voraus, dass eine Leistung in Erwartung eines künftigen, rechtlich nicht erzwingbaren Erfolges erbracht wurde. Hier verfolgte S allein den Zweck, eine bestehende Schadensersatzverpflichtung zu erfüllen: Sie leistete „solvendi causa". – Dass die Zahlung nur der raschen Befriedigung und Sicherstellung des Geschädigten dienen sollte und dieser Zweck entfiel, als der Geschädigte von dem endgültig Verantwortlichen Befriedigung erhielt, ist nicht mehr erheblich.

b) Nach § 812 I S. 2 1. Alt.

S könnte den Betrag aber mit der *condictio ob causam finitam* zurückfordern, wenn der rechtliche Grund für die Ersatzleistung nachträglich weggefallen wäre. Rechtsgrund war hier der Anspruch aus § 280 wegen Verletzung der Pflichten aus dem Leihvertrag.

aa) Einige (vgl. Staudinger/*Selb,* § 255 Rn. 15 m. w. N.) nehmen an, dass mit dem Wiedererhalt der Sache der Schaden und damit auch der Ersatzanspruch des Geschädigten nachträglich entfalle. – Andere

(z. B. Palandt/*Grüneberg*, § 255 Rn. 9) halten dem entgegen, dass der Schaden bereits durch die erste Ersatzleistung beseitigt werde, S daher nur Herausgabe der Sache anstelle der nach § 255 geschuldeten Abtretung verlangen könne.

bb) Man wird aber die Frage nicht mit rein begrifflichen Erwägungen entscheiden können. Vielmehr ist nach Sinn und Zweck der Schadensersatzpflicht zu fragen. Der Verletzte kann primär nur Naturalherstellung verlangen (§ 249 I). Geldersatz steht ihm nur zu, soweit Naturalherstellung (Rückgabe des Gemäldes) nicht möglich oder nicht zumutbar ist (§ 251 I). Nach der Wertung des Gesetzes hat also die Naturalherstellung Vorrang vor dem Geldersatz. Dies muss sinngemäß auch für den Fall der erst nachträglich möglichen Naturalherstellung gelten. Ein schutzwürdiges Interesse des Geschädigten, den Geldersatz zu behalten und die nachträgliche Naturalherstellung nicht gelten zu lassen, d. h. dem Schuldner die Sache zu überlassen, ist daher nicht anzuerkennen. – Eine Ausnahme ist nur für den Fall zu machen, dass die Rückgabe der Ersatzleistung für den Verletzten unzumutbar ist (§ 242), etwa dann, wenn er berechtigterweise darauf vertraute, dass Naturalherstellung nicht mehr möglich sei, und sich darauf einrichtete. Angesichts der Erfahrungstatsache, dass gestohlene Kunstgegenstände häufig nach kurzer Zeit wieder zum Vorschein kommen, ist bei W kein Vertrauenstatbestand gegeben. Er kann also die Pflicht zur Rückerstattung der € 10 000,– nicht durch Herausgabe des Gemäldes abwenden.

18. Kapitel. Schadensersatzrecht

I. Fragen der Schadenszurechnung

182. Kausalität zwischen Rechtsgutverletzung und Schaden

A und B stießen mit ihren Pkw zusammen, wobei das Verschulden des A 75%, das des B 25% betrug. Da die Haftpflichtversicherung des B 25% des Schadens des A reguliert hatte, verlor B den Schadensfreiheitsrabatt. B verlangt diesen Rabattverlust zu 75% ersetzt. Zu Recht?

Zur Vertiefung: *Armbrüster,* Grundfälle zum Schadensrecht, JuS 2007, 411, 508, 605.

A hatte beim Betrieb seines Pkw das Eigentum (Fahrzeug) des B beschädigt. Gemäß § 7 I StVG (daneben gem. § 823 I) war er daher dem B „zum Ersatz des daraus entstehenden Schadens" unter Berücksichtigung des Mitverschuldens des B (§ 17 I, II StVG) verpflichtet. Zwischen Rechts- bzw. Rechtsgutverletzung und geltend gemachtem Schaden muss also ein Ursachenzusammenhang bestehen (sog. *haftungsausfüllende Kausalität* im Unterschied zur sog. *haftungsbegründenden Kausalität,* die zwischen Handlung und Rechtsgutverletzung gegeben sein muss; dazu *Brox/Walker,* AS, § 30 Rn. 4 ff.). An diesem Zusammenhang fehlt es aber hier: Die Belastung mit der höheren Versicherungsprämie hat ihre Ursache nicht in der Beschädigung des Pkw des B durch A, sondern umgekehrt in der Beschädigung des Pkw des A durch B, wofür die Haftpflichtversicherung (anteilig) aufkommen musste (vgl. BGHZ 66, 398, 400; *BGH* VersR 1978, 235). B kann daher den Verlust des Schadensfreiheitsrabatts nicht ersetzt verlangen.

183. Begrenzung der Schadenszurechnung
nach der Adäquanztheorie

Der Kaufmann Klepper wurde auf dem Heimweg von dem unachtsamen Motorradfahrer Balde angefahren und leicht verletzt. Als der Krankenwagen, der den Klepper abtransportierte, über eine neu errichtete Brücke fuhr, stürzte diese infolge eines Konstruktionsfehlers ein. Klepper fand dabei den Tod. Seine Angehörigen verlangen von Balde Zahlung einer Geldrente. Balde meint, man könne doch nicht ihn dafür verantwortlich machen, dass die Brücke eingestürzt sei. Wie ist zu entscheiden?

Anspruch gem. §§ 10 II, 13 I i. V. m. § 7 I StVG bzw. gem. § 844 II i. V.m. § 823 I
B hat den K beim Betrieb seines Kfz (vgl. § 1 II StVG) körperlich verletzt und ist ihm daher gem. § 7 I StVG zum Ersatz des daraus entstehenden Schadens verpflichtet. Da B auch schuldhaft (§ 276 II) handelte, liegen die Haftungsvoraussetzungen des § 823 I ebenfalls vor. Beim Tode des Verletzten können dessen unterhaltsberechtigte Angehörige nach §§ 10 II, 13 I StVG bzw. § 844 II Zahlung einer Geldrente verlangen. Die Ersatzpflicht des B hängt demnach davon ab, ob ihm die Todesfolge noch *zugerechnet* werden kann. – Hierbei sind folgende Gesichtspunkte zu berücksichtigen (vgl. *BGH NJW* 1992, 1381):

a) Zwischen Verletzungserfolg und weiterer Schadensfolge (hier: Verlust des Unterhaltsrechts der Angehörigen infolge des Todes des K) muss *Kausalität* bestehen (s. vorigen Fall).

b) Darüber hinaus muss die Verletzung eine *adäquate* Ursache für die weitere Schadensfolge gewesen sein.

c) Schließlich muss die Schadensfolge noch im *Schutzbereich der verletzten Norm* liegen (s. nächsten Fall).

d) Dagegen ist ein *Verschulden* des Verletzers hinsichtlich der weiteren Schadensfolge *nicht* erforderlich (vgl. *BGH* NJW 1992, 1381).

Die Handlung des B stellte eine nicht hinwegzudenkende Bedingung (conditio sine qua non) für den Tod des K dar (ursächlich i. S. der „*Äquivalenztheorie*").

Eine andere Frage ist es, ob sie auch als adäquate Ursache hierfür angesehen werden kann. Die „Adäquanztheorie" besagt, dass nur solche Bedingungen für die zivilrechtliche Haftung relevant sind, die „im allgemeinen und nicht nur unter besonders eigenartigen, unwahrscheinlichen und nach dem gewöhnlichen Lauf der Dinge außer Betracht zu lassenden Umständen geeignet seien, einen Erfolg dieser Art herbeizuführen" (st. Rspr.; vgl. *BGH* NJW 2005, 1420). Sie dient als „Filter" zur Ausscheidung billigerweise nicht mehr zurechenbarer Schadensfolgen (vgl. *BGH* NJW 1995, 127). Ob der Kausalverlauf völlig unwahrscheinlich ist, muss anhand der im Zeitpunkt des Verletzungsereignisses dem Verletzer bekannten *und* einem optimalen Beobachter erkennbaren Umstände, also objektiv, beurteilt werden. Dabei kommt es nicht auf eine logisch-statistische, sondern eine *wertende* Betrachtung an (*BGH* NJW 1976, 1143, 1144 m. w. N.). – Mag es auch nicht völlig unwahrscheinlich sein, dass eine Brücke einstürzt, so liegt doch die kausale Verknüpfung von Unfall und Tod infolge des Brückeneinsturzes außerhalb aller Wahrscheinlichkeit. Die Adäquanz ist daher zu verneinen, mit der Folge, dass B nicht haftet.

184. Begrenzung der Schadenszurechnung nach der Normzwecktheorie

Ein vom Maurergehilfen Brüderl achtlos aus dem Fenster geworfener Ziegelsteinbrocken traf den gerade vom Da B den R rechtswidrig schuldhaft körperlich verletzte, haftet er nach § 823 I auf Schadensersatz. Ob er auch für den durch die vorzeitige Pensionierung entstandenen

Dienst heimkehrenden Regierungshauptsekretär Rübe am Kopf. Bei der ärztlichen Behandlung der Wunde wurde durch Zufall festgestellt, dass Rübe seit einiger Zeit an Hirnarteriosklerose litt. Dies führte zu seiner vorzeitigen Pensionierung wegen Dienstunfähigkeit. Ohne den Unfall wäre freilich seine Krankheit erst sehr viel später entdeckt worden. Rübe verklagte daher den Brüderl auf Ersatz des ihm durch die vorzeitige Pensionierung in Form der Gehaltsminderung entstandenen Schadens. Wird er mit seinem Begehren durchdringen?

Vermögensschaden des R aufzukommen hat, ist zweifelhaft. Dies hängt davon ab, ob ihm diese Schadensfolge noch zuzurechnen ist.

a) Kausalität

zwischen Verletzung und Schaden: Sie ist hier zu bejahen. Ohne den Unfall wäre es wohl nicht zu der vorzeitigen Entdeckung der Krankheit und damit zur Pensionierung gekommen.

b) Adäquanz des Kausalzusammenhangs

Es liegt wohl nicht außerhalb jeder Lebenserfahrung, dass anlässlich einer unfallbedingten ärztlichen Untersuchung auch andere Leiden des Verletzten entdeckt werden.

c) Schutzbereich der verletzten Norm

aa) In Rspr. und Lehre wurde als zusätzliches haftungsbegrenzendes Moment die *Normzwecklehre* entwickelt (vgl. z. B. *Jauernig/Teichmann,* vor §§ 249–253 Rn. 31 ff.). Sie besagt, dass der Verletzer nur für solche Schadensfolgen aufzukommen hat, die im *Schutzbereich der verletzten Norm* (bzw. bei Verträgen oder vorvertraglichen Schuldverhältnissen: der verletzten Pflicht; *BGH* NJW 1992, 555; 2005, 1420) liegen. Der Schutzbereich sei durch Auslegung der Norm zu ermitteln. Es sei danach zu fragen, ob die Norm auch die Abwendung solcher Schäden *bezweckt* habe. – Teilweise wird sogar die Ansicht vertreten, die Normzwecktheorie mache die Adäquanztheorie überflüssig (vgl. *Esser/Schmidt,* § 33 II; a. A.: h. L. und Rspr).

bb) Die Normzwecktheorie ist auch im Bereich des § 823 I anzuwenden (h. M. vgl. *BGH* NJW 1968, 2287). Dementsprechend ist zu fragen, ob die Norm des § 823 I (hier: Verbot der Körperverletzung) auch gegen die Gefahr einer zufälligen Entdeckung von Krankheiten anlässlich einer unfallbedingten Operation schützen will. Dies ist zu verneinen, weil es zu den *allgemeinen Lebensrisiken* gehört, dass eine bestehende Krankheit entdeckt wird (*BGH* NJW 1968, 2287).

Im Ergebnis kann R daher keinen Schadensersatz fordern.

II. Art und Umfang des zu ersetzenden Schadens

185. Die Bedeutung der §§ 249–253 im Schadensersatzrecht

Welche Bedeutung kommt den §§ 249–253 im Schadensersatzrecht zu?

Die §§ 249 ff. regeln nicht die Frage, *ob,* sondern *wie* Schadensersatz zu leisten ist. Sie setzen also voraus, dass nach anderen Normen (z. B. aus Vertrag, unerlaubter Handlung, Gefährdungshaftung, Vertrauenshaftung) eine Schadensersatzpflicht begründet wurde und regeln nur *Art, Inhalt* und *Umfang* des Schadensersatzanspruches (vgl. Palandt/*Grüneberg,* Vorbem. v. § 249 Rn. 1). Allerdings ist zu beachten, dass auch die haftungsbegründenden Normen selbst mitunter Bestimmungen über Art und Umfang der Schadensersatzleistung geben. Diese modifizieren und ergänzen dann die §§ 249 ff. Beispiele solcher Spezialnormen sind: Bei der unerlaubten Handlung die §§ 842 ff., soweit es Personenschäden betrifft; bei §§ 122, 179 die Begrenzung des negativen Interesses der Höhe nach durch das positive Interesse; bei der Straßenverkehrsgefährdungshaftung die §§ 10 ff. StVG.

186. Schadensersatz statt der Leistung und Naturalherstellung

Stud. jur. A hatte sich den neuen „Palandt" seines Kollegen B zwecks Anfertigung einer Hausarbeit bis zum 30. 1. ausgeliehen. A vergaß aber, das Buch rechtzeitig zurückzugeben, weil er sofort nach Abgabe der Arbeit für eine Woche in Skiurlaub fuhr. Nach seiner Rückkehr musste er feststellen, dass man ihm aus seiner Bude den „Palandt" entwendet hatte, obwohl er die Tür ordnungsgemäß abgeschlossen hatte. Er bot nunmehr dem B als Entschädigung einen neuen, völlig unbenützten „Palandt" an, der ihm soeben von seinen Eltern geschenkt worden war. B bestand auf Ersatz des Kaufpreises, weil er den „Palandt" wegen Aufgabe des Studiums nicht mehr benötigte. Zu Recht?

Anspruch des B gegen A aus §§ 280 I, III, 283

Da A sich mit der Rückgabe des Palandt in Verzug befand (§ 604 I i. V. m. § 286 I 1, II Nr. 1, IV), hat er nach § 287 S. 2 die Unmöglichkeit der Rückgabe ohne Rücksicht auf Verschulden zu vertreten. Gem. § 280 I 1 hat er daher dem B „den hierdurch entstehenden Schaden zu ersetzen". Schadensersatz statt der Leistung bedeutet in der Regel (*BGH* NJW 1984, 2570), aber nicht notwendig Geldersatz (vgl. *BGH* WM 1971, 1414). Vielmehr gelten auch dafür die §§ 249 ff. (vgl. Palandt/*Grüneberg*, § 281 Rn. 17). Zwar kann A nicht das geliehene Buch selbst zurückgeben. Da es sich aber dabei um eine *vertretbare* (§ 91) Sache handelte, ist Naturalherstellung (§ 249 I) auch in der Weise möglich, dass A ein anderes, unbenütztes Exemplar dieses Werkes zur Verfügung stellt. Ist aber Naturalherstellung möglich, so kann B an deren Stelle Geldersatz nur in den Fällen des § 249 II und des § 250 verlangen. Da es sich nicht um die *Beschädigung* einer Sache handelte, ist § 249 II nicht anwendbar. B hatte dem A auch keine erfolglose Frist zur Naturalherstellung gesetzt, so dass auch § 250 ausscheidet. Die Naturalherstellung ist ferner für den B genügend, so dass auch § 251 I nicht anwendbar ist. B ist daher nicht berechtigt, statt Naturalherstellung Geldersatz zu verlangen.

187. Beschädigung von Kraftfahrzeugen:
Reparatur oder Ersatzbeschaffung?

Ausgangsfall

Bei einem alleine von B verschuldeten Unfall war der Wagen des A beschädigt worden. Ein Gutachter schätzte den Wiederbeschaffungswert des Pkw auf € 10 000,– und den Restwert auf € 4500,–. Die Reparaturkosten laut Sachverständigengutachten betragen € 4760,– (inklusive Umsatzsteuer i. H. v. € 760,–). Kann A von B Ersatz der € 4760,– verlangen, wenn er und fachgerecht zu diesem Preis in einer Werkstatt reparieren lässt?

b) das Fahrzeug in seiner Freizeit mit eigenem Gerät selbst repariert und in einen jedenfalls funktionstüchtigen Zustand versetzt?

c) das Fahrzeug nicht repariert, sondern beim Erwerb eines Neuwagens in Zahlung gibt?

Abwandlung 1

Die Reparaturkosten betragen laut Sachverständigengutachten € 7140,– (inklusive Umsatzsteuer i. H. v. € 1140,–. Kann A von B in den Varianten a) bis c) Ersatz der € 7140,– verlangen

Abwandlung 2

Ändert sich etwas an der Lösung von Abwandlung 1,

Ausgangsfall

A schuldet dem B nach § 823 I (sowie ggf. gem. §§ 7, 18 StVG) Schadensersatz Da es sich um die Beschädigung einer Sache handelte, kann B von A statt der Naturalherstellung „den dazu *erforderlichen* Geldbetrag" verlangen (§ 249 II 1). Darunter sind die Aufwendungen zu verstehen, die „ein verständiger und wirtschaftlich denkender Mensch in der besonderen Lage des Geschädigten für zweckmäßig und notwendig halten darf" (*BGH* NJW 2005, 51; „subjektbezogene Schadensbetrachtung"). Stehen dem Geschädigten mehrere gleichwertige, aber unterschiedlich teure Herstellungsmöglichkeiten zur Verfügung, so muss der Schädiger grundsätzlich nur die Kosten der billigeren Herstellungsweise ersetzen, auch wenn der Geschädigte die teurere gewählt hat („Wirtschaftlichkeitsgebot", vgl. *BGH* NJW 2009, 3713 Tz. 7). Tatsächlicher und „erforderlicher" Aufwand sind also nicht notwendig identisch. Zur *Herstellung* i. S. von § 249 II 1 zählt bei der Beschädigung von Kraftfahrzeugen neben der Reparatur auch die Beschaffung eines gleichwertigen Ersatzfahrzeugs; denn dadurch wird ebenfalls, wirtschaftlich gesehen, der Zustand wieder hergestellt, der ohne das schädigende Ereignis bestünde (*BGH* NJW 2005, 1108). Der Geschädigte muss dann die Reparaturkosten mit den Wiederbeschaffungskosten für ein gleichwertiges Fahrzeug vergleichen. Letztere sind gleichbedeutend mit dem Wiederbeschaffungsaufwand, also dem Wiederbeschaffungswert abzüglich Restwert.

wenn die Reparaturkosten laut Sachverständigengutachten € 11900,– inklusive Umsatzsteuer i. H. v. € 1900,– betragen?

Abwandlung 3

Wie ist zu entscheiden, wenn die Reparaturkosten laut Sachverständigengutachten € 13090,– (inklusive Umsatzsteuer i. H. v. € 2090,–) betragen?

Abwandlung 4

Wie Abwandlung 2. A lässt die Reparatur durchführen. Dabei stellen sich jedoch weitere, vorher nicht erkennbare Schäden heraus, so dass sich die Reparaturkosten schließlich auf € 14280,– belaufen. Kann A von B Zahlung dieses Betrages verlangen?

a) Die Kosten der durchgeführten Werkstattreparatur betragen € 4760,– und liegen damit unter dem Wiederbeschaffungsaufwand i. H. v. € 5500,– (Wiederbeschaffungswert i. H. v. € 10 000,– minus Restwert i. H. v. € 4500,–). Sie sind demnach erforderlich i. S. v. § 249 II S. 1 und können von A ersetzt verlangt werden.

b) A will nach durchgeführter Selbstreparatur fiktiv auf der Basis des Sachverständigengutachtens abrechnen. Fraglich ist, ob das noch erforderlich i. S. v. § 249 II S. 1 ist. Das Wirtschaftlichkeitsgebot verpflichtet den Geschädigten jedenfalls nicht, Kosten dadurch einzusparen, dass er sein Fahrzeug selbst repariert: selbst wenn er dazu imstande wäre, kann ihm dies nicht zugemutet werden. Eine andere Frage ist es, ob der Geschädigte, der sein Fahrzeug – wie hier – selbst repariert, gleichwohl den Betrag ersetzt verlangen kann, den er dafür in einer Werkstätte bezahlt hätte müssen. Die heute ganz h. M. (vgl. *BGH* NJW 2005, 1108; Palandt/*Grüneberg*, § 249 Rn. 14) bejaht dies: Der Geschädigte sei bei *Sach*schäden (anders bei *Körper*schäden; BGHZ 97, 14) in der Disposition über den nach § 249 II 1 geschuldeten Geldbetrag frei; der Schädiger solle nicht davon profitieren, dass der Geschädigte auf Grund überpflichtmäßiger Anstrengungen mit geringeren als den an sich „erforderlichen" Kosten das Fahrzeug repariere.. Der Gesetzgeber hat diese – nicht unbedenkliche – Rspr. durch Einführung des § 249 II 2 gebilligt. Demnach kann A auf der Basis fiktiver Werkstattkosten abrechnen. Die darin enthaltene Umsatzsteuer kann er aber gemäß § 249 II 2 nur verlangen, soweit sie – etwa beim Kauf von Ersatzteilen –

tatsächlich angefallen ist (s. zur Reform eingehend *Däubler,* JuS 2002, 625 und *Wagner,* NJW 2002, 2049). Angaben hierzu enthält der Sachverhalt indes nicht. Sein Anspruch bemisst sich daher nur auf € 4000,–.

c) Nach der Rspr. (vgl. *BGH* NJW 2005, 1108) steht es dem Geschädigten frei, wie er mit dem nach § 249 II S. 1 geschuldeten Betrag verfährt (s. Variante b). Er kann auch die Reparatur unterlassen und den Geldbetrag anderen Zwecken zuführen. Jedoch setzt der Anspruch aus § 249 II S. 1 voraus, dass eine Herstellung überhaupt möglich war und noch möglich ist (vgl. Palandt/ *Grüneberg* § 249 Rn. 3). Denn er ist zwar ein Geldanspruch, aber eben mit dem Zweck, die Herstellung zu ermöglichen (vgl. BGH Z 66, 239, 243). Eine Abrechnung auf fiktiver Reparaturkostenbasis scheidet daher aus, wenn beispielsweise das Fahrzeug zwischenzeitlich untergegangen wäre. Der Geldanspruch aus § 249 II S. 1 entfällt dagegen nicht, wenn der Geschädigte die Sache unrepariert veräußert (vgl. *BGH* NJW 2005, 2541). Denn es macht im Grunde keinen Unterschied, ob der Geschädigte selbst oder sein Rechtsnachfolger die Reparatur ausführen lässt. A kann daher die geschätzten Reparaturkosten ohne Umsatzsteuer (vgl. § 249 II S. 2) von B ersetzt verlangen.

Abwandlung 1

Vergleicht man die Reparaturkosten i. H. v. € 8000,– mit dem Wiederbeschaffungsaufwand i. H. v. € 5500,–, ergibt sich, dass die Ersatzbeschaffung an sich den geringeren Aufwand erfordert. Im Falle einer tatsächlich durchgeführten Reparatur ist nach der

Rechtsprechung. (*BGH* NJW 2003, 2085) der Reparaturaufwand jedoch nicht dem Wiederbeschaffungsaufwand (also unter Berücksichtigung eines vorhandenen Restwerts), sondern dem Wiederbeschaffungswert ohne Abzug des Restwertes gegenüberzustellen. Der Grund hierfür ist, dass der Restwert insoweit lediglich ein fiktiver Rechnungsposten ist, den der Geschädigte nicht realisiert und der deshalb nicht angerechnet werden darf (vgl. *BGH* a.a.O.). Diese Überlegung trifft sowohl auf eine fachgerecht durchgeführte Werkstattreparatur als auch auf eine Selbst- oder Billigreparatur zu, sofern jedenfalls die Betriebstauglichkeit des Fahrzeugs wieder hergestellt und der Wagen weiter genutzt wird. A kann danach in der Variante a) Ersatz der (konkret) bezahlten € 7140,– und in der Variante b) Ersatz des fiktiven Netto-Reparaturaufwandes i. H. v. € 6000,– (§ 249 II S. 2!) verlangen. In der Variante c) ist der ersatzfähige Schaden des A jedoch durch den Wiederbeschaffungsaufwand begrenzt; denn A hat durch die Inzahlunggabe des Kfz den Restwert bereits realisiert. Würde dieser also nicht in Abzug gebracht, könnte A am Schadensfall noch „verdienen". Dies wäre aber mit dem „schadensersatzrechtlichen Bereicherungsverbot" unvereinbar (vgl. *BGH* NJW 2005, 2541).

Abwandlung 2
Die Reparaturkosten i. H. v. € 11 900,– liegen hier sogar über dem Wiederbeschaffungswert i. H. v. € 10 000,–. Gleichwohl kann der Geschädigte ein Interesse daran haben, sein altes, ihm vertrautes Fahrzeug weiter benutzen zu können. Er soll sich

nach der Rechtsprechung auch dann noch für die Reparatur entscheiden dürfen, wenn die Kosten hierfür den Wiederbeschaffungswert bis zu 30% übersteigen (*BGH NJW* 2005, 1108). Voraussetzung ist aber, dass der Geschädigte damit sein Integritätsinteresse bekundet. Denn nur so lässt sich es sich rechtfertigen, dass das „Wirtschaftlichkeitsgebot" und das „Bereicherungsverbot" des Schadensersatzrechts rechtfertigen. Erforderlich ist eine vollständige und fachgerechte Reparatur sowie die weitere Nutzung des Fahrzeugs für mindestens sechs Monate nach dem Unfall (*BGH NJW* 2008, 437 Tz. 9; 2009, 910 Tz. 11, 12). Stellt er hingegen nur die Fahrbereitschaft wieder her, bezeugt er zwar sein Mobilitätsinteresse, das aber auch durch eine Ersatzbeschaffung befriedigt werden könnte und die Zubilligung eines „Integritätszuschlags" deshalb nicht rechtfertigt (*BGH* a. a. O.). In Variante a) kann A also vollen Ersatz der € 11900,– verlangen, weil die 130%-Grenze noch nicht überschritten ist und er eine vollständige und fachgerechte Reparatur durchgeführt hat. In den beiden anderen Varianten ist die Höhe seines Ersatzanspruchs indes auf den Wiederbeschaffungsaufwand beschränkt, da A nicht bzw. nicht in der erforderlichen Qualität repariert hat.

Abwandlung 3

A kann nicht, auch nicht in Variante a), Ersatz der € 14 000,– verlangen, da nun die Reparaturkosten über der 130%-Grenze liegen. Es liegt ein sog. wirtschaftlicher Totalschaden vor. A ist auf Geldersatz für die Wiederbeschaffung unter Anrechnung des Restwerts verwiesen (hier € 5500,–).

Die Umsatzsteuer kann er dabei aber nur ersetzt verlangen, wenn sie auch tatsächlich angefallen ist; dies deshalb, weil auch die Beschaffung eines gleichwertigen Ersatzfahrzeugs Naturalrestitution i. S. v. § 249 I ist (s. o.) und damit § 249 II S. 2 insoweit ebenfalls zur Anwendung kommt (vgl. *BGH* NJW 2004, 1943).

Abwandlung 4

An sich bräuchte B in diesem Fall nur die Wiederbeschaffungskosten zu bezahlen, da die Reparaturkosten 130% des Wiederbeschaffungswertes übersteigen (BGHZ 115, 375). Jedoch war die Kostensteigerung bei Reparaturbeginn nicht vorhersehbar. Dem Gläubiger dieses Verteuerungsrisiko aufzuerlegen erscheint nicht gerechtfertigt. Das zeigt folgende Überlegung: Gem. § 249 I hätte A von B Naturalherstellung, also auch Reparatur, verlangen können. B hätte dies nur dann ablehnen können, wenn er hätte darlegen können, dass die Reparatur ca. 30% mehr kosten würde als eine Wiederbeschaffung. Dazu wäre er aber wegen der Unvorhersehbarkeit der tatsächlichen Reparaturkosten nicht in der Lage gewesen. Folglich hätte er auch die Reparatur durchführen und bezahlen müssen (vgl. *BGH* NJW 1992, 302; Palandt/*Grüneberg,* § 249 Rn. 13). Da § 249 II S. 1 nur den Gläubiger schützen will, darf seine Anwendung nicht dazu führen, ihn schlechter zu stellen, als wenn er nach § 249 I vorginge. Der Schädiger trägt also grundsätzlich das sog. *Prognoserisiko* (BGHZ 115, 364, 370). A kann daher den vollen Reparaturkostenbetrag verlangen.

188. Schadensberechnung auf Neuwagenbasis

Der Autofahrer A missachtete die Vorfahrt und stieß mit dem korrekt fahrenden Autofahrer B zusammen. Der Wagen des B, der erst seit zwei Wochen zugelassen war und nur eine Laufleistung von 200 km aufwies, wurde dabei schwer beschädigt. Kann B als Schadensersatz den Kaufpreis für einen Neuwagen verlangen?

Zur Vertiefung: *Gsell,* NJW 2009, 2994.

Die Rspr. (vgl. *BGH* NJW 1983, 2694; NJW 2009, 3022 Tz. 18 ff; dazu Palandt/*Grüneberg,* § 249 Rn. 22 f.) hat hierzu folgende Grundsätze entwickelt: Der Eigentümer eines *erheblich beschädigten, fabrikneuen PKW* kann gem. § 249 II 1 eine Schadensberechnung *auf Neuwagenbasis* bei einer Fahrleistung bis zu 1000 km stets, bei einer Fahrleistung zwischen 1000 und 3000 km nur unter bestimmten Voraussetzungen (z. B. Beschädigung sicherheitsrelevanter Teile mit verbleibendem Unsicherheitsfaktor), bei einer Laufleistung über 3000 km nicht mehr vornehmen. Als fabrikneu ist dabei ein Fahrzeug anzusehen, das maximal eine Gebrauchsdauer von einem Monat aufweist.

Da der PKW des B erst zwei Wochen zugelassen war und nur 200 km gelaufen war, kann B den Kaufpreis für einen entsprechenden Neuwagen verlangen, sofern er tatsächlich ein fabrikneues Ersatzfahrzeug gekauft hat (*BGH* NJW 2009, 3022 Tz. 26). Er muss dann zwar den beschädigten Wagen an den Ersatzleistenden herausgeben, braucht sich jedoch, da die Fahrleistung unter 1000 km liegt, keinen Abzug wegen bisherigen Nutzung gefallen lassen (*BGH* a. a. O.).

189. Berechnung des entgangenen Gewinns

Infolge vorschriftswidrigen Überholens rammte A das Taxi des B. Die Reparatur nahm zwei Wochen in Anspruch. B verlangt u. a. Ersatz

Anspruchsgrundlagen sind § 823 I und § 823 II i. V. §§ 5, 49 StVO, ferner §§ 7, 18 StVG. Gem. § 252 S. 1 kann der Geschädigte auch Ersatz des entgangenen Gewinns verlangen.

des Verdienstausfalls für diesen Zeitraum.

a) Genügt es, dass B die Höhe des Verdienstausfalls in der Weise berechnet, dass er den bisherigen wöchentlichen Durchschnittsverdienst zu Grunde legt?

b) Kann A sich darauf berufen, B hätte an zwei Tagen das Taxi nicht gewerblich nutzen können, da er auf die Beerdigung seines unerwartet verstorbenen Vaters gefahren sei?

c) Kann B, wenn in diesem Zeitraum Taxiunternehmen wegen eines unvorhersehbaren Streiks der Bediensteten der Verkehrsbetriebe dreimal so viel wie sonst verdienten, diesen Betrag ersetzt verlangen?

a) An sich müsste B als Geschädigter den vollen Nachweis erbringen, welche gewinnbringenden Geschäfte ihm entgangen sind. Wegen der Schwierigkeit, hypothetische Kausalverläufe darzutun, gewährt § 252 S. 2 (vgl. daneben § 287 ZPO) eine *Beweiserleichterung* (vgl. *BGH* NJW 1983, 758): „Als entgangen gilt der Gewinn, welcher nach dem gewöhnlichen Lauf der Dinge oder nach den besonderen Umständen, insbesondere nach den getroffenen Anstalten und Vorkehrungen, mit Wahrscheinlichkeit erwartet werden konnte." Es genügt also, dass der Geschädigte Tatsachen darlegt und beweist, die einen bestimmten Gewinn als *wahrscheinlich* erwarten ließen (*BGH* NJW-RR 2006, 243). – Dies ist hier der Fall (vgl. *BGH* NJW 1979, 2244).

b) Gegenüber dieser erleichterten Beweisführung steht allerdings dem Schädiger der Gegenbeweis offen, dass im konkreten Fall ein Gewinn nicht oder nicht in dieser Höhe erzielt worden wäre (vgl. *BGH* NJW-RR 2006, 243). A kann daher einwenden, B habe an zwei Tagen das Taxi nicht nutzen können.

c) § 252 S. 2 enthält keine materielle Begrenzung des zu ersetzenden Gewinnentgangs. Vielmehr kann der Geschädigte bis zur Grenze der Adäquanz (Fall 183) auch einen ungewöhnlich hohen Gewinnentgang ersetzt verlangen, wenn er dafür Beweis erbringt (*BGH* NJW 1983, 758; ganz h. M.). B kann daher diesen Betrag ersetzt verlangen.

190. Ersatz des merkantilen Minderwerts

Fall wie oben. B trug weiter vor, dass sein Wagen infolge des Unfalls trotz vollständiger Reparatur einen geringeren Wiederverkaufswert besitze als vorher. Denn für einen Unfallwagen werde erfahrungsgemäß nicht mehr so viel bezahlt, wie für einen unfallfreien Wagen. Ein Sachverständiger habe die Wertminderung auf € 800,– geschätzt. Diesen Betrag müsse A ebenfalls ersetzen. A entgegnete, solange B das Fahrzeug selbst weiterbenutze und nicht verkaufe, wirke sich die Wertminderung bei B nicht aus, trete also kein konkreter Vermögensschaden ein. Außerdem verkleinere sich die Wertminderung mit zunehmender Abnützung des Wagens. B könne daher erst dann Ersatz verlangen, wenn er das Fahrzeug tatsächlich verkaufe und auch nur in der Höhe des zu dieser Zeit noch spürbaren Minderwerts. Wie ist zu entscheiden?

Die durch einen Unfall herbeigeführte, trotz ordnungsmäßiger Reparatur verbliebene Minderung des *Verkaufswerts* (sog. *merkantiler Minderwert* im Gegensatz zum *technischen Minderwert* = Minderung des *Gebrauchswerts*) ist grundsätzlich nach § 251 I zu ersetzen.

Heute billigt man allgemein dem Geschädigten Ersatz des merkantilen Minderwerts sofort und ohne Rücksicht auf eine bestehende Verkaufsabsicht zu (vgl. *BGH* NJW 2005, 277; *Medicus/Lorenz* I, Rn. 669). Dies wird damit begründet, dass zwar grundsätzlich für den zu ersetzenden Schaden der *„subjektive Wert"*, also der Wert, den ein Gegenstand gerade für den Geschädigten hatte, maßgebend sei, dass aber der *objektive* oder *gemeine Wert* die untere Grenze oder den sog. *Mindestschaden* bilde. Bei Beschädigung einer Sache für die ein Markt besteht, drückt sich aber die objektive Wertminderung gerade im merkantilen Minderwert aus. Auf die subjektive Wertminderung, die in der Tat nur bei einer konkreten Verkaufsabsicht in Erscheinung träte, kommt es demnach nicht an. Maßgeblicher Berechnungszeitpunkt ist die Wiederingebrauchnahme (*BGH* JZ 1967, 306; str.).

B ist demzufolge im Recht.

191. Ersatz für entgangene Gebrauchsvorteile

Die Autofahrer S und G stießen in einer Kreuzung zusammen. Dabei wurde beim Auto des G die ganze Vorderfront eingedrückt.

Ausgangsfall

Nach § 823 I (ggf. auch §§ 7, 18 StVG) ist S schadensersatzpflichtig. Ob auch die entgangenen Gebrauchsvorteile einen ersatzfähigen Schaden darstellen, ist fraglich.

Jeder gab dem anderen die Schuld. Die Reparatur des Wagens des G nahm sechs Tage in Anspruch. Angesichts der ungewissen Schuldfrage nahm sich G für diese Zeit keinen Mietwagen, sondern besorgte seine Geschäfte teils zu Fuß, teils mit öffentlichen Verkehrsmitteln.

Ausgangsfall
Kann G, wenn sich die Alleinschuld des S herausstellt, von diesem auch eine Entschädigung für die entgangenen Gebrauchsvorteile des Wagens verlangen und wie hoch ist sie ggf. zu bemessen?

Abwandlung 1
G war jedoch beim Unfall verletzt worden und hätte seinen Wagen daher nicht benutzen können. Kann er gleichwohl eine Entschädigung beanspruchen? Zumindest dann, wenn der Wagen auch von seinen Familienangehörigen benutzt worden war und benutzt worden wäre?

Abwandlung 2
Wie wäre zu entscheiden, wenn G das beschädigte Fahrzeug nicht privat, sondern nur im Rahmen des von ihm betriebenen Einzelhandelsunternehmens nutzt?

1. Die §§ 249 II, 250 setzen voraus, dass Naturalherstellung (noch) möglich ist. Hinsichtlich der Gebrauchsvorteile kommt Naturalherstellung nur durch Stellung eines Ersatzwagens in Frage; dies auch nur während der Reparatur, da danach der Geschädigte wieder über seinen Wagen verfügt. Da Schadensersatz in aller Regel erst nach vollzogener Reparatur geltend gemacht wird, ist in diesem Zeitpunkt Naturalherstellung nicht mehr möglich, so dass auch die §§ 249 II, 250 ausscheiden.

2. Es bleibt daher nur § 251 I. Geldersatz kommt aber wegen § 253 I nur in Betracht, wenn und soweit ein *Vermögensschaden* vorliegt.

Nach der neueren Rspr. (vgl. BGHZ 98, 212, 217 ff.; 101, 325, 330; zuletzt *BGH* NJW 2005, 277, 1044) beurteilt sich die Frage, ob und inwieweit ein Vermögensschaden eingetreten ist, nicht nach den „frustrierten" Aufwendungen (z. B. für Kfz-Steuer, Versicherung, Garagenmiete). Vielmehr sei im Ansatz nach der sog. *Differenzhypothese* vorzugehen. Danach ist ein rechnerischer Vergleich der durch das schädigende Ereignis eingetretenen Vermögenslage mit derjenigen, die sich ohne dieses Ereignis ergeben hätte, vorzunehmen (vgl. *BGH* NJW 1993, 2527). Dabei sind die in die Differenzbilanz einzusetzenden Rechnungsposten am Schutzzweck der Haftung und an der Ausgleichsfunktion des Schadensersatzes wertend auszurichten. Die Vorenthaltung der Nutzungsmöglichkeit einer Sache ist danach jedenfalls dann als Vermögensschaden zu werten, wenn es sich um *Sachen* handelt, auf deren *ständige Verfügbarkeit die eigenwirtschaftliche Lebenshaltung typischer-*

weise angewiesen ist (BGHZ 98, 212, 222). Das wird z. B. bei Häusern, Autos, Waschmaschinen bejaht, bei sonstigen Wirtschaftsgütern, wie z. B. Pelzmantel (BGHZ 63, 393), Garage (*BGH* NJW 1993, 1793), Reitpferd, dagegen verneint (zur Abgrenzung *Medicus*, NJW 1989, 1892). Für diese Bewertung ist auch maßgeblich, dass ein Verzicht des Geschädigten auf eine Ersatzbeschaffung den Schädiger nicht entlasten soll. – G ist daher im Recht. Die Bemessung des Nutzungsausfalls liegt gem. § 287 ZPO im tatrichterlichen Ermessen und muss sich naturgemäß an den Bedürfnissen der Praxis orientieren (dazu BGHZ 98, 225/226). Bei Kraftfahrzeugen wird üblicherweise die Höhe der Entschädigung auf ca. 35 bis 40% der entsprechenden Mietwagenkosten beziffert. In der Praxis orientiert man sich dabei an den Tabellen von *Sanden/Danner/Küppersbusch* (vgl. *BGH* NJW 2005, 277; Palandt/*Grüneberg*, Vorbem. v § 249 Rn. 23, 23a).

Abwandlung 1

Die Rspr. macht die Gewährung einer abstrakten Nutzungsentschädigung davon abhängig, dass beim Geschädigten ein *Nutzungswille* und eine hypothetische *Nutzungsmöglichkeit* bestand, da der zu ersetzende Schaden *subjektbezogen* sei (vgl. *BGH* NJW 1985, 2471; BGHZ 98, 212, 217). Sei der Geschädigte nicht willens *und* in der Lage gewesen, das Fahrzeug zu nutzen, fehle es an einer „fühlbaren" Nutzungsbeeinträchtigung. Grundsätzlich scheidet demnach ein Entschädigungsanspruch des G aus, weil er wegen des Unfalls nicht in der Lage gewesen wäre, den Wagen zu nutzen (zur Kritik vgl. MünchKomm/ *Oetker,* § 249 Rn. 63 ff.). – Die Rspr. nimmt eine fühlbare Nutzungsbeeinträchtigung aber auch dann an, wenn zwar nicht der Geschädigte selbst, wohl aber nahe stehende Dritte (z. B. Familienangehörige, *BGH* NJW 1974, 33; Verlobte, *BGH* NJW 1975, 922) auf Grund einer vor dem Unfall getroffenen Zweckbestimmung den Wagen hätten gebrauchen können.

Abwandlung 2

Ob auch bei einem gewerblich genutzten Kfz die fehlende Nutzungsmöglichkeit einen Vermögensschaden darstellt, ist umstritten. Nach einer Auffassung. (vgl. *BGH* NJW 1978, 812; *OLG Naumburg* NJW 2008, 2511; offengelassen, aber dazu neigend *BGH* NJW 2008, 913 Tz. 10) ist dies jedenfalls dann zu bejahen, wenn der Ausfall auf Grund besonderer persönlicher Anstrengungen des Geschädigten nicht zu einem Rückgang des Ertrags geführt hat. Nach wohl h.M. soll die entgangene Nutzungsmöglichkeit dagegen nur als entgangener Gewinn unter den in § 252 genannten Voraussetzungen (vgl. Fall 189) ersatzfähig sein, da diese anderenfalls unterlaufen würden (vgl. MünchKomm/*Oetker,* § 249 Rn. 64; Palandt/*Grüneberg,* Vorb. v. § 249 Rdn. 24a; *OLG Hamm* NJW-RR 2001, 165; *OLG Düsseldorf* NJW 2002, 971). – Unabhängig davon, welcher Ansicht man folgt, hängt die Ersatzfähigkeit jedenfalls von den hier nicht näher geschilderten Umständen des Einzelfalles ab.

192. Naturalrestituion und Geldentschädigung bei immateriellen Schäden, Schockschaden

Der pensionierte Polizist P besaß nur einen Freund: seinen früheren Diensthund Astor, der nun ebenfalls alt, schwach und zahnlos geworden war. Eines Tages beauftragte P den Dachdeckermeister M damit, schadhafte Stellen am Dach seines Anwesens auszubessern. Bei der Durchführung der Arbeiten war dem M auf dessen Weisung sein gut ausgebildeter und stets zuverlässiger Lehrling L behilflich. Dieser war jedoch von Liebeskummer geplagt und mit seinen Gedanken deshalb nicht immer konzentriert bei der Aufgabe. So kam es, dass er einmal versehentlich einen Dachziegel fallen ließ, der den im Garten schlafenden Astor unglücklich am Kopf traf und dabei schwer verletzte. Durch eine langwierige tierärztliche Behandlung konnte der Hund gerettet werden. Die Kosten beliefen sich auf € 350,–. P wandte sich, da von L nichts zu holen war, an M. Dieser weigerte sich, den Betrag zu ersetzen, weil der Hund wegen seines Alters wertlos, die kostspielige tierärztliche Behandlung daher wirtschaftlich unvernünftig

1. Anspruch aus §§ 631, 241 II, 280 I, 278

M war aus dem mit P abgeschlossenen Werkvertrag (§ 631) zur sorgsamen Ausübung der Ausbesserungsarbeiten und zur Rücksicht auf sonstige Rechtsgüter des P verpflichtet (§ 241 II). Diese Pflicht hat er zwar nicht selbst, wohl aber sein Lehrling L als sein Erfüllungsgehilfe (§ 278) schuldhaft verletzt, als dieser aus Unachtsamkeit den Dachziegel fallen ließ. Es fragt sich aber, in welchem Umfang M dem P dafür Ersatz schuldet:

a) Eine Ersatzpflicht für die Kosten der tierärztlichen Behandlung könnte sich aus § 249 II S. 1 ergeben. Tiere sind zwar keine Sachen im Rechtssinne (§ 90 a S. 1), doch sind auf sie die für Sachen geltenden Vorschriften grundsätzlich entsprechend anzuwenden (§ 90 a S. 3). Dazu gehört auch § 249 II S. 1. An sich kann daher P den zur „Herstellung", d. h. Heilbehandlung, erforderlichen Geldbetrag ersetzt verlangen.

aa) Dem könnte § 253 I entgegenstehen. Der Hund besaß wohl in der Tat keinen Vermögenswert mehr, so dass auch seine Verletzung keinen Vermögensschaden auslöste (abgesehen von den Kosten aus einer etwaigen Pflicht zur schmerzlosen Tötung des Tiers, um ihm weitere Schmerzen zu ersparen; dazu vgl. *Medicus*, JuS 1969, 449, 452). Nach § 253 I kann wegen eines Nichtvermögensschadens Geldentschädigung nur in den gesetzlich bestimmten Fällen (vgl. §§ 253 II, 651 f II, 11 S. 2 StVG) – die hier jedenfalls bei einer Verletzung des Hundes (vgl. aber unten) nicht vorliegen – gefordert werden. Jedoch be-

gewesen sei. Er hätte allenfalls für die Kosten einer schmerzlosen Tötung des Hundes aufkommen müssen. Wie ist zu entscheiden? Kann P von M Schmerzensgeld verlangen, wenn P beim Anblick des verletzten Hundes einen schweren Schock erlitt?

zieht sich diese Vorschrift nur auf die Geldentschädigung nach § 251 I, nicht auf die *Naturalherstellung* nach § 249 I. Aber auch der Anspruch aus § 249 II S. 1 wird durch § 253 I nicht ausgeschlossen (h. M.; vgl. Palandt/*Grüneberg*, § 253 Rn. 3). Denn obgleich inhaltlich auf Geldersatz gerichtet, soll dieser Anspruch dem Gläubiger ja nur die *Herstellung* ermöglichen, ist also durch den Gedanken der Naturalrestitution bestimmt.

bb) Weiter ist § 251 II S. 1 zu beachten, wonach der Ersatzpflichtige den Gläubiger in Geld entschädigen kann, wenn die Herstellung nur mit unverhältnismäßigen Aufwendungen möglich ist. Diese Vorschrift gilt auch dann, wenn der Gläubiger die Herstellung unter unverhältnismäßigen Aufwendungen selbst vornimmt und nach § 249 II S. 1 Kostenerstattung verlangt (vgl. BGHZ 63, 297). Daran knüpft § 251 II 2 an. Danach sind die aus der Heilbehandlung eines verletzten Tieres entstandenen Aufwendungen nicht bereits dann unverhältnismäßig, wenn sie dessen Wert erheblich übersteigen. Die Vorschrift will das Affektionsinteresse des Tierhalters schützen. Kosten bis zu € 1500,– und im Einzelfall auch mehr sind nach h. M. auch bei „wertlosen" Tieren noch gedeckt (vgl. Palandt/*Grüneberg*, § 251 Rn. 8). M muss daher die € 350,– bezahlen.

b) Ein angemessenes Schmerzensgeld wegen des erlittenen Schocks könnte sich aus § 253 II ergeben. Die Vorschrift wurde durch das 2. Schadensersatzrechtsänderungsgesetz neu eingefügt und begründet – anders als früher – einen Anspruch auf Schmerzensgeld auch im Falle vertraglicher Haftung (zur Reform eingehend *Däubler,*

JuS 2002, 625 und *Wagner,* NJW 2002, 2049; s. auch *Katzenmeier,* JZ 2002, 1029).

aa) Erforderlich ist aber nach dem Wortlaut des § 253 II eine Körper- oder Gesundheitsverletzung des P. Dies setzt bei Schockschäden i.d.R. Behandlungsbedürftigkeit voraus (vgl. MünchKomm/*Oetker,* § 249 Rn. 144), von der jedoch bei einem schweren Schock – wie hier – auszugehen ist (Tatfrage).

bb) Der Schock müsste weiter haftungsausfüllend kausal auf der Pflichtverletzung beruhen. Dabei ist bei Schockschäden vor allem fraglich, ob diese noch vom Schutzzweck der Norm (vgl. dazu bereits Fall 184) umfasst sind. Insoweit ist nämlich eine Einschränkung der Zurechnung geboten, um eine uferlose Haftungsausweitung und eine Überwälzung des allgemeinen Lebensrisikos zu verhindern. Ein Schockschaden ist danach nur dann ersatzfähig, wenn es sich um eine schwere Beeinträchtigung handelt, die im Hinblick auf den Anlass verständlich erscheint und einen nahen Angehörigen trifft (BGHZ 56, 163 ff.; kritisch MünchKomm/*Oetker,* § 249 Rn. 145 ff.). Wenn man die Reaktion des P auf die schwere Verletzung seines geliebten Astor noch als nachvollziehbar ansehen will, so fällt der Hund doch jedenfalls nicht in den maßgeblichen „Personen-"kreis. P hat somit keinen Anspruch auf Schmerzensgeld.

2. Anspruch aus § 831 I
Der weisungsabhängige L hat als Verrichtungsgehilfe des M rechtswidrig den Hund des P und damit dessen Eigentum (vgl. § 90 a S. 3) verletzt. Gleichwohl kann P nicht Ersatz für die Kosten der tierärztlichen Behandlung verlangen, da sich M gemäß § 831 I 2 exkulpieren kann.

Hinsichtlich des erlittenen Schocks gilt das zur Vertragshaftung Gesagte analog. Es liegt zwar eine Gesundheitsbeeinträchtigung vor, doch fehlt es an der haftungsbegründenden Kausalität zwischen Verletzungshandlung und Rechtsgutverletzung. Im Übrigen kann sich M auch insoweit auf § 831 I S. 2 berufen.

3. Anspruch aus § 823 I
Es mangelt schon an einer dem M vorwerfbaren eigenen Verletzungshandlung. Für ein Organisationsverschulden ist nichts ersichtlich.

193. Kind als „Schaden"

Die Eheleute E hatten bereits fünf Kinder und wollten einer weiteren Schwangerschaft vorbeugen. E ließ zu diesem Zweck vom Arzt A bei sich eine Sterilisation vornehmen. A versäumte es, den E darüber aufzuklären, dass der Erfolg einer Sterilisation nicht immer gewährleistet sei und erst ein vier Wochen nach dem Eingriff durchgeführtes sog. Spermiogramm Gewissheit schaffe. Da ein solches Spermiogramm nicht durchgeführt wurde und E trotz des Eingriffs weiter zeugungsfähig war, kam es ein Jahr später zur Geburt eines weiteren Kindes. E verlangt jetzt von A wegen der unterlassenen Aufklärung Ersatz des monatlichen Unterhalts für das

Anspruch aus §§ 631, 280 I
Der Vertrag über die Sterilisation ist wirksam und verstößt auch nicht gegen die guten Sitten. Denn es entspricht dem verfassungsrechtlich geschützten Selbstbestimmungsrecht eines Menschen, seine Fortpflanzungsfähigkeit freiwillig zu beenden (*BGH* NJW 1994, 788, 790; NJW 1995, 2407, 2409; krit. *Roth*, NJW 1994, 2402). Die unterlassene Aufklärung durch A stellte eine schuldhafte Verletzung seiner vertraglichen Beratungspflichten dar (*BGH* NJW 1995, 2407, 2408). Diese Pflichtverletzung war auch ursächlich für die Geburt des Kindes. Doch fragt es sich, ob die daraus erwachsenden finanziellen Belastungen für die E als Vater (Unterhaltpflicht) einen ersatzfähigen Schaden i. S. der §§ 249 ff. darstellen können.

a) Nach einer Auffassung kann der Unterhaltsaufwand für ein Kind keinen Schaden darstellen. Denn damit würde die Verpflichtung des Staates missachtet, dass jeder

Kind. A verteidigt sich damit, dass die Geburt des Kindes keinen Schaden darstellen könne. Wer hat Recht?

Mensch in seinem Dasein um seiner selbst willen zu achten sei (vgl. *BVerfG* – 2. Senat NJW 1993, 1751, 1764 und NJW 1998, 523).

b) Der *BGH* hat indessen klargestellt, dass nicht das Kind oder seine Existenz einen Schaden darstelle, der Schaden sich vielmehr ausschließlich aus der Unterhaltsverpflichtung gegenüber dem Kind ergebe. Dieser Schaden sei nach der Differenztheorie zu ermitteln. Durch diese Betrachtung würden auch nicht Existenz und Nichtexistenz des Kindes in herabwürdigender Weise verglichen. Vielmehr würde nur die wirtschaftliche Seite eines komplexen Lebenssachverhalts beurteilt, der in diesem Punkt durch die Vertragsbeziehungen mit dem Arzt geprägt sei (*BGH* NJW 1995, 2407, 2410; 2006, 1660 Tz. 10; zustimmend *BVerfG* – 1. Senat NJW 1998, 519). – Da der Vertrag darauf gerichtet war, eine weitere Geburt und damit auch eine weitere wirtschaftliche Belastung zu verhindern, liegt der Unterhaltsschaden auch im Schutzbereich des Vertrages. Daher hat A Schadensersatz in Höhe des monatlichen Unterhaltsbedarfs des Kindes zu leisten (zur Schadensersatzpflicht im Falle einer infolge eines ärztlichen Behandlungsfehlers unterbliebenen straflosen Abtreibung gemäß § 218 a II StGB s. *BGH* NJW 2002, 2636; eingehend zum Ganzen vgl. auch *Müller,* NJW 2003, 697).

194. Ersatz für nutzlose Aufwendungen

1. Asam hatte sich für ein einmaliges Gastspiel der Berliner Philharmoniker eine Karte für € 45,– gekauft.

1. Wäre der Besuch des Gastspiels nachholbar, so könnte A von B gem. § 823 I (ggf. auch gem. §§ 7, 18 StVG) i. V. m. § 249 eine Karte für eine spätere Aufführung oder das

Auf dem Weg zur Konzerthalle wurde er vom Autofahrer Benisch angefahren und leicht verletzt, so dass er die Darbietung nicht besuchen konnte. Kann Asam wegen der entgangenen Darbietung Schadensersatz verlangen?
2. Wie wäre zu entscheiden, wenn Asam die Karte von seinem Onkel Olms geschenkt bekommen hätte?

Zur Vertiefung: *Martens,* AcP 209 (2009) 445.

Geld hierfür verlangen. Da dies hier nicht der Fall ist, kommt nur Geldersatz nach § 251 I in Betracht.

a) Knüpft man an die nutzlos gewordenen Aufwendungen (Erwerb der Karte) an, so wäre nach der *Frustrationslehre* (dazu *Esser/Schmidt* § 31 III m. w. N.) ein Schaden in Höhe von € 45,– zu bejahen. Denn nach dieser Lehre sollen Aufwendungen für einen ganz bestimmten Zweck (Gegensatz: laufende Aufwendungen für die gewöhnliche Lebenshaltung), die durch ein ersatzpflichtig machendes Ereignis entwertet werden, generell als Schaden gelten. Diese Lehre wird jedoch überwiegend abgelehnt, weil sie im Gesetz keine Stütze finde und mangels tauglicher Abgrenzungskriterien die Gefahr einer uferlosen Ausdehnung der Schadensersatzpflicht bestehe (vgl. BGHZ 65, 170, 174 f.; 99, 182, 196 ff.; 114, 196; Palandt/*Grüneberg,* Vorb. v. § 249 Rn. 33). Im Übrigen zeigt auch die Einführung des § 284, dass frustrierte Aufwendungen nicht Teil des Schadensersatzes sind, sondern bei Vorliegen der entsprechenden Voraussetzungen „an dessen Stelle" geltend gemacht werden können (Palandt/*Grüneberg,* a. a. O.). Der *Frustrationsgedanke* wird nur noch herangezogen, soweit der Haftungstatbestand gerade das *Vertrauen* schützt, dessentwegen die Aufwendungen gemacht wurden (vgl. *BGH* NJW 1979, 2034; aber auch BGHZ 99, 182, 201).

b) Knüpft man bei der Schadensermittlung an den entgangenen Kunstgenuss an, müsste gem. § 253 I eine Geldersatzpflicht verneint werden, da insoweit ein *immaterieller* Schaden vorliegt. Jedoch soll ein immaterieller Wert nach der *„Kommerzialisierungslehre"* in teleologischer Begrenzung des § 253 I dann erstattungsfähig sein, wenn er standardisiert ist und einen festen Preis hat, m. a. W. kommerzialisiert ist. Da hier der Konzertgenuss einen durch den Preis der Karte festgelegten Wert hat, müsste B folgerichtig den Preis der Karte ersetzen (so auch *Medicus*, BürgR, Rn. 822; Palandt/*Grüneberg*, Vor § 249 Rn. 35; vgl. auch BGHZ 60, 214, 217).

c) Richtiger erscheint es, nicht auf den vereitelten subjektiven Genuss, sondern auf die *Zerstörung der Gebrauchsmöglichkeit als solcher* abzustellen. Denn der Kommerzialisierungsgedanke ist nicht allgemein tragfähig (*BGH* NJW 1976, 1630), weil heutzutage nahezu alle Güter oder Genüsse mit Geld erkauft werden können. Maßgebend ist nicht, ob der Berechtigte subjektiv außerstande ist, von seiner Berechtigung Gebrauch zu machen, sondern ob die Berechtigung als solche aufgehoben oder wertlos wird (vgl. MünchKomm/*Oetker* § 249 Rn. 92). Als ein ersatzfähiges Vermögensgut ist daher nur die Berechtigung (Gebrauchsmöglichkeit) als solche anzusehen (vgl. *Larenz* I, § 29 I c). Sie muss damit (prinzipiell) von der Person ablösbar sein. Erworbene *Berechtigungen* zur Teilnahme an einer Reise oder einem Konzert sind demnach ersatzfähige Vermögensgüter. – Da die Eintrittskarte hier praktisch aus Zeitgründen nicht mehr verwertbar (z. B. durch Rückgabe oder Weiterveräußerung) ist und durch Zeitablauf wertlos wird, liegt eine Zerstörung der in der Karte steckenden Gebrauchsmöglichkeit vor. Der Wert der Karte ist daher zu erstatten.
2. Hätte A von O statt der Karte Geld geschenkt bekommen und hätte er sich davon die Karte gekauft, so wäre A ohne

Zweifel ersatzberechtigt. Nichts anderes kann gelten, wenn O dem A die Karte unmittelbar geschenkt hatte. Denn es geht den Schädiger nichts an, woher jemand seine Vermögenswerte bezieht.

195. Ersatzpflicht für hypothetische Schäden und für Aufwendungen zur Schadensabwendung

Frau Antl hatte ihre Stelle als Rechtsanwaltsgehilfin beim Rechtsanwalt Bolz von einem Tag auf den anderen verlassen, da ihr in der Wirtschaft eine besser bezahlte Stelle angeboten worden war. Bolz fand trotz intensiver Bemühungen erst nach drei Wochen eine neue Kraft. In der Zwischenzeit erledigte er, um nicht Mandanten abweisen zu müssen, nachts die Büroarbeiten selbst. Kann er die Einkommensminderung ersetzt verlangen, die er ohne seine Mehrarbeit erlitten hätte? Oder kann er stattdessen Ersatz für die geleistete Mehrarbeit verlangen?

Anspruch aus §§ 611, 280 I

Da die A keinen wichtigen Grund zur fristlosen Kündigung nach § 626 hatte, verletzte sie durch ihr Fernbleiben den Arbeitsvertrag. Sie ist daher aus § 280 I grundsätzlich zum Schadensersatz verpflichtet. Ein Schadensersatzanspruch setzt aber voraus, dass ein Schaden eingetreten ist. Auf den Umsatz und damit den Gewinn wirkte sich der Arbeitsvertragsbruch der A nicht aus, da B durch eigene Maßnahmen den Eintritt eines solchen Schadens *verhinderte* (zu unterscheiden von dem Fall, dass ein eingetretener Schaden durch den Verletzten wieder beseitigt wird).

a) Ersatz des hypothetischen Schadens?

Gem. § 254 II S. 1 besteht zwar die Pflicht, einen durch das Verhalten eines anderen drohenden Schaden nach Möglichkeit abzuwenden. Dies aber nur im Rahmen des Zumutbaren. Die von B verrichteten Arbeiten waren, da ihm nicht zumutbar, *„überpflichtmäßige Anstrengungen"*. Da sie rechtlich nicht geboten waren, sollten sie an sich auch nicht dem Verletzer zugute kommen. Die Rspr. (vgl. BGHZ 55, 329; *BGH* NJW 1974, 602; vgl. ferner *BAG* NJW 1968, 222) gewährt daher dem Verletzten Ersatz in dem Umfang, in dem ein Schaden ohne die „überpflichtmäßigen

Anstrengungen" eingetreten wäre. Der Ersatz eines tatsächlich nicht eingetretenen, „hypothetischen" Schadens ist aber problematisch. Richtiger erscheint es, dem Geschädigten einen Anspruch auf Ersatz der Mehrarbeit zuzugestehen (s. sogleich).

b) Ersatz für Aufwendungen zur Schadensabwendung

Es ist anerkannt, dass der Verletzer dem Gläubiger dessen nach § 254 II 1 gebotene Aufwendungen zur Schadensabwendung ersetzen muss. Dies muss erst recht für solche Aufwendungen gelten, die „überpflichtmäßig" sind, soweit sie noch im Rahmen des adäquaten Kausalzusammenhangs liegen. Als Schadensposten kommen in Betracht:

aa) Einbuße an Freizeit: Die Freizeit als solche stellt keinen *Vermögens*wert dar, ihre Einbuße bewirkt daher keinen Vermögensschaden (h. M.; vgl. BGHZ 106, 32).

bb) Aufwendung der eigenen Arbeitskraft: Eine andere Frage ist es, ob nicht die in der Freizeit aufgewandte Arbeitskraft als Vermögenswert zu qualifizieren ist (davon zu trennen ist das Problem, ob die *vergebliche Aufwendung* oder der *Ausfall* der Arbeitskraft einen Vermögensschaden bewirkt; dazu BGHZ 54, 45, 50; *BGH* NJW 1977, 1446). Dies ist sicher dann zu bejahen, wenn die Tätigkeit in den Berufskreis des Verletzten fällt (vgl. § 1835 III) sowie auch dann, wenn derartige Tätigkeiten einen Marktwert haben (vgl. *BGH* NJW 1996, 921; NJW-RR 2001, 887) und üblicherweise nur gegen Entgelt ausgeübt werden, wie bei Büroarbeiten der Fall. Zweifelhaft ist dann aber bei der Schadensberechnung, ob das übliche Entgelt („Sekretärinnengehalt") oder das Entgelt, das der Verletzte normalerweise erhält („Rechtsanwaltsgehalt") zu Grunde zu legen ist. Die Frage dürfte im ersteren Sinne zu entscheiden sein, da der Verletzte ja nicht gehalten ist, solche Tätigkeiten auszuüben. B könnte daher allenfalls das übliche Entgelt für Büroarbeiten verlangen. Da aber infolge des Vertragsbruchs zugleich die Lohnzahlungspflicht gegenüber der A entfällt, wird der Schaden durch entsprechende Ersparnisse ausgeglichen. Allenfalls ist an einen Mehrbetrag nach Art eines Überstundenaufschlags zu denken (so *Knobbe-Keuk*, VersR 1976, 401, 411).

196. Fangprämie, Bearbeitungsgebühren und Rechtsanwaltskosten

D hatte im Warenhaus W einen Rock entwendet und war von einer Verkäuferin ertappt worden. W zahlte der Verkäuferin entsprechend einer früheren Ankündigung eine Fangprämie von € 50,–. Er verlangt diesen Betrag zuzüglich € 20,– Bearbeitungsgebühr von D ersetzt. Da D die Zahlung verweigert, schaltet W den Rechtsanwalt R ein. Dieser schickt an D ein Mahnschreiben über die beiden Beträge und verlangt obendrein Anwaltsgebühren für sein Tätigwerden. Was muss D bezahlen?

D war nach § 823 I, II i. V. m. § 242 StGB sowie aus §§ 311 II Nr. 2, 280 I, 241 II (str.) dem W zum Schadensersatz verpflichtet.

1. Anspruch auf Erstattung der Fangprämie
Der Diebstahl durch D bewirkte, dass W die Fangprämie bezahlte, wozu er auch entsprechend seiner Ankündigung (Auslobung, § 657) rechtlich verpflichtet war. Es lag insoweit auch adäquate Verursachung vor, da die Zahlung solcher Fangprämien durchaus nicht unüblich ist (vgl. *OLG Hamburg* NJW 1977, 1347, 1348). Allerdings muss dieser Schaden innerhalb des Schutzbereichs der verletzten Norm liegen. Dies könnte man deshalb bezweifeln, weil die Zahlung einer Fangprämie überwiegend *Präventions-*, wenn nicht gar *Sanktionscharakter* habe (in diese Richtung *Esser/Schmidt*, § 32 III 2 b). – Die h. M. (vgl. BGHZ 75, 230, 235 ff.; *Medicus/Lorenz* I, Rn. 638; Palandt/*Grüneberg*,

Vor § 249 Rn. 44) hält dagegen den Bezug zum konkreten Schadensfall für hinreichend und damit die Erstattung einer *angemessenen* Fangprämie für zulässig. Dem ist auch aus praktischen Erwägungen (Verringerung der Schäden aus Ladendiebstählen, die sonst der Allgemeinheit in Form höherer Preise zur Last fielen) zuzustimmen. D hat daher die Fangprämie zu erstatten.

2. Anspruch auf Erstattung der Bearbeitungsgebühr

Die Bearbeitungsgebühren stellen sich als Kosten der Mühewaltung bei der Feststellung und Abwicklung eines Schadensfalles dar. Hierfür kann kein Ersatz gefordert werden, da diese Tätigkeit nach der Verkehrsauffassung zum eigenen Pflichtenkreis des Geschädigten gehört (vgl. BGHZ 75, 230 ff.; *BGH* NJW 1995, 446, 447; differenzierend *Medicus/Lorenz* I, Rn. 639; *Lipp*, NJW 1992, 1913).

3. Anspruch auf Erstattung der Rechtsanwaltskosten

Zu den ersatzfähigen Schäden gehören auch die sog. Rechtsverfolgungskosten, also die Aufwendungen, die der Geschädigte macht, um seinen Anspruch durchzusetzen. Hierfür genügt jedoch nicht adäquate Kausalität. Vielmehr sind nur solche Kosten ersatzfähig, die aus der Sicht des Geschädigten zur Wahrnehmung seiner Rechte erforderlich und zweckmäßig waren. Für die *erste* Geltendmachung eines Anspruchs ist die Einschaltung eines Rechtsanwalts dann nicht erforderlich, wenn der Sachverhalt einfach gelagert ist und kein vernünftiger Zweifel besteht, dass der Schädiger seiner Ersatzpflicht nachkommt. Stets ist aber die Zuziehung eines Rechtsanwalts gerechtfertigt, wenn der Schädiger – wie hier – auf die erste Geltendmachung nicht reagiert (vgl. *BGH* NJW 1995, 446, 447). Allerdings können Gebühren nur hinsichtlich des wirklich geschuldeten Betrags (hier: Fangprämie) verlangt werden.

197. Dreifache Schadensberechnung bei Verletzung von Ausschließlichkeitsrechten

Der Hemdenhersteller A hatte nach dem vierten Formel 1-Sieg des Rennfahrers Michael S. ohne dessen Wissen Tausende von T-Shirts mit dem Aufdruck „Michael S. Superstar" hergestellt und an Sportartikelgeschäfte vertrieben. Kann Michael S. von A Schadensersatz verlangen und wie kann er ggf. seinen Schaden berechnen?

1. Schadensersatzanspruch aus §§ 823 I, 12
Die Herstellung und der Vertrieb von T-Shirts mit dem Aufdruck des Namens von S stellte, da S nicht eingewilligt hatte, eine rechtswidrige und schuldhafte Verletzung des Namensrechts (§ 12) des S dar. Da der Name als „sonstiges Recht" i. S. des § 823 I anzusehen ist, kann S nach § 823 I von A Schadensersatz verlangen.

2. Schadensberechnung
Bei schuldhafter Verletzung von *vermögenswerten Ausschließlichkeitsrechten* (dazu rechnen *Immaterialgüterrechte,* wie *Urheber-, Patent-, Gebrauchs-, Geschmacksmuster-,* aber auch *Firmen-* und *Markenrechte,* vgl. BGHZ 34, 320; 44, 372; 57, 116; 60, 206; ferner *Namens-* und *Persönlichkeitsrechte* mit *wirtschaftlichem* Zuweisungsgehalt, vgl. *BGH* NJW 2000, 2195 und PdW SchuldR II, Fall 239) ist teils gesetzlich (vgl. § 97 I 2 UrhG; § 139 II S. 2 PatG; § 15 II GebrMG), im Übrigen gewohnheitsrechtlich eine *dreifache* Schadensberechnung nach Wahl des Gläubigers zulässig, nämlich:
a) in Gestalt der *konkreten Schadensberechnung* nach den §§ 249 ff. (einschließlich des entgangenen Gewinns, § 252, und des Anspruchs auf Geldentschädigung nach § 251 I). – Der Nachweis eines

solchen konkreten Schadens ist indessen in der Praxis oft sehr schwierig.

b) in Höhe einer *angemessenen Lizenzgebühr* (vorausgesetzt, die Überlassung eines solchen Ausschließlichkeitsrechts ist rechtlich möglich und tatsächlich üblich). – Dahinter steckt der Gedanke, dass die Ausübung eines vermögenswerten Ausschließlichkeitsrechts üblicherweise nur gegen Entgelt gewährt wird und der Verletzer nicht besser stehen dürfe, als er bei ordnungsgemäß eingeholter Erlaubnis gestanden hätte (Gesichtspunkt des bereicherungsrechtlichen Wertersatzes, §§ 812 I S. 1 2. Alt., 818 II; vgl. dazu *BGH* NJW 1980, 2522; 1982, 1151, 1154).

c) in Gestalt *der Herausgabe des vom Verletzer erzielten Gewinns.* – Diese Schadensberechnung wurzelt im Rechtsgedanken der §§ 687 II, 681, 667 (vgl. *BGH* NJW 1982, 1154, 1156), jedoch genügt Fahrlässigkeit.

198. Auskunftsanspruch zur Durchsetzung eines Schadensersatzanspruchs

Fall wie oben. S wählte Schadensersatz in Gestalt der Herausgabe des Verletzergewinns. Kann er von A Auskunft und Rechenschaftslegung über die erzielten Umsätze und Gewinne verlangen?

1. Ein *allgemeiner* Auskunftsanspruch, nur zu dem Zweck, Beweismittel für die Durchsetzung eines Anspruches zu gewinnen, ist dem BGB unbekannt (vgl. *BGH* NJW 1980, 2463).

Beachte: Die §§ 259–261 regeln nur Art und Weise der Auskunftserteilung, begründen aber keinen solchen Anspruch, sondern setzen ihn voraus.

2. Eine Auskunftspflicht kann sich vielmehr nur aus *Vertrag* (Auskunftsvertrag oder vertragliche Nebenpflicht; vgl. §§ 402, 666) oder *Gesetz* (vgl. z. B. §§ 1379, 1799,

1839, 2027) ergeben. Besondere Bedeutung kommt hierbei dem § 242 zu (vgl. Palandt/ *Grüneberg*, § 261 Rn. 8). Die Rspr. (vgl. *BGH* NJW 1995, 386) erkennt gemäß § 242 einen Auskunftsanspruch an, wenn (1) eine besondere rechtliche Beziehung zwischen den Parteien besteht und (2) es das Wesen des Rechtsverhältnisses mit sich bringt, dass der Anspruchsberechtigte in entschuldbarer Weise über Bestehen und Umfang seiner Rechte im Ungewissen ist und er sich die Auskunft nicht auf zumutbare Weise selbst beschaffen kann, (3) der Gegner aber in der Lage ist, die verlangte Auskunft unschwer zu erteilen. Dies gilt insbesondere für Schadensersatzansprüche. – Darüber hinaus gewährt die Rspr. (vgl. *BGH* GRUR 1982, 723, 725) bei schuldhafter Verletzung eines vermögenswerten Ausschließlichkeitsrechts dem Verletzten einen Anspruch auf *Rechnungslegung* (= gesteigerte Form der Auskunft) in Analogie zu §§ 687 II, 681, 666, 259.

A muss daher auf Verlangen Rechenschaft über seine Umsätze und den dabei erzielten Gewinn geben.

III. Schadensmindernde Faktoren

199. Berücksichtigung hypothetischer Schadensursachen

Tierarzt A behandelte die Zuchtstute Glori des B versehentlich mit einem falschen Medikament, so dass sie einging. In der darauf folgenden Nacht wurden die Stallungen des B durch Blitzschlag eingeäschert; dabei hätte auch Glori den Tod gefunden.

Anspruchsgrundlagen sind § 280 I und § 823 I

Nach § 251 I hätte der Schadensausgleich in Geld stattzufinden. Problematisch ist, ob bei der Schadensberechnung hypothetische Schadensursachen („Reserveursachen") zu berücksichtigen sind. Der Gesetzgeber hat die Frage, von den nicht verallgemeinerungsfähigen Bestimmungen der §§ 287

Muss A dennoch den Wert der Stute ersetzen?

S. 2, 848 abgesehen, nicht geregelt. Von den zahlreichen Lösungsversuchen sollen nur einige dargestellt werden.

a) Das RG (RGZ 141, 365, 369) sah darin ein Problem der Kausalität und argumentierte, ein einmal gegebener Kausalzusammenhang könne durch spätere hypothetische Ereignisse nicht mehr in Frage gestellt werden. Dieser Ansicht wird zu Recht entgegengehalten, es gehe nicht um die Kausalität, sondern um die Frage der Schadenszurechnung bzw. -berechnung.

b) Eine Mindermeinung (vgl. *Esser/ Schmidt* § 33 IV; MünchKomm/*Oetker,* § 249 Rn. 205 f.) entnimmt dem Wortlaut des § 249 I („Zustand ..., der bestehen würde"), dass ein hypothetischer Schadensverlauf bei der Schadensberechnung grundsätzlich zu berücksichtigen sei. Diese Vorschrift gebiete den Einbezug aller irgendwie schadensrelevanten Faktoren bis zum Zeitpunkt der Abrechnung. Anders zu entscheiden hieße, den Verletzer für *fiktive* Schäden, nämlich auch für Beeinträchtigungen haftbar zu machen, die den Verletzten ohnedies getroffen hätten. Darauf, ob der Ersatzanspruch letztlich auf Restitution (§ 249 I, II) oder Kompensation (§ 251 I) gehe, komme es nicht an. – Demnach träfe A keine Ersatzpflicht.

c) Die h. M. (vgl. Palandt/*Grüneberg,* Vorb. v. § 249 Rn. 102 f.; *BGH* DB 1979, 352) differenziert nach Art des Schadens: Hinsichtlich des *„Objektschadens"* (d. h. des unmittelbar am verletzten Gut eingetretenen Schadens) sollen hypothetische Ursachen außer Betracht bleiben. Denn vom Schadenseintritt an habe der Geschädigte statt der Sache einen Schadensersatzanspruch. Dieser Anspruch werde durch

spätere Ereignisse, die nur die Sache betroffen hätten, nicht mehr berührt. Dem
späteren Ereignis könne keine schuldtilgende Kraft zukommen. Bei den *Vermögensfolgeschäden* bzw. mittelbaren Schäden
sollen dagegen hypothetische Schadensursachen berücksichtigt werden. Denn hier
könne der Schaden (z. B. entgangener Gewinn, entgangene Nutzungen) ohnehin nur
durch hypothetische Erwägungen ermittelt
werden. – Da hier nur ein Objektschaden in
Frage steht, kann B demnach Ersatz verlangen.

200. Berücksichtigung einer Schadensanlage

Infolge Übermüdung kam A
mit seinem Lastzug von der
Straße ab und stürzte die
Böschung hinunter. Dabei
wurde das Wochenendhäuschen des B, das sich dieser
kürzlich mit einem Aufwand
von € 20 000,– errichtet hatte,
völlig zerstört. Kann B diesen
Betrag ersetzt verlangen,
wenn bereits vorher feststand, dass er das ohne Baugenehmigung   errichtete
Häuschen als „Schwarzbau"
binnen kurzem hätte ohnehin
abreißen müssen?

*Haftungsgrundlagen sind § 7 StVG und
§ 823 I.*
An sich ist nach der h. M. der Objektschaden, wie er hier vorliegt, ohne Rücksicht auf Ereignisse, die später den gleichen
Schaden verursacht hätten, zu ersetzen
(s. vorigen Fall). Bei der Berechnung des
Objektschadens ist jedoch auf den Wert des
Objekts im Zeitpunkt des Verletzungsereignisses abzustellen. Der Wert kann
durch eine andere abgeschlossene oder
begonnene Kausalreihe gemindert sein.
Eine bereits bestehende *Schadensanlage* ist
daher auch nach der h. M. zu berücksichtigen. Dabei ist unerheblich, ob die wertmindernde Ursache in der Person oder
Sache selbst liegt (z. B. die angefahrene
Kuh war bereits tödlich erkrankt) oder
von außen auf sie einwirkt (vgl. Jauernig/
Teichmann, Vor §§ 249–253 Rn. 44). Letzterer Fall ist hier gegeben. Da feststand, dass
das Haus abgerissen werden musste, war es
im Augenblick der Zerstörung praktisch

wertlos. Niemand hätte mehr ein solches Haus gekauft. B kann daher lediglich den „Abbruchswert" (abzüglich der auch nach der Zerstörung verbliebenen Materialwerte) ersetzt verlangen.

201. Die Vorteilsausgleichung

Ein unbekannter Frevler hatte das erst kürzlich von der Gemeinde Rimsting errichtete Denkmal des König Ludwig II geschändet. Die veranschlagten Kosten der Restauration beliefen sich auf € 4000,–. Da die Gemeinde im laufenden Haushalt über diese Mittel nicht verfügte, rief sie die Bevölkerung zu einer Spendenaktion auf, die sogar € 6000,– erbrachte. Später wurde der 19-jährige Angermaier als Täter ermittelt. Von der Gemeinde auf Schadensersatz in Anspruch genommen, wendete er ein, die Gemeinde habe infolge der Spendenaktion nicht nur keinen Schaden erlitten, sondern sogar einen Gewinn erzielt. Er hafte daher nicht. Dringt er damit durch?

Zur Vertiefung: *Büdenbender,* JZ 1995, 920.

A war nach § 823 I bzw. gem. §§ 823 II BGB, 303 II StGB, jeweils i. V.m. § 249 II zum Ersatz der Restaurationskosten verpflichtet. Seine Ersatzpflicht würde nachträglich entfallen sein, wenn die erlangten Spendengelder auf den zu ersetzenden Schaden anzurechnen wären.

a) Würde man nach der *Differenzhypothese* (dazu BGHZ 161, 361, 366 ff.) den zu ersetzenden Vermögensschaden durch einen Vergleich der bestehenden Vermögenslage mit derjenigen, wie sie sich ohne das Verletzungsereignis entwickelt hätte, ermitteln, so müsste eine Ersatzpflicht des A in der Tat verneint werden. Denn die auf Grund der Eigentumsverletzung adäquat erlangten Vorteile (Spenden) überstiegen die Vermögensnachteile (Restaurationskosten) und der Geschädigte würde sich damit besser stellen als ohne das schädigende Ereignis („schadensrechtliches Bereicherungsverbot").

b) Indessen besteht heute Einigkeit darüber, dass die Vorteilsanrechnung nicht nur ein *Kausalitäts-,* sondern vor allem ein *Wertungsproblem* darstellt. Nach der Rspr. (vgl. BGHZ 173, 83 Tz. 18; *BGH* NJW 2008, 2773 Tz. 7) ist eine Vorteilsausgleichung durchzuführen sei, wenn (1) der Vorteil mit dem Schadensereignis in adäquat kausalem Zusammenhang steht, (2) der

Zweck des Schadensersatzes eine Anrechnung gebietet und (3) keine unbillige Entlastung des Schädigers eintritt. Dem wird entgegen gehalten, die Voraussetzungen seien sei zu unbestimmt, auch sei das Adäquanzkriterium sachfremd (vgl. Staudinger/*Schiemann* § 249 Rn. 139 f. m. w. N.). Diesem Einwand lässt sich jedoch durch Bildung von Fallgruppen und Herausarbeitung (vgl. *BGH* NJW-RR 2004, 79) spezieller rechtlicher Wertungsmaßstäbe Rechnung zu tragen.

Bei freigiebigen Leistungen Dritter, wie sie hier vorliegen, ist heute allgemein anerkannt, dass sie nicht anzurechnen sind, weil (und soweit) ihr Zweck nicht die Entlastung des Schädigers, sondern die Begünstigung des Geschädigten sei (s. statt aller *Schlechtriem/Schmidt-Kessel*, Rn. 326). A haftet daher voll.

202. Schadensersatz „neu für alt"

Aus Rache über seine Entlassung zündete der Arbeiter S eine Lagerhalle seines Arbeitgebers G an. Die Halle war vor 20 Jahren gebaut worden und hätte voraussichtlich noch eine Nutzungsdauer von 10 Jahren gehabt. Die Wiedererrichtung der Halle kostete € 30 000,–. G verlangte diesen Betrag als Schadensersatz von S. Dieser wendete ein, G müsse sich von diesem Betrag einen Abzug gefallen lassen, weil die neue Halle eine längere Nut-

Anspruchsgrundlagen sind § 823 I und II i. V. m. § 306 StGB

G kann gemäß § 251 I Geldentschädigung für die Zerstörung der Halle verlangen. Durch sie soll der Gläubiger in die gleiche Vermögenslage versetzt werden, wie sie ohne das Verletzungsereignis bestanden haben würde. Durch die Ersatzleistung soll also der Geschädigte grundsätzlich nicht schlechter, aber auch nicht besser gestellt werden, als er ohne die Verletzung stünde. Ist die Entschädigung nur in der Weise möglich, dass an die Stelle der beschädigten oder zerstörten Sache eine neue tritt, die einen Vermögenszuwachs für den Geschädigten bedeutet, so muss er sich

zungsdauer und geringere Reparaturanfälligkeit als die alte habe. Müsste er nämlich die ganzen Kosten bezahlen, so stünde G besser da als vorher. Wer hat Recht?

daher *grundsätzlich* einen Abzug *„neu für alt"* gefallen lassen (BGHZ 30, 29; *BGH* NJW 1996, 584; 1997, 2879; 2004, 2526; zu Einschränkungen bei „aufgedrängtem" Vermögenszuwachs vgl. *Medicus/Lorenz* I, Rn. 607). S ist daher im Recht. – Bei der Bemessung der Höhe des Abzugs sind vor allem die geschätzte Minderung des Gebrauchswerts der alten Sache einerseits, die gestiegenen Herstellungskosten andererseits zu berücksichtigen. *Vereinfachtes Beispiel:* Der Gebrauchswert der alten Halle war (bei gleichmäßiger Abnutzung) bereits um $^2/_3$ vermindert. Hat die neue Halle ebenfalls eine Nutzungsdauer von 30 Jahren so muss sich G vom Neupreis $^2/_3$ abziehen lassen. S muss dann nur € 10 000,– bezahlen.

Beachte: Der Abzug „neu für alt" hat dann zu unterbleiben, wenn dies für den Geschädigten unzumutbar (§ 242) ist, etwa wenn er sich andernfalls die neue Sache nicht beschaffen könnte (dazu MünchKomm/*Oetker*, § 249 Rn. 332; vgl. auch *BGH* NJW 2004, 2526).

IV. Drittschadensliquidation
203. Drittschadensliquidation bei mittelbarer Stellvertretung

Boll schloss mit dem Importeur Velten einen Kaufvertrag über 200 Ballen Baumwolle. Er handelte dabei im eigenen Namen, aber im Auftrag und für Rechnung des Fabrikanten Kurz, der die Baumwolle zur Weiterverarbeitung benötigte. Da Velten mit der Lieferung in Verzug geriet, kam es bei Kurz zu einer

1. Anspruch des K gegen V
K, der den Schaden erlitten hat, hat weder einen vertraglichen noch einen deliktischen Anspruch gegen V.
2. Anspruch des B gegen V
a) Da V mit seiner Lieferpflicht in Verzug geraten war, ist er gem. §§ 280 I, II, 286 verpflichtet, seinem Vertragspartner B den durch die Verzögerung der Leistung entstehenden Schaden zu ersetzen. Allerdings erlitt B persönlich keinen Schaden, da er im

Produktionsstockung. Muss Velten für den daraus entstehenden Schaden aufkommen?

Zur Vertiefung: *Stamm,* Rechtsfortbildung der Drittschadensliquidation, AcP 203 (2003) 367; *von Schroeder,* Jura 1997, 343.

Auftrag und für Rechnung des K handelte, die wirtschaftlichen Folgen des Kaufvertrages also nicht ihn, sondern unmittelbar den K trafen. Die Besonderheit der Situation liegt hier darin, dass der an sich aus dem Vertrag berechtigte Gläubiger (B) mangels Schadens keinen Ersatz beanspruchen könnte, der eigentliche Geschädigte (K) aber keinen Anspruch besäße. Daraus soll aber der Schädiger keinen Vorteil ziehen können. Daher ist mittlerweile gewohnheitsrechtlich anerkannt, dass der Gläubiger den Schaden des Dritten unter bestimmten Voraussetzungen geltend machen kann (sog. **Drittschadensliquidation;** zu den einzelnen Fallgruppen *Medicus/Lorenz* I, Rn. 610 ff.). Erforderlich ist, dass das durch den Vertrag geschützte Interesse infolge besonderer Rechtsbeziehungen zwischen dem aus dem Vertrag berechtigten Gläubiger und dem Träger des Interesses dergestalt auf den Dritten verlagert ist, dass der Schaden ihn und nicht den Gläubiger trifft, also eine sog. *Schadensverlagerung* eintritt (vgl. BGHZ 25, 250, 258; 40, 91, 100; 51, 91, 93; 133, 36, 41). Ein solcher Fall ist hier gegeben. Das Rechtsverhältnis zwischen B und K (Auftrag bzw. Geschäftsbesorgungsvertrag) führte dazu, dass der durch den Verzug verursachte Schaden nicht bei B eintrat, sondern auf K verlagert wurde (Fallgruppe *mittelbare Stellvertretung*). B ist daher berechtigt, den Schaden des K geltend zu machen. Dass der Schadensumfang aus der Person des Dritten (K) zu bestimmen ist, rechtfertigt sich daraus, dass dieser als Geschäftsherr zwar nicht formalrechtlich, aber doch wirtschaftlich Vertragspartner ist. – V muss also für den Schaden des K aufkommen.

b) Die Befriedigung des Dritten kann auf verschiedene Weisen erfolgen. Der Ersatzberechtigte (B) verlangt entweder unmittelbar Leistung an den geschädigten Dritten (K) oder er zieht den Betrag selbst ein. In diesem Falle ist er kraft des zwischen ihm und dem Geschädigten bestehenden Rechtsverhältnisses bzw. nach § 285 (s. Fall 204) verpflichtet, diesem das Erlangte herauszugeben (vgl. *Medicus/Lorenz* I, Rn. 609). Der Ersatzberechtigte kann aber auch seinen Anspruch an den Geschädigten abtreten oder ihn zur Geltendmachung im eigenen Namen ermächtigen (Einziehungsermächtigung; vgl. BGHZ 25, 250, 265).

204. Drittschadensliquidation beim Versendungskauf

Der Weingroßhändler A hatte bei der Winzergenossenschaft B 1000 Flaschen Wein à € 3,– bestellt. Auf seine Bitte hin sollten die Flaschen unter Benutzung des Transportunternehmens T nach München versandt werden Das Transportfahrzeug wurde auf der Fahrt in einen von D verschuldeten Unfall verwickelt, wobei die Flaschen zerbrachen. A hätte die Flaschen zum Stückpreis von € 4,– weiterverkaufen können. Er möchte wissen, ob und in welcher Höhe er Ersatz beanspruchen kann und gegen wen sich sein Anspruch richtet.

Ausgangsfall

1. Anspruch des A gegen D
Gegen D stehen dem A keine Ansprüche zu, da er noch nicht Eigentümer geworden war und sein vereitelter vertraglicher Lieferanspruch deliktisch nicht geschützt ist.

2. Anspruch des A gegen B auf Abtretung von deren Ansprüchen gegen D gem. § 285 I
Da der B die Lieferung der Flaschen schuldlos unmöglich wurde (§ 275 I), ist sie gem. § 285 I verpflichtet, etwaige Ersatzansprüche wegen Zerstörung der Kaufsache an A abzutreten. Der B steht gem. § 823 I (bzw. §§ 7, 18 StVG) ein Schadensersatzanspruch gegen D zu, da sie noch Eigentümerin der Flaschen war. Allerdings erlitt sie selbst rein rechnerisch keinen Schaden, da sie gem. § 447 – der vorliegend mangels Verbrauchsgüterkaufs nicht durch § 474 II ausgeschlossen ist – trotz des Untergangs der Flaschen den vollen Kauf-

Abwandlung
Wie wäre zu entscheiden, wenn der Unfall von dem Fahrer des Transportunternehmens T schuldhaft herbeigeführt worden ist?

preis verlangen kann. Es ist nun anerkannt, dass der Schädiger aus dem Auseinanderfallen von Rechtsposition (B) und Risiko (A gem. § 447) keinen Vorteil ziehen soll. Str. sind nur die Konsequenzen hinsichtlich der Höhe des Ersatzanspruchs:

a) Nach einer Ansicht (z. B. Palandt/ *Grüneberg*, Vor § 249 Rn. 110; offen gelassen in BGHZ 49, 361) handelt es sich hier um einen typischen Fall der Drittschadensliquidation (Fallgruppe *obligatorische Gefahrentlastung*). Danach ist B berechtigt, den Schaden des A zu liquidieren, wobei es keine Rolle spielt, dass der Schaden in der Person des Ersatzberechtigten (B) geringer gewesen wäre, wenn keine „Schadensverlagerung" stattgefunden hätte. Da A die Flaschen für € 4,– pro Stück hätte verkaufen können, beläuft sich demnach der Anspruch auf € 4000,–.

b) Nach anderer Ansicht (z. B. Staudinger/ *Köhler*, § 447 Rn. 38 m. w. N.) darf dagegen aus der bloßen Tatsache der internen Gefahrentlastung noch nicht gefolgert werden, dass der Schädiger den Schaden des Dritten ersetzen muss. Denn ob dem Ersatzberechtigten ein Schaden entstanden sei, sei nicht rein rechnerisch (i. S. der Differenzhypothese), sondern wertend zu ermitteln (Lehre vom *normativen Schadensbegriff*). Bei einer wertenden Betrachtung sei B im Verhältnis zu D als Geschädigte anzusehen, da die interne Gefahrentlastung nach § 447 den D nichts angehe. – Da B ohne die Gefahrentlastung seinen Kaufpreisanspruch nach § 326 I 1 eingebüßt hätte, ergibt sich bei ihr ein „normativer Schaden" in Höhe von € 3000,–, den sie als *eigenen* Schaden geltend machen kann.

c) Im Ergebnis dürfte letzterer Ansicht zu folgen sein (ebenso *Büdenbender,* NJW 2000, 986; *Lettl,* JuS 2004, 314, 316). Ein schutzwürdiges Interesse des A, seinen Schaden *auf Grund einer das Eigentum schützenden Norm* (§§ 823 I, 7 I StVG) ersetzt zu bekommen, wäre nämlich nur dann anzuerkennen, wenn er wenigstens *wirtschaftlich* gesehen bereits Eigentümer gewesen wäre. Solange aber bei einem Versendungskauf die Ware sich noch auf dem Transport befindet, kann der Käufer noch nicht als wirtschaftlicher Eigentümer angesehen werden: Anders als im Falle des § 446 hat er weder Besitz noch gebühren ihm die Nutzungen der Sache noch hat er ihre Lasten zu tragen. – Der Ersatzanspruch der B gegen D beläuft sich daher nur auf € 3000,–.

Abwandlung

Für diesen Fall sieht das Gesetz in §§ 421 I S. 2 1. Hs., 425 I HGB ausdrücklich einen eigenen Schadensersatzanspruch des K gegen den Frachtführer T vor (h. M., a. A.: Fall einer gesetzlichen Prozessstandschaft), dem das Verhalten seines Fahrers zugerechnet wird (vgl. § 428 S. 1 HGB). Ein Rückgriff auf die allgemeinen Grundsätze der Drittschadensliquidation ist daneben entbehrlich (vgl. *Baumbach/Hopt,* § 421 Rn. 2; Palandt/*Grüneberg,* Vor § 249 Rn. 110). K kann hiernach seinen Schaden (€ 4000,–) ersetzt verlangen.

V. Mitverursachung und Mitverschulden

205. Mitverschulden und Zurechnungsfähigkeit

Der in Gedanken versunkene Radfahrer Asam achtete nicht darauf, dass vor ihm auf einer Grünfläche kleine Kinder mit einem Ball spielten. Er konnte daher nicht mehr ausweichen oder anhalten, als der 5-jährige Bumke auf die Straße lief, um den Ball zu erreichen. Beim Zusammenstoß erlitt Bumke einen Beinbruch. Die Heilungskosten beliefen sich auf € 2200,–. Muss Asam für den Schaden voll aufkommen?

Zur Vertiefung *Henke,* JuS 1988, 753.

Anspruch aus § 823 I

A setzte eine Ursache für die Verletzung des B. Da er sich nicht hinreichend der Verkehrssituation widmete, verhielt er sich auch nicht „verkehrsrichtig" (vgl. Palandt/ *Sprau,* § 823 Rn. 36) und handelte daher rechtswidrig. Auch ein Verschulden des A ist zu bejahen, da er bei gehöriger Aufmerksamkeit die Kinder hätte wahrnehmen und seine Fahrweise so hätte einrichten können, dass ein Unfall vermieden worden wäre. A haftet daher grundsätzlich auf Schadensersatz. – Der Ersatzanspruch mindert sich jedoch nach § 254 I, wenn „bei der Entstehung des Schadens ein Verschulden des Beschädigten mitgewirkt hat". B hat durch sein Verhalten den Schaden mit verursacht, vielleicht sogar überwiegend verursacht. Fraglich ist jedoch, ob sein Verhalten als *„Verschulden"* i. S. des § 254 I qualifiziert werden kann.

Die h. M. (vgl. *BGH* NJW 2001, 149; MünchKomm/*Oetker* § 254 Rn. 3; Palandt/*Grüneberg,* § 254 Rn. 8 f.) erkennt an, dass der Begriff des Verschuldens hier nicht im technischen Sinn verstanden werden darf, weil dieser Rechtswidrigkeit voraussetzt, eine Selbstschädigung aber von der Rechtsordnung nicht verboten ist. Sie versteht darunter vielmehr ein *„Verschulden gegen sich selbst",* d. h. ein persönlich zurechenbares Verhalten, das in der Außerachtlassung derjenigen Sorgfalt besteht, die im Verkehr erforderlich ist, um sich selbst vor Schädigungen zu bewahren. Konsequenterweise fordert sie Zurechnungsfähigkeit, wendet also auf das Mitverschulden die §§ 827, 828 analog an (vgl. *BGH* NJW 1977, 1392, 1399). – Da B noch nicht das 7. Lebensjahr vollendet hatte, kann ihm gem. § 828 I sein objektives Fehlverhalten nicht angelastet werden. Allerdings ist auch § 829 entsprechend anwendbar (vgl. *BGH* NJW 1969, 1762; 1973, 1795). Eine Anspruchsminderung kommt daher nur in Betracht, wenn dies von der „Billigkeit" gefordert wird.

206. Anrechnung des Mitverschuldens von Hilfspersonen

Der sorgfältig ausgewählte und überwachte Angestellte Malz der Fa. Ertl hatte ein Fernsehgerät ausgeladen und wollte damit die Straße überqueren, wobei er – grob fahrlässig – den vorbeikommenden Radfahrer Rall nicht beachtete. Rall, seinerseits in Gedanken versunken, stieß daraufhin mit Malz zusammen. Dabei entglitt diesem das Gerät und ging zu Bruch. Ertl verlangte von Rall vollen Schadensersatz für das Gerät, während Rall allenfalls einen Teil des Werts ersetzen wollte, weil Ertl sich das Mitverschulden seines Gehilfen anrechnen lassen müsse. Wer ist im Recht?

Da R schuldhaft eine Ursache für den Unfall gesetzt hatte, haftet er nach §§ 823 I, 251 I auf Schadensersatz.
1. Grundsätzlich entlastet es den Schädiger nicht, dass auch ein Dritter für den angerichteten Schaden mitverantwortlich ist (vgl. § 840).
2. Hier besteht allerdings die Besonderheit, dass die Mitverantwortung einen *Gehilfen* des Geschädigten trifft. Die Frage ist daher, ob sich der Geschädigte das Mitverschulden seines Gehilfen anspruchsmindernd entgegenhalten lassen muss. Ein Anhaltspunkt findet sich in § 254 II S. 2, wonach die Vorschrift des § 278 entsprechende Anwendung findet. Bei streng systematischer Auslegung bezieht sich zwar diese Verweisung nur auf den Tatbestand des § 254 II 1, nicht den des § 254 I. Heute wird jedoch der S. 2 des Abs. 2 praktisch als Abs. 3 gelesen, so dass er auch für § 254 I gilt (vgl. nur Palandt/ *Grüneberg*, § 254 Rn. 49). Streit besteht jedoch darüber, ob die Vorschrift als Rechtsgrund- oder lediglich als Rechtsfolgeverweisung zu verstehen ist.

a) Ein Teil der (älteren) Lehre (z. B. *Larenz* I, § 31 I d) geht von letzterem aus und will, jedenfalls hinsichtlich des Erfüllungsgehilfen, vom Erfordernis eines Schuldverhältnisses absehen. Denn andernfalls würde der Ersatzpflichtige dem Geschädigten gegenüber uneingeschränkt haften und wäre auf einen (oft kaum realisierbaren) Ausgleichsanspruch nach §§ 426, 840 I gegen den Gehilfen angewiesen. Dies wäre aber unbillig, da der Geschädigte, der einen anderen in seinem eigenen Interesse zu einer Tätigkeit bestelle und ihm eine Sache anvertraue, im Verhältnis zum Ersatzpflichtigen *näher daran* sei, sich den Verursachungsbeitrag des Gehilfen anrechnen zu lassen. – Nach dieser Ansicht muss sich E das Mitverschulden des M uneingeschränkt anrechnen lassen.

b) Die ganz h. M. (vgl. BGHZ 73, 192; 103, 342; *BGH* NJW 1980, 2080; MünchKomm/ *Oetker* § 254 Rn. 129) begreift § 254 II 2 dagegen als Rechtsgrundverweisung. Sie fordert daher für die Anwendung des § 278 im Rahmen des haftungsbegründenden Vorgangs (§ 254 I), dass z. Zt. der Schädigung ein Schuldverhältnis oder doch ein verbindlichkeitsähnliches Verhältnis zwischen Ersatzpflichtigem und Geschädigtem bestanden hat, da § 278 einen „Schuldner" und damit Schuldnerpflichten voraussetze. Allerdings soll bei Fehlen eines solchen Schuldverhältnisses in Ausfüllung einer angeblichen Gesetzeslücke § 831 entsprechend anwendbar sein (vgl. Palandt/*Grüneberg,* § 254 Rn. 49). – Da im Zeitpunkt des Unfalls zwischen E und R kein Schuldverhältnis bestand und E sich nach § 831 I 2 exkulpieren kann, muss er sich nach dieser

Auffassung auch das Mitverschulden des M nicht entgegenhalten lassen.

c) Zu folgen ist der überzeugenden h. M., da sie die gebotene Gleichbehandlung von Schädiger und Geschädigtem gewährleistet (s. auch Erman/*Kuckuk*, § 254 Rn. 72). Es ist nicht einzusehen, weshalb der Geschädigte für ein Verhalten von in seinem Interesse tätig werdenden Personen in weiterem Umfang einzustehen hat als der Schädiger. Die §§ 254 II S. 2, 278 helfen deshalb nicht weiter.

3. Zu denken ist schließlich an eine Haftungsbegrenzung nach den Regeln über die „gestörte Gesamtschuld" (s. Fall 179), wenn M als Arbeitnehmer im Verhältnis zu seinem Arbeitgeber E nicht oder nur eingeschränkt haftet. Da ein Arbeitnehmer nach den Grundsätzen zum „innerbetrieblichen Schadensausgleich" bei hier gegebener grober Fahrlässigkeit aber grundsätzlich voll haftet und Ausnahmen davon in der vorliegenden Konstellation nicht eingreifen (dazu *Walker*, JuS 2002, 736, 738), liegt schon kein „gestörtes" Gesamtschuldverhältnis vor. R kann daher ohne weiteres gegen M nach §§ 840 I, 426 vorgehen. Für eine Haftungsbegrenzung im Außenverhältnis (zum Geschädigten) ist hingegen kein Raum.

207. Haftungsverzicht, Handeln auf eigene Gefahr und mitwirkende Betriebsgefahr

Jakobs traf in einem Café seine Bekannte, die reiche Studentin Seuffert. Da sie einen neuen Sportwagen besaß, kamen beide überein,

1. Einwand des Haftungsverzichts

Die Vereinbarung eines Haftungsverzichts oder -ausschlusses (zulässig nach § 311 I) ist zwar auch *stillschweigend* möglich (Grenzen: §§ 276 III, 309 Nr. 7). Wegen

einen Ausflug in die reizvolle Umgebung zu machen. Die Seuffert kannte den Jakobs als zuverlässigen Fahrer, sie überließ ihm daher auf seine Bitte hin das Steuer, während sie selbst die Landschaft genoss. Aus ihren Betrachtungen wurde sie jäh aufgeschreckt, als Jakobs infolge fehlerhafter Fahrweise auf einen parkenden Wagen auffuhr. Sie blieb zwar, da angeschnallt, unverletzt, ihr Wagen erlitt jedoch Totalschaden. Auf Schadensersatz nach § 823 in Anspruch genommen, wandte Jakobs ein, die Seuffert habe dadurch, dass sie ihm das Steuer überlassen habe, stillschweigend auf jede Haftung verzichtet, jedenfalls aber auf eigene Gefahr gehandelt. Außerdem müsse sie sich die mitwirkende Betriebsgefahr ihres Fahrzeugs entgegenhalten lassen. Wird er mit diesen Einwänden durchdringen?

der weit reichenden Folgen eines solchen Rechtsgeschäfts muss jedoch der von dem Haftungsverzicht Betroffene (hier S) einen dahingehenden Willen *unmissverständlich* zum Ausdruck gebracht haben (vgl. Palandt/*Grüneberg*, § 276 Rn. 3 a; Münch-Komm/*Oetker*, § 254 Rn. 65). Die bloße Tatsache, dass S dem J das Steuer überließ, ist hierfür kein ausreichendes Indiz.

2. Einwand des Handelns auf eigene Gefahr

Unter Handeln auf eigene Gefahr versteht man eine *vorwerfbare* (nämlich bewusste, vermeidbare und nicht rechtlich oder sittlich gebotene) *Selbstgefährdung*, welche den Schaden mit herbeigeführt hat. Während *früher* (vgl. RGZ 141, 265) das Handeln auf eigene Gefahr als stillschweigend erklärte rechtsgeschäftliche *Einwilligung* in eine mögliche Verletzung konstruiert wurde, mit der Folge, dass damit die Widerrechtlichkeit der Verletzung entfiel, wird es *heute* (vgl. BGHZ 34, 355; 43, 77) jedenfalls im Rahmen der *Verschuldenshaftung* nur noch nach *§ 254* bewertet (anders u. U. bei der Gefährdungshaftung, vgl. Palandt/*Grüneberg*, § 254 Rn. 27). – Wer sein Auto einem anderen Autofahrer anvertraut, handelt freilich nicht schon deswegen auf eigene Gefahr. Es müssen vielmehr begründete Zweifel an der Fahrtüchtigkeit des Fahrers (z. B. wegen Alkoholgenusses, Übermüdung, Unerfahrenheit) bestanden haben (vgl. *BGH* VersR 1979, 938). Dies war hier nicht der Fall.

3. Einwand der mitwirkenden Betriebsgefahr

Dem § 254 liegt der allgemeine Rechtsgedanke zu Grunde, dass der Geschädigte für jeden Schaden mitverantwortlich ist, bei dessen Entstehung er in *zurechenbarer Weise* mitgewirkt hat (vgl. BGHZ 52, 166, 168). Zwar spricht § 254 I nur vom *Mitverschulden*, dies beruht aber darauf, dass bei Entstehung des BGB als Zurechnungsgrund im Allgemeinen nur das Verschulden angesehen wurde. Da es jedoch auch eine Schadenszurechnung auf Grund der Verantwortung für eine bestimmte Sach- oder Betriebsgefahr (Fälle der *Gefährdungshaftung*) gibt, ist nun allgemein anerkannt, dass im Rahmen des § 254 auch eine mitwirkende Sach- oder Betriebsgefahr zu berücksichtigen ist. Dies freilich nur dann, wenn der Geschädigte dem Schädiger ersatzpflichtig wäre, hätte er – umgekehrt gesehen – diesen geschädigt (vgl. *BGH* NJW 1972, 1415). – Es kommt also darauf an, ob S dem J ersatzpflichtig sein würde, wenn dieser auf der Fahrt einen Schaden erlitten hätte. An sich hat der Halter eines Kfz nach § 7 I StVG für die Betriebsgefahr seines Fahrzeugs ohne Rücksicht auf Verschulden einzustehen, wenn bei dem Betrieb des Fahrzeugs jemand verletzt wird. Dies gilt jedoch nach § 8 Nr. 2 StVG nicht gegenüber dem Verletzten, der bei dem Betriebe des Kfz tätig war. Da J als Fahrer „bei dem Betrieb des Kfz tätig war", brauchte S ihm nicht für die Betriebsgefahr ihres Wagens einzustehen. Folglich konnte ihr J auch nicht die Betriebsgefahr in analoger Anwendung des § 254 I schadensmindernd anrechnen (*BGH* a. a. O.).

208. Haftung für Folgeschäden aus unsorgfältiger Schadensbeseitigung

Simons hatte beim Einparken schuldhaft die Tür des Wagens des Hautmann beschädigt. Hautmann ließ den Wagen in der Reparaturwerkstätte Meising instand setzen. Als er den Wagen wieder abholte, entdeckte er zu Hause, dass die hintere Stoßstange eingedrückt war. Diesen Schaden hatte der mit der Reparatur betraute Geselle Brieskorn beim Zurücksetzen des Wagens leicht fahrlässig verursacht. Hautmann ließ bei der Firma Wittmann eine neue Stoßstange anbringen und verlangte den dafür bezahlten Betrag von € 250,– ebenfalls von Simons ersetzt. Dieser wandte ein, die Reparaturwerkstätte Meising sei nicht von ihm, sondern von Hautmann herangezogen worden. Folglich falle das Verschulden des Brieskorn nicht ihm, sondern Hautmann zur Last. Er brauche daher für diesen Schaden nicht mehr aufzukommen. Wie ist zu entscheiden?

1. Grundsätzlich hat der Ersatzpflichtige auch für alle *adäquat* verursachten Folgeschäden, hier Beschädigung der Stoßstange, einzustehen. Die Adäquanz wäre allenfalls dann zu verneinen, wenn der Folgeschaden auf eine *grobe Fehlleistung* des mit der Schadensbeseitigung Beauftragten zurückzuführen wäre (vgl. BGHZ 63, 183; Palandt/*Grüneberg,* Vorb v § 249 Rn. 73), was hier aber nicht der Fall ist.

2. Allerdings könnte sich nach § 254 eine Aufhebung oder Minderung des Ersatzanspruches aus dem Umstand ergeben, dass die Werkstätte M (und damit B) nicht von S, sondern von H eingeschaltet worden war. Gem. § 254 II 1 trifft den Geschädigten eine *Schadensabwendungs-* und *-minderungspflicht,* d.h. die Pflicht, drohende Schäden zu verhüten bzw. bereits eingetretene Schäden möglichst gering zu halten (vgl. Erman/*Kuckuk,* § 254 Rn. 56, 60). Bedient sich der Geschädigte bei Erfüllung dieser Pflicht einer Hilfsperson, so muss er sich nach §§ 254 II 2, 278 deren Verschulden wie eigenes zurechnen lassen. Folglich ist zu fragen, ob B als Erfüllungsgehilfe bei Erfüllung der Schadensminderungspflicht anzusehen ist.

Die h. M. (vgl. BGHZ 63, 183) lehnt es zutreffend ab, das Reparaturunternehmen als Erfüllungsgehilfen des Geschädigten im Rahmen der Schadensminderungspflicht anzusehen. Übernimmt der Geschädigte die Herstellung nach § 249 II, so hat er lediglich eine geeignete Werkstätte auszusuchen und auf zügige Durchführung der Reparatur zu achten. Die Herstellung selbst

erfolgt nicht mehr in Erfüllung der Schadensminderungspflicht, sondern in Ausübung der Befugnis nach § 249 II. Adäquat
verursachte Folgeschäden fallen daher uneingeschränkt dem Schädiger zur Last.
Dem steht auch nicht entgegen, dass nach
§ 249 II nur Ersatz der *erforderlichen* Herstellungskosten verlangt werden könne.
Denn auch die Aufwendungen zur Behebung von Folgeschäden sind objektiv
erforderlich, sofern die Schadensminderungspflicht nicht verletzt worden ist.
S haftet daher auch für die zusätzlichen
Reparaturkosten. Er kann allerdings nach
§§ 840 I, 426, 254 von B (bzw. über § 831
von M) vollen Ausgleich verlangen, da in
ihrem Verhältnis zueinander B als allein
verantwortlich anzusehen ist.

209. Mitverschulden bei Vertragsansprüchen

Der Disko-Besitzer Pfotenhauer hatte einen Ferrari Tes-
tarossa gekauft und lebte auch
sonst über seine Verhältnisse.
Die Bank, der er den Ferrari
zur Sicherheit übereignet und
den Kfz-Brief übergeben hatte, kündigte ihm an, sie müsse
zur Verwertung der Sicherheit schreiten und forderte
ihn zur Herausgabe des
Ferrari auf. Darauf bot er
den Wagen dem Gebraucht-
wagenhändler Schalck für
€ 150 000,– an. Auf die Frage
des Schalck nach dem Kfz-
Brief antwortete er, er habe
ihn verlegt, es gebe aber keine

Anspruch des S gegen P aus § 311 a II
Da bei Abschluss des Kaufvertrages P nicht
Eigentümer der Kaufsache war und auch
keine Aussicht hatte, das Eigentum zurück-
zuerlangen, war er von Anfang außerstande,
dem S das Eigentum zu verschaffen und
damit seine Pflicht aus § 433 I S. 1 zu
erfüllen. Auch ein gutgläubiger Eigentumserwerb des S nach § 932 I war nicht möglich, da beim Gebrauchtwagenkauf der
Erwerber grobfahrlässig handelt und damit
als bösgläubig anzusehen ist, wenn er sich
den Kfz-Brief nicht vorlegen lässt (*BGH*
NJW 1991, 1415). P haftet daher unter dem
Gesichtspunkt des *anfänglichen Unvermögens* nach § 311 a II auf Schadensersatz statt
der Leistung. Dieser Anspruch umfasst den
entgangenen Gewinn (§ 252 S. 1).

Probleme. Schalck war damit zufrieden und schloss den Kauf ab, zumal er zahlungskräftige Interessenten aus der Halb- und Unterwelt für solche Wagen hatte. Bevor es zur Übergabe an Schalck kommt, nimmt die Bank den Ferrari auf Grund des Sicherungseigentums an sich und verwertet ihn. Schalck verlangt nun von Pfotenhauer Schadensersatz, weil ihm – was er beweisen kann – ein Weiterverkauf mit € 30 000,– Gewinn möglich gewesen wäre. Pfotenhauer wendet ein, Schalck habe auf eigenes Risiko gehandelt, als er den Vertrag geschlossen habe, ohne sich den Kfz-Brief vorlegen zu lassen. Wie ist zu entscheiden?

Fraglich ist nur, ob P dem S *Mitverschulden* entgegenhalten kann. Ein solches Mitverschulden ist an sich gegeben, weil S – zumal als Gebrauchtwagenhändler – Zweifel am Eigentum des P haben musste, nachdem dieser den Kfz-Brief nicht vorlegen konnte. Hier scheidet jedoch eine Anrechnung des Mitverschuldens aus drei Gründen aus: Zum einen kann im Regelfall der vorsätzlich Handelnde (hier P, da er wusste, dass er zur Übereignung außerstande war), dem Gläubiger nicht fahrlässiges Mitverschulden entgegenhalten (vgl. BGHZ 98, 158). Zum anderen kann bei einem Schadensersatzanspruch statt der Leistung nur ein solches Verhalten als Mitverschulden in Betracht kommen, das dem Vertragsschluss zeitlich folgt (BGHZ 110, 196, 203 f.). Zum Dritten stellt § 442 I, der zumindest entsprechend anwendbar ist (wenn man wie hier das fehlende Eigentum nicht als Rechtsmangel, sondern als einen Fall der Unmöglichkeit ansieht, vgl. auch die Differenzierung in § 433 I), eine abschließende Regelung des Mitverschuldens dar, so dass für eine Heranziehung des § 254 kein Raum ist (BGHZ 110, 196, 203; a. A. die früher h. L.).

S kann also den entgangenen Gewinn beanspruchen.

Stichwortverzeichnis

Die Zahlen bezeichnen die Nummern der Fälle.